쟁점별

제2판

판례로 이해하는
공공계약

윤대해 지음

박영사

제2판 머리말

제가 이 책의 초판을 준비하면서 가장 먼저 가졌던 생각은 이 책을 보시는 분들에게 실질적인 도움이 될 수 있도록 책에 완벽한 내용을 담아야 하겠다는 것이었습니다. 그러나, 책의 내용을 실제 완성하고 보니 부족한 부분이 많았습니다. 발간이 주저되기도 했으나, 결국에는 비록 부족한 내용이지만 책을 일단 세상에 내놓고 이 책을 보시는 분들의 아낌없는 질책과 조언을 받아 책을 고쳐 나가기로 마음먹었습니다. 그렇게 초판을 발간하였습니다.

초판을 발간한 이후 책의 내용을 보완하고 개선해야 한다는 생각이 늘 저의 머리를 떠나지 않았습니다. 그래서 서둘러 일부 내용을 수정한 증판을 내었고, 다시 해를 넘기고 나서야 이번에는 범위를 좀 더 넓혀 작업을 한 끝에 개정판을 내게 되었습니다.

이번 개정판에서는 오타 등 잘못된 내용과 문맥에 맞지 않는 내용들을 조금씩 다듬었습니다. 거기에 더해 계약서의 영문과 한글본이 다른 경우 해석기준, 부당특약, 부정당업자 제재처분 관련 판결 등 공공계약에 관하여 도움이 될 수 있을 것으로 생각되는 최신 판결을 더했습니다. 또한, 행정기본법 등 최신 법령 등을 추가하였고, 계약보증금과 지체상금, 물가변동으로 인한 계약금액 조정규정의 효력 등 여러 판결에 대한 해설자료를 보완하였습니다. 그리고 하자담보책임과 관련한 내용의 목차를 조정하였습니다.

그러나, 개인적 입장에서 이번 개정판도 부족한 부분이 많음은 부인할 수 없는 사실입니다. 이 책을 읽으시는 분들께서 이러한 점을 널리 혜량하여 주시길 바랍니다.

2023년을 맞이하며
변호사 윤대해

머리말

　오늘날 공공경제체계의 발전으로 공공분야 사업은 점차 대규모화되고 사업기간도 장기화되는 경우가 늘어나고 있으며, 다층적인 하도급관계 등 관련자들 간 이해관계도 복잡해지는 경향에 있습니다. 그로 인하여 사업의 원활한 추진을 방해하는 위험요소가 많아질 뿐만 아니라 해결해야 할 문제의 난이도도 한층 높아지고 있습니다. 더구나, 그와 관련한 법령체계도 갈수록 세분화되어 그 내용을 쉽게 파악하기도 힘들어지고 있습니다.

　이러한 상황 속에서 공공사업을 위한 계약을 원활하게 시행하기 위해서는 계약 당사자들이 계약 체결의 첫 단계에서 이행의 마지막 단계까지 관련한 법령을 깊이 이해함과 아울러 사업 지연과 분쟁발생의 단계별 위험요소를 사전에 분석하고 대비할 필요성 또한 커지고 있습니다.

　한편, 공공계약에서 계약의 당사자들은 서로가 각자의 이해관계에 따라 자신의 이익을 최대한 보장받기 위하여 협상하고 견제해야 할 상대방인 동시에 서로의 이익을 조정해 가면서 사업의 진행과정 중 발생하는 어려움들을 함께 극복하고 완성해야 할 동반자이기도 합니다.

　저는 공직에 근무하면서 다수의 국방관련 민사 및 행정사건들을 경험하였고, 특히 방위사업청에서는 수억 원에서 수조 원까지 소요되는 다양한 무기도입사업들을 법률적으로 지원하고 경험하였습니다. 그 과정에서 바라보면 공공사업과 관련한 업무 시스템과 담당자들의 인식이 전반적으로 개선되어 가고 있음은 분명합니다. 그러나, 아직도 발주기관 내에는 일부이지만 공공사업의 신속한 완수라는 대명제 속에 계약 당사자인 기업들에 대하여 동반자의 입장에서 유연하고 합리적으로 대하기보다 경직되고 일방적인 태도와 관행이 잔존하고 있음을 보면서, 아쉬움을 느끼기도 하였습니다.

결국 계약 당사자들이 사업진행 단계별 위험요소에 대비하는 한편, 상생의 입장에서 협력적인 관계를 만들기 위하여 요구되는 구체적인 사항이 무엇인가를 찾기 위해서는 정부기관 등 사업 담당자들과 업체 관련자들이 현재까지 공공계약과 관련한 다양한 문제의 해법이 담겨 있는 법리를 정확히 이해하는 것이 우선적으로 필요하다 할 것입니다.

이를 위하여 저는 공공계약의 수행과 관련된 분들과 더 나아가 공공계약분야를 연구하거나 관심을 가진 많은 분들이 공공계약의 체결과 이행과정에서 문제되었던 쟁점들에 대하여 다양한 판례의 내용을 살펴보고 검토할 수 있는 자료를 만들고 공유하는 것이 작지만 의미가 있을 것이라고 생각하였습니다. 그래서 부족하나마 이 책을 준비하게 되었습니다.

저는 이 책이 지금도 다양한 공공분야에서 사업을 진행하면서 부닥친 문제에 대하여 함께 머리를 맞대고 해결방안을 찾아 나가고 있을 많은 분들이 좀 더 효율적이고 다 같이 만족스러운 결과를 만들어 낼 수 있는 단계로 한 걸음 더 나아가는 데 조금이나마 도움이 되기를 바랍니다.

마지막으로, 부족하지만 이 책을 만들기까지 제반 여건을 마련해 주신 법무법인(유한) 대륙아주의 이규철 대표 변호사님을 비롯한 모든 분들과 같은 국방·방산팀원이자 선배 군법무관인 조동양 변호사님, 홍창식 변호사님께 감사드립니다. 특히, 이 책을 검토해 주시며 조언을 아끼지 않으신 김현수 군법무관님과 김형동 군법무관님에게도 감사함을 전합니다.

또한, 부족한 저를 늘 인도해 주시는 주님께 무한한 감사를 드리고, 가늠할 수 없는 깊이와 넓이도 제대로 모른 채 법학의 길에 들어선 저에게 법에 대한 인식의 기틀을 만들어 주신 이상욱, 안경봉 교수님께도 감사드리며, 힘들 때 항상 옆에서 함께 해 준 아내 최장희와 딸 예진, 아들 지훈이에게도 이 자리를 통하여 특별한 고마움을 전합니다.

2021년을 시작하며
법무법인(유한) 대륙아주 변호사 **윤대해**

차례

I 공공계약과 국가계약법

II 계약의 성립

계약의 체결과 계약조건

V 계약의 이행

____VI 지체상금

부정당업자의 입찰 참가자격 제한

부당이득금 및 가산금

 계약의 해제/해지

일러두기

1. 소개된 판결 중 일부는 독자들의 가독성을 높이고 이해를 돕기 위하여 문단을 나누거나 기호를 추가하였으며, 해당 사건과 관련한 당사자의 명칭을 A 회사, B 회사 혹은 ○○업체 등으로 단순화하였다.

2. 소개된 판례와 관련한 법령은 2023. 1. 1. 기준 현행 법령의 내용을 수록하였다. 따라서, 판결 내용 중에 기재된 법령과 내용, 체계 등이 다를 수 있다.

   또한, 관련 법령은 소개된 판례와 관련성이 큰 경우 다른 판결에서 열거된 내용과 중복되더라도 포함하여 작성하였다.

3. 법령의 명칭은 정식 명칭과 아울러 법제처가 정한 약칭을 사용하여 표기하였다.
   예 국가를 당사자로 하는 계약에 관한 법률 ＝ 국가계약법

I

공공계약과 국가계약법

I. 공공계약과 국가계약법

1 개설

가. 공공계약의 의의

'공공계약'은 계약의 당사자가 국가, 지방자치단체, 공공기관인 계약을 총괄하여 말한다. 이러한 형태의 계약에 대하여 학계 및 실무에서는 공공조달계약, 정부계약, 행정계약 등의 용어가 혼용되고 있으나, **판례는 '공공계약'이라는 용어를 사용**하고 있다. 국가, 지방자치단체 등이 모두 포함된 사법상의 계약을 의미하는 용어로서 판례에 따라 '공공계약'으로 하기로 한다.

나. 공공계약의 법령체계

공공계약과 관련하여 다양한 법령이 규정되어 법률관계를 규율하고 있는 바, 주요한 법령들을 간략히 소개하면 다음과 같다.

(1) 국가계약법 및 시행령, 시행규칙

(가) 국가를 당사자로 하는 계약의 기본사항을 정하기 위하여 「국가를 당사자로 하는 계약에 관한 법률(약칭: "국가계약법")」이 있고, 그 구체적인 시행을 위한 시행령(대통령령) 및 시행규칙(기획재정부령)이 있다.

또한, 외국과 체결한 정부조달협정을 이행하기 위하여 「특정조달을 위한 국가를 당사자로 하는 계약에 관한 법률 시행령 특례규정(대통령령)」과 그 시행규칙이 별도로 규정되어 있고,

국제입찰에 의한 계약의 사무처리를 위하여 「특정물품 등의 조달에 관한 국가를 당사자로 하는 계약에 관한 법률 시행령 특례규정(대통령령)」과 그 시행규칙이 별도로 규정되어 있다.

(나) 국가계약법령을 구체적으로 시행하기 위하여 행정조직 내 **행정규칙으로**

계약예규(기획재정부 예규)가 규정되어 있는데, 계약예규 내에는 정부입찰계약·집행기준, 적격심사기준, 예정가격작성기준, 공사계약일반조건, 물품구매(제조)계약일반조건 등이 규정되어 있다.

(2) 지방계약법 및 시행령, 시행규칙

지방자치단체를 당사자로 하는 계약에 관한 기본적인 사항을 정하기 위하여 「지방자치단체를 당사자로 하는 계약에 관한 법률(약칭: "지방계약법")」이 있고, 그 구체적인 시행을 위하여 시행령(대통령령) 및 시행규칙(행정안전부령)이 있다.

(3) 공공기관운영법

공공기관의 운영에 관한 기본적인 사항을 정하기 위하여 「공공기관의 운영에 관한 법률(약칭: "공공기관운영법")」과 그 시행령(대통령령)이 있다.

또한, 그 아래에 「공기업·준정부기관 계약사무규칙(기획재정부령)」을 규정하여 공기업·준정부기관의 계약의 기준과 절차, 입찰 참가자격의 제한 등에 필요한 사항을 규율하고 있다.

(4) 조달사업법 및 시행령, 시행규칙

조달사업을 공정하고 효율적으로 수행하기 위하여 조달사업의 범위와 운영 및 관리에 필요한 사항을 규정하기 위하여 「조달사업에 관한 법률(약칭: "조달사업법")」을 두고 그 구체적인 시행을 위하여 시행령(대통령령) 및 시행규칙(기획재정부령)을 두고 있다.

(5) 방위사업법 및 관련 법령

(가) 방위사업의 수행에 관한 사항을 규정하기 위하여 「방위사업법」이 있고, 그 구체적인 시행을 위한 시행령(대통령령)과 시행규칙(국방부령)이 있다.

(나) 또한, 방위사업의 계약에 관한 사무를 처리하기 위하여 별도로 「방위산업에 관한 계약사무 처리규칙(국방부령)」를 두고 있고,

방위산업관련 착수금(着手金) 및 중도금(中途金) 지급의 기준·방법 및 절차에 관하여 필요한 사항을 규정하기 위하여 「방위산업에 관한 착수금 및 중도금 지급규칙(국방부령)」을 별도로 두고 있으며,

방위산업 관련 계약을 할 때 필요한 원가계산 기준 및 방법을 정하기 위하여 「방산원가대상물자의 원가계산에 관한 규칙(국방부령)」이 별도로 있다.

(다) 그리고, 기존 방위사업법이 3종류의 법률로 분화되어 규율되는 바, 방위산업의 발전 및 지원에 필요한 사항을 규정하기 위하여 「방위산업 발전 및 지원에 관한 법률(약칭: "방위산업발전법"/2021. 2. 5. 시행)」이 제정되었고,

국방과학기술의 혁신을 위한 사항을 정하기 위하여 「국방과학기술혁신 촉진법(약칭: "국방과학기술혁신법"/2021. 4. 1. 시행)」이 제정되었다.

다. 국가계약법

국가계약법은 공공계약의 기본법이라 할 것이다. 지방계약법이나 공공기관운영법 등은 국가계약법과 체계가 유사하거나 국가계약법을 준용하고 있다. 따라서, 공공계약을 이해하기 위하여 국가계약법에 대하여 간략히 설명하고자 한다.

(1) 연혁

국가계약을 규율하는 법률은 초기에는 「재정법」(1951. 9. 24. 제정)과 그 뒤를 이은 「예산회계법」(1961. 12. 19. 제정)이 있었으나, 당시에는 경쟁계약체결과 관련한 1개의 조문만 두는 정도였다. 이후 1975년에 예산회계법이 개정되면서 계약에 관한 내용을 추가하였다.

그러던 중 1993년에 우루과이 라운드가 출범하면서 세계무역기구(WTO)의 정부조달협정이 체결되어 **정부조달시장이 개방되자 우리나라도 예산회계법의 일부로 있던 계약관련 내용을 독립적으로 분리하면서, 「국가계약법」을 제정**(1995. 1. 5.)**하여 시행**(1995. 7. 6.)하게 되었다.

(2) 적용범위

국가계약법은 ① **국제입찰에 따른 정부조달계약**, ② **국가가 대한민국 국민을 계약상대자로 하여 체결하는 계약**에 적용된다.

여기서 국민을 계약상대자로 하는 계약에는 '국고의 부담이 되는 계약(물품의 구매 등)'과 '국가에 세입의 원인이 되는 계약으로서 수입이 발생하는 계약(국가물품의 판매 등)'이 모두 포함된다.

(3) 국가계약의 기본원칙

국가계약을 체결하고 이행하는 과정에서 국가계약의 기본적인 성격에 따라 요구되는 원칙이 있는 바, 국가계약법 제5조에 이에 대하여 규정하고 있다.

(가) 국가계약의 기본 성격

국가가 일방 당사자가 되는 계약의 경우에도 **사법상의 계약으로서 계약 당사자 간에 대등한 입장에서 당사자의 합의에 따라 체결**되어야 한다(국가계약법 제5조 제1항).

판례도 이와 같이 판시하고 있다.

국가를 당사자로 하는 계약에 관한 법률(이하 '국가계약법'이라 한다)에 따라 국가가 당사자가 되는 이른바 공공계약은 사경제 주체로서 상대방과 대등한 위치에서 체결하는 사법상 계약으로서 본질적인 내용은 사인 간의 계약과 다를 바가 없으므로, 그에 관한 법령에 특별한 정함이 있는 경우를 제외하고는 **사적 자치와 계약자유의 원칙 등 사법의 원리가 그대로 적용**된다(대법원 2012. 9. 20. 자 2012마1097 결정).

(나) 신의성실의 원칙

당사자는 **계약의 내용을 신의성실의 원칙에 따라 이행**하여야 한다(국가계약법 제5조 제1항). 판례는 신의성실의 원칙과 관련하여 다음과 같이 판시하고 있다.

신의성실의 원칙은 법률관계의 당사자가 상대방의 이익을 배려하여 형평에 어긋나거나, 신의를 저버리는 내용 또는 방법으로 권리를 행사하거나 의무를 이행하여서는 아니 된다는 추상적 규범으로서, **신의성실의 원칙에 위배된다는 이유로 그 권리의 행사를 부정하기 위해서는** 상대방에게 신의를 공여하였다거나 객관적으로 보아 상대방이 **신의를 가짐이 정당한 상태**에 있어야 하고, 이러한 상대방의 신의에 반하여 **권리를 행사하는 것이 정의관념에 비추어 용인될 수 없는 정도의 상태**에 이르러야 한다(대법원 2011. 2. 10. 선고 2009다68941 판결).

(다) 호혜의 원칙

1) 국가계약 중 특히, 국제입찰의 경우에는 호혜(互惠)의 원칙에 따라 정부조달협정 가입국(加入國)의 국민과 이들 국가에서 생산되는 물품 또는 용역에 대하여 대한민국의 국민과 대한민국에서 생산되는 물품 또는 용역과 차별되는 특약(特約)이나 조건을 정하여서는 아니 된다(국가계약법 제5조 제2항).

정부조달협정은 정부조달시장 개방을 위하여 WTO 회원국간 체결된 협정으로서 대한민국의 경우 1997년에 가입 발효되어 구속력을 가지게 되었다.

2) 이와 관련하여 대법원은

학교급식을 위해 우리 농수축산물을 우선적으로 사용하도록 하고 우리 농수축산물을 사용하는 자를 선별하여 식재료나 식재료 구입비의 일부를 지원하는 것 등을 내용으로 한 광역지방자치단체의 조례안이, **국내산품의 생산보호를 위하여 수입산품을 국내산품보다 불리하게 대우하는 것에 해당하는 것**으로서 내국민대우원칙을 규정한 '1994년 관세 및 무역에 관한 일반협정' 제3조 제1항, 제4조에 **위배되어 위법한 이상, 위 조례안에 대한 재의결은 효력이 없다**(대법원 2008. 12. 24. 선고 2004추72 판결).

라고 판시한 사례가 있다.

(라) 부당특약 금지의 원칙

각 중앙관서의 장 또는 계약담당공무원은 계약을 체결할 때 **국가계약법 및 관계 법령에 규정된 계약상대자의 계약상 이익을 부당하게 제한하는 특약 또는 조건을 정해서는 아니 된다. 그러한 부당한 특약 등은 무효**로 한다.

이 원칙은 기존에는 국가계약법 시행령에 규정되어 있었으나, 그 중요성에 비추어 국가계약법에 규정하게 되었다.

부당특약 금지 규정의 효력과 구체적인 내용은 판례의 해설과 함께 후술한다.

협약(공법관계)과 계약(사법관계)의 구별

사실관계

○ 방위사업청(피고)은 군이 운용 중이던 노후화된 외국산 헬기를 국산화하여 전력화함과
아울러 군용 헬기는 물론 민수 헬기에도 사용할 수 있는 **민·군 겸용 구성품을 개발하
여 장차 민간에서 사용하는 헬기를 독자적으로 생산할 수 있는 기반을 마련**하고자,
한국형 기동헬기를 국내 연구개발을 통하여 획득하는 것을 목표로 2005년경부터 '한국
형 헬기 개발사업(Korean Helicopter Program, 이하 'ㅇㅇ사업'이라고 한다)'을 산업자
원부와 방위사업청의 주관하에 국책사업으로 추진하기로 결정함.
○ 피고는 2006. 6. 7. ㅇㅇ업체(원고)와 사이에 '한국형 헬기 민군겸용 핵심구성품 개
발 **협약(이하 '이 사건 협약'이라고 한다)'을 체결**함. 그 주요 내용은 헬기기술자립
화사업으로서 기어박스 등 12개 부품 및 기술을 개발하는 것임.

원심의 판단

원심은, 이 사건 협약은 피고 산하 산업자원부로부터 출연금 예산을 지원받아 이루어
져 **형식적으로는 국가연구개발사업규정 등에 근거한 '협약'의 형태로 체결되었지만, 실
질적으로는** 원고가 피고에게 한국형 헬기의 민·군 겸용 핵심구성품을 연구·개발하여
납품하고, 피고가 원고에게 그 대가를 지급하는 내용으로, 피고가 우월한 공권력의 주
체로서가 아니라 **사경제의 주체로 원고와 대등한 입장에서 합의에 따라 체결한 사법상
계약의 성격을 지니고 있을** 뿐만 아니라,

이 사건 협약 특수조건 제44조에서 협약 당사자 사이에 분쟁이 발생하여 소송에 의할
경우 그 관할법원을 서울중앙지방법원으로 한다고 명시하고 있으므로, **이 사건 협약에
관한 법률상의 분쟁은 민사소송의 대상이 된다**는 이유로 피고의 본안전 항변을 배척하
였다.

대법원의 판단

① 각 법령의 입법 취지 및 규정 내용과 함께 이 사건 협약 제2조에서 피고는 원고에게 '**그
대가'를 지급한다고 규정**하고 있으나 이는 국가연구개발사업규정에 근거하여 피고가
원고에게 **연구경비로 지급하는 출연금을 지칭**하는 데 다름 아니라는 점,
② 이 사건 협약에 정한 협약금액은 정부의 연구개발비 출연금과 참여기업의 투자금
등으로 구성되어 있는데, 이 사건 협약 특수조건 제9조 제1항에 의하여 참여기업이
물가상승 등을 이유로 피고에게 **협약금액의 증액을 내용으로 하는 협약변경을 구하
는 것**은 실질적으로는 이 사건 ㅇㅇ사업에 대한 **정부출연금의 증액을 요구하는 것**
으로서 이에 대하여는 피고의 승인을 얻도록 되어 있는 점,

③ 이 사건 협약은 정부와 민간이 공동으로 한국형 헬기 민·군 겸용 핵심구성품을 개발하여 그 기술에 대한 권리는 방위사업이라는 점을 감안하여 국가에 귀속시키되 장차 그 **기술사용권을 원고 업체에게 이전**하여 군용 헬기를 제작·납품하게 하거나 또는 민간 헬기의 독자적 생산기반을 확보하려는 데 있는 점,

④ 이 사건 ○○사업의 참여기업인 **원고로서도** 민·군 겸용 핵심구성품 개발사업에 참여하여 기술력을 확보함으로써 **향후 군용 헬기 양산 또는 민간 헬기 생산에서 유리한 지위를 확보**할 수 있게 된다는 점

등을 종합하여 살펴보면, **국가연구개발사업규정에 근거하여 피고 산하 중앙행정기관의 장과 참여기업인 원고 사이에 체결된 이 사건 협약의 법률관계는 공법관계**라고 보아야 하고(대법원 1997. 5. 30. 선고 95다28960 판결, 대법원 2014. 12. 11. 선고 2012두28704 판결, 대법원 2015. 12. 24. 선고 2015두264 판결 등 참조),

이 사건 협약 특수조건 제7조에서 협약보증금의 반환, 국고귀속 등에 대하여, 제15조에서 지체상금에 대하여 각기 국가계약법의 관련 조항을 준용하도록 정하고 있다거나 나아가 제44조에서 원고와 피고 간의 분쟁에 관하여 관할법원을 서울중앙지방법원으로 정하였다고 하여 달리 볼 것은 아니다.

➲ 대법원 2017. 11. 9. 선고 2015다215526 판결 [정산금청구]

관련 법령

▣ 국가계약법

▶ 제2조(적용 범위) 이 법은 국제입찰에 따른 정부조달계약과 국가가 대한민국 국민을 계약상대자로 하여 체결하는 계약[세입(歲入)의 원인이 되는 계약을 포함한다] 등 **국가를 당사자로 하는 계약**에 대하여 적용한다.

▣ 국가연구개발혁신법 [제정 시행 2021. 1. 1.]

▶ 제11조(연구개발과제 협약 등) ① 중앙행정기관의 장은 제10조에 따라 연구개발과제와 이를 수행하는 연구개발기관이 선정된 때에는 선정된 연구개발기관과 다음 각 호의 사항을 포함하는 협약을 체결하여야 한다. 이 경우 협약의 기간은 해당 연구개발과제의 전체 연구개발기간으로 한다.

1. 연구개발과제 수행 계획(제13조에 따른 연구개발비의 사용에 대한 개괄적인 계획을 포함한다)

2. 중앙행정기관의 권한·의무 및 연구개발과제에 참여하는 연구개발기관

과 연구자의 권리·의무

3. 연구개발과제의 수행에 관하여 이 법에서 정하는 사항

4. 그 밖에 연구개발과제의 수행에 필요한 사항으로서 대통령령으로 정하는 사항

■ 국방과학기술혁신 촉진법 [약칭: 국방과학기술혁신법/시행 2021. 4. 1.]

▶ 제8조(국방연구개발사업 추진방법) ① 방위사업청장은 연구기관 등으로 하여금 국방연구개발사업을 수행하게 할 수 있다. 이 경우 방위사업청장은 다음 각 호의 자와 국방연구개발사업에 관한 **계약 또는 협약**을 체결할 수 있으며, 제2조 제5호 가목에 따른 무기체계 연구개발사업을 수행하는 경우 **계약을 원칙으로 하되 사업 특성에 따라 협약을 선택적으로 체결**할 수 있고, 같은 호 나목부터 라목까지의 국방연구개발사업을 수행하는 경우 **협약 체결을 원칙**으로 한다.

1. 국방연구개발사업을 주관하여 수행하는 자(이하 "연구개발주관기관"이라 한다)

2. 국방연구개발사업을 효과적으로 수행하기 위하여 필요한 경우로서 연구개발주관기관 외에 해당 국방연구개발사업에 참여하는 자(이하 "연구개발참여기관"이라 한다)

② 방위사업청장은 제1항에 따른 협약을 체결한 사업의 수행에 드는 비용의 전부 또는 일부를 출연할 수 있다. ...

⑤ 방위사업청장이 제1항에 따른 계약을 체결하는 때에는 이 법에서 정한 것을 제외하고는 「방위사업법」 제46조 및 「국가를 당사자로 하는 계약에 관한 법률」에 따른다.

해설

○ 국가의 연구개발사업을 추진하는 방법으로 크게는 **"계약"에 의한 방법과 "협약"에 의한 방법**으로 나눌 수 있다. 현행법상 계약과 협약은 그 근거 법률이 다르고, 법적 성격도 **계약은 사법적 특성을 가지지만 협약은 공법적 특성을 가지는 등 차이가 발생**한다.

○ 계약과 협약의 특징적 차이는 대체로 다음과 같다.

구분	계약	협약
의미	• 당사자간 채권·채무가 발생하는 약정(민법 적용 원칙)	• 단체와 개인 또는 단체와 단체 사이에 체결하는 협정
근거 법률	• 「국가계약법」, 「방위사업법」 등	• 「국가연구개발혁신법」, 「국방과학기술혁신법」 등
법적 성격	• 사법상 계약	• 공법상 계약
약정 수정	• 원칙적으로 계약 변경 불가	• 정부 및 연구주관기관(업체 포함) 필요시 협약 변경 요청 가능
약정위반 제재	• 사업비 환수, 계약이행보증금 몰수, 입찰 참가자격 제한, 지체상금 부과 등	• 사업비 환수, 타 국가 R&D사업 참여제한
연구결과 소유	• 국가 소유 원칙	• 연구주관기관 소유 원칙
쟁송 방법	• 민사소송	• 행정소송

○ 위 판례는 방위사업 중 한국형 헬기개발사업을 추진하면서 계약과 협약을 구분하는 기준이 중요한 쟁점의 하나로 논의된 CASE였다.

○ 민·군 겸용 부품의 개발을 위하여 국가계약법이 아닌 (舊)과학기술기본법과 (舊)국가연구개발관리규정(2021. 1. 1. 폐지)에 근거하여 업체와 협약을 체결한 사안에서 원심은 이 사건의 약정에 대하여 **형식은 협약이나, 실질은 사법상 계약으로서 국가계약**이라고 판단하였으나, 대법원은 사업의 제반 사정을 고려할 때 **공법상 계약으로서 협약**으로 인정하였다.

공법상 계약이나 사법상 계약이냐에 따라 국가계약법상 규정과 사법상 원리가 적용될 수 있느냐의 문제로 연결될 수 있어 뜨거운 논쟁이 있었으나, 대법원은 해당 사업의 목적, 법적 근거 등을 고려하여 공법상 계약으로 정리한 것이다.

○ 방위력개선사업과 관련하여 기존에는 연구개발사업의 경우 협약을 체결하는 별도의 직접적이고 명시적인 법적 근거가 없었으나, 2021년 4월에 시행되는 「국방과학기술혁신법」에 기존 방위력개선사업 수행 과정에서 문제되었던 경직된 사업수행에 대한 개선책으로서 국방연구개발사업의 내용에 따라 계약 내지 협약을 선택할 수 있도록 규정되었고, 그에 따라 상대적으로 유연한 사업수행을 기대할 수 있게 되었다.

처분문서의 해석

처분문서는 그 성립의 진정함이 인정되는 이상 법원은 그 기재 내용을 부인할 만한 분명하고도 수긍할 수 있는 반증이 없는 한 처분문서에 기재되어 있는 문언대로 의사표시의 존재와 내용을 인정하여야 한다.

당사자 사이에 계약의 해석을 둘러싸고 다툼이 있어 처분문서에 나타난 당사자의 의사 해석이 문제되는 경우에는 **문언의 내용, 약정이 이루어진 동기와 경위, 약정으로 달성하려는 목적, 당사자의 진정한 의사 등을 종합적으로 고찰하여 논리와 경험칙에 따라 합리적으로 해석**하여야 한다.

➲ 대법원 2017. 2. 15. 선고 2014다19776, 19783 판결 등

보충적 해석

계약당사자 쌍방이 계약의 전제나 기초가 되는 사항에 관하여 같은 내용으로 착오가 있고 이로 인하여 그에 관한 구체적 약정을 하지 아니하였다면, **당사자가 그러한 착오가 없을 때에 약정하였을 것으로 보이는 내용으로 당사자의 의사를 보충하여 계약을 해석할 수 있다.** 여기서 보충되는 당사자의 의사는 당사자의 실제 의사 또는 주관적 의사가 아니라 계약의 목적, 거래관행, 적용법규, 신의칙 등에 비추어 **객관적으로 추인되는 정당한 이익조정 의사**를 말한다.

➲ 대법원 2014. 11. 13 선고 2009다91811 판결 [정산금]

(1) 일반적으로 계약을 해석할 때에는 형식적인 문구에만 얽매여서는 안 되고 쌍방당사자의 진정한 의사가 무엇인가를 탐구하여야 한다. 계약 내용이 명확하지 않은 경우 계약서의 문언이 계약 해석의 출발점이지만, 당사자들 사이에 계약서의 문언과 다른 내용으로 의사가 합치된 경우에는 의사에 따라 계약이 성립한 것으로 해석하여야 한다.

(2) 계약당사자 쌍방이 모두 동일한 물건을 계약 목적물로 삼았으나 계약서에는 착오로 다른 물건을 목적물로 기재한 경우 **계약서에 기재된 물건이 아니라 쌍방 당사자의 의사합치가 있는 물건에 관하여 계약이 성립**한 것으로 보아야 한다. 이러한 법리는 계약서를 작성하면서 계약상 지위에 관하여 당사자들의 합치된 의사와 달리 착오로 잘못 기재하였는데 계약 당사자들이 오류를 인지하지 못한 채 **계약상 지위가 잘못 기재된 계약서에 그대로 기명날인이나 서명을 한 경우에도 동일하게 적용**될 수 있다.

➲ 대법원 2018. 7. 26. 선고 2016다242334 판결 [사채금 등]

사실관계

○ A관청이 FMS(Foreign Military Sales) 방식(미국 정부가 군수업체와 공급계약을 체결하여 무기 등을 공급받고 구매국에 이를 제공하는 방식)으로 ○○ 등을 구매하기 위하여 지명경쟁입찰로 B회사(외국회사)를 미국 정부에 지정을 요청할 레이더 부분 군수업체로 선정함

○ A청이 B회사와 합의각서를 체결하면서 입찰보증금 몰취조항을 두었는데,

(1) 합의각서에는 조항별로 한글문 아래에 영문이 기재되어 있음. 합의각서 제8조는

(가) 한글문 조항에서는
'제7조 합의각서 효력의 종료 이전에 B회사 또는 B회사의 하도급회사(C회사)가 제3조의 의무를 이행하지 않은 다음 각 호의 경우에는'이라고 요건을 정하고, 제1호에서 '정당한 사유 없이 대한민국 A청이 FMS LOR(Letter of Request, 구매국이 계약조건을 기재하여 미국 정부에 제출하는 서류)을 발송한 후 미국 정부로부터 FMS LOA(Letter of Offer and Acceptance, 미국 정부가 계약조건을 기재하여 구매국에 송부하는 서류로 구매국이 유효기간 내 서명하면 FMS 계약이 체결된다)를 획득하는 데 6개월이 초과된 경우'를 입찰보증금이 몰취되는 유형 중 하나로 정함.

(나) 영문 조항에서는
"If the following circumstances occur not later than the MOA validity date stated in Article 7 due to the sole failure of Raytheon or any of their subcontractor to satisfy its obligation under Article 3."라고 정하고 있음. 영문은 'due to the sole failure' 부분을 추가하면서 표현을 수정하여 국문 내용과 다름.

(2) A청은 합의각서를 작성하기 전에 피고(B회사)에게 국문과 영문이 함께 기재된 초안을 교부하였음. 위와 같이 추가된 영문 내용(due to the sole failure)은 초안에 없었으나 A청이 피고의 요청을 수용하여 합의각서에 기재됨. A청과 피고(B회사)는 합의각서를 작성하면서 국문과 영문 중 어느 것을 우선할 것인지에 대하여 논의하였으나 합의하지 못해 그에 관한 규정을 두지 못함.

○ A청이 미국 정부와 총사업비에 관한 합의를 하지 못하여 FMS 계약 체결에 실패하자, 국가가 B 회사를 상대로 입찰보증금의 지급을 구함

원심 판단(서울고등법원 2018. 8. 31. 선고 2017나2069824 판결)

(1) 국문 또는 영문의 우선 여부

… 위와 같은 사정에 의하면, 이 사건 합의각서의 국문과 영문 중 어느 한 쪽이 우선한다고 볼 근거가 없으므로, **국문과 영문이 동등한 효력**을 가지는 것으로 봄이 상당하다.

그렇다면 당사자의 합의내용이 국문 또는 영문 중 하나로 기재되었다면, 그 합의내용이 다른 언어로 번역되어 기재되지 않았더라도, **기재된 내용대로 합의의 효력이 발생**한다고 할 것이다.

위 영문 내용(due to the sole failure)은 앞서 본 바와 같이 피고의 요청을 방위사업청이 수용하여 이 사건 합의각서의 영문에 추가된 것이므로, 그 **영문이 국문으로 번역되어 이 사건 합의각서에 기재되지 않았더라도, 영문으로 기재된 내용대로 합의의 효력이 발생**한다고 할 것이다.

(2) 이 사건 합의각서 제8조의 해석
… 앞서 본 바와 같이 A청과 피고(B회사)는 ○○ 부분에 관하여 합의한 사업비를 FMS계약의 총사업비에 반영하기 위하여 피고에게 적절한 조치를 취할 의무를 부과하고, 피고의 의무이행을 강제하기 위하여 이 사건 합의각서에 이 사건 입찰보증금 몰취 규정을 둔 것으로 보이므로, 그 목적이 달성될 수 있도록 해석되어야 할 것인바,

FMS계약의 경우 사업기간·사업비 등의 조건을 미국정부가 결정하게 되어 있고, 피고가 이 사건 사업 중 ○○ 부분에만 참여한 점 등에 비추어 오로지 피고의 의무위반으로 인하여 FMS계약이 체결되지 못하는 것은 예상하기 어려우므로, **오로지 피고의 의무위반으로 인하여 FMS계약이 체결되지 않는 경우에만 입찰보증금을 몰취할 수 있다고 보면, 이 사건 합의각서 작성 목적을 달성하기 어렵다**고 보인다.

그러나 한편, 앞서 본 바와 같은 FMS계약의 구조적 특성과 피고의 계약상 지위에 있어서 제약으로 인하여 **피고의 의무위반과 관계없이 미국정부로부터 LOA를 받지 못하여 FMS계약이 체결되지 않을 가능성도 있는데, 그와 같은 경우에도 입찰보증금이 몰취된다고 해석한다면 이 또한 이 사건 합의각서의 작성 목적에 반하고, 피고에게도 지나치게 가혹한 결과를 초래**할 수 있으므로, 당사자들은 그와 같은 경우에는 입찰보증금을 몰취하지 않도록 하기 위하여 이 사건 합의각서에 이 사건 입찰보증금 몰취 규정을 삽입한 것으로 보인다.

따라서 이 사건 입찰보증금 몰취 규정의 문언상 의미, 이 사건 합의각서의 작성 경위 및 목적 등을 고려할 때, 원고는 이 사건 사업에 관하여 미국정부로부터 LOA를 받지 못하여 **FMS계약이 체결되지 않은 주된 이유가 피고의 귀책사유로 인한 경우에 한하여 입찰보증금을 몰취할 수 있는 것으로 해석함이 상당**하다[제1심은 피고의 의무위반과 LOA를 받지 못한 결과 사이에 상당인과관계가 있다고 평가할 수 있을 경우 입찰보증금을 몰취할 수 있는 것으로 해석하였으나, 이는 "유일한 이유(the sole failure)"의 문언상 의미에 반하여 입찰보증금 몰취 요건을 지나치게 완화하는 해석으로 보여 받아들이기 어렵다.]

대법원 판단

가. ... 당사자 사이에 계약의 해석을 둘러싸고 이견이 있어 당사자의 의사 해석이 문제되는 경우에는 계약의 형식과 내용, 계약이 체결된 동기와 경위, 계약으로 달성하려는 목적, 당사자의 진정한 의사, 거래 관행 등을 **종합적으로 고려하여 논리와 경험의 법칙, 그리고 사회일반의 상식과 거래의 통념에 따라 합리적으로 해석하여야** 한다(대법원 2017. 2. 15. 선고 2014다19776, 19783 판결, 대법원 2017. 9. 26. 선고 2015다245145 판결 참조).

이러한 법리는 계약서가 두 개의 언어본으로 작성된 경우에도 적용될 수 있다. 두 **언어본이 일치하지 않는 경우 당사자의 의사가 어느 한쪽을 따르기로 일치한 때에는 그에 따르고, 그렇지 않은 때에는 위에서 본 계약 해석 방법에 따라 그 내용을 확정**해야 한다. ...

나. 원심판결 이유를 위에서 본 법리에 비추어 살펴보면, 원심판결은 정당하고 상고이유 주장과 같이 필요한 심리를 다하지 않고 논리와 경험칙에 반하여 자유심증주의의 한계를 벗어나거나 계약의 해석, 상당인과관계와 위약벌에 관한 법리를 오해한 잘못이 없다.

⊃ 대법원 2021. 3. 25. 선고 2018다275017 판결

국가를 당사자로 하는 계약의 해석방법

국가를 당사자로 하는 계약은 그 본질적인 내용이 사인 간의 계약과 다를 바가 없으므로 그 법령에 특별한 규정이 있는 경우를 제외하고는 사법의 규정 내지 법원리가 그대로 적용되고, 계약 내용이 국가계약법령의 규정을 배제하려는 것이 뚜렷하게 드러나거나 그에 모순되지 않는다면 가능한 **국가계약법령이 규정하는 바를 존중하는 방향, 즉 해당 계약 조항을 관련 국가계약법령의 규정 내용을 보충 내지 구체화하는 내용으로** 해석되어야 한다.

⊃ 대법원 2012. 12. 27. 선고 2012다15695 판결 [물품대금]

국가계약에 사법상 원리적용 및 상사 이율적용 범위

국가계약에 사법상 원리 적용여부

국가계약의 본질적인 내용은 사인 간의 계약과 다를 바가 없어 법령에 특별한 규정이 있는 경우를 제외하고는 **사법의 규정 내지 법원리가 그대로 적용**된다(대법원 1996. 4. 26. 선고 95다11436 판결 참조).

상행위로 인한 채무범위

한편 **상법 제54조의 상사법정이율이 적용되는 '상행위로 인한 채무'**에는 상행위로 인하여 직접 생긴 채무뿐만 아니라 그와 동일성이 있는 채무 또는 그 변형으로 인정되는 채무도 포함되고, 당사자 쌍방에 대하여 모두 상행위가 되는 행위로 인한 채무뿐만 아니라 당사자 일방에 대하여만 상행위에 해당하는 행위로 인한 채무도 포함된다.

위와 같은 법리와 기록에 비추어 살펴보면, **이 사건 계약은 상인인 원고가 영업으로 하는 상행위에 해당**하고, 피고는 이 사건 계약상 원고의 채무불이행을 원인으로 한 손해배상청구권을 행사하고 있으므로, 그 **지연손해금에 관해서는 상사 법정이율인 연 6%를 적용**하여야 한다.

그럼에도 원심은 민사법정이율을 적용하여 연 5%의 비율로 계산한 지연손해금의 지급을 명하였으니, 이러한 원심판결에는 상사법정이율의 적용에 관한 법리를 오해한 위법이 있다.

➲ 대법원 2016. 6. 10. 선고 2014다200763, 200770 판결 등

해설

○ 계약의 해석은 계약의 이행과 분쟁 해결의 출발점이라 할 수 있다. 판례가 제시하는 계약의 해석기준을 다시 한번 확인하고 향후 계약체결과정에서 해당 사항들에 대하여 유의할 필요성이 있다고 할 것이다.

○ 계약의 이행과정에서 빈번히 발생하는 분쟁 중의 하나가 계약조건의 해석과 관련된 것이다.

추가적으로 반드시 유의해야 할 것은 **계약의 해석에서 계약서의 형식적인 문구에만 얽매여서는 안 되고, 당사자들 사이에 계약서의 문언과 다른 내용으로 의사가 합치된 경우에는 의사에 따라 계약이 성립한 것으로 해석**하여야

한다는 점이다.

특히, 양 당사자가 계약의 전제사실 등에 대하여 착오가 있는 경우에는 그러한 착오가 없을 때의 당사자의 의사를 보충하여 해석할 수 있다는 점도 기억할 필요가 있다고 할 것이다.

○ 이러한 법리는 계약서가 한글, 영어 등 두 개의 언어본으로 작성된 경우에도 적용될 수 있다. 두 언어본이 일치하지 않는 경우 당사자의 의사가 어느 한쪽을 따르기로 일치한 때에는 그에 따르고, 그렇지 않은 때에는 위에서 본 계약 해석 방법에 따라 그 내용을 확정해야 한다.

○ 또한, 판례는 국가를 당사자로 하는 계약과 관련하여 국가계약법 등에 명시적인 규정이 없는 경우에는 **국가계약법령이 규정하는 원칙과 기준 등을 존중하는 방향으로 법령의 규정을 보충하거나 구체화하는 내용으로 해석**하여야 함을 밝히고 있다.

○ 판례는 **국가계약의 본질적인 내용이 사법상의 계약**이며, **사법상의 규정과 법리가 적용**된다는 점을 일관되게 밝히고 있다. 그리고, 계약상대방이 **상인인 경우에는 상법상의 규정과 원리도 적용**된다.

효력규정 내지 강행규정 여부 판단기준

(1) 계약 등 법률행위의 당사자들에게 일정한 의무를 부과하거나 일정한 행위를 금지 하는 법규에서 이를 위반한 법률행위의 효력을 명시적으로 정하고 있는 경우에는 그 규정에 따라 법률행위의 유·무효를 판단하면 된다.

법률에서 해당 규정을 위반한 법률행위를 무효라고 정하고 있거나 해당 규정이 효 력규정이나 강행규정이라고 명시하고 있으면 그러한 규정을 위반한 법률행위는 무효 이다.

(2) 이와 달리 금지 규정 등을 위반한 법률행위의 효력에 관하여 명확하게 정하지 않 은 경우에는 그 규정의 입법 배경과 취지, 보호법익, 위반의 중대성, 당사자에게 법규정을 위반하려는 의도가 있었는지 여부, 규정 위반이 법률행위의 당사자나 제 3자에게 미치는 영향, 위반행위에 대한 사회적·경제적·윤리적 가치평가, 이와 유 사하거나 밀접한 관련이 있는 행위에 대한 법의 태도 등 여러 사정을 종합적으로 고려해서 그 효력을 판단하여야 한다.

⊃ 대법원 2018. 10. 12. 선고 2015다256794 판결 [물품대금]

규정의 효력(부당한 특약금지 규정)

국가를 당사자로 하는 계약에 관한 법률 시행령(이하 '국가계약법 시행령'이라 한다) 제4조는 '계약담당공무원은 계약을 체결함에 있어서 국가계약법령 및 관계 법령에 규 정된 계약상대자의 계약상 이익을 부당하게 제한하는 특약 또는 조건을 정하여서는 아 니 된다.'고 규정하고 있으므로, 공공계약에서 계약상대자의 계약상 이익을 부당하게 제한하는 특약은 효력이 없다.

⊃ 대법원 2017. 12. 21. 선고 2012다74076 전원합의체 판결 [부당이득금반환등]

규정의 효력(대가지급 지연에 대한 이자규정)

(1) 국가계약법 제15조 제2항은 국고의 부담이 되는 계약에 따른 대가를 기한까지 지급할 수 없는 경우에는 대통령령이 정하는 바에 따라 그 지연일수에 따른 이자를 지급하여야 한다고 정하고 있다.

그 위임에 따라 국가를 당사자로 하는 계약에 관한 **법률 시행령**(이하 '국가계약법 시행령'이라 한다) 제59조는 대가지급지연에 대한 이자의 비율을 구체적으로 정하고 있는데, 원래 '금융기관의 일반자금 대출 시 적용되는 연체이자율'을 적용한 이자를 지급하여야 한다고 되어 있었으나, 2006. 5. 25. 대통령령 제19483호로 개정할 당시 **'금융기관 대출평균금리(한국은행 통계월보상의 대출평균금리)'를 적용한 이자를** 지급하여야 한다고 변경되었다. 특히 2006. 5. 25. 개정된 국가계약법 시행령 부칙 제4조는 "이 영 시행 전에 체결된 계약에 대한 대가지급지연에 대한 이자의 지급에 관하여는 제59조의 개정규정에 불구하고 종전의 규정에 의한다."라고 정하고 있다.

(2) 위와 같은 국가계약법 제15조와 그 제59조 개정 전후의 문언과 내용, 공공계약의 성격, 국가계약법령의 체계와 목적 등을 종합하면 **대가지급지연에 대한 이자에 관한 위 규정은 모든 공공계약에 적용되는 효력규정**으로 보아야 한다.

⊃ 대법원 2018. 10. 12. 선고 2015다256794 판결 [물품대금]

규정의 효력(공공계약 체결시 계약서 작성절차관련 규정)

(1) 구 국가를 당사자로 하는 계약에 관한 법률(2012. 12. 18. 법률 제11547호로 개정되기 전의 것, 이하 '국가계약법'이라 한다) 제11조 제1항은 "각 중앙관서의 장 또는 계약담당공무원은 계약을 체결하고자 할 때에는 **계약의 목적·계약금액·이행기간·계약보증금·위험부담·지체상금 기타 필요한 사항을 명백히 기재한 계약서를 작성하여야 한다.** 다만 대통령령이 정하는 경우에는 이의 작성을 생략할 수 있다."고 규정하고, 같은 조 제2항은 "제1항의 규정에 의하여 계약서를 작성하는 경우에는 그 담당공무원과 **계약상대자가 계약서에 기명·날인 또는 서명함으로써 계약이 확정된다.**"고 규정하고 있다.

(2) 국가계약법의 이러한 규정 내용과 국가가 일방당사자가 되어 체결하는 계약의 내용을 명확히 하고 국가가 사인과 계약을 체결할 때 적법한 절차에 따를 것을 담보하려는 규정의 취지 등에 비추어 보면,

국가가 사인과 계약을 체결할 때에는 국가계약법령에 따른 계약서를 따로 작성하는 등 그 요건과 절차를 이행하여야 할 것이고, 설령 국가와 사인 사이에 계약이 체결되었더

라도 이러한 **법령상 요건과 절차를 거치지 아니한 계약은 그 효력이 없다**고 할 것이다.

⊃ 대법원 2015. 1. 15. 선고 2013다215133 판결 등

규정의 효력(물가변동으로 인한 계약금액 조정 등에 관한 규정)

공공계약의 성격, 국가계약법령상 물가변동으로 인한 계약금액 조정 규정의 내용과 입법 취지 등을 고려할 때, 위 규정은 국가 등이 사인과의 계약관계를 공정하고 합리적·효율적으로 처리할 수 있도록 계약담당자 등이 지켜야 할 사항을 규정한 데에 그칠 뿐이고, 국가 등이 계약상대자와의 합의에 기초하여 계약당사자 사이에만 효력이 있는 특수조건 등을 부가하는 것을 금지하거나 제한하는 것이라고 할 수 없으며, 사적 자치와 계약자유의 원칙상 그러한 계약 내용이나 조치의 효력을 함부로 부인할 것이 아니다.

⊃ 대법원 2017. 12. 21. 선고 2012다74076 전원합의체 판결 [부당이득금반환등]

규정의 효력(낙찰자 결정 등에 관한 규정)

국가계약법은 국가가 계약을 체결하는 경우 **원칙적으로 경쟁입찰**에 의하여야 하고(제7조), 국고의 부담이 되는 경쟁입찰에 있어서 입찰공고 또는 입찰설명서에 명기된 **평가기준에 따라 국가에 가장 유리하게 입찰한 자를 낙찰자로 정하도록**(제10조 제2항 제2호) 규정하고 있고, 같은 법 시행령에서 당해 입찰자의 이행실적, 기술능력, 재무상태, 과거 계약이행 성실도, 자재 및 인력조달가격의 적정성, 계약질서의 준수정도, 과거공사의 품질정도 및 입찰가격 등을 종합적으로 고려하여 재정경제부장관이 정하는 심사기준에 따라 세부심사기준을 정하여 결정하도록 규정하고 있으나, 이러한 규정은 **국가가 사인과의 사이의 계약관계를 공정하고 합리적·효율적으로 처리할 수 있도록 관계 공무원이 지켜야 할 계약사무처리에 관한 필요한 사항을 규정한 것으로, 국가의 내부규정에 불과**하다 할 것이다(대법원 1996. 4. 26. 선고 95다11436 판결 참조).

따라서 단순히 계약담당공무원이 입찰절차에서 **위 법령이나 그 세부심사기준에 어긋나게 적격심사를 하였다는 사유만으로 당연히 낙찰자 결정이나 그에 기한 계약이 무효가 되는 것은 아니고**, 이를 위배한 하자가 입찰절차의 공공성과 공정성이 현저히 침해될 정도로 중대할 뿐 아니라 상대방도 이러한 사정을 알았거나 알 수 있었을 경우 또는 누가 보더라도 낙찰자의 결정 및 계약체결이 선량한 풍속 기타 사회질서에 반하는 행위에 의하여 이루어진 것임이 분명한 경우 등 **이를 무효로 하지 않으면 그 절차에 관하여 규정한 국가계약법의 취지를 몰각하는 결과가 되는 특별한 사정이 있는 경우에 한하여 무효**가 된다고 해석함이 타당하다.

⊃ 대법원 2001. 12. 11. 선고 2001다33604 판결 [지위보전가처분]

구 예산회계법 제94조(1995. 1. 5. 법률 제4868호로 삭제되기 전의 것), 같은 법 시행령 제129조(1995. 7. 6. 대통령령 제14710호로 삭제되기 전의 것), 계약사무처리규칙(1995. 7. 6. 총리령 제511호로 폐지되기 전의 것) 제75조 제1호의 각 규정에 의하면 중앙관서의 장 또는 그 위임을 받은 공무원은 계약 상대자가 **계약상의 의무를 지체한 때에는 지체상금으로서**, 물품의 제조 및 구매에 대하여는 계약금액에 1,000분의 1.5의 비율과 지체일수를 곱한 금액을 계약상대자로 하여금 현금으로 납부하게 하여야 하도록 규정되어 있는 바,

이 규정은 **국가와 사인 간의 계약관계에서 관계 공무원이 지켜야 할 계약사무 처리에 관한 필요한 사항을 규정한 것으로서 국가의 내부규정에 불과할** 뿐만 아니라 그 본질적인 내용은 사인 간의 계약과 다를 바가 없어 위 법령에 특별한 규정이 있는 경우를 제외하고는 **사법의 규정 내지 법원리가 그대로 적용**된다고 할 것이므로 ...

➾ 대법원 1996. 4. 26. 선고 95다11436 판결 [채무부존재확인]

관련 법령

▣ 국가계약법

▶ 제5조(계약의 원칙) ① 계약은 **서로 대등한 입장에서 당사자의 합의에 따라 체결**되어야 하며, 당사자는 계약의 내용을 **신의성실의 원칙에 따라 이행**하여야 한다.

② 각 중앙관서의 장 또는 계약담당공무원은 제4조 제1항에 따른 국제입찰의 경우에는 호혜(互惠)의 원칙에 따라 정부조달협정 가입국(加入國)의 국민과 이들 국가에서 생산되는 물품 또는 용역에 대하여 대한민국의 국민과 대한민국에서 생산되는 물품 또는 용역과 차별되는 특약(特約)이나 조건을 정하여서는 아니 된다.

③ 각 중앙관서의 장 또는 계약담당공무원은 계약을 체결할 때 이 법 및 관계 법령에 규정된 **계약상대자의 계약상 이익을 부당하게 제한하는 특약 또는 조건**(이하 "부당한 특약등"이라 한다)을 **정해서는 아니 된다.**

④ 제3항에 따른 **부당한 특약 등은 무효로** 한다.

▶ 제10조(경쟁입찰에서의 낙찰자 결정) ① 세입의 원인이 되는 경쟁입찰에

서는 최고가격의 입찰자를 낙찰자로 한다. 다만, 계약의 목적, 입찰 가격과 수량 등을 고려하여 대통령령으로 기준을 정한 경우에는 그러하지 아니하다.

② 국고의 부담이 되는 경쟁입찰에서는 다음 각 호의 어느 하나의 기준에 해당하는 입찰자를 낙찰자로 한다.

1. 충분한 계약이행 능력이 있다고 인정되는 자로서 최저가격으로 입찰한 자

2. 입찰공고나 입찰설명서에 명기된 평가기준에 따라 국가에 가장 유리하게 입찰한 자

3. 그 밖에 계약의 성질, 규모 등을 고려하여 대통령령으로 특별히 기준을 정한 경우에는 그 기준에 가장 적합하게 입찰한 자

③ 각 중앙관서의 장 또는 계약담당공무원은 제2항에도 불구하고 공사에 대한 경쟁입찰로서 예정가격이 100억원 미만인 공사의 경우 다음 각 호에 해당하는 비용의 합계액의 100분의 98 미만으로 입찰한 자를 낙찰자로 하여서는 아니 된다.

1. 재료비·노무비·경비

2. 제1호에 대한 부가가치세

▶ 제11조(계약서의 작성 및 계약의 성립) ① 각 중앙관서의 장 또는 계약담당공무원은 계약을 체결할 때에는 다음 각 호의 사항을 명백하게 기재한 계약서를 작성하여야 한다. 다만, 대통령령으로 정하는 경우에는 계약서의 작성을 생략할 수 있다.

1. 계약의 목적

2. 계약금액

3. 이행기간

4. 계약보증금

5. 위험부담

6. 지체상금(遲滯償金)

7. 그 밖에 필요한 사항

② 제1항에 따라 계약서를 작성하는 경우에는 그 담당 공무원과 계약상대자가 계약서에 기명하고 날인하거나 서명함으로써 계약이 확정된다.

▶ 제15조(대가의 지급) ① 각 중앙관서의 장 또는 계약담당공무원은 공사, 제조, 구매, 용역, 그 밖에 국고의 부담이 되는 계약의 경우 검사를 하거나 검사조서를 작성한 후에 그 대가(代價)를 지급하여야 한다. 다만, 국제관례 등 부득이한 사유가 있다고 인정되는 경우에는 그러하지 아니하다.

② 제1항에 따른 대가는 계약상대자로부터 대가 지급의 청구를 받은 날부터 대통령령으로 정하는 기한까지 지급하여야 하며, 그 기한까지 대가를 지급할 수 없는 경우에는 대통령령으로 정하는 바에 따라 그 지연일수(遲延日數)에 따른 이자를 지급하여야 한다.

▶ 제19조(물가변동 등에 따른 계약금액 조정) 각 중앙관서의 장 또는 계약담당공무원은 공사계약·제조계약·용역계약 또는 그 밖에 국고의 부담이 되는 계약을 체결한 다음 물가변동, 설계변경, 그 밖에 계약내용의 변경(천재지변, 전쟁 등 불가항력적 사유에 따른 경우를 포함한다)으로 인하여 계약금액을 조정(調整)할 필요가 있을 때에는 대통령령으로 정하는 바에 따라 그 계약금액을 조정한다.

▶ 제26조(지체상금) ① 각 중앙관서의 장 또는 계약담당공무원은 정당한 이유 없이 계약의 이행을 지체한 계약상대자로 하여금 지체상금을 내도록 하여야 한다.

② 제1항에 따른 지체상금의 금액, 납부방법, 그 밖에 필요한 사항은 대통령령으로 정한다.

③ 제1항의 지체상금에 관하여는 제18조 제3항 단서를 준용한다.

■ 국가계약법 시행령

▶ 제59조(대가지급지연에 대한 이자) 법 제15조 제2항의 규정에 의하여 각 중앙관서의 장 또는 계약담당공무원이 대금지급청구를 받은 경우에 제58조의 규정에 의한 대가지급기한(국고채무부담행위에 의한 계약의 경우에는 다음 회계연도 개시후 「국가재정법」에 의하여 당해 예산이 배정된 날부터 20일)까지 대가를 지급하지 못하는 경우에는 지급기한의 다음날부터 지급하는 날까지의 일수(이하 "대가지급지연일수"라 한다)에 당해 미지급금액 및 지연발생 시점의 금융기관 대출평균금리(한국은행 통계월보상의 대출평균금리를 말한다)를 곱하여 산출한 금액을 이자로 지급하여야 한다.

O 강행규정 내지 효력규정의 의의

일반적으로 법률의 규정은 **국민의 권리관계에 영향을 미치는 것으로서 국민에게 구속력을 가지고, 그 내용이 반드시 지켜져야 하는 강행규정**과 구속력이 없는 임의규정으로 나눌 수 있다. 강행규정 중에 **그 법규정을 위반하는 경우 행위의 효력을 무효로 만드는 규정을 효력규정**이라 한다.

O 강행규정 내지 효력규정을 판단하는 방법

법규정 중에서 강행규정 내지 효력규정을 판단하는 방법은 '해당 규정을 위반하는 경우에는 그 법률행위의 효력이 없다.'고 **법규정에 명시되어 있는 경우에는 그 규정에 따라 판단**하면 되지만, 그러한 **명시적인 규정이 없는 경우**에는 규정의 입법 배경과 취지, 보호법익, 위반의 중대성, 당사자에게 법규정을 위반하려는 의도가 있었는지 여부, 규정 위반이 법률행위의 당사자나 제3자에게 미치는 영향, 위반행위에 대한 사회적·경제적·윤리적 가치평가, 이와 유사하거나 밀접한 관련이 있는 행위에 대한 법의 태도 등 **제반 사정을 고려하여 강행규정 내지 효력규정인지를 판단**하여야 한다.

O 국가계약법 각 규정의 효력

(1) 국가계약과 관련한 분쟁을 해결함에 있어서도 국가계약법 규정의 효력 문제는 중요한 의미를 가진다.

국가가 업체와 계약을 체결하는 경우 당사자 간의 계약서에 명시되어 있는 내용에도 불구하고 그 내용이 국가계약법상의 규정내용과 다른 상황이라면 국가계약법 규정이 강행규정(효력규정)이냐에 따라 당사자 간 계약내용을 무효로 하거나 국가계약법의 내용으로 변경되는 것으로 해석할 수 있기 때문이다.

즉, **강행규정 내지 효력규정을 위반한 경우에는 그 계약조건이 무효가 될 수 있고**, 임의규정을 위반한 경우에는 그 계약조건의 효력에 영향이 없게 된다.

(2) 판례는 국가계약법의 전체 규정을 동일하게 판단하지 않고, 개별 규정에 대하여 각 규정의 목적, 내용 등에 따라 개별적으로 구속력을 가지는 강행규정 내지 효력규정인지 구속력이 없는 임의규정인지 판단하고 있다. 예를 들어, 국가계약법 중 "부당한 특약금지" 규정과 "계약서 작성절차"와 관련한 규정은 그 규정을 위반한 계약 내지 계약조건은 무효라고 하여 효력규정으로 해석하고 있다.

반면에 물가변동에 의한 계약금액 조정에 관한 규정, 낙찰자 결정에 관한 규정, 지체상금의 산정 등과 관련한 규정 등은 국가와 국민간의 계약에서 공무원이 지켜야 할 내부규정으로서 그 규정에 위반하더라도 계약조건에 영향이 없는 임의규정으로 해석하고 있다.

Public contracts understood as precedents

계약의 성립

II. 계약의 성립

가. 공공계약 진행의 일반절차

공공계약의 체결 및 이행과 관련한 절차는 일반적으로 다음과 같은 순으로 이루어진다.

> 계약방법 결정(일반경쟁/제한경쟁/지명경쟁/수의계약)
> ⇨ 입찰공고(현장설명) ⇨ 입찰(입찰서 제출/입찰 참가자격 사전심사 등)
> ⇨ 낙찰(적격심사제/최저가낙찰제/종합심사낙찰제/종합낙찰제 등)
> ⇨ 계약 체결(계약서 작성) ⇨ 계약 이행(검사, 감독/하자보수)

나. 계약방법

국가계약을 체결하는 경우 **계약상대자를 결정하는 방법은 일반경쟁을 원칙**으로 한다. 다만, **예외적으로 제한경쟁, 지명경쟁, 수의계약을 체결**할 수 있다(국가계약법 제7조). 이는 경쟁을 통하여 투명하고 공정하되 효율적으로 계약상대자를 정하도록 하기 위함이라 할 것이다.

(1) 일반경쟁입찰은 다수의 참가자가 정해진 방법에 따라 경쟁하고, 정해진 방법에 따라 낙찰자를 결정하는 기본적인 입찰방식이다.

이 경우에는 2인 이상의 유효한 입찰이 있어야 경쟁입찰이 성립한다(국가계약법 시행령 제11조). 따라서, 다수의 인원이 참가하였더라도 1인 이외에 모두 무자격 등으로 탈락한 경우 경쟁입찰이 성립하였다고 볼 수 없다.

(2) 제한경쟁입찰은 계약의 목적, 성질, 규모 등을 고려하여 일정한 요건에 따라 참가자의 자격을 제한하는 경쟁입찰방식이다. 특수한 기술 또는 공법이 요

구되는 공사계약, 특수한 설비 또는 기술이 요구되는 물품제조계약 등의 경우에 적용할 수 있다.

(3) 지명경쟁입찰은 계약의 목적, 성질, 규모 등을 고려하여 일정한 요건에 따라 참가자를 지명하여 경쟁에 부치는 입찰방식이다. 특수한 설비, 기술, 자재, 물품 또는 실적이 있는 자가 아니면 계약의 목적을 달성하기 곤란한 경우 등에 적용할 수 있다.

(4) 수의계약은 계약의 목적, 성질, 규모 등을 고려하여 경쟁입찰에 의하지 않고, 특정한 자를 대상으로 계약을 체결하는 것을 말한다. 수의계약은 계약절차의 투명성을 훼손할 우려가 있으므로 예외적으로 대통령령에 규정된 경우에만 인정된다(수의계약에 대하여 자세한 내용은 후술한다).

(5) 판례는 일반경쟁입찰과 그 외 지명·제한경쟁입찰, 수의계약의 입찰방법 결정과 관련하여 다음과 같이 판시하고 있다.

구 예산회계법이나 같은 법 시행령이 계약의 공정 및 경제성의 확보, 참가의 기회균등을 도모하기 위하여 일반경쟁입찰을 원칙적인 것으로 하고, 지명·제한경쟁 입찰계약이나 수의계약을 예외적인 것으로 규정하고 있는 점에 비추어 볼 때, **일반경쟁입찰에 부쳐야 할 것을 지명·제한경쟁 입찰계약이나 수의계약에 부친 경우**에는 절차의 위법성이 문제될 수 있어도, 반대로 **지명·제한경쟁 입찰계약이나 수의계약에 부칠 수 있는 것을 일반경쟁입찰에 부친 경우**에는 특별한 사정이 없는 한 위법성의 문제가 생길 여지는 없다(대법원 2000. 8. 22. 선고 99다35935 판결).

다. 입찰

(1) 입찰이란 사전적 의미로는 입찰절차에 참가한 자가 각자 봉함한 서면으로 매수신고가격을 써내어 이를 비교하여 최고가 매수신고인을 정하는 매각방법[1] 등을 의미하기도 하고, 상품의 매매나 도급계약을 체결할 때 여러 희망자들

---

1 법률용어사전, 법전출판사, 2017.

에게 각자의 낙찰 희망 가격을 서면으로 제출하게 하는 일[2]을 의미하기도 한다.

(2) 입찰의 무효

입찰절차에서 중요한 요소 중의 하나는 어떠한 경우에 입찰절차가 무효가 되는가 하는 것이다.

국가계약법령에는 경쟁참가의 자격이 없는 자가 행한 입찰 등 하자가 있는 입찰에 대하여는 무효로 보고, 그 사유에 대하여 구체적으로 규정하고 있다.

(가) 국가계약법 시행규칙에 의하면 입찰의 하자에 따른 무효사유로서

① 입찰 참가자격이 없는 자가 한 입찰

② 입찰 참가자격 제한기간 내에 있는 대표자를 통한 입찰

③ 입찰보증금의 납부일시까지 소정의 입찰보증금을 납부하지 아니하고 한 입찰

④ 입찰서가 그 도착일시까지 소정의 입찰장소에 도착하지 아니한 입찰

⑤ 동일사항에 동일인(1인이 수 개의 법인의 대표자인 경우 해당 수 개의 법인을 동일인으로 본다)이 2통 이상의 입찰서를 제출한 입찰

⑥ 공사입찰에서 입찰서와 함께 산출내역서를 제출하지 아니한 입찰 및 입찰서상의 금액과 산출내역서 상의 금액이 일치하지 아니한 입찰과 그 밖에 기획재정부장관이 정하는 입찰무효사유에 해당하는 입찰

⑦ 경쟁입찰참자자격과 관련하여 등록된 사항 중 상호 또는 법인의 명칭, 대표자의 성명 등 등록사항을 변경등록하지 아니하고 입찰서를 제출한 입찰

⑧ 전자조달시스템 또는 각 중앙관서의 장이 지정·고시한 정보처리장치를 이용하여 입찰서를 제출하는 경우 해당 규정에 따른 방식에 의하지 아니하고 입찰서를 제출한 입찰

⑨ 품질 등에 의한 낙찰자 결정방식의 입찰로서 제42조 제6항의 규정에 의하여 입찰서와 함께 제출하여야 하는 품질 등 표시서를 제출하지 아니한 입찰

⑩ 공동계약의 방법에 위반한 입찰

---

2 국방과학기술용어사전, 국방기술품질원, 2011.

⑪ 대안입찰의 경우 원안을 설계한 자 또는 원안을 감리한 자가 공동으로 참여한 입찰

⑫ 실시설계 기술제안입찰 또는 기본설계 기술제안입찰의 경우 원안을 설계한 자 또는 원안을 감리한 자가 공동으로 참여한 입찰

⑬ 위 ①부터 ⑫까지 외에 기획재정부장관이 정하는 입찰유의서에 위반된 입찰

등을 규정하고 있다(국가계약법 시행규칙 제44조 제1항).

(나) 또한, 위 13번째 사유와 관련하여 기획재정부 계약예규인 물품구매(제조) 입찰유의서에서 규정된 구체적 사유에 의하면

① 입찰자(법인의 경우 대표자)가 대리인을 통하여 입찰을 할 경우에 대리인이 아닌 자가 한 입찰 또는 대리권이 없는 자가 한 입찰

② 동일사항에 대하여 타인의 대리를 겸하거나 2인 이상을 대리한 입찰

③ 입찰서의 입찰금액 등 중요한 부분이 불분명하거나 정정한 후 정정날인을 누락한 입찰

④ 담합하거나 타인의 경쟁참가를 방해 또는 관계 공무원의 공무집행을 방해한 자의 입찰

⑤ 입찰자의 기명날인이 없는 입찰(입찰자의 성명을 기재하지 아니하고 대리인 성명 또는 회사명을 기재한 경우 및 입찰참가신청서 제출시 신고한 인감과 다른 인감으로 날인된 경우도 포함한다)

⑥ 입찰서에 기재한 중요부분에 착오가 있음을 이유로 개찰현장에서 입찰자가 입찰의 취소의사를 표시한 것으로서 계약담당공무원이 이를 인정한 입찰

⑦ 해당물품의 품질 등 표시서를 입찰서에 첨부하게 하는 경우 해당 서류를 제출하지 아니한 입찰

⑧ 소정의 입찰서를 사용하지 않거나 입찰서의 금액을 아라비아숫자로만 기재한 입찰 또는 전산서식에 의한 입찰서를 훼손하거나 전산표기방법과 상이하게 작성, 기재하여 전산처리가 되지 아니한 입찰

⑨ 공동계약의 공동수급체 구성원이 동일 입찰건에 대하여 공동수급체를 중복적으로 결성하여 참여한 입찰, 입찰등록시 공동수급표준협정서를 제출

하지 아니한 입찰 및 공동계약운용요령 제9조를 위반한 입찰 등을 입찰 무효사유로 규정하고 있다.

라. 낙찰

(1) 경쟁입찰에서의 낙찰자 결정원칙(국가계약법 제10조)

(가) 세입의 원인이 되는 경쟁입찰은 [예 국가물품의 판매 등] **최고가격의 입찰자를 낙찰자로 하는 것을 원칙**으로 한다.

(나) 국고의 부담이 되는 경쟁입찰은 다음 중 하나의 기준에 해당하는 입찰자를 낙찰자로 한다.

① 충분한 계약이행능력이 있다고 인정되는 자로서 **최저가격으로 입찰한 자**
② 입찰공고나 입찰설명서에 명기된 평가기준에 따라 **국가에 가장 유리하게 입찰한 자**
③ 그 밖에 계약의 성질, 규모 등을 고려하여 대통령령으로 특별히 기준을 정한 경우에 그 **기준에 가장 적합하게 입찰한 자**

(2) 구체적인 낙찰자의 결정방법

(가) 적격심사낙찰제

최저가격으로 입찰한 자의 순으로 계약이행능력 및 기획재정부장관이 정하는 일자리창출 실적 등을 심사하여 낙찰자를 결정하는 제도이다(국가계약법 시행령 제42조 제1항).

이 제도는 기존 최저가 낙찰제의 무리한 저가경쟁으로 인한 부작용 등을 방지하기 위하여 이행실적, 기술능력, 재무상태, 과거 계약이행성실도 등 계약이행능력과 입찰가격을 심사하도록 하여 적격심사를 통과한 자들 중 최저가 입찰금액을 제시한 자를 낙찰자로 선정하게 한 것이다.

다만, 이 제도는 계약이행능력과 관련한 적격심사기준에서 입찰자들 간에 큰 편차가 없어 변별력이 낮고, 낙찰하한율에 가까운 입찰가격을 제시하는 자가 운에 따라 낙찰을 받게 된다는 비판이 있다.

(나) 최저가 낙찰제

2단계 경쟁(국가계약법 시행령 제18조)에 따른 입찰의 경우에는 예정가격 이하로서 최저가격으로 입찰한 자를 낙찰자로 결정하는 제도이다. 2단계 경쟁입찰은 미리 적절한 규격 등의 작성이 곤란하거나 기타 계약의 특성상 필요하다고 인정되는 경우에는 먼저 규격 또는 기술입찰을 실시한 후 가격입찰을 실시하여 최저가격으로 입찰한 자를 낙찰자로 결정하는 입찰제도로서 규격입찰과 가격입찰을 단계적으로 하는 '2단계 경쟁입찰'과 규격입찰과 가격입찰을 동시에 하는 '규격·가격 동시입찰'로 구분된다.

이 제도는 공사계약에는 인정되지 않고, 물품의 제조·구매 또는 용역계약에만 인정된다.

(다) 종합심사낙찰제

추정가격 100억 원 이상인 공사 등에 대하여 입찰가격, 공사수행능력, 사회적 책임 등을 종합 심사하여 합산점수가 가장 높은 자를 낙찰자로 결정하는 제도이다. 이 제도도 최저가 낙찰제의 부작용을 개선하기 위하여 도입되어 2016년부터 시행되었다.

국가계약법에 의하면 추정가격 100억 원 이상의 공사, 일정 금액 이상의 용역 및 문화재 수리공사 등에 적용되나, 지방계약법에 의하면 추정가격 300억 원 이상의 공사와 일정 금액 이상의 문화재 수리공사와 아울러 추정가격 10억 원 이상인 물품의 제조 또는 용역에도 적용된다.

(3) 기타 계약상대자의 결정방법

(가) 경쟁적 대화에 의한 계약체결(국가계약법 시행령 제43조의3)

전문성·기술성이 요구되는 물품 또는 용역계약으로서 기술적 요구사항이나 최종 계약목적물의 세부내용을 미리 정하기 어려운 경우에 입찰대상자들과 계약목적물의 세부내용 등에 관한 **경쟁적·기술적 대화**(이하 "경쟁적 대화"라 한다)를 통하여 **계약목적물의 세부내용 및 계약이행방안 등을 조정·확정한 후** 제안서를 제출받고 이를 평가하여 국가에 가장 유리하다고 인정되는 자와 계약을 체결하는 방법이다.

이는 시장에 존재하지 않는 혁신적인 제품 등의 제조, 구매 등을 촉진하기 위한 방법으로서 단계적으로 발주기관과 입찰대상자들 간에 대화와 협의를 통하여 계약 내용을 보완하고 구체화하여 문제를 해결하는 것이다.

(나) 품질 등에 의한 낙찰자의 결정(국가계약법 시행령 제44조)

물품의 제조 또는 구매계약에 있어서 필요하다고 인정할 경우에는 당해 물품의 입찰가격 외에 품질 등을 종합적으로 참작하여 예정가격 이하로서 가장 경제성이 있는 가격으로 입찰한 자를 낙찰자로 결정하는 방법이다.

(다) 다량의 물품을 매각, 제조·품질 등에 의한 낙찰자의 결정(국가계약법 시행령 제45조, 제46조)

다량의 물품을 희망수량에 따라 분할하여 매각하고자 할 경우에는 **예정가격 이상의 단가로 입찰한 자 중 최고가격으로 입찰한 자** 순으로 매각 수량에 도달할 때까지의 입찰자를 낙찰자로 하고, 다량의 물품을 희망수량에 따라 분할하여 제조·구매하고자 할 경우에는 **예정가격 이하의 단가로 입찰한 자 중 최저가격으로 입찰한 자** 순으로 수요수량에 도달할 때까지의 입찰자를 낙찰자로 하는 방법이다.

(라) 시범 특례에 따른 계약의 체결(국가계약법 시행령 제47조)

계약의 종류, 계약의 목적물 또는 계약 대상 **사업의 혁신성·특수성 등을 고려할 때 일반적인 계약체결 방법으로는 계약의 목적을 달성하기 곤란하다고 인정되는 경우에는** 각 해당 규정에도 불구하고 기획재정부장관이 해당 계약의 체결에 관하여 **한시적으로 정하는 기준·절차**(이하 "시범특례"라 한다)에 따라 국가에 **가장 유리하다고 인정되는 자와 계약을 체결**하는 방법을 말한다.

혁신적인 신기술·신산업의 조달시장 진출을 지원하고 국가계약 제도의 유연성을 높이기 위하여 2022년 시행령 개정을 통하여 이러한 제도가 도입되었다. 새로운 계약제도의 시범 운영으로 타당성이 입증되는 경우 정식 제도로 추진하게 된다.

가 계약의 각 요소의 법적 성격

입찰공고와 입찰 및 낙찰의 법적 성격

원심이 인정한 사실은 다음과 같다.

즉, 1976. 3. 25. 원고(업체)에게 낙찰된 이 사건 탄재처리공사에 관하여 피고(한국전력)의 1976. 3. 8.자 **입찰공고는 청약의 유인**이며, 원고의 **입찰은 이 탄재처리 단가계약의 청약**이고, 피고의 **낙찰선고는 계약의 승낙**에 해당한다고 볼 것이므로 이 탄재처리 단가계약은 피고의 낙찰선고로 인하여 원피고 사이에서 적법하게 성립되었다고 볼 것이라 하였다. ...

원심판단은 적법하고, 여기에는 논지가 공격하는 바와 같이 정부, 또는 국영기업체의 일반경쟁입찰에 의한 계약체결에 관한 특례를 오해한 위법사유가 없다.

➔ 대법원 1978. 4. 11. 선고 78다317 판결 [손해배상]

낙찰자 결정의 법적 성질

지방재정법 제63조가 준용하는 국가계약법 제11조는 지방자치단체가 당사자로서 계약을 체결하고자 할 때에는 계약서를 작성하여야 하고 그 경우 담당공무원과 계약상대자가 계약서에 기명날인 또는 서명함으로써 계약이 확정된다고 규정함으로써, 지방자치단체가 당사자가 되는 계약의 체결은 **계약서의 작성을 성립요건으로 하는 요식행위로 정하고** 있으므로,

이 경우 낙찰자의 결정으로 바로 계약이 성립된다고 볼 수는 없어 **낙찰자는 지방자치단체에 대하여 계약을 체결하여 줄 것을 청구할 수 있는 권리를 갖는 데 그치고**(대법원 1994. 12. 2. 선고 94다41454 판결 참조),

이러한 점에서 국가계약법에 따른 **낙찰자 결정의 법적 성질은 입찰과 낙찰행위가 있은 후에 더 나아가 본계약을 따로 체결한다는 취지로서 계약의 편무예약에 해당**한다고 할 것이다.

➔ 대법원 2006. 6. 29. 선고 2005다41603 판결 [소유권이전등기]

따라서 **최저가 입찰자는** 형성권인 예약완결권을 가지는 것이 아니고 **본계약 체결청구권**을 가지게 된다.

➔ 대전고법 2000. 5. 29.자 2000라88 결정 [계약체결및착공금지가처분]

나 계약의 확정

> ### 공공계약 체결시 계약서 작성과 계약의 확정
>
> **계약의 요건과 절차를 거치지 아니한 계약의 효력**
>
> 구·국가를 당사자로 하는 계약에 관한 법률(2012. 12. 18. 법률 제11547호로 개정되기 전의 것, 이하 '국가계약법'이라 한다) 제11조 제1항은 "각 중앙관서의 장 또는 계약담당공무원은 계약을 체결하고자 할 때에는 **계약의 목적·계약금액·이행기간·계약보증금·위험부담·지체상금 기타 필요한 사항을 명백히 기재한 계약서를 작성하여야 한다.** 다만 대통령령이 정하는 경우에는 이의 작성을 생략할 수 있다."고 규정하고, 같은 조 제2항은 "제1항의 규정에 의하여 계약서를 작성하는 경우에는 그 담당공무원과 **계약상대자가 계약서에 기명·날인 또는 서명함으로써 계약이 확정된다."고 규정**하고 있다.
>
> 국가계약법의 이러한 규정내용과 국가가 일방당사자가 되어 체결하는 계약의 내용을 명확히 하고 국가가 사인과 계약을 체결할 때 적법한 절차에 따를 것을 담보하려는 규정의 취지 등에 비추어 보면, **국가가 사인과 계약을 체결할 때에는 국가계약법령에 따른 계약서를 따로 작성하는 등 그 요건과 절차를 이행**하여야 할 것이고, 설령 국가와 사인 사이에 계약이 체결되었더라도 이러한 **법령상 요건과 절차를 거치지 아니한 계약은 그 효력이 없다고 할 것이다.**
>
> ⊃ 대법원 2015. 1. 15. 선고 2013다215133 판결 등

관련 법령

▣ 국가계약법

▶ 제11조(계약서의 작성 및 계약의 성립) ① 각 중앙관서의 장 또는 계약담당공무원은 **계약을 체결할 때에는 다음 각 호의 사항을 명백하게 기재한 계약서를 작성하여야 한다.** 다만, 대통령령으로 정하는 경우에는 **계약서의 작성을 생략**할 수 있다.

1. 계약의 목적
2. 계약금액
3. 이행기간
4. 계약보증금
5. 위험부담

6. 지체상금(遲滯償金)

7. 그 밖에 필요한 사항

② 제1항에 따라 계약서를 작성하는 경우에는 그 담당 공무원과 계약상대
자가 **계약서에 기명하고 날인하거나 서명함으로써 계약이 확정**된다.

O 일반적인 계약의 성립

일반적으로 사인 간의 계약은 **청약과 승낙에 의하여 성립**하고, **구두에 의한
계약도 계약으로서 효력**을 가진다. 또한, 계약서는 계약에 반드시 필요한 요
소는 아니며, 계약의 존재를 확인하는 증거로서의 의미를 가진다고 할 것이다.

O 국가계약의 성립

(1) 반면, 국가계약 등 공공계약은 **국가계약법, 지방계약법 등 법령에 따른 절차
와 형식이 요구**된다.

이는 계약의 내용을 명확히 하고 국가가 사인과 계약을 체결할 때 적법
한 절차에 따를 것을 담보하려는 취지라 할 것이다.

법령에 의하면 **계약금액, 이행기간, 계약보증금, 위험부담, 지체상금 등을
기재한 계약서를 작성하고 당사자가 서명·날인**하도록 하고 있다.

따라서 국가 등과 계약을 체결하는 과정에서 여러 가지 계약요소들을 명
시한 계약서를 작성하지 않으면 그 계약은 성립할 수 없고, 무효가 됨을
유의하여야 한다.

(2) 그렇다면, 국가 측의 입찰공고에 의하여 입찰에 참가한 후 낙찰을 받은
업체는 어떤 지위를 가지는가와 관련하여 판례는 종래 국가 측의 입찰공
고는 **"청약의 유인"**, 업체의 입찰은 **"청약"**, 국가 측의 낙찰선고는 계약
의 **"승낙"**으로 보았으나, 위와 같은 계약의 형식을 요하는 특성에 따라
낙찰은 본계약을 별도로 체결한다는 **"편무예약"**의 성질을 가지는 것으로

해석하고 있다.

"편무예약(片務豫約)"이라는 것은 본계약이 아닌 전 단계의 약정으로서 국가 측인 한쪽 당사자가 본계약을 체결해야 할 의무를 가진다는 의미이다.

따라서, 낙찰받은 업체는 국가 측에 본계약을 체결할 것을 청구할 수 있는 권리를 가지게 되고, 국가 측은 이에 따라야 할 의무를 가지게 된다.

가 입찰의 무효

입찰절차의 하자에 따른 낙찰자 결정 무효의 기준

입찰 무효의 기준

(1) 지방재정법에 의하여 준용되는 국가계약법에 따라 지방자치단체가 당사자가 되는 이른바 **공공계약**은 사경제의 주체로서 상대방과 대등한 위치에서 체결하는 **사법 (私法)상의 계약**으로서 그 본질적인 내용은 사인 간의 계약과 다를 바가 없으므로, 그에 관한 법령에 특별한 정함이 있는 경우를 제외하고는 **사적 자치와 계약자유의 원칙 등 사법의 원리가 그대로 적용**된다고 할 것이므로,

(2) 계약 체결을 위한 **입찰절차에서 입찰서의 제출에 하자가 있다 하여도** 다른 서류에 의하여 입찰의 의사가 명백히 드러나고 심사 기타 입찰절차의 진행에 아무 지장이 없어 입찰서를 제출하게 한 목적이 전혀 훼손되지 않는다면 그 사유만으로 당연히 당해 입찰을 무효로 할 것은 아니고,

(3) 다만 그 하자가 입찰절차의 ① **공공성과 공정성이 현저히 침해될 정도로 중대할 뿐 아니라 상대방도 그러한 사정을 알았거나 알 수 있었을 경우** 또는
그러한 ② **하자를 묵인한 낙찰자의 결정 및 계약체결이 선량한 풍속 기타 사회질 서에 반하는 결과가 될 것임이 분명한 경우** 등 이를 무효로 하지 않으면 그 절차 에 관하여 규정한 국가계약법의 취지를 몰각하는 결과가 되는 특별한 사정이 있는 경우에 한하여 무효가 된다고 해석함이 타당하다.

⊃ 대법원 2006. 6. 19.자 2006마117 결정 [가처분이의] 등

입찰 무효사유 존재시 후속절차(하급심 판결)

이 사건 입찰유의서에서 정해진 입찰의 무효사유가 있다고 하여 입찰이 당연 무효가 된다면 그에 따라 체결된 계약 역시 무효에 이르게 되어 법적 안정성을 해치게 되는 점 등에 비추어 보면, **입찰의 무효사유가 존재하는 경우** 그에 따른 입찰이 당연 무효 가 되는 것이 아니라, **계약 체결 전이라면 입찰무효를 선언하고 재입찰을 공고할 수 있고, 계약 체결 후라면 약정해제권이 유보된 것으로서 계약을 해제할 수 있는 것으로** 해석함이 상당하다.

⊃ 서울중앙지방법원 2016. 1. 15. 선고 2015가합553575 판결 [손해배상(기)]

적격심사기준 위반의 효력(무효사유 비해당)

사실관계

○ 채무자(○○광역시)는 2000. 11. 4. 광주 제2농수산물도매시장 건립공사(이하 '이 사건 공사'라 한다)에 관한 **입찰공고를** 하면서

① 그 **입찰에 참가할** 자격을 '입찰공고일 현재 최근 10년 이내에 준공된 공사로서 건축법시행령 제3조의4 관련 [별표 1] **판매 및 영업시설 중 도매시장 및 소매시장에 해당하는 국내 단일발주공사 건축연면적 40,686m² 이상 시공실적이 있는 업체'로** 제한하고,

② **낙찰자 결정방법에** 관하여 국가를당사자로하는계약에관한법률(이하 '국가계약법'이라 한다)시행령 제42조 및 지방자치단체시설공사적격심사세부기준에 의하여 예정가격 이하로서 최저가로 입찰한 자 순으로 적격심사절차에서 당해 **계약의 이행능력을 심사하여 종합평점이 90점 이상을 얻은 자로 정함.**

○ 채무자 경리관은 2000. 11. 13. 이 사건 공사의 입찰에 관한 현장설명에서 **입찰 참가자격에서 정한 '판매 및 영업시설' 시공실적의 인정범위에 관하여 '용도가 판매시설**(복합시설은 판매시설만 해당), 건축법시행령 제3조의4 관련 [별표 1]의 "**판매 및 영업시설" 중 도매시장, 소매시장**(유통산업발전법에 의한 시장·대형점·대규모소매점 기타 이와 유사한 것을 말한다)'라고 **기재된 설명서를 배포함.**

○ 2000. 12. 18. 입찰을 실시한 결과 5개 공동수급체가 참여하여 **참가인(B 업체)들로 구성된 공동수급체가 3위의 저가 입찰자가 되고, 채권자(A 업체)를 대표로 한 공동수급체는 4위의 저가 입찰자가** 되었는데, 최저가 입찰자 및 제2위의 저가 입찰자는 적격심사서류를 제출하지 아니하여 적격심사대상자에서 제외됨에 따라 **참가인들의 공동수급체가 적격심사대상자가** 됨.

○ 채무자는 **참가인(B 업체)이 제출한 서류에 의하여 그 적격을 심사하면서** 시공경험 평가항목에서 연면적 41,268.65m²의 송원백화점 건물과 연면적 48,171m²의 순천 까르푸 건물을 시공한 B 업체의 이 사건 공사참여 지분율 55%에 따라 그 시공실적을 합계 49,191.8075m²{ = (41,268.65m² + 48,171m²)×0.55}로 보고 이 사건 공사의 평가기준 규모인 40,686km²를 상회한 것으로 인정하여 만점인 20점을 배점함에 따라 종합점수가 90.18이 되어 위 **적격심사기준에 의한 적격자로 판명함.**

○ 채무자는 이후 2000. 12. 30. **참가인들의 공동수급체를 낙찰자로 결정**하고 2001. 1. 5. 이 사건 공사에 관한 **도급계약을 체결함.**

○ 채권자(A업체)는 이 사건 낙찰자 결정 및 도급계약이 무효임을 전제로 채권자를 포함한 공동입찰자들이 적격심사대상자의 지위에 있음을 임시로 정하고, 채무자는 이 사건 가처분에 대한 본안사건의 판결 확정시까지 참가인들로 하여금 이 사건 도급계약에 기한 공사를 이행하게 하여서는 아니된다는 가처분을 신청함.

대법원 판결

(1) ... 따라서 단순히 계약담당공무원이 입찰절차에서 위 법령이나 그 세부심사기준에 어긋나게 적격심사를 하였다는 사유만으로 당연히 낙찰자 결정이나 그에 기한 계약이 무효가 되는 것은 아니고, 이를 위배한 하자가 입찰절차의 공공성과 공정성이 현저히 침해될 정도로 중대할 뿐 아니라 상대방도 이러한 사정을 알았거나 알 수 있었을 경우 또는 누가 보더라도 낙찰자의 결정 및 계약체결이 선량한 풍속 기타 사회질서에 반하는 행위에 의하여 이루어진 것임이 분명한 경우 등 이를 무효로 하지 않으면 그 절차에 관하여 규정한 국가계약법의 취지를 몰각하는 결과가 되는 특별한 사정이 있는 경우에 한하여 무효가 된다고 해석함이 타당하다.

(2) 이 사건에 관하여 보건대, 기록에 의하면 **세부심사기준에서 시공경험 평가요소로 정하고 있는 동일한 종류의 공사실적 인정범위는** 발주기관에서 현재 발주하고자 하는 공사와 공사내용이 실질적으로 동일하여 계약목적의 달성이 가능하다고 평가할 수 있는 **준공이 완료된 1건의 단위구조물체로서 그 규모가 40,686㎡ 이상인 실적을 말하는 것인 바,**

가사 송원백화점 내의 일반음식점, 관람집회시설 및 운동시설이 원심 판시와 같이 건축법시행령의 해석상 용도구분 중 **판매시설 자체에 해당하지 아니하고 따라서 이**를 입찰공고 및 설명서에서 기재한 **실적 인정범위에 포함시킬 수 없다** 하더라도, 기록에 비추어 살펴보면, 이는 **판매시설에 부속된 소비자 편익시설로서 주된 용도인 판매시설과 일체를 이루어 1건의 단위구조물로서** 유통산업발전법에 의한 대규모 소매점의 일종인 백화점을 구성하고 있는 한편, 이 사건 공사의 내용은 채소동, 청과동, 수산물동, 관리서비스동, 경비실, 쓰레기처리동을 신축하는 것인데, 관리서비스동에는 대회의실, 금융기관, 식당, 다방 등 편의시설, 관리시설 등 이용자 편익시설이 포함되어 있을 뿐 아니라, 이 사건 공사 중 **판매시설의 공사가 송원백화점 중 일반음식점, 관람집회시설 및 운동시설에 비하여 그 시행이 특히 어렵다고 단정할 자료도 없으므로,**

채무자가 적격심사에 있어 송원백화점을 위 소비자 편익시설까지 포함하여 공사실적으로 인정한 것을 가리켜 이 사건 입찰절차의 공공성과 공정성을 현저히 침해할 정도로 중대한 하자라고 보기 어렵다 할 것이고, 달리 이 사건 낙찰자의 결정 및 계약체결이 선량한 풍속 기타 사회질서에 반하는 행위에 의하여 이루어진 것이라고 인정할 자료도 기록상 찾아볼 수 없다.

(3) 그럼에도 원심은 이와 달리 이 사건 낙찰자 결정 및 도급계약이 무효임을 전제로 이 사건 가처분신청을 인용하고 말았으니, 원심판결에는 국가계약법 및 입찰공고의 효력 등에 관한 법리를 오해하고 심리를 다하지 아니하여 판결 결과에 영향을 미친 위법이 있다고 하지 않을 수 없다. 이 점을 지적하는 취지의 상고이유의 주장

은 이유 있다.

➥ 대법원 2001. 12. 11. 선고 2001다33604 판결 [지위보전가처분]

특별신인도 항목에 따른 적격심사 탈락(무효사유 비해당)

사실관계

○ 피고(대한민국) 산하의 육군중앙경리단은 군부대 독신자 숙소의 신축공사(이하 '이 사건 공사'라 한다)에 관한 **입찰공고**를 하면서 낙찰자 결정방법은 예정가격 이하로 서 **최저가격으로 입찰한 자의 순으로 적격심사**를 하여 정하기로 하였고, 이 사건 심사기준에는 "국방관서로부터 전년도에 하자보수 통보를 받고 15일 이내에 착수하지 아니한 자에 대하여는 0.5점을 감한다."는 특별신인도 평가 항목을 둠.

○ 원고(A 회사)는 2002. 12. 10. 이 사건 공사에 입찰하여 최저가 입찰자로 **적격심사 대상업체로 선정됨.**

○ 한편 소외 B 회사는 2001년도에 하자보수를 지체하였는바, 원고(A 회사)의 대표이사 갑은 2002. 10. 21. 원고의 대표이사로 취임하면서 같은 날 **회사의 상호를 A 회사에서 B 회사와 동일한 B 회사로 변경**하였고 갑이 원고의 대표이사로 취임할 무렵인 2002. 9. 30.경 원고의 주주가 전원 변경되었으며, 또한 B 회사에 대한 법인 등기부에 의하면 갑은 2001. 9. 27. B 회사의 대표이사로 취임하였다가 2002. 3. 13.경 사임하였는데, 같은 날 B 회사는 상호를 B 회사에서 C 회사로 변경하였고, 갑은 2002. 7. 18. B 회사의 대표이사로 재취임하여 이 사건 적격심사 무렵 **갑은 원고(A 회사)와 B 회사 양쪽의 대표이사로 재직**하고 있었음.

○ 피고 산하의 육군중앙경리단 소속 계약담당공무원은 이 사건 심사기준을 적용하여 원고의 적격성을 심사하면서 원고의 **상호가 전년도 하자보수 지체 업체인 B 회사와 같고 양 회사의 대표이사가 동일인임을 확인**하고 갑이 두 회사의 대표이사직에 있으면서 B 회사의 인지도를 이용하여 영업활동을 하면서 특별신인도 감점 규정의 적용을 회피하고자 하였을 가능성이 있다고 판단하여,

2002. 12. 24. 국방부장관으로부터 특별신인도의 규정 취지는 입찰업체의 과거 계약이행의 성실도를 심사하여 계약이행가능성이 높은 업체를 선정하기 위한 것으로서 **특별신인도 감점효력은 부정당업자 제재에서와 같이 해당법인과 그 대표자에게 미친다고 보아야 하고 하자보수를 지연한 사업주(대표자)가 새로이 업체를 설립한 경우 같은 법 시행령 제76조 제5항에 의하여 판단하여야 한다**는 취지의 유권해석을 받은 후,

위 유권해석을 근거로 특별신인도 평가 항목의 '국방관서로부터 전년도에 하자보수 통보를 받고 15일 이내에 착수하지 아니한 자'의 범위에 원고가 속하는 것으로 보아 원고에 대해 0.5점을 감점한 결과 원고가 적격심사 통과점수에 미달되어 **원고에 게 부적격판정**을 함.

대법원 판결

(1) 국가를 당사자로 하는 계약에 관한 법률(이하 '국가계약법'이라 한다) 제10조 제2항 및 같은 법 시행령 제42조에 따라, 국고의 부담이 되는 경쟁입찰에 있어서는 예정가격 이하로서 **최저가격으로 입찰한 자의 순으로 계약이행능력을 심사하여 낙찰자를 결정**하며,

계약이행능력심사는 입찰자의 이행실적, 기술능력, 재무상태, 과거 계약이행 성실도, 자재 및 인력조달가격의 적정성, 계약질서의 준수정도, 과거 공사의 품질정도 및 입찰가격 등을 종합적으로 고려하여 재정경제부장관이나 재정경제부장관과 협의를 거친 중앙관서의 장이 정하는 심사기준에 따라 **세부심사기준을 정하여 적격여부를 심사하여야** 하는 바,

이와 같은 국가계약법 및 같은 법 시행령의 **적격심사제 관련 규정은 국가가 사인과의 사이의 계약관계를 합리적·효율적으로 처리할 수 있도록 관계 공무원이 지켜야 할 계약사무처리에 관한 필요한 사항을 규정한 것으로, 국가의 내부규정에 불과**하다(대법원 2001. 11. 21. 선고 2001다33604 판결).

(2) 같은 법 시행령 제76조 제4항은 같은 조 제1항 내지 제3항의 규정에 의하여 부정당업자로서 입찰 참가자격의 제한을 받은 자가 **법인 기타 단체인 경우에는 그 대표자에 대하여도 일정 기간 입찰 참가자격을 제한**하고, 같은 조 제5항은 같은 조 제1항 내지 제4항의 규정에 의하여 **자격이 제한된 자를 대표자로 사용하여 그 대표자가 입찰에 관여하는 경우에는 그 사용자에 대하여도 일정 기간 입찰 참가자격을 제한한다고 규정**하고 있는바,

앞서 본 적격심사제도의 내용 및 관련 법령의 규정 취지에 비추어 보면, 입찰자의 적격심사를 담당하는 국가의 계약담당공무원이 전년도에 하자보수를 지체한 자에 대하여 감점하도록 국방부 장관이 정한 심사기준의 특별신인도 항목을 해석·적용함에 있어서, 부정당업자에 대한 입찰 참가자격을 제한한 같은 법 시행령 제76조 제4, 5항을 유추적용하여, **하자보수를 지체하였던 법인의 변경 전 상호를 사용하고 그 법인의 대표자를 대표이사로 선임하여 입찰한 법인에 대하여 하자보수를 지체하였던 법인과 마찬가지로 특별신인도 항목에 관한 심사기준을 적용하여 감점조치를 하는 것은** 국가계약법상 적격심사 관련 규정의 해석·적용에 관한 **정당한 결정 범위 내에서 이루어진 것으로서 위법하다고 할 수 없다.**

➲ 대법원 2006. 4. 28. 선고 2004다50129 판결 [낙찰자지위확인소송]

적격심사기준 위반으로 낙찰자 결정취소 후 차순위자의 낙찰자 선정결정의 무효여부(무효 비해당)

사실관계

○ 채무자 소속 대구지방조달청은 채권자인 A 업체를 낙찰자로 결정함.

○ 차순위 적격심사대상자인 B 업체가 이의를 제기하자, 대구지방조달청은 다시 적격심사를 실시함.

○ 대구지방조달청은 A 업체가 기준에 미달한다는 이유 등으로 A 업체를 낙찰자로 선정한 결정을 취소한 후 새로운 적격심사를 통하여 차순위자인 B 업체를 낙찰자로 결정함.

대법원의 판단

① **적격심사 세부기준을 입찰공고 등을 통해 입찰참가자들에게 고지하거나** 제시함으로써 입찰참가업체인 채권자도 이를 용인하고 입찰에 참가하였고, 입찰절차에서의 무효·취소사유 및 그 불이익에 관한 내용은 채무자 및 채권자 양자에게 모두 적용되어야 하는 점, ② 공사입찰유의서 제18조 제6항에는 '계약담당공무원은 낙찰자로 결정된 자가 계약체결 이전에 입찰무효 등 부적격자로 판명되어 낙찰자 결정이 취소된 경우로서 동 부적격자를 제외하고 2인 이상 유효한 입찰이 성립되어 있는 때에는 **차순위자 순으로 필요한 심사 등을 실시하여 낙찰자를 결정한다.**'고 되어 있는 점, ③ **채권자는** 나라장터 시스템에 10명의 기술자만 보유한 것으로 등록되어 있었으므로 적격심사 세부기준 3. '다'호의 조건을 갖추지 못한 **결격자로서 감점을 받을 대상자에 해당**하는 점, ④ 채무자가 적격심사 세부기준을 잘못 적용하여 채권자를 낙찰자로 선정한 이 사건 낙찰자 선정결정을 곧바로 취소하고 새로운 적격심사를 통하여 **B 업체를 낙찰자로 결정한 조치에 별다른 하자가 있어 보이지 않을 뿐 아니라,** 설령 B 업체를 낙찰자로 결정한 조치에 일부 하자가 있더라도 그러한 하자가 입찰절차의 공공성과 공정성이 현저히 침해될 정도로 중대하고 누가 보더라도 낙찰자의 결정 및 계약체결이 선량한 풍속 기타 사회질서에 반하는 행위에 의하여 이루어진 것임이 분명하여 위 조치를 무효로 하지 않으면 그 절차에 관하여 규정한 관계 법령 및 심사기준의 취지를 몰각하는 결과가 되는 특별한 사정이 있는 경우에 해당한다고 볼 자료도 없는 점 등을 종합하여 보면,

채무자가 채권자에 대한 이 사건 낙찰자 취소결정을 하고 새로운 적격심사를 통하여 차순위자인 **B 업체를 낙찰자로 결정한 조치가 위법하거나 당연 무효라고 볼 수 없고,** 오히려 이 사건 낙찰자 취소결정은 적격심사 세부기준을 잘못 적용하여 채권자를 낙찰자로 선정한 낙찰자 선정결정의 잘못을 바로잡은 정당한 조치라고 봄이 상당하다.

⊃ 대법원 2014. 1. 23.자 2013마2088 결정 [임시지위 보전가처분결정]

일부 문서의 누락의 경우 판단기준

원심이 인정한 바와 같이, 참가인들의 공동수급체(이하 '참가인 수급체'라 한다)가 제안서 해당서류를 제출함에 있어 위 **3개의 문서 중 입찰서 양식의 문서를 누락한 채 2개의 문서만으로 결합된 서류를 제출**하였다면, 이는 3개의 문서로 결합·제출하여야 할 입찰서 서류를 2개의 문서로만 결합한 **불완전한 서류로서 제출한 것이라 할 것이나,**

일응 그 해당 서류의 일부를 제출한 이상 이를 **전혀 입찰서를 제출하지 않은 경우와 동일시할 수는 없는 것**이고 단지 입찰서의 제출에 하자가 있다고 보는 것이 합리적인 **조치**일 것이며, 이러한 입찰을 위 시행령 제39조 제4항, 같은 법 시행규칙 제44조 제3호에 따라 무효로 할 것인지 여부는 그 하자가 위 규칙이 말하는 '입찰서가 입찰 장소에 도착하지 아니한' 것으로 볼만큼 **중대한 것인지 여부에 의하여 결정**하여야 할 것이다.

중대한 하자여부

... 결국 위 **입찰서 양식의 문서는 입찰의 의사를 요식의 문서로 명시하는 외에는 이 사건 입찰에서 별다른 의미를 찾아 볼 수 없는 것**이라 하겠다.

나아가 **비록 참가인 수급체가 입찰의 의사가 인쇄된 문서를 제출하지 않았다 하여도** 입찰공고에 의하면 제안서 제출을 함에 있어 반드시 입찰등록을 하도록 규정되어 있으므로(입찰공고 6.) 참가인 수급체도 그에 따른 입찰등록을 한 것으로 보이는 점, 위 입찰서 양식의 문서를 제외한 나머지 구비 서류를 빠짐없이 제출한 점, 개찰 장소에 출석하여 그 절차에 참여한 점 등에서 **입찰의 의사를 명시 또는 묵시적으로 표시한 것으로 얼마든지 볼 수 있고,**

기록에 의하면, 위 **입찰서 양식의 문서를 누락한 외에는 참가인 수급체가 제출한 서류 중에 다른 하자는 없었으며** 가격제안서와 금액산출 근거 기타 참가인 수급체가 제출한 서류만으로 사전 공고된 기준에 따라 심사를 함에 아무런 지장이 없었고, 특별히 이로 인해 **입찰절차의 공공성과 공정성이 침해되었거나 입찰서를 제출하게 한 목적이 훼손되었다고 볼 사유도 발견할 수 없다.**

따라서 참가인 수급체가 입찰서류를 제출함에 있어 단지 **입찰서 양식의 문서를 누락한** 정도의 하자를 가지고 국가계약법 시행규칙 제44조 제3호의 '입찰서가 입찰 장소에 도착하지 아니한' 것으로 볼만큼 **중대한 하자라고 보기는 어렵다** 할 것이다.

⊃ 대법원 2006. 6. 19.자 2006마117 결정 [가처분이의]

입찰서의 정정방법 관련 입찰무효여부(무효사유 비해당)

(1) 예산회계법시행령 제97조 제3항, 계약사무처리규칙 제25조 제6호, 제9호, 입찰유의서 제6조, 제10조 제7호 및 제11호, 총액단가입찰집행요령 제4조의 각 규정에 의하면

산출내역서를 포함한 입찰서의 기재사항 중 말소 또는 정정한 곳이 있을 때에 입찰에 사용하는 인감으로 날인하지 아니한 입찰, 입찰서상의 금액과 산출내역서상의 금액이 일치하지 아니하는 입찰 또는 입찰서의 입찰금액 등 **중요한 부분이 불분명하거나 정정한 후 정정날인을 누락한 입찰에 해당하면 입찰이 무효**라고 되어 있다.

(2) 그러나 위 **각 조항 어디에도 말소 또는 정정된 곳 자체에 정정인을 날인하여야 한다는 규정이 없을 뿐만 아니라** 위 법령들이 정정한 곳이 있을 때에는 반드시 정정날인을 하도록 요구하고 있는 것은 입찰자의 의사에 의하지 아니하고 제3자에 의하여 권한없이 정정되는 것을 방지하려는데 그 취지가 있으므로 비록 원고가 입찰서에 첨부한 산출내역서 기재를 정정하면서 **정정할 곳에 횡선을 긋고 정정인을 찍는 통상적인 방법을 사용하지 않고** 입찰서상의 투찰금액과 다른 금액이 기재된 산출내역서 1페이지 총괄집계표상의 기재금액을 산출내역서의 끝장에 **별도의 총괄집계표를 첨부하고 거기에 위 1페이지의 총괄집계표는 계산착오로 무효이고 이를 총괄집계표로 한다는 취지로 정정한 후 그 곳에 정정인을 찍는 방법으로 정정하였어도** 전체적으로 입찰서상의 투찰금액에 맞추어 제대로 정정된 이상

원고의 위 입찰내역서의 작성이 정정의 방법에 위반되거나 그로 인하여 입찰서의 금액과 산출내역서상의 금액이 일치하지 아니하는 입찰 또는 입찰서의 입찰금액 등 중요한 부분이 불분명하거나 **정정한 후 정정날인을 누락한 입찰로 되어 입찰무효사유에 해당한다고 볼 수 없다.**

⊃ 대법원 1994. 12. 2. 선고 94다41454 판결 [낙찰자지위확인]

담합행위의 입찰무효 여부(무효사유 비해당)

(1) 계약사무처리규칙 제25조 제9호와 이에 근거하여 재무부장관이 정한 입찰유의서 (1993. 5.20. 회계예규 2200.0XXXXX-XX-XXXXX) 제10조 제8호에서
입찰무효의 사유로 규정한 담합이라 함은 입찰자가 입찰을 함에 즈음하여 실질적으로는 단독입찰인 것을 그로 인한 유찰을 방지하기 위하여 경쟁자가 있는 것처럼 제3자를 시켜 형식상 입찰을 하게 하는 소위 들러리를 세운다거나 입찰자들끼리 특정한 입찰자로 하여금 낙찰받게 하거나 당해 입찰에 있어서 입찰자들 상호 간에 가격경쟁을 하는 경우 당연히 예상되는 적정한 가격을 저지하고 특정 입찰자에게 부당한 이익을 주고 입찰실시자에게 그 상당의 손해를 입히는 결과를 가져올 정도

로 싼 값으로 낙찰되도록 하기 위한 사전협정으로서 그 어느 경우이건 **최저가 입찰자가 된 입찰자에게 책임을 돌릴 수 있는 경우**를 말하고,

(2) 단지 기업이윤을 고려한 적정선에서 무모한 출혈경쟁을 방지하기 위하여 일반거래 통념상 인정되는 범위 내에서 입찰자 상호간에 의사의 타진과 절충을 한 것에 불과한 경우는 위의 담합에 포함되지 않는다(당원 1982. 11. 9.선고 81다5).

⤷ 대법원 1994. 12. 2. 선고 94다41454 판결 [낙찰자지위확인]

타인의 경쟁참가 방해 또는 관계 공무원의 공무집행 방해로 인한 입찰무효여부(무효사유 해당)

(1) ... 수사의 결과 원고인 업체의 전 대표이사 이△승, 현 대표이사 김×곤, 업무과장 오◡훈, 소외 유한회사 ○○건설의 입찰대리인 이@열, 피고의 부군수 황▼련, 경리계장 백▲언, 토목계장 임◆환, 직원 송■근, 이◖근 등이 차례로 공모하여 원심판시와 같은 방법으로 **원고가 이 사건 공사의 최종 낙찰 예정가를 미리 알아낸 다음 그 가액보다 불과 금 19,700원이 많은 위의 금액으로 입찰**하여 낙찰을 받은 사실이 드러남에 따라,

피고는 1996. 3. 25. 원고에게 구 예산회계법시행령(1995. 7. 6. 대통령령 제14710호로 개정되기 전의 것) 제97조 제3항, 구 계약사무처리규칙(1995. 7. 6. 폐지) 제25조 제9호, 공사입찰유의서(회계예규) 제10조 제8호에 의하여 이 사건 계약은 무효라는 이유로 계약해지를 통보한 사실을 확정한 다음,

(2) 원고의 입찰은 위의 법령에 의하여 이 사건 입찰에 적용되는 공사입찰유의서 제10조 제8호 소정의 '**담합하거나 타인의 경쟁참가를 방해 또는 관계 공무원의 공무집행을 방해한 자의 입찰**'에 해당하여 **무효**이고, 이에 터잡아 이루어진 이 사건 공사도급계약 역시 무효라고 판단하였는바, 기록에 의하여 살펴보면, 위와 같은 원심의 사실인정과 판단은 모두 정당하고, ...

⤷ 대법원 1997. 7. 25. 선고 97다15852 판결 [공사도급계약존재확인]

관련 법령

■ 국가계약법

▶ 제7조(계약의 방법) ① 각 중앙관서의 장 또는 계약담당공무원은 **계약을 체결하려면 일반경쟁에 부쳐야 한다.** 다만, 계약의 목적, 성질, 규모 등을 고려하여 필요하다고 인정되면 대통령령으로 정하는 바에 따라 참가자의 자격을 제한하거나 참가자를 지명(指名)하여 경쟁에 부치거나 수의계약(隨意契約)

을 할 수 있다.

② 제1항 본문에 따라 **경쟁입찰에 부치는 경우** 계약이행의 난이도, 이행실적, 기술능력, 재무상태, 사회적 신인도 및 계약이행의 성실도 등 계약수행능력평가에 필요한 사전심사기준, 사전심사절차, 그 밖에 대통령령으로 정하는 바에 따라 **입찰 참가자격을 사전심사하고 적격자만을 입찰에 참가하게 할 수 있다.**

③ 제1항에 따라 계약을 체결하는 과정에서 다른 법률에 따른 우선구매 대상이 경합하는 경우에는 계약의 목적이나 규모, 사회적 약자에 대한 배려 수준 등을 고려하여 계약상대자를 결정하여야 한다.

▶ 제8조(입찰 공고 등) ① 각 중앙관서의 장 또는 계약담당공무원은 경쟁입찰을 하는 경우에는 **입찰에 관한 사항을 공고하거나 통지**하여야 한다.

② 제1항에 따른 입찰 공고 또는 통지의 방법, 내용, 시기, 그 밖에 필요한 사항은 대통령령으로 정한다.

■ 국가계약법 시행령

▶ 제39조(입찰서의 제출·접수 및 입찰의 무효) ① 각 중앙관서의 장 또는 계약담당공무원은 **입찰자가 입찰서를 제출하는 경우 전자조달시스템을 이용하여 입찰서를 제출**하게 하여야 한다. 다만, 미리 기획재정부장관과 협의한 경우에는 전자조달시스템 외에 각 중앙관서의 장이 지정·고시한 정보처리장치를 이용하여 입찰서를 제출하게 할 수 있다.

② 각 중앙관서의 장 또는 계약담당공무원은 제1항에도 불구하고 다음 각 호의 어느 하나에 해당하는 경우에는 입찰서를 입찰공고에 명시한 장소와 일시에 직접 또는 우편으로 제출하게 할 수 있다.

1. 법 제4조에 따른 국제입찰대상 계약인 경우

2. 전자조달시스템을 이용하기 어려운 경우 등 각 중앙관서의 장이 필요하다고 인정하는 경우

③ 입찰자는 제출한 입찰서를 교환·변경 또는 취소하지 못한다. 다만, 기획재정부장관이 정하는 경우에는 그러하지 아니하다.

④ 제12조 및 제21조의 규정에 의한 **경쟁참가의 자격이 없는 자가 행한 입찰 기타 기획재정부령이 정하는 사유에 해당하는 입찰은 무효**로 한다.

■ 국가계약법 시행규칙

▶ 제44조(입찰무효) ① 영 제39조 제4항에 따라 무효로 하는 입찰은 다음과 같다.

1. 입찰 참가자격이 없는 자가 한 입찰

1의2. 영 제76조 제6항에 따라 입찰 참가자격 제한기간 내에 있는 대표자를 통한 입찰

2. 입찰보증금의 납부일시까지 소정의 입찰보증금을 납부하지 아니하고 한 입찰

3. 입찰서가 그 도착일시까지 소정의 입찰장소에 도착하지 아니한 입찰

4. 동일사항에 동일인(1인이 수개의 법인의 대표자인 경우 해당수개의 법인을 동일 인으로 본다)이 2통 이상의 입찰서를 제출한 입찰

5. 삭제 <2006. 5. 25.>

6. 영 제14조 제6항에 따른 입찰로서 입찰서와 함께 산출내역서를 제출하지 아니한 입찰 및 입찰서상의 금액과 산출내역서상의 금액이 일치하지 아니한 입찰과 그 밖에 기획재정부장관이 정하는 입찰무효사유에 해당하는 입찰

6의2. 삭제 <2010. 7. 21.>

6의3. 제15조 제1항에 따라 등록된 사항 중 다음 각 목의 어느 하나에 해당하는 등록사항을 변경등록하지 아니하고 입찰서를 제출한 입찰

　가. 상호 또는 법인의 명칭

　나. 대표자(수인의 대표자가 있는 경우에는 대표자 전원)의 성명

7. 삭제 <2009. 3. 5.>

7의2. 영 제39조 제1항에 따라 전자조달시스템 또는 각 중앙관서의 장이 지정·고시한 정보처리장치를 이용하여 입찰서를 제출하는 경우 해당 규정에 따른 방식에 의하지 아니하고 입찰서를 제출한 입찰

7의3. 삭제 <2019. 9. 17.>

8. 영 제44조 제1항의 규정에 의한 입찰로서 제42조 제6항의 규정에 의하여 입찰서와 함께 제출하여야 하는 품질등 표시서를 제출하지 아니한 입찰

9. 영 제72조 제3항 또는 제4항에 따른 공동계약의 방법에 위반한 입찰

10. 영 제79조에 따른 대안입찰의 경우 원안을 설계한 자 또는 원안을 감리한 자가 공동으로 참여한 입찰

10의2. 영 제98조 제2호에 따른 실시설계 기술제안입찰 또는 같은 조 제3호에 따른 기본설계 기술제안입찰의 경우 원안을 설계한 자 또는 원안을 감리한 자가 공동으로 참여한 입찰

11. 제1호부터 제10호까지 외에 기획재정부장관이 정하는 입찰유의서에 위반된 입찰

② 제1항에도 불구하고 영 제72조에 따라 공동수급체를 구성한 입찰자의 대표자 외의 구성원이 제1항 각 호의 사유에 해당하는 경우에는 해당 구성원에 대해서만 입찰을 무효로 한다.

해설

○ 문제의 소재

공공계약에 이르는 과정에서 분쟁이 빈번히 발생하는 중요한 쟁점 중의 하나가 입찰절차에 하자가 있는 경우이다.

이러한 하자는 다양한 유형과 내용으로 발생하게 되는데, 이러한 하자의 효력과 처리문제는 관련 공공사업의 성패에 큰 영향을 미치게 된다.

○ 입찰 무효의 판단기준

(1) 입찰절차에 하자가 있는 경우에 하자의 경중을 떠나 무조건 무효로 한다면 비효율적이고 불필요하게 노력이 낭비되는 사업진행이 될 것이다. 그렇다면 어떠한 조건하에서 입찰 및 낙찰을 무효로 할 것인가를 정하여야 할 것인 바, 판례가 그 일반적 기준에 대하여 제시하고 있다.

(2) 먼저 입찰절차의 하자가 경미하고, 입찰자의 입찰의사가 명확히 드러나며, 입찰절차에 지장이 없어 **입찰절차의 목적이 훼손되지 않는다고 판단되는 경우에는 굳이 이러한 입찰절차를 무효로 하지 않고, 그대로 효력을 인정**하여도 좋을 것이다.

(3) 그러나, **입찰절차의 하자가 중대하여 그 입찰절차를 무효로 하지 않으면 그 절차에 관한 국가계약법의 취지를 훼손하는 특별한 사정이 있는 경우에는 무효로 하여야 할 것이다.**

그러한 특별한 사정은

① 입찰절차의 공공성과 공정성이 현저히 침해될 정도로 **하자가 중대할 뿐만 아니라 상대방도 그러한 사정을 알았거나 알 수 있었을 경우**

② 그 하자를 묵인한 낙찰자의 결정 및 계약체결이 **선량한 풍속 기타 사회질서에 반하는 경우** 등을 말한다.

(4) 결국 입찰의 무효사유가 존재하는 경우 그에 따른 입찰이 당연 무효가 되는 것이 아니라, **계약 체결 전이라면 입찰무효를 선언하고 재입찰을 공고할 수 있고, 계약 체결 후라면 약정해제권이 유보된 것으로서 계약을 해제할 수 있다**고 할 것이다.

○ 입찰자의 입찰 무효시 후속 절차

또한, 기획재정부 계약예규인 물품구매(제조) 입찰유의서 제16조 제10항에 의하면 계약담당공무원은 낙찰자로 결정된 자가 계약 체결 이전에 입찰무효 등 부적격자로 판명되어 낙찰자 결정이 취소된 경우로서 **동 부적격자를 제외하고 2인 이상 유효한 입찰이 성립되어 있는 때에는 차순위자 순으로 필요한 심사 등을 실시하여 낙찰자를 결정**하도록 하고 있다.

따라서, 입찰무효 사유가 있는 경우 우선 해당 부적격자를 제외하되 2인 이상 유효한 입찰이 성립되어 있는 때에는 차순위자 순으로 낙찰자를 결정하고, 그렇지 않다면 전체 절차를 무효로 하여야 할 것이다.

나 입찰서의 취소

입찰서의 취소가능여부

사실관계

○ 원고(업체)는 입찰실에 대리인인 갑을 참여 입찰하게 하였던 바, 위 갑은 입찰서상 **입찰금액난에 금 60,780,000원을 기재한다는 것이 착오로 금 육백칠만팔천원정으로 잘못 기재하여 투찰함.**

○ 계약담당공무원인 을이 개찰한 결과 위 금 6,078,000원이 예정가격 이하의 최저입찰금액으로 지정되고 원고를 낙찰자로 선언함.

○ 비로소 위 **입찰 대리인**은 위 입찰금액의 기재가 금 60,780,000원의 착오에 인한 기재임을 깨닫고 즉시 개찰현장에서 **착오에 기인하였음을 고하고 위 을에게 입찰취소의 의사표시**를 하였으나 위 **을은 위 착오에 인한 것임을 인정하지 아니함.**

○ 피고(조달청)은 1980. 4. 12. 및 같은 달 17일 두 차례에 걸쳐서 시한을 정하여 원고에게 본 건 공사계약 체결서류의 제출 및 같은 법 시행령 제77조 소정의 계약보증금과 같은 령 제102조 소정의 차액보증금의 지급을 통고하였으나 **원고가 이에 불응하자 원고를 부정당업자로 보고,** 같은 법 제70조의 18, 같은 법 시행령 제89조 제1항 제5호에 따라 원고에게 1980. 4. 26.부터 같은 해 10. 25까지 6월간 **입찰 참가자격 정지(제한) 처분을 함.**

대법원의 판단

위와 같은 입찰금액의 기재는 시설공사입찰유의서(재무부회계예규 1201, 04-101) 제10조 제10호 소정의 **입찰서에 기재한 중요부분의 착오가 있는 경우에 해당**되어 이를 이유로 위와 같이 즉시 **입찰취소의 의사표시를 한 이상 피고는 본건 입찰을 무효로 선언하였음이 마땅함**으로 원고가 이건 **공사계약체결에 불응하였음에는 정당한 이유가 있다고 할 것이므로**

원고를 위와 같이 부정당업자로서 제재한 본 건 **처분은 피고가 그 재량권을 일탈하여 행사한 것으로서 위법**하다고 판시하였는 바 이를 기록에 대조하여 살펴보면 원심의 위와 같은 사실인정에 의한 판단조치는 정당하다고 보여지고 거기에 논지가 들고 있는 바와 같은 채증법칙위배, 법리오해의 위법이 없으니 논지는 이유없다.

➲ 대법원 1983. 12. 27. 선고 81누366 판결 [입찰 참가자격정지처분취소]

▣ 국가계약법 시행령

▶ 제39조(입찰서의 제출·접수 및 입찰의 무효) ① 각 중앙관서의 장 또는 계약담당공무원은 입찰자가 입찰서를 제출하는 경우 전자조달시스템을 이용하여 입찰서를 제출하게 하여야 한다. 다만, 미리 기획재정부장관과 협의한 경우에는 전자조달시스템 외에 각 중앙관서의 장이 지정·고시한 정보처리장치를 이용하여 입찰서를 제출하게 할 수 있다.

② 각 중앙관서의 장 또는 계약담당공무원은 제1항에도 불구하고 다음 각 호의 어느 하나에 해당하는 경우에는 입찰서를 입찰공고에 명시한 장소와 일시에 직접 또는 우편으로 제출하게 할 수 있다.

1. 법 제4조에 따른 국제입찰대상 계약인 경우

2. 전자조달시스템을 이용하기 어려운 경우 등 각 중앙관서의 장이 필요하다고 인정하는 경우

③ **입찰자는 제출한 입찰서를 교환·변경 또는 취소하지 못한다. 다만, 기획재정부장관이 정하는 경우에는 그러하지 아니하다.**

④ 제12조 및 제21조의 규정에 의한 경쟁참가의 자격이 없는 자가 행한 입찰 기타 기획재정부령이 정하는 사유에 해당하는 입찰은 무효로 한다.

▣ (기획재정부 계약예규) 물품제조(구매) 입찰유의서

▶ 제9조(입찰서의 제출) ① 입찰자는 입찰서를 봉합하여 1인 1통만을 제출하여야 한다.

② 우편에 의한 입찰서는 입찰서 제출마감일 전일까지 발주기관에 도착된 것에 한하여 효력이 있다. 이 경우에 우송중의 분실, 훼손 또는 지연에 대하여 발주기관은 책임을 지지 아니한다.

③ 계약담당공무원은 제2항에 의하여 우편으로 입찰서가 제출된 때에는 해당 입찰서의 봉투표면에 접수일시를 기재하고 확인인을 날인하여 개찰시까지 개봉하지 아니하고 보관하여야 한다.

④ **입찰자는 제출한 입찰서를 교환, 변경 또는 취소할 수 없다. 다만, 입찰서에 기재한 중요부분에 오기가 있음을 이유로 개찰현장에서 입찰자가**

입찰의 취소의사를 표시한 것으로 계약담당공무원이 이를 인정하는 경우에는 취소가 가능하며, 시행령 제18조에 의한 2단계경쟁 등의 입찰에 있어 계약담당공무원은 규격입찰을 개찰한 결과 적격자가 없는 경우 또는 일부 경미한 사항의 규격보완을 조건으로 규격적합 판정을 하는 경우에는 규격입찰서를 변경하여 제출하게 할 수 있다.

해설

○ 입찰서의 교환, 변경, 취소금지 원칙

(1) 판례에 의하면 입찰은 입찰자의 '계약의 청약'으로 보는데, 민법상 청약은 상대방에게 도달하여 그 효력이 발생하면 청약자가 이를 마음대로 철회하지 못한다(민법 제527조).

(2) 국가계약법 시행령 및 기획재정부 계약예규 입찰유의서에 의하면 입찰자는 제출한 입찰서를 교환, 변경, 취소할 수 없다. 다만, 입찰서에 기재한 중요부분에 오기가 있고, 개찰현장에서 입찰자가 입찰의 취소의사를 표시하며, 계약담당공무원이 그를 인정하는 경우에는 예외적으로 취소가 가능하다.

이 경우 중요부분에 오기가 있다는 것은 구체적으로 어느 정도를 의미하는 지는 명확하지 않으므로 분쟁의 소지가 있다고 할 것이다.

○ 판결의 의미

위 판결은 입찰금액란에 60,780,000원을 6,078,000원으로 기재한 것은 중요부분의 오기로 인정된다는 전제하에 입찰 취소의 의사표시가 있는 것으로 보고 입찰무효선언이 되어야 함에도 계약 체결에 불응하였다는 이유로 입찰참가자격 제한처분을 하는 것은 위법하다고 판단하였다.

계약의 규모와 그 착오의 정도를 고려할 때 계약과 관련한 중요부분의 착오로 판단한 것은 타당하다고 할 것이다.

가 낙찰자 결정절차 관련

낙찰자 결정의 법적 성질

지방재정법 제63조가 준용하는 국가계약법 제11조는 지방자치단체가 당사자로서 계약을 체결하고자 할 때에는 계약서를 작성하여야 하고 그 경우 담당공무원과 계약상대자가 계약서에 기명날인 또는 서명함으로써 계약이 확정된다고 규정함으로써,

지방자치단체가 당사자가 되는 계약의 체결은 **계약서의 작성을 성립요건으로 하는 요식행위로 정하고 있으므로, 이 경우 낙찰자의 결정으로 바로 계약이 성립된다고 볼 수는 없어 낙찰자는 지방자치단체에 대하여 계약을 체결하여 줄 것을 청구할 수 있는 권리를 갖는 데 그치고**(대법원 1994. 12. 2. 선고 94다41454 판결 참조),

이러한 점에서 국가계약법에 따른 **낙찰자 결정의 법적 성질은 입찰과 낙찰행위가 있은 후에 더 나아가 본계약을 따로 체결한다는 취지로서 계약의 편무예약에 해당**한다고 할 것이다.

➲ 대법원 2006. 6. 29. 선고 2005다41603 판결 [소유권이전등기]

낙찰적격심사의 정당성 판단기준

국고 또는 지방자치단체의 부담이 되는 경쟁입찰에 있어 최저가격으로 입찰한 자에 대한 **낙찰적격심사가 정당하게 행하여졌는지 여부는 그 심사가 행하여진 때의 법령과 사실관계를 기준으로 판단하여야 하고, 그 후의 사정변경은 이를 고려할 것이 아니다.**

따라서, ○○업체가 부도 또는 파산이 우려되는 상태에 있었다고 본 피신청인의 **낙찰부적격판정이 판정 당시의 객관적인 사실관계에 따라 정당하게 이루어진 것인 이상,** 그 후의 사정변경으로 ○○업체가 부도 또는 파산이 우려되는 상태에서 벗어나게 되었다 하더라도 그로 인하여 일단 정당하게 행하여진 낙찰부적격판정이 새삼스럽게 부당하게 되는 것은 아니다.

같은 취지의 원심의 판단은 정당한 것으로 수긍이 가고 ...

➲ 대법원 1999. 6. 25. 선고 99다5767 판결 [가처분이의]

나 낙찰자 결정 후 변경과 계약 미체결

사실관계

O 지방자치단체(피고)가 토지 2필지와 건물에 대하여 **'현 상태대로 매각'**한다는 취지로 입찰공고를 하고 최고가로 입찰한 원고를 낙찰자로 결정함.

O 피고가 원고로부터 낙찰대금 전액을 받은 다음 그 **계약서를 작성함**에 있어서 비로소 매각대상 토지 중 지목이 도로인 **1필지를 일반인에게 무상으로 제공한다**는 조항을 삽입할 것을 요구함.

O 업체(원고)가 불응하자 피고는 낙찰자가 10일 이내에 매매계약을 체결하지 않았다는 이유를 들어 입찰을 취소함.

낙찰자 결정 후 주요한 계약내용의 변경가능여부

(1) 낙찰자의 결정으로는 예약이 성립한 단계에 머물고 아직 본계약이 성립한 것은 아니라고 하더라도, 그 **계약의 목적물, 계약금액, 이행기** 등 **계약의 주요한 내용과 조건**은 지방자치단체의 입찰공고와 최고가(또는 최저가) 입찰자의 입찰에 의하여 당사자의 의사가 합치됨으로써 지방자치단체가 **낙찰자를 결정할 때에 이미 확정**되었다고 할 것이므로,

지방자치단체가 계약의 세부사항을 조정하는 정도를 넘어서 **계약의 주요한 내용 내지 조건을 입찰공고와 달리 변경하거나 새로운 조건을 추가하는 것은 이미 성립된 예약에 대한 승낙의무에 반하는 것으로서 특별한 사정이 없는 한 허용될 수 없다**고 할 것이다.

(2) 피고는 … 낙찰자가 10일 이내에 매매계약을 체결하지 않았다는 이유를 들어 **입찰을 취소한 것은, 피고 스스로 정한 입찰공고의 내용과 양 당사자 사이의 의사합치에 따라 성립된 예약에 대한 승낙의무에 반하는 것으로 그 효력이 없다**고 할 것이므로 …

⊃ 대법원 2006. 6. 29. 선고 2005다41603 판결 [소유권이전등기]

낙찰자 결정 후 계약체결 거절시 손해배상

공사도급계약의 도급인이 될 자가 수급인을 선정하기 위해 입찰절차를 거쳐 **낙찰자를 결정한 경우** 입찰을 실시한 자와 낙찰자 사이에는 도급계약의 본계약체결의무를 내용으로 하는 예약의 계약관계가 성립하고, 어느 일방이 **정당한 이유 없이 본계약의 체결을 거절하는 경우** 상대방은 예약채무불이행을 이유로 한 손해배상을 **청구할 수 있다.**

이러한 손해배상의 범위는 원칙적으로 예약채무불이행으로 인한 통상의 손해를 한도로 하는데, 만일 입찰을 실시한 자가 정당한 이유 없이 낙찰자에 대하여 본계약의 체결을 거절하는 경우라면 **낙찰자가 본계약의 체결 및 이행을 통하여 얻을 수 있었던 이익,** 즉 이행이익 상실의 손해는 통상의 손해에 해당한다고 볼 것이므로 입찰을 실시한 자는 낙찰자에 대하여 이를 배상할 책임이 있다.

손해 외에 지출을 면하게 된 직·간접적 비용을 산정하지 않은 사안

(1) **낙찰자가 본계약의 체결 및 이행을 통하여 얻을 수 있었던 이익**은 일단 본계약에 따라 타방 당사자로부터 지급받을 수 있었던 급부인 **낙찰금액**이라고 할 것이나, 본계약의 체결과 이행에 이르지 않음으로써 **낙찰자가 지출을 면하게 된 직·간접적 비용**은 그가 배상받을 손해액에서 **당연히 공제**되어야 하고,

나아가 손해의 공평·타당한 분담을 지도원리로 하는 손해배상제도의 취지상, 법원은 본계약 체결의 거절로 인하여 낙찰자가 그 이행과정에서 기울여야 할 **노력이나 이에 수반하여 불가피하게 인수하여야 할 사업상 위험을 면하게 된 점** 등 여러 사정을 두루 고려하여 객관적으로 수긍할 수 있는 손해액을 산정하여야 한다.

(2) 그럼에도 원심은 판시 증거에 의하여 원고(업체)가 이 사건 입찰에 참가하기 위해 건축사사무소에 작성을 의뢰하여 받은 내역서의 일부인 공사원가계산서에 이 사건 도급공사의 총공사비가 13,191,777,350원으로, 그 중 이윤이 1,088,570,516원으로 계상된 사실을 인정한 다음, 원고가 본계약의 이행을 하지 않게 됨으로써 면하게 된 여러 노력이나 사업상 위험 등에 관하여 아무런 고려를 하지 않은 채, 위 이윤을 그대로 원고가 본계약인 공사도급계약의 체결 및 이행으로 얻을 수 있었던 이익으로 인정하였으니, 이러한 원심의 판단에는 본계약의 체결에 이르지 못한 낙찰자에게 이행이익으로 배상하여야 할 **손해액의 산정에 관한 법리를 오해하여 판결에 영향을 미친 위법**이 있고, 이 점을 지적하는 피고의 상고이유 주장에는 정당한 이유가 있다.

⊃ 대법원 2011. 11. 10. 선고 2011다41659 판결 [계약체결절차이행]

다 낙찰자 지위 소송관련 문제

낙찰자 지위에 대한 확인의 소송을 구할 이익여부

국가나 지방자치단체가 실시하는 공사입찰에서 적격심사과정의 하자로 인하여 낙찰자 결정이 무효이고 따라서 **하자 없는 적격심사에 따른다면 정당한 낙찰자가 된다고 주장하는 자는 낙찰자로서의 지위에 대한 확인을 구할 수 있고** 이러한 법리는 위 입찰에 터 잡아 **낙찰자와 계약이 체결된 경우에도 동일**하다 할 것이나,

나아가 낙찰자와 체결된 **계약에 의하여 이미 그 이행까지 완료된 경우에는** 더 이상 낙찰자결정이 무효임을 주장하여 낙찰자지위에 대한 **확인을 구할 이익이 존재하지 않는다고** 볼 것이다.

➲ 대법원 2004. 9. 13. 2002다50057 판결 등

제2순위 적격심사대상자의 확인의 소송을 구할 이익여부

(1) 원심은, 원고들(업체들)이 이 사건 입찰절차에서 낙찰자로서의 예약상 권리를 취득한 것은 아니지만 관계 법령 등에 의하여 이 사건 입찰실시기관의 행위적법성과 절차투명성이 상당히 담보되어 있고 그 입찰절차가 유효하게 개시되어 **원고들이 제2순위 적격심사대상자가 되도록 절차가 진행**되었으며, 피고(대한민국)도 구속을 하는 입찰특별유의서상 입찰절차의 취소요건이 존재하지 아니하므로 **나머지 입찰절차가 관계 법령이 정한 규정에 따라 계속 진행되리라는 입찰참가자들의 신뢰 내지 기대가 발생**하였고, 이러한 신뢰와 기대는 국가를당사자로하는계약에관한법률, 같은법 시행령·시행규칙과 신의칙 등에 의하여 **보호되어야 할 법적 이익에 해당한다고** 봄이 상당하다 할 것이고,

한편 원고들이 공사실적에 관한 허위의 서류를 작성·제출하였음을 인정할 증거가 없을 뿐만 아니라 설사 원고들이 그와 같은 사유로 이 사건 입찰절차에서 배제되어야 할 입장에 처하여 있다 하더라도 **실제로 배제되지 아니한 이상 제2순위 적격심사대상자의 지위를 여전히 유지하고 있는 것이고 그와 같은 사유는 추후 진행되는 적격심사 단계에서 검토될 사항에 불과**하므로,

원고들로서는 이 사건 입찰절차상 제2순위 적격심사대상자로서의 지위에 대한 확인과 이 사건 입찰절차의 취소 및 새로운 **입찰공고가 무효임의 확인을 구할 법률상의 이익이 있다고** 판단하였다.

(2) 기록에 비추어 살피건대, 이 사건 입찰절차의 취소가 효력이 없다고 할 경우 **원고들은 제2순위 적격심사대상자로서** 추후 진행되는 적격심사에서 **제1순위 적격심사대상자가 부적격판정을 받거나 계약을 체결하지 아니하면 적격심사를 받아 낙찰자 지위를 취득할 수도 있으므로** 이 사건 입찰절차상 제2순위 적격심사대상자로서의 지위에 대한 확인과 이 사건 입찰절차의 취소 및 새로운 입찰공고가 무효임의 확인을 구하는 이 사건 소가 **단순한 사실관계나 과거의 법률관계의 존부 확인에 불과하다고 할 수 없으며,**

확인의 소로써 위험·불안을 제거하려는 법률상 지위는 반드시 구체적 권리로 뒷받침될 것을 요하지 아니하고 그 법률상 지위에 터 잡은 구체적 권리 발생이 조건 또는 기한에 걸려 있거나 법률관계가 형성 과정에 있는 등 원인으로 **불확정적이라고 하더라도 보호할 가치 있는 법적 이익에 해당하는 경우에는 확인의 이익이 인정될 수 있다.**

⊃ 대법원 2000. 5. 12. 선고 2000다2429 판결 [적격심사절차이행등]

제3자와 계약무효에 대한 확인의 소송을 구할 이익여부

사실관계

○ 폐기물관리법 제14조 제2항은 시장·군수·구청장 등이 생활폐기물의 처리를 대통령령이 정하는 자에게 대행하게 할 수 있다고 규정하고 있고, 위 법률 시행령 제8조 제1호는 그 **처리대행자의 자격요건의 하나로서** 폐기물관리법 제25조 제3항에 따라 **폐기물처리업의 허가를 받을 것을 규정**하고 있음.

○ 피고 문경시는 위 각 규정에 따라 관내 점촌 4, 5동 지역의 **일반 생활폐기물 수거 업무를 민간업체에 위탁**하기로 하고, 2013. 3. 20. 위탁업체 모집공고를 함.

○ 위 모집공고에는 폐기물관리법 제25조에 따라 **폐기물 수집·운반업 허가를 받은 업체만이 위탁업체 선정절차에 참가할 수 있다고 기재**되어 있음.

○ 원고들(A 업체 등)과 피고 2(B 업체)가 위탁업체 선정절차에 참가하였는데, 피고 1 문경시는 2013. 4. 16. 피고 2(B 업체)를 위탁업체로 선정한 다음, 2013. 4. 19. 피고 2(B 업체)와 이 사건 **용역계약을 수의계약의 형식으로 체결**함.

○ 한편 피고 2(B 업체)는 위탁업체 선정절차에 참가하기 전인 2013. 3. 11. 문경시장으로부터 **폐기물 수집·운반업 허가를 받음.**

○ 원고들은 피고 2(B 업체)가 폐기물관리법 시행규칙에 규정된 밀폐식 운반차량 보유 요건을 갖추지 않았으므로 문경시장이 피고 2(B 업체)에 대하여 **위 허가처분을 한 것은 위법하다고 주장하면서** 2013. 7. 10. 대구지방법원 2013구단10446호로 위 **처분의 취소를 구하는 소를 제기**하였고, 2014. 4. 25. 제1심에서 승소판결을 받았으며, 문경시장의 항소, 상고를 거쳐 2015. 2. 3. 그대로 확정됨.

○ 원고들은 피고 1 문경시와 피고 2(B 업체)를 상대로 **계약무효의 소를 제기**함.

대법원 판결

(1) 피고 2(B 업체)에 대한 소의 적법 여부에 관한 직권판단

(가) **확인의 소는** 반드시 당사자 간의 법률관계에 한하지 아니하고, 당사자의 **일방과 제3자 사이 또는 제3자 상호 간의 법률관계도** 그 대상이 될 수 있다. 다만, 그 법률관계의 확인이 확인의 이익이 있다고 하기 위해서는, 그 법률관계에 따라 제소자의 권리 또는 법적 지위에 현존하는 위험·불안이 야기되어야 하고, 그 **위험·불안을 제거하기 위하여 그 법률관계를 확인의 대상으로 한 확인 판결에 의하여 즉시 확정할 필요가 있고 또한 그것이 가장 유효·적절한 수단이 되어야 한다.**

자기의 권리 또는 법률상의 지위를 부인하는 상대방이 자기 주장과는 양립할 수 없는 제3자에 대한 권리 또는 법률관계를 주장한다고 하여 **상대방 주장의 그 제3자에 대한 권리 또는 법률관계가 부존재한다는 것만의 확인을 구하는 것은,** 설령 그 확인의 소에서 승소판결을 받는다고 하더라도 그 판결로 인하여 상대방에 대한 관계에서 자기의 권리가 확정되는 것도 아니고 그 판결의 효력이 제3자에게 미치는 것도 아니어서, 그와 같은 **부존재확인의 소는 자기의 권리 또는 법률적 지위에 현존하는 불안·위험을 해소시키기 위한 유효·적절한 수단이 될 수 없으므로 확인의 이익이 없다.**

(나) 원고인 업체들은 **피고 2(B 업체)를 상대로 하여 피고 1 문경시와 피고 2(B 업체)가 2013. 4. 19. 체결한 용역계약의 무효 확인을 구하고 있다.** 그러나 설령 원고들이 피고 2 B 업체를 상대로 한 확인의 소에서 승소판결을 받는다고 하더라도 그 판결로 인하여 피고 2에 대한 관계에서 원고들의 권리가 확정되는 것도 아니고 그 판결의 효력이 피고 문경시에 미치는 것도 아니다. 따라서 **원고들이 피고 2(B 업체)를 상대로 하여 위 용역계약의 무효 확인을 구하는 소는** 자신들의 권리 또는 법률적 지위에 현존하는 불안·위험을 해소시키기 위한 유효·적절한 수단이 될 수 없으므로 **확인의 이익이 없다.**

(2) 피고 1 문경시에 대한 상고이유에 관한 판단

… 행정처분이 행정쟁송절차에 의하여 취소된 경우 행정처분은 그 처분 시에 소급하여 효력을 잃으므로, **위 행정소송이 확정됨으로써 피고 2(B 업체)에 대한 허가처분은 그 처분 시에 소급하여 효력을 잃었다.** 따라서, 피고 2(B 업체)는 애당초 위탁업체 선정절차에 참가할 자격이 없었고, **피고 1 문경시는 수의계약대상자의 자격이 없는 피고 2(B 업체)와 용역계약을 체결한 결과가** 되었다. 그러므로 앞서 본 법리에 따라 수의계약대상자의 자격이 없는 자와 체결한 위 용역계약은 무효이다. 그런데도 이와 달리 위 용역계약이 무효가 아니라고 본 원심판결에는 지방계약법상 수의계약의 효력에 관한 법리를 오해한 잘못이 있다.

➔ 대법원 2015. 4. 23. 선고 2014다236625 판결 [계약무효확인]

▣ 국가계약법

▶ 제10조(경쟁입찰에서의 낙찰자 결정) ① 세입의 원인이 되는 경쟁입찰에서는 최고가격의 입찰자를 낙찰자로 한다. 다만, 계약의 목적, 입찰 가격과 수량 등을 고려하여 대통령령으로 기준을 정한 경우에는 그러하지 아니하다.

② 국고의 부담이 되는 경쟁입찰에서는 다음 각 호의 어느 하나의 기준에 해당하는 입찰자를 낙찰자로 한다.

1. 충분한 계약이행 능력이 있다고 인정되는 자로서 최저가격으로 입찰한 자

2. 입찰공고나 입찰설명서에 명기된 평가기준에 따라 국가에 가장 유리하게 입찰한 자

3. 그 밖에 계약의 성질, 규모 등을 고려하여 대통령령으로 특별히 기준을 정한 경우에는 그 기준에 가장 적합하게 입찰한 자

③ 각 중앙관서의 장 또는 계약담당공무원은 제2항에도 불구하고 공사에 대한 경쟁입찰로서 예정가격이 100억원 미만인 공사의 경우 다음 각 호에 해당하는 비용의 합계액의 100분의 98 미만으로 입찰한 자를 낙찰자로 하여서는 아니 된다.

1. 재료비·노무비·경비

2. 제1호에 대한 부가가치세

▣ 국가계약법 시행령

▶ 제42조(국고의 부담이 되는 경쟁입찰에서의 낙찰자 결정) ① 각 중앙관서의 장 또는 계약담당공무원은 국고의 부담이 되는 경쟁입찰의 경우에는 예정가격 이하로서 최저가격으로 입찰한 자의 순으로 계약이행능력 및 기획재정부장관이 정하는 일자리창출 실적 등을 심사하여 낙찰자를 결정한다.

② 삭제 <2018. 12. 4.>

③ 각 중앙관서의 장 또는 계약담당공무원은 제1항에 불구하고 제18조에 따른 입찰의 경우에는 예정가격 이하로서 최저가격으로 입찰한 자를 낙찰자로 결정한다.

④ 각 중앙관서의 장 또는 계약담당공무원은 제1항에도 불구하고 다음 각 호의 공사 또는 용역입찰에 대해서는 예정가격 이하로 입찰한 입찰자 중 각 입찰자의 입찰가격, 공사수행능력(용역입찰의 경우에는 용역수행능력을 말하며, 제40조 제2항 단서 및 이하에서 같다) 및 사회적 책임 등을 종합 심사하여 합산점수가 가장 높은 자를 낙찰자로 결정한다.

1. 추정가격이 100억원 이상인 공사

2. 「문화재수리 등에 관한 법률」 제2조 제1호에 따른 문화재수리로서 문화재청장이 정하는 공사

3. 「건설기술 진흥법」 제39조 제2항에 따른 건설사업관리 용역으로서 추정가격이 20억원 이상인 용역

4. 「건설기술진흥법 시행령」 제69조에 따른 건설공사기본계획 용역 또는 같은 영 제71조에 따른 기본설계 용역으로서 추정가격이 15억원 이상인 용역

5. 「건설기술진흥법 시행령」 제73조에 따른 실시설계 용역으로서 추정가격이 25억원 이상인 용역

⑤ 제1항에 따른 계약이행능력심사는 해당 입찰자의 이행실적, 기술능력, 재무상태, 과거 계약이행 성실도, 자재 및 인력조달가격·하도급관리계획·외주근로자 근로조건 이행계획의 적정성, 계약질서의 준수정도, 과거공사의 품질정도 및 입찰가격등을 종합적으로 고려하여 기획재정부장관이 정하는 심사기준에 따라 세부심사기준을 정하여 적격여부를 심사하며, 그 심사결과 적격하다고 인정되는 경우 당해 입찰자를 낙찰자로 결정한다. 다만, 공사 또는 물품등의 특성상 필요하다고 인정되는 경우에는 각 중앙관서의 장이 기획재정부장관과의 협의를 거쳐 직접 심사기준을 정할 수 있다.

⑥ 각 중앙관서의 장 또는 계약담당공무원은 제4항에 따른 종합 심사를 실시하려는 경우 입찰자의 계약이행실적, 인력배치계획, 사회적 책임 이행 노력 및 입찰가격 등을 종합적으로 고려하여 기획재정부장관이 정하는 심사기준에 따라 세부심사기준을 정하고, 입찰 전에 입찰에 참가하려는 자가 그 기준을 열람할 수 있도록 해야 한다.

⑦ 각 중앙관서의 장 또는 계약담당공무원은 제4항에 따라 각 입찰자의

입찰가격, 공사수행능력 및 사회적 책임 등을 종합 심사하기 위해 종합심사낙찰제심사위원회(이하 이 조에서 "위원회"라 한다)를 둘 수 있다.

⑧ 위원회는 각 중앙관서별로 그 중앙관서의 소속공무원(「조달사업에 관한 법률 시행령」 제11조에 따라 공사계약의 체결을 조달청장에게 요청한 경우에는 수요기관의 소속공무원을 포함한다), 계약에 관한 학식과 경험이 풍부한 자 등으로 구성하며, 위원회의 구성 및 운영에 관하여 필요한 세부사항은 각 중앙관서의 장이 정한다.

해설

O 낙찰적격심사의 판단기준

국가계약 등에서는 원칙적인 낙찰자 결정방식으로 적격심사제도를 규정하고 있는 바, **적격심사제도는 입찰절차에서 예정가격 이하로서 최저가격으로 입찰한 자의 순으로 계약이행능력 등을 심사하여 낙찰자를 결정하는 제도**이다.

낙찰적격심사가 정당하게 행하여졌는지 여부는 그 **심사가 행하여진 때의 법령과 사실관계를 기준으로 판단**하여야 하고, 낙찰부적격판정이 판정 당시의 객관적인 사실관계에 따라 정당하게 이루어진 것인 이상 그 후의 사정변경은 이를 고려할 것이 아니므로 **사정변경이 있다 하더라도 판정이 부당하게 되지는 않는다고 할 것**이다.

O 낙찰자 결정 후 중요한 내용의 변경

낙찰자 결정은 앞서 살핀 바와 같이 계약의 일방 당사자가 본계약을 청구할 권리를 가지는 한편, 반대 당사자는 본계약을 체결해야할 의무를 가지는 편무예약의 성질을 가진다.

따라서 아직 본계약을 체결한 것은 아니지만 계약의 주요내용에 대하여 당사자의 합치가 있고 낙찰자 결정으로 인하여 확정되었다 할 것이므로 **계약의 당사자인 국가 또는 지방자치단체는 계약의 주요내용을 특별한 사정없이 일방적으로 입찰공고의 내용과 달리 변경하거나 추가할 수 없다는 점을 유**

의할 필요가 있다.

○ 낙찰자 결정 이후 계약거절시 손해배상책임

낙찰자 결정 이후 계약당사자의 일방이 계약의 체결을 거절하는 경우에는 **예약채무불이행으로 손해배상책임**을 지게 되는데, 그 **손해배상의 범위는** 일반적으로 통상의 손해로서 **본계약을 이행하였을 때 얻게 되는 이익인 낙찰금액**이 되겠으나, 그 손해액 산정에서 본계약을 이행하지 않게 됨으로써 **지출을 면하게 되는 제반 비용은 공제**되어야 한다.

○ 낙찰자 지위관련 분쟁발생시 소송가능여부

(1) 낙찰자의 지위와 관련하여 분쟁이 발생하는 경우 그 해결수단으로 낙찰자 지위여부에 대한 확인의 소송 등을 제기할 수 있는데, 그 소송을 제기할 수 있는 자에는 **낙찰자로 결정된 자 뿐만 아니라 낙찰절차의 무효 등으로 인하여 낙찰자 지위를 가질 가능성이 있는 자도 포함**된다고 할 것이다.

(2) 제3자의 계약무효 확인소송을 제기하는 경우 확인소송을 제기할 수 있는 자의 범위와 관련하여 그 **확인의 대상이 되는 법률관계가 계약 당사자간 뿐만 아니라 계약 당사자의 일방과 제3자 사이 내지 제3자간의 법률관계도 포함**될 수 있다.

그러나 그 전제로서 그 법률관계에 따라 제소자의 권리 또는 법적 지위에 현존하는 위험·불안이 야기되어야 하고, 그 위험·불안을 제거하기 위하여 그 법률관계를 확인의 대상으로 한 확인 판결에 의하여 즉시 확정할 필요가 있고 또한 그것이 **가장 유효·적절한 수단이 되어야 한다.**

판결의 대상이 된 사건을 바탕으로 좀 더 구체적으로 의미를 살펴본다면, ○○시와 B 업체의 용역계약에 의하여 A 업체가 자신의 법적 지위에 위험불안이 야기되어 그 위험을 제거하고자 하는 경우 A 업체가 B 업체에게 소를 제기한다면 ○○시와 B 업체간 용역계약의 무효가 A 업체의 권리에 영향이 없으므로 법률상 이익을 인정받을 수 없고, 소송의 대상을 ○○시로 하여야 불안·위험을 해소하기 위한 유효·적절한 수단으로서 법률상 이익을 인정받을 수 있음을 유의할 필요가 있다고 할 것이다.

입찰보증금의 법적 성격

예산회계법에 따라 체결되는 계약은 사법상의 계약이라고 할 것이고 동법 제70조의 5의 **입찰보증금은 낙찰자의 계약체결의무 이행의 확보를 목적으로 하여 그 불이행시에 이를 국고에 귀속시켜 국가의 손해를 전보하는 "사법상의 손해배상 예정"으로서의 성질**을 갖는 것이라고 할 것이므로

입찰보증금의 국고귀속조치는 국가가 사법상의 재산권의 주체로서 행위하는 것이지 공권력을 행사하는 것이거나 공권력작용과 일체성을 가진 것이 아니라 할 것이므로 이에 관한 분쟁은 행정소송이 아닌 **민사소송의 대상이 될 수 밖에 없다고** 할 것이다.

⊃ 대법원 1983. 12. 27. 선고 81누366, 95다48117, 2003다63661 판결

관련 법령

▣ 국가계약법

▶ 제9조(입찰보증금) ① 각 중앙관서의 장 또는 계약담당공무원은 **경쟁입찰에 참가하려는 자에게 입찰보증금을 내도록 하여야 한다.** 다만, 대통령령으로 정하는 경우에는 입찰보증금의 전부 또는 일부의 납부를 면제할 수 있다.

② 제1항에 따른 입찰보증금의 금액, 납부방법, 그 밖에 필요한 사항은 대통령령으로 정한다.

③ 각 중앙관서의 장 또는 계약담당공무원은 **낙찰자가 계약을 체결하지 아니하였을 때에는 해당 입찰보증금을 국고에 귀속시켜야 한다.** 이 경우 제1항 단서에 따라 입찰보증금의 전부 또는 일부의 납부를 면제하였을 때에는 대통령령으로 정하는 바에 따라 입찰보증금에 해당하는 금액을 국고에 귀속시켜야 한다.

O 입찰보증금의 법적 성격

입찰보증금의 법적 성격과 관련하여 판례는 특별한 사정이 없는 한 원칙적으로 **위약금의 일종으로서 손해배상액의 예정**으로 본다.

입찰보증금은 낙찰자의 계약체결의무 이행확보를 목적으로 하여 그 불이행이 있는 경우 국가에 발생하는 손해를 담보하기 위한 것이므로 **낙찰자의 계약체결의무 불이행에 있어 그 귀책사유가 인정되어야 할** 것이다.

O 입찰보증금의 국고귀속조치

입찰보증금은 낙찰자가 계약을 체결하지 아니하였을 때 국고에 귀속된다고 규정하고 있으므로 **적법한 낙찰자 지위를 전제**로 하는 것으로서 낙찰자가 되기 전에 계약을 포기하는 경우 또는 입찰이 무효가 되어 낙찰도 무효가 되는 경우에는 국고에 귀속할 수 없다고 할 것이다.

입찰보증금의 국고귀속조치는 공권력을 행사하는 것이거나 공권력작용과 일체성을 가진 것이 아니라 **국가가 사법상의 재산권의 주체로서 행위**하는 것이다.

Public contracts understood as precedents

계약의 체결과 계약조건

III. 계약의 체결과 계약조건

1 개설

가. 공공계약의 계약서 작성 원칙과 예외적 생략

(1) 계약서 작성의무

일반 사법상의 계약의 경우에는 계약서의 작성이 계약의 효력을 발생하는 필수적인 요소가 아니지만, **국가계약 등의 경우에는 계약을 체결할 때 반드시 계약서를 작성**하여야 한다.

이는 계약의 내용을 명확히 하고 국가가 사인과 계약을 체결할 때 적법한 절차에 따를 것을 담보하려는 취지라 할 것이다.

따라서, 계약담당 공무원과 계약상대자가 **계약서에 서명하고 날인하거나 서명함으로써 계약이 확정**된다(국가계약법 제11조).

(2) 계약서 작성의 예외적 생략

계약금액이나 거래의 형태 및 계약의 성질 등을 고려하여 계약서를 작성하는 것이 불필요하거나 적합하지 않다고 보여지는 다음의 사유에 해당하는 경우에는 **계약서의 작성을 생략**할 수 있다(국가계약법 시행령 제49조).

(1) 계약금액이 3천만원 이하인 계약을 체결하는 경우

(2) 경매에 부치는 경우

(3) 물품매각의 경우에 있어서 매수인이 즉시 대금을 납부하고 그 물품을 인수하는 경우

(4) 각 국가기관 및 지방자치단체 상호간에 계약을 체결하는 경우

(5) 전기·가스·수도의 공급계약 등 성질상 계약서의 작성이 필요하지 아니한 경우

나. 계약서의 기재사항

계약서에는 다음의 사항 등을 기재하여야 한다(국가계약법 제11조 제1항).

(1) 계약의 목적 (2) 계약금액 (3) 이행기간 (4) 계약보증금 (5) 위험부담 (6) 지체상금(遲滯償金) (7) 그 밖에 필요한 사항

다. 청렴계약

(1) 의의 및 필요성

(가) 청렴계약은 국가계약을 체결하는 경우 입찰자 또는 계약상대자로 하여금 **입찰·낙찰, 계약체결 또는 계약이행 등의 과정**(준공·납품 이후를 포함한다)에서 **직접적·간접적으로 금품·향응 등을 주거나 받지 아니할 것을 약정**하게 하고 이를 지키지 아니한 경우에는 해당 **입찰·낙찰을 취소하거나 계약을 해제·해지할 수 있다는 조건의 계약**(이하 "청렴계약"이라 한다)을 말한다(국가계약법 제5조의2).

이는 국가계약의 투명성과 공공성을 확보하기 위한 것으로서 기존의 청렴서약서가 효력이 불분명하고, 제재수단이 없다는 문제점들을 개선하기 위하여 2012. 12. 18. 개정시에 도입되었다.

(나) 반면, **지방계약법과 방위사업법**은 국가계약법과 달리 **청렴계약이 아닌 청렴서약서를 제출**하도록 하고 있다(지방계약법 제6조의2/방위사업법 제6조).

(2) 청렴계약의 내용

입찰자가 입찰시에 다음의 내용을 포함한 청렴계약서를 제출하여야 한다(국가계약법 시행령 제4조의2).

(가) 금품, 향응, 취업제공 및 알선 등의 요구·약속과 수수(授受) 금지 등에 관한 사항

(나) 입찰가격의 사전 협의 또는 특정인의 낙찰을 위한 담합 등 공정한 경쟁을 방해하는 행위의 금지에 관한 사항

(다) 공정한 직무수행을 방해하는 알선·청탁을 통하여 입찰 또는 계약과 관

련된 특정 정보의 제공을 요구하거나 받는 행위의 금지에 관한 사항

(3) 청렴의무의 위반

청렴의무를 위반하는 경우에는 **해당 입찰, 낙찰을 취소하거나 계약을 해제, 해지**하여야 한다(국가계약법 제5조의3).

또한, 담합행위 등 부정당업자 제재사유에 해당되는 경우 **입찰 참가자격 제한처분**도 받게 된다(국가계약법 제27조).

2. 계약서의 작성과 효력

계약의 요건과 절차를 거치지 아니한 계약의 효력

구 국가를 당사자로 하는 계약에 관한 법률(2012. 12. 18. 법률 제11547호로 개정되기 전의 것, 이하 '국가계약법'이라 한다) 제11조 제1항은 "각 중앙관서의 장 또는 계약담당공무원은 계약을 체결하고자 할 때에는 **계약의 목적·계약금액·이행기간·계약보증금·위험부담·지체상금 기타 필요한 사항을 명백히 기재한 계약서를 작성하여야 한다.** 다만 대통령령이 정하는 경우에는 이의 작성을 생략할 수 있다."고 규정하고, 같은 조 제2항은 "제1항의 규정에 의하여 계약서를 작성하는 경우에는 그 담당공무원과 **계약상 대자가 계약서에 기명·날인 또는 서명함으로써 계약이 확정된다.**"고 규정하고 있다.

국가계약법의 이러한 규정내용과 국가가 일방당사자가 되어 체결하는 계약의 내용을 명확히 하고 국가가 사인과 계약을 체결할 때 적법한 절차에 따를 것을 담보하려는 규정의 취지 등에 비추어 보면, **국가가 사인과 계약을 체결할 때에는 국가계약법령에 따른 계약서를 따로 작성하는 등 그 요건과 절차를 이행**하여야 할 것이고, 설령 국가와 사인 사이에 계약이 체결되었더라도 이러한 **법령상 요건과 절차를 거치지 아니한 계약은 그 효력이 없다고** 할 것이다.

각서 제출, 이행보증금 납부 등의 사정만 있는 경우 계약의 효력

원심은 그 채택 증거를 종합하여 판시와 같은 사실을 인정한 다음, 기존 이행보증금 정산약정에 대하여는 국가계약법이 정하고 있는 **명시적 내용이 기재된 계약서를 작성하는 등의 법령상 요건과 절차를 거쳤다는 사정이** 보이지 아니하고, 이 사건 선정계획 공고의 내용과 원고가 그 공고 내용에 따라 피고에게 이행보증금 납부에 관한 **각서 등 부두운영회사 선정에 필요한 서류를 작성하여** 제출하고 이 사건 선정계획에 따른 **이행보증금을 납부하였다는 사정만으로** 원고와 피고 사이에 이행보증금 정산과 관련한 **유효한 계약이 성립되었다고 볼 수 없으므로,** 기존 이행보증금 정산약정은 국가계약법상의 요건과 절차를 거치지 아니한 **무효의 약정으로서 피고는 당초부터 원고에게 이행보증금을 청구할 계약상의 근거가 없었다고** 판단하였다.

원심판결 이유를 앞서 본 법리와 기록에 비추어 살펴보면 원심의 이러한 판단은 정당한 것으로 수긍이 가고 … 판결 결과에 영향을 미친 위법이 없다.

➲ 대법원 2015. 1. 15. 선고 2013다215133 판결 등

┌───┐
│ **계약서 작성을 생략할 수 있는 경우**

사실관계

① 원고는 2013. 4. 23. 피고인 대한민국에게 이 사건 **토지의 대부를 요청하는 신청서** 를 보내고 그 무렵 이 사건 토지에 관한 2013. 4. 10.부터 2014. 4. 9.까지의 **대부료로 104,730원을 납부**함.

② 이에 피고는 2013. 4. 25. 원고에게 이 사건 안내문과 함께 2013. 4. 10.자로 작성된 '국유재산 대부계약서'를 송부하였는데, 이 사건 안내문에는 대부기간이 2013. 4. 10.부터 2018. 4. 9.까지 5년으로, 연간대부료가 104,730원(다만 2차 연도 이후의 대부료는 재산가액이 변동됨에 따라 달라질 수 있다)으로 각 기재되어 있음.

③ 원고는 2014. 4. 10. 피고에게 이 사건 토지에 관한 2014. 4. 10.부터 2015. 4. 9.까지의 **대부료로 109,960원을 납부**함.

대법원의 판단

국가계약법 제11조 제1항 단서 등에서 이와 같이 일정한 경우 계약서의 작성을 생략할 수 있다고 규정하고 있는 것은, 계약금액이나 거래의 형태 및 계약의 성질 등을 고려하여 일정한 경우에는 국가계약법 제11조 등에서 정한 요건과 절차에 따라 계약서를 작성하는 것이 불필요하거나 적합하지 않다는 정책적 판단에 따른 것이므로, **국가계약법 제11조 제1항 단서에 의하여 계약서의 작성을 생략할 수 있는 때에는 국가계약법에서 정한 요건과 절차에 따라 계약서가 작성되지 아니하였다고 하더라도 계약의 주요내용에 대해 당사자 사이에 의사합치가 있다면 그 계약의 효력을 인정**하는 것이 타당하다.

... 사실관계에 의하면 원고 2와 피고 사이에 체결하고자 한 대부계약은 국가계약법 시행령 제49조 제1호에서 정한 '**계약금액이 3,000만 원 이하인 계약**'으로서 **계약서의 작성을 생략할 수 있는 경우에 해당**하는 것이 분명하므로, 앞서 본 법리에 비추어 볼 때 계약서가 작성되지 아니하였다고 하더라도 대부계약의 주요내용에 대해 **당사자 사이에 의사합치가 있는 때에는 계약의 효력이 있다**고 할 것이다. ...

⊃ 대법원 2018. 9. 13. 선고 2017다252314 판결 [소유권말소등기]
└───┘

관련 법령

◼ 국가계약법

▶ 제11조(계약서의 작성 및 계약의 성립) ① 각 중앙관서의 장 또는 계약담당공무원은 계약을 체결할 때에는 **다음 각 호의 사항을 명백하게 기재한 계약서를 작성하여야 한다. 다만, 대통령령으로 정하는 경우에는 계약서의 작성을 생략**할 수 있다.

1. 계약의 목적

2. 계약금액

3. 이행기간

4. 계약보증금

5. 위험부담

6. 지체상금(遲滯償金)

7. 그 밖에 필요한 사항

② 제1항에 따라 계약서를 작성하는 경우에는 그 **담당 공무원과 계약상대자가 계약서에 기명하고 날인하거나 서명함으로써 계약이 확정**된다.

▣ 국가계약법 시행령

▶ 제48조(계약서의 작성) ① 법 제11조 제1항 본문의 규정에 의하여 각 중앙관서의 장 또는 계약담당공무원이 작성하는 계약서의 서식 기타 필요한 사항은 기획재정부령으로 정한다.

② 계약서에는 담당공무원이 기명날인하여야 한다. 다만, 외국인과 계약을 체결하는 경우 기타 특별한 사유가 있는 경우에는 서명으로써 이에 갈음할 수 있다.

▶ 제49조(계약서 작성의 생략) 법 제11조 제1항 단서의 규정에 의하여 **계약서의 작성을 생략할 수 있는 경우**는 다음 각 호와 같다.

1. 계약금액이 3천만원 이하인 계약을 체결하는 경우

2. 경매에 부치는 경우

3. 물품매각의 경우에 있어서 매수인이 즉시 대금을 납부하고 그 물품을 인수하는 경우

4. 각 국가기관 및 지방자치단체 상호간에 계약을 체결하는 경우

5. 전기·가스·수도의 공급계약 등 성질상 계약서의 작성이 필요하지 아니한 경우

○ 앞서 살핀 바와 같이 **국가가 사인과 계약을 체결할 때에는 국가계약법령에 따른 계약서를 따로 작성하는 등 그 요건과 절차를 이행**하여야 할 것이고, 설령 국가와 사인 사이에 계약이 체결되었더라도 이러한 **법령상 요건과 절차를 거치지 아니한 계약은 그 효력이 없다**고 할 것이다.

또한, 담당공무원과 **계약상대자가 계약서에 기명·날인 또는 서명함으로써 계약이 확정된다.**

○ 다만, 계약금액이나 거래의 형태 및 계약의 성질 등을 고려하여 계약서를 작성하는 것이 불필요하거나 적합하지 않다고 보여지는 경우에는 계약서의 작성을 생략할 수 있다.

계약일반조건과 계약특수조건의 관계(우선순위)

원심의 판단

(1) 일반조건에서 '계약담당공무원은 국가를 당사자로 하는 계약에 관한 법령, 물품관련 법령 및 이 조건에 정한 계약일반사항 외에 당해 계약의 적정한 이행을 위하여 필요한 경우 특수조건을 정하여 계약을 체결할 수 있다.'고 규정함으로써(제3조 제2항) **특수조건을 정하는 근거를 마련함과 동시에** '특수조건에서 국가를 당사자로 하는 계약에 관한 법령에 의한 계약상대자의 계약상 이익을 제한하는 내용을 정할 경우 그 특수조건은 효력이 인정되지 아니한다'고 규정함으로써(제3조 제3항) **특수조건의 범위 내지 한계까지 정하고 있고 ...**

일반조건에서 특수조건의 체결 근거는 물론, 그 범위 내지 한계까지 규정한 점에 비추어 볼 때, **일반조건이 특수조건에 우선한다고 봄이 상당하고,..**

(2) **'다른 계약문서에서 특수조건과 달리 정한 사항에 대하여는 특수조건에서 정한 바에 따른다.'고 규정한 특수조건 제3조 제1항을 해석함에 있어**

"다른 계약문서"에 일반조건을 포함시켜 일반조건과 달리 정한 **특수조건이 일반조건에 우선한다고 새긴다면,** 위 특수조건 제3조 제1항은 코스관리손실에 관한 특수조건 제7조 제3항과 결합하여 **관계 법령 내지 일반조건에서 정한 계약상대자의 이익을 제한하는 조항으로서** 일반조건 제3조 제3항에 의하여 무효라고 보아야 할 것이므로,

특수조건 제3조 제1항 소정의 특수조건에 우선하지 못하는 "다른 계약문서"에 일반조건은 포함되지 않는다고 보아야 하고, ...

대법원의 판단

물품구매계약 특수조건은 물품구매계약 일반조건 제3조 제2항에 의하여 관계 법령이나 물품구매계약 일반조건에 정한 계약일반사항 외에 당해 계약의 적정한 이행을 위하여 체결된 것이므로,

물품구매계약 **특수조건 제3조 제1항의 '다른 계약문서'에서 '일반조건'을 제외하는 것으로 해석한다면 물품구매계약 특수조건을 규정한 취지를 몰각시키게 될 위험이 있는 점, 국가를 당사자로 하는 계약의 본질은 사인 간의 계약과 다를 바 없는 점 등을 참작하면 특수조건 제3조 제1항의 '다른 계약문서'에 '물품구매계약 일반조건'을 제외할 이유가 없다.**

➲ 대법원 2012. 12. 27. 선고 2012다15695 판결 [물품대금]

---

(1) 약관의 규제에 관한 법률의 규제 대상인 '약관'이라 함은 그 명칭이나 형태 또는 범위를 불문하고 계약의 일방 당사자가 다수의 상대방과 계약을 체결하기 위하여 일정한 형식에 의하여 미리 마련한 계약의 내용이 되는 것을 말하고, **구체적인 계약에서 일방 당사자와 상대방 사이에 교섭이 이루어져 계약의 내용으로 된 조항은 일방적으로 작성된 것이 아니므로 약관의 규제에 관한 법률의 규제 대상인 약관에는 해당하지 않는다**(대법원 2008. 2. 1. 선고 2005다74863 판결 등 참조).

(2) 원심은, 이 사건 지체상금 산정의 기준금액을 이 사건 계약의 총 부기금액으로 하도록 정한 이 사건 계약의 '**용역계약 특수조건**' 제32조 제7항은, 원·피고가 이 사건 계약을 체결할 당시 계약의 특수성을 고려하여 쌍방의 합의에 의하여 성립된 것이어서, 위 조항은 약관의 규제에 관한 법률의 적용대상인 '약관'에 해당하지 않는다고 판단하였다.

앞서 본 법리와 기록에 비추어 살펴보면, 원심의 위와 같은 판단은 옳고, 거기에 상고이유 주장과 같은 약관의 규제에 관한 법률에 관한 법리오해 등의 위법이 없다.

⊃ 대법원 2011. 2. 10. 선고 2009다81906 판결 [부당이득금]

관련 법령

▣ 약관의 규제에 관한 법률(약칭: 약관법)

　▶ 제2조(정의) 이 법에서 사용하는 용어의 정의는 다음과 같다.

　　1. "**약관**"이란 그 명칭이나 형태 또는 범위에 상관없이 계약의 한쪽 당사자가 여러 명의 상대방과 계약을 체결하기 위하여 일정한 형식으로 미리 마련한 계약의 내용을 말한다. ...

　▶ 제6조(일반원칙) ① 신의성실의 원칙을 위반하여 공정성을 잃은 약관 조항은 무효이다.

　② 약관의 내용 중 다음 각 호의 어느 하나에 해당하는 내용을 정하고 있는 조항은 공정성을 잃은 것으로 추정된다.

　1. 고객에게 부당하게 불리한 조항

　2. 고객이 계약의 거래형태 등 관련된 모든 사정에 비추어 예상하기 어려운 조항

3. 계약의 목적을 달성할 수 없을 정도로 계약에 따르는 본질적 권리를 제한하는 조항

■ 국가계약법 시행령

▶ 제48조(계약서의 작성) ① 법 제11조 제1항 본문의 규정에 의하여 각 중앙관서의 장 또는 계약담당공무원이 작성하는 계약서의 서식 기타 필요한 사항은 기획재정부령으로 정한다.

■ 국가계약법 시행규칙

▶ 제49조(계약서의 작성) ① 각 중앙관서의 장 또는 계약담당공무원은 계약상대자를 결정한 때에는 지체없이 별지 제7호 서식, 별지 제8호 서식 또는 별지 제9호 서식의 표준계약서에 의하여 계약을 체결하여야 한다.
② 각 중앙관서의 장 또는 계약담당공무원은 제1항의 규정에 의한 표준계약서에 기재된 계약일반사항 외에 **당해계약에 필요한 특약사항을 명시하여 계약을 체결**할 수 있다.

해설

O 계약일반조건과 계약특수조건의 관계
국가 등 발주기관과 업체간 계약시 일반적으로 **계약일반조건 외에** 각 발주기관이 마련해 놓은 **계약특수조건을 바탕으로 당사자의 합의에 의하여 계약을 체결**한다.

여기서 **계약일반조건과 계약특수조건의 관계는** 계약특수조건의 약정 취지를 고려할 때 **계약특수조건이 우선**한다고 할 것이다.

O 계약특수조건의 약관여부
(1) "약관"이란 그 명칭이나 형태 또는 범위에 상관없이 계약의 한쪽 당사자가 여러 명의 상대방과 계약을 체결하기 위하여 일정한 형식으로 미리 마련한 계약의 내용을 말한다.

이때, 계약특수조건이 일반적인 약관으로 인정된다면 약관의 규제에 관한 법률에 따라 약관에 대한 규제내용도 적용이 될 것이다.

(2) 이와 관련하여 판례에 의하면 계약특수조건상 해당 조항에 대하여 계약의 일방 당사자에 의하여 일방적으로 작성된 것이 아니라 **양 당사자들의 교섭과 합의에 의하여 계약의 내용으로 성립된 경우에는 약관의 규제에 관한 법률의 적용대상인 약관이 아니라고 판단**하였다.

(3) 그러나, 각 발주기관의 모든 계약특수조건이 일괄적으로 약관이라거나 약관이 아니라고 판단하기는 힘들다고 할 것이고, 각 **개별적인 사안에서 양 당사자의 합의에 의한 계약의 편입여부를 살펴봐야 할 것**이다.

판례 4. 계약조건상 부당특약

┌─ 부당특약으로서 무효판단 기준 ─────────────────────────────┐

(1) 국가를 당사자로 하는 계약에 관한 법률 시행령(이하 '국가계약법 시행령'이라 한다) 제4조[1]는 '계약담당공무원은 계약을 체결함에 있어서 **국가계약법령 및 관계 법령에 규정된 계약상대자의 계약상 이익을 부당하게 제한하는 특약 또는 조건을 정하여서는 아니 된다.'**고 규정하고 있으므로, 공공계약에서 계약상대자의 계약상 이익을 부당하게 제한하는 특약은 효력이 없다.

(2) 어떠한 특약이 계약상대자의 계약상 이익을 부당하게 제한하는 것으로서 국가계약법 시행령 제4조에 위배되어 효력이 없다고 하기 위해서는

그 특약이 **계약상대자에게 다소 불이익하다는 점만으로는 부족**하고,
국가 등이 계약상대자의 **정당한 이익과 합리적인 기대에 반하여 형평에 어긋나는 특약을 정함으로써 계약상대자에게 부당하게 불이익을 주었다는 점이 인정**되어야 한다.

⊃ 대법원 2017. 12. 21. 선고 2012다74076 전원합의체 판결 [부당이득금반환등]

└───┘

┌─ '차액보증금의 예금시 이자의 귀속' 규정의 특약금지여부 ──────────┐

(1) **국가가** 구 예산회계법 제93조가 정하는 차액보증금을 보관하였다가 계약 상대방이 계약을 이행하여 이를 계약 상대방에게 환급하게 되는 경우에는 그에 대하여 소정의 이자를 가산하여 지급하도록 하는 정부보관금취급규칙의 위 규정들은 **지방자치단체가** 구 예산회계법 제93조가 정하는 차액보증금을 보관하였다가 계약 상대방이 계약을 이행하여 이를 계약 상대방에게 환급하게 되는 경우에도 준용 또는 유추 적용된다고 보아야 할 것이다.

(2) 한편 피고 시의 재무회계규칙은 피고 시 내부의 업무처리 기준을 정한 행정규칙에 불과하여 원고를 구속하는 법규적인 효력을 가지는 것으로 볼 수 없을 뿐만 아니라 위 재무회계규칙 제85조는 '세입·세출 외 현금을 예금함으로써 생기는 이자는 법령, 조례(에 따로 정한 경우) 또는 기금의 조성이 필요한 경우와 계약에 따로 정한 것을 제외하고는 시에 귀속하며 예산에 편입하여야 한다.'고 규정하고 있는바,

└───┘

─────────────────

1 현행 법령은 국가계약법 제5조 제3항으로 개정됨.

그 해석상 구 예산회계법 제93조와 그 시행령 제123조가 정하는 바에 따라 납부받은 차액보증금을 예금함으로써 생기는 이자는 같은 조에서 규정하는 '법령에 따라 정한 경우'에 해당하여 피고 시에 귀속할 수 없는 것으로 해석하여야 할 것이고, 구 지방재정법시행령 제70조에 의하여 지방자치단체를 당사자로 하는 계약에 준용되는 구 예산회계법시행령 제64조에 따르면 지방자치단체의 장은 계약을 체결함에 있어서 구 예산회계법과 그 시행령 및 관계 법령에 규정된 계약상대자의 계약상 이익을 부당하게 제한하는 특약 또는 조건을 정하여서는 아니 된다는 것이므로

피고가 주장하는 바와 같이 원고와 피고가 이 사건 계약을 체결함에 있어서 **이 사건 차액보증금을 예금함으로써 생기는 이자를 피고 시에 귀속시키기로 하는 묵시적인 약정**이 있었다 하더라도 그와 같은 약정은 구 예산회계법과 그 시행령 및 관계 법령인 정부보관금취급규칙에 규정된 계약상대자의 **계약상 이익을 부당하게 제한하는 특약**으로서 효력을 가질 수 없다 할 것이다.

➲ 대법원 1998. 4. 28 선고 97다51223 판결 [부당이득금반환]

기술사용료를 업체에 전가시키는 특약의 금지여부

원심은, 지방자치단체를 당사자로 하는 계약에 관한 법률, 같은 법 시행령 및 같은 법 시행규칙을 비롯한 여러 규정에서 지방자치단체에 입찰예정가격을 정할 의무를 지우고 그 구체적인 산정방법과 절차에 관하여 상세히 규정하고 있는 점 및 **적격심사입찰에** 있어서 예정가격 또는 기초금액의 결정은 공사 등에 소요되는 **비용항목의 적정성을** 따져서 모두 포함시켜야 하고, 이를 누락한 경우에 누락한 비용항목의 비중이 클 때에는 그로 인한 부담을 계약상대자에게 부담시키는 특약은 위 법 제6조 제1항의 계약상대자의 계약상 이익을 부당하게 제한함과 동시에 공공성과 공정성을 현저히 침해한 때에 **해당**한다고 전제한 다음,

이 사건 각 특약은 피고(전라남도)가 부담하여야 할 **기술사용료를 원고들(업체)에게 전가시키는 약정으로서 계약상대자의 계약상의 이익을 부당하게 제한하는 특약이므로** 위 법 제6조 제1항에 위반되어 무효라고 판단하고, 원고들의 피고에 대한 주위적 청구인 이 사건 부당이득 반환 청구를 모두 인용하였다.

앞서 본 법리와 기록에 비추어 살펴보면, 원심의 이와 같은 판단은 정당한 것으로 수긍이 가고, 거기에 상고이유 주장과 같은 이 사건 각 특약의 효력에 관한 법리오해나 심리미진의 위법이 없다.

➲ 대법원 2013. 2. 14. 선고 2012다202017 판결 [부당이득금반환]

※ 이 판결의 구체적인 내용은 후설한다(Ⅴ. 계약의 이행/4. 계약금액의 조정 참조).

사실관계(국가계약법상 지체상금 외에 별도 지체상금을 가산하는 특수조건 포함)

국가계약법 시행령 및 시행규칙에서 … 지체상금을 산정한다고 규정하고 있는데도, 특수조건(제7조 제3항)에서는 위와 같이 계산한 **지체상금과는 별도로** '코스관리손실'이란 명목으로 이 사건과 같은 비료 및 살충제 납품의 경우 1일 납품지연에 계약금액의 3%의 비율로 계산한 **지연손해금을 가산하도록 규정**함.

대법원의 판단

구 국가를 당사자로 하는 계약에 관한 법률 시행령(2009. 5. 6. 대통령령 제21480호로 일부 개정되기 전의 것, 이하 **'국가계약법 시행령'**이라 한다) 제4조는 "각 중앙관서의 장 또는 그 위임·위탁을 받은 공무원(이하 "계약담당공무원"이라 한다)은 계약을 체결함에 있어서 법, 이 영 및 관계 법령에 규정된 **계약상대자의 계약상 이익을 부당하게 제한하는 특약 또는 조건을 정하여서는 아니 된다.**"고 규정하고 있고, **물품구매계약 일반조건** 제3조 제2항은 "계약담당공무원은 「국가를 당사자로 하는 계약에 관한 법령」, 물품관련 법령 및 이 조건에 정한 계약일반사항 외에 당해 계약의 적정한 이행을 위하여 필요한 경우 물품구매계약 특수조건을 정하여 계약을 체결할 수 있다."고, 제3항은 "제2항에 따라 물품구매계약 특수조건에 「국가를 당사자로 하는 계약에 관한 법령」, 물품관련 법령 및 이 조건에 의한 **계약상대자의 계약상 이익을 제한하는 내용이 있는 경우 특수조건의 동 내용은 효력이 인정되지 아니한다.**"고 각 규정하고 있는 바,

앞서 본 법리에 비추어 보면 물품구매계약 일반조건 제3조 제3항은 국가계약법 시행령 제4조를 배제하거나 그에 모순되게 규정된 것이 아니라 **국가계약법 시행령 제4조를 구체화한 내용**으로 보일 뿐이므로 이를 해석함에 있어서도 국가계약법 시행령 **제4조의 입법 취지에 맞게 '계약상대자의 계약상 이익을 부당하게 제한하는 경우'**에 한하여 물품구매계약 특수조건의 효력이 인정되지 않는다고 보아야 할 것이다.

따라서 원심으로서는 이 사건 **특수조건 제7조 제3항이 부당하게 계약상대방의 계약상의 이익을 제한하는 것인지 여부에 대하여 심리·판단한 후 그 결과에 따라 피고의 주장을 배척할 것인지 여부를 판단**하였어야 하는 데도, 이에 대한 심리를 전혀 하지 아니한 채 특수조건 제7조 제3항이 무조건 일반조건 제3조 제3항에 위배되어 무효라고 판단한 것은 일반조건 제3조 제3항의 해석에 관한 법리를 오해한 위법이 있고, 이는 판결 결과에 영향을 미쳤음이 분명하다.

그리고 지체상금의 약정은 하나의 계약에 대하여도 여러 번 행하여 질 수도 있으므로 **지체상금이 부당하게 과다한 것인지 여부는 각 약정된 지체상금률에 의하여 계산된 총 지체상금을 기준으로 판단하여야 함**을 지적해 둔다.

⊃ 대법원 2012. 12. 27. 선고 2012다15695 판결 [물품대금]

(1) 원심은, 그 판시와 같은 사실을 인정한 다음 그 판시와 같은 여러 사정들을 종합하면, 이 사건 계약의 '용역계약 특수조건' 제32조 제7항에서 최종 납기 지연으로 인한 **지체상금에 관하여 연도별 계약금액이 아닌 총계약금액을 기준으로 산정하도록 규정한 것은**, 원고와 피고가 이 사건 **계약 내용의 불가분성을 전제로 하여 지체상금에 관하여 연도별 계약금액이 아닌 총계약금액을 기준으로 산정하기로 특별히 합의한 결과**라고 봄이 상당하고,

(2) 따라서 이 사건 계약은 성질상 분할할 수 없는 용역계약으로서 구 국가를 당사자로 하는 계약에 관한 법률 시행령(2006. 5. 25. 대통령령 제19483호로 개정되기 전의 것) 제74조 제2항에서 지체상금 산정시 계약금액에서 기성 부분 또는 기납 부분을 공제하도록 정한 경우에 해당하지 않으므로,

원고와 피고가 이 사건 계약에서 연도별 계약금액이 아닌 총계약금액을 기준으로 지체상금을 산정하기로 합의하였다고 하더라도, 그 **합의가 국가를 당사자로 하는 계약에 관한 법률 시행령 등에서 보장한 원고의 계약상 이익을 부당하게 제한하는 특약에 해당하는 것으로 국가를 당사자로 하는 계약에 관한 법률 시행령 제4조에 위배되어 무효라고 할 수 없다고 판단하였다.**

관계 법리와 기록에 비추어 살펴보면, 원심의 위와 같은 조치는 수긍할 수 있고, 거기에 상고이유 주장과 같은 장기계속계약에서 지체상금의 적용기준이 되는 금액 및 그 기준금액 산정시 기성·기납부분 공제 등에 관한 법리오해나 판결 결과에 영향을 미친 판단유탈 등의 위법이 없다.

⊃ 대법원 2011. 2. 10. 선고 2009다81906 판결 [부당이득금]

계약담당자 등은 위 규정의 취지에 배치되지 않는 한 개별 계약의 구체적 특성, 계약이행에 필요한 물품의 가격 추이 및 수급 상황, 환율 변동의 위험성, 정책적 필요성, 경제적 변동에 따른 위험의 합리적 분배 등을 고려하여 **계약상대자와 물가변동에 따른 계약금액 조정 조항의 적용을 배제하는 합의를 할 수 있다.**

계약금액을 구성하는 각종 품목 등의 가격은 상승할 수도 있지만 하락할 수도 있는데, 공공계약에서 위 조항의 적용을 배제하는 특약을 한 후 계약상대자가 이를 신뢰하고 환 헤징(hedging) 등 물가변동의 위험을 회피하려고 조치하였음에도 이후 물가하락을 이유로 국가 등이 계약금액의 감액조정을 요구한다면 오히려 계약상대자가 예상하지 못한 손실을 입을 수 있는 점에 비추어도 그러하다.

공공계약의 성격, 국가계약법령상 물가변동으로 인한 계약금액 조정 규정의 내용과 입법 취지 등을 고려할 때, 위 규정은 국가 등이 사인과의 계약관계를 공정하고 합리적·효율적으로 처리할 수 있도록 계약담당자 등이 지켜야 할 사항을 규정한 데에 그칠 뿐이고, 국가 등이 계약상대자와의 합의에 기초하여 계약당사자 사이에만 효력이 있는 특수조건 등을 부가하는 것을 금지하거나 제한하는 것이라고 할 수 없으며, 사적 자치와 계약자유의 원칙상 그러한 계약 내용이나 조치의 효력을 함부로 부인할 것이 아니다.

⊃ 대법원 2017. 12. 21. 선고 2012다74076 전원합의체 판결 [부당이득금반환등]

※ 이 판결의 구체적인 내용은 후설한다(V. 계약의 이행/4. 계약금액의 조정 참조).

변경계약에서 원가관련 사후정산 조항 추가 특약의 금지여부

사실관계

○ 폐기물처리업의 허가를 받은 업체들(원고)은 2011. 2. 1. 피고 ○○시의 시장으로부터 원고들이 ○○시에서 발생하는 음식물류 폐기물의 수집·운반, 가로 청소, 재활용품의 수집·운반 업무를 대행할 것을 위탁받고, 각각 피고와 위 대행 업무에 관한 도급계약(이하 '이 사건 최초계약'이라 한다)을 체결함

○ 원고들은 2011. 11. 30. 피고와 이 사건 최초계약 중 계약기간과 계약금액을 변경하고, 계약 내용에 위 기간 동안 발생한 대행료 중 일부를 정산하기로 하는 조항(이하 '이 사건 정산조항'이라 한다)을 추가하는 변경계약(이하 '이 사건 변경계약'이라 한다)을 체결함

대법원의 판단

(1) 구 지방계약법 제6조 제1항에 따라 공공계약에서 계약상대방의 계약상 이익을 부당하게 제한하는 특약은 효력이 없으나, 이에 해당하기 위해서는 그 특약이 계약상대방에게 다소 불이익하다는 점만으로는 부족하고 지방자치단체 등이 계약상대방의 정당한 이익과 합리적인 기대에 반하여 형평에 어긋나는 특약을 정함으로써 계약상대방에게 부당하게 불이익을 주었다는 점이 인정되어야 한다. 계약상대방의 계약상 이익을 부당하게 제한하는 특약인지는 그 특약에 의하여 계약상대방에게 생길 수 있는 불이익의 내용과 정도, 불이익 발생의 가능성, 전체계약에 미치는 영향, 당사자들 사이의 계약체결과정, 관계 법령의 규정 등 모든 사정을 종합하여 판단하여야 한다.

(2) … 원심판결 이유에 따르면, 다음의 사실을 알 수 있다.
 ① 원고들과 피고는 이 사건 변경계약 체결 전인 2011. 11. 10., 2011. 11. 16., 2011. 11. 28. 세 차례에 걸쳐 이 사건 변경계약의 사후정산조항의 추가 여부

에 관하여 협의를 하였다.

② 위 계약 체결을 위한 협의 과정에서 그 내용이 수정되었다.

③ 이 사건 변경계약 이후 피고는 원고들로부터 사후정산의 근거가 되는 증빙자료를 제출받아 외부용역기관인 사단법인 경남경영경제연구원에 정산검사를 의뢰하였다.

위와 같은 사실에 따르면, 원고들과 피고는 협의를 거쳐 이 사건 정산조항이 포함된 이 사건 변경계약을 체결한 것으로 볼 수 있고, 그 문언에 따라 정산의무를 부담하는 것으로 해석함이 타당하다. 이 사건 정산조항이 정산 후 차액반환의무를 배제한 채 단순히 대행료 원가를 검증할 수 있는 자료제출 의무와 검증권한만을 정한 것으로 볼 만한 사정이 없다.

(3) 적법하게 채택한 증거와 기록에 따라 인정되는 아래와 같은 이 사건 변경계약의 체결 동기와 경위, 계약체결과정, 변경된 내용 등을 종합하면, 이 사건 변경계약에 포함된 이 사건 정산조항이 계약상대방인 원고들에게 다소 불이익하다고 하더라도 원고들의 계약상 이익을 부당하게 제한하는 특약에 해당한다거나 선량한 풍속 기타 사회질서에 반하는 것에 해당한다고 보기 어렵다.

(가) 원고들과 피고는 이 사건 최초계약 전부터 가로 청소, 음식물류 폐기물의 수집·운반, 재활용품의 수집·운반 등의 업무에 관해 수의계약 형식으로 용역계약을 체결하여 업무를 대행하였는데, 2009년과 2010년 경상남도에서 종합감사를 한 결과 민간대행(위탁) 사업과 관련하여 예산낭비와 민간대행료의 횡령 등 계약 체결과 집행 과정에서 의혹이 제기되었다. 이에 따라 피고는 민간대행계약의 공정성과 객관성을 확보하기 위한 사후정산 필요성이 있어 원고들에게 이 사건 변경계약을 제의한 것으로 보이므로, 이 사건 변경계약을 체결하기 위한 목적의 정당성이 인정된다.

(나) 이 사건 정산조항은 계약 만료 후에 원가검토를 할 수 있는 기준이 이미 설정되어 있었고 사후정산도 '원가검토 전문 용역기관'을 통해 하기로 하는 등 정산기준과 정산절차가 갖추어져 있었다. 따라서 이 사건 정산조항의 내용이나 절차가 원고들의 계약상 이익을 부당하게 제한한다고 보기 어렵다.

그런데도 원심은 이와 달리 원고들과 피고가 이 사건 정산조항에 따라 그 차액을 지급할 의무나 이를 청구할 권리가 없다고 판단하였다. 원심의 판단에는 계약의 해석과 구 지방계약법 제6조 제1항에 관한 법리를 오해하여 판결에 영향을 미친 잘못이 있다. 이 점에 관한 피고의 상고이유 주장은 정당하다.

➲ 대법원 2018. 2. 13. 선고 20124두11328 판결

▣ 국가계약법

▶ 제5조(계약의 원칙) ① 계약은 서로 대등한 입장에서 당사자의 합의에 따라 체결되어야 하며, 당사자는 계약의 내용을 신의성실의 원칙에 따라 이행하여야 한다.

② 각 중앙관서의 장 또는 계약담당공무원은 제4조 제1항에 따른 국제입찰의 경우에는 호혜(互惠)의 원칙에 따라 정부조달협정 가입국(加入國)의 국민과 이들 국가에서 생산되는 물품 또는 용역에 대하여 대한민국의 국민과 대한민국에서 생산되는 물품 또는 용역과 차별되는 특약(特約)이나 조건을 정하여서는 아니 된다.

③ 각 중앙관서의 장 또는 계약담당공무원은 계약을 체결할 때 이 법 및 관계 법(B 업체)령에 규정된 **계약상대자의 계약상 이익을 부당하게 제한하는 특약 또는 조건**(이하 "부당한 특약등"이라 한다)을 정해서는 아니 된다.

④ 제3항에 따른 **부당한 특약 등은 무효**로 한다.

▣ 지방계약법

▶ 제6조(계약의 원칙) ① 계약은 상호 대등한 입장에서 당사자의 합의에 따라 체결되어야 하고, 당사자는 계약의 내용을 신의성실의 원칙에 따라 이행하여야 하며, 지방자치단체의 장 또는 계약담당자는 이 법 및 관계 법령에 규정된 **계약상대자의 계약상 이익을 부당하게 제한하는 특약이나 조건을 정하여서는 아니 된다.**

○ 국가계약법 및 지방계약법상 부당특약 금지조항의 취지

(1) 개인 간의 사적인 계약뿐만 아니라 국가계약 등 공공계약의 경우에도 계약의 당사자 사이에서만 적용되는 특약을 체결할 수 있다.

그러나, 이러한 특약은 자칫 **한쪽 당사자에게 불리한 내용**이 포함될 수

있으므로 **국가계약법은 그러한 내용이 담긴 특약의 경우에는 체결자체를 금지할 뿐만 아니라 그 효력을 인정하지 않고 무효로** 하고 있다.

(2) 국가계약법은 부당특약의 금지조항과 관련하여 그 규정의 중요성을 고려하여 기존에 대통령령인 국가계약법 시행령에 규정하고 있던 것을 법률인 국가계약법에 규정하도록 개정(2019. 11. 26. 개정/2020. 5. 27. 시행)하였다.

○ 판례의 입장

(1) 판례는 국가계약법의 개별 규정마다 강행규정 내지 효력규정여부를 별도로 판단하고 있다.

특히, **부당한 특약을 금지한 규정**(기존 국가계약법 시행령 제4조) 자체의 법적 성격에 대하여는 '계약담당공무원은 계약을 체결함에 있어서 국가계약법령 및 관계 법령에 규정된 계약상대자의 계약상 이익을 부당하게 제한하는 특약 또는 조건을 정하여서는 아니 된다.'고 규정하고 있으므로, 공공계약에서 계약상대자의 계약상 이익을 부당하게 제한하는 특약은 효력이 없다고 판시(대법원 2017. 12. 21. 선고 2012다74076 전원합의체 판결)하여 **효력규정으로 인정하고 그 위반시 무효가 되는 것으로 판단**하고 있다.

(2) 또한, 판례는 부당특약으로서 효력이 없다고 하기 위해서는 그 특약이 **계약상대자에게 다소 불이익하다는 점만으로는 부족**하고, 국가 등이 계약상대자의 **정당한 이익과 합리적인 기대에 반하여 형평에 어긋나는 특약을 정함으로써 계약상대자에게 부당하게 불이익을 주었다는 점이 인정**되어야 한다고 판시하고 있는 점에 유의할 필요가 있다.

즉, 계약내용이 계약상대자인 업체에 불리하기만 하면 무조건 부당한 특약으로서 금지되는 것이 아니라 계약상대자에게 합리적인 기대에 반하여 형평에 어긋난다는 것이 객관적으로 인정되어야 하는 것이다.

> **계약보증금의 법적 성격**
>
> 도급계약서 및 그 계약내용에 편입된 약관에 수급인의 귀책사유로 인하여 계약이 해제된 경우에는 계약보증금이 도급인에게 귀속한다는 조항이 있을 때 이 **계약보증금이 손해배상액의 예정인지 위약벌인지는 도급계약서 및 위 약관 등을 종합하여 구체적 사건에서 개별적으로 결정할 의사해석의 문제이고,**
>
> 위약금은 민법 제398조 제4항에 의하여 **손해배상액의 예정으로 추정되므로 위약금이 위약벌로 해석되기 위하여는 특별한 사정이 주장·입증되어야** 하는 바,
>
> 소외 A 중공업 주식회사와 소외 B 기계공업 주식회사 사이의 이 사건 하도급계약서에 계약보증금 외에 지체상금도 규정되어 있다는 점만을 이유로 하여 이 사건 계약보증금을 위약벌로 보기는 어렵다 할 것이다.
>
> ⊃ 대법원 2000. 12. 8. 선고 2000다35771 판결 [구상금]

관련 법령

☐ **국가계약법**

▶ 제12조(계약보증금) ① 각 중앙관서의 장 또는 계약담당공무원은 **국가와 계약을 체결하려는 자에게 계약보증금을 내도록 하여야 한다.** 다만, 대통령령으로 정하는 경우에는 계약보증금의 전부 또는 일부의 납부를 면제할 수 있다.

② 제1항에 따른 계약보증금의 금액, 납부방법, 그 밖에 필요한 사항은 대통령령으로 정한다.

③ 각 중앙관서의 장 또는 계약담당공무원은 **계약상대자가 계약상의 의무를 이행하지 아니하였을 때에는 해당 계약보증금을 국고에 귀속시켜야** 한다. 이 경우 제1항 단서에 따라 계약보증금의 전부 또는 일부의 납부를 면제하였을 때에는 대통령령으로 정하는 바에 따라 계약보증금에 해당하는 금액을 국고에 귀속시켜야 한다.

■ 국가계약법 시행령

▶ 제50조(계약보증금) ① 각 중앙관서의 장 또는 계약담당공무원은 법 제12조에 따른 **계약보증금을 계약금액의 100분의 10 이상으로 납부**하게 해야 한다. 다만, 「재난 및 안전관리 기본법」 제3조 제1호의 재난이나 경기침체, 대량실업 등으로 인한 국가의 경제위기를 극복하기 위해 기획재정부장관이 기간을 정하여 고시한 경우에는 계약보증금을 계약금액의 100분의 5 이상으로 할 수 있다.

② 단가계약에 의하는 경우로서 여러 차례로 분할하여 계약을 이행하게 하는 때에는 제1항의 규정에 불구하고 매회별 이행예정량중 최대량에 계약단가를 곱한 금액의 100분의 10 이상을 계약보증금으로 납부하게 하여야 한다.

③ 장기계속계약에 있어서는 제1차 계약체결시 부기한 총공사 또는 총제조 등의 금액의 100분의 10 이상을 계약보증금으로 납부하게 하여야 한다. 이 경우 당해 계약보증금은 총공사 또는 총제조 등의 계약보증금으로 보며, 연차별 계약이 완료된 때에는 당초의 계약보증금 중 이행이 완료된 연차별 계약금액에 해당하는 분을 반환하여야 한다.

④ 삭제 ⑤ 삭제

⑥ 법 제12조 제1항 단서에 따라 계약보증금의 전부 또는 일부를 면제할 수 있는 경우는 다음 각 호와 같다.

1. 제37조 제3항 제1호부터 제4호까지 및 제5호의2에 규정된 자와 계약을 체결하는 경우

2. 삭제

3. 계약금액이 5천만원 이하인 계약을 체결하는 경우

4. 일반적으로 공정·타당하다고 인정되는 계약의 관습에 따라 계약보증금 징수가 적합하지 아니한 경우

5. 이미 도입된 외자시설·기계·장비의 부분품을 구매하는 경우로서 당해 공급자가 아니면 당해 부분품의 구입이 곤란한 경우

⑦ 계약보증금은 현금 또는 제37조 제2항 각 호에 규정한 보증서등으로 이를 납부하게 하여야 한다.

⑧ 「자본시장과 금융투자업에 관한 법률 시행령」 제192조에 따른 증권 또는 현금으로 납부된 계약보증금을 계약상대자가 특별한 사유로 제37조 제2항 제1호 내지 제5호에 규정된 보증서등으로 대체납부할 것을 요청한 때에는 동가치 상당액 이상으로 대체납부하게 할 수 있다.

⑨ 삭제

⑩ 제37조 제4항의 규정은 제6항 제1호 내지 제3호 및 제5호의 규정에 의하여 계약보증금의 전부 또는 일부를 면제한 경우에 이를 준용한다.

⑪ 삭제

▶ 제51조(계약보증금의 국고귀속) ① 각 중앙관서의 장 또는 계약담당공무원은 **계약상대자가 정당한 이유없이 계약상의 의무를 이행하지 아니한 때에는** 제50조의 규정에 의한 **계약보증금**(제52조 제1항 제2호 및 제3호의 규정에 의한 보증금액을 포함한다. 이하 같다)을 법 제12조 제3항의 규정에 의하여 **국고에 귀속시켜야 한다.** 이 경우 제75조 제1항의 규정을 준용한다.

② 제1항을 적용할 때 다음 각 호의 경우에는 해당 호에서 정하는 바에 따라 계약보증금을 국고에 귀속시켜야 한다.

1. 성질상 분할할 수 있는 공사·물품 또는 용역 등에 관한 계약(법 제22조에 따른 단가계약은 제외한다)의 경우로서 기성부분 또는 기납부분을 검사를 거쳐 인수(인수하지 않고 관리·사용하고 있는 경우를 포함한다)한 경우 : 당초의 계약보증금 중 기성부분 또는 기납부분에 해당하는 계약보증금은 제외하고 국고에 귀속

2. 법 제22조에 따른 단가계약의 경우로서 여러 차례로 분할하여 계약을 이행하는 경우 : 당초의 계약보증금 중 이행이 완료된 부분에 해당하는 계약보증금은 제외하고 국고에 귀속

③ 제1항의 규정은 장기계속계약에 있어서 계약상대자가 제69조 제2항 후단 및 동조 제3항의 규정에 의한 2차이후의 공사 또는 제조등의 계약을 체결하지 아니한 경우에 이를 준용한다.

④ 제1항부터 제3항까지의 규정에 따라 계약보증금을 국고에 귀속시키는 경우 그 계약보증금을 기성부분에 대한 미지급액과 상계 처리해서는 안된다. 다만, 계약보증금의 전부 또는 일부를 면제한 경우에는 국고에 귀속

시켜야 하는 계약보증금은 기성부분에 대한 미지급액과 상계 처리할 수 있다.

⑤ 제38조 제1항 및 제2항의 규정은 계약보증금의 국고귀속의 경우에 이를 준용한다.

○ 계약보증금의 의의와 법적 성격

(1) 계약보증금은 **국가, 지방자치단체 등 공공기관과 계약을 체결하려는 자가 계약을 이행하도록 담보하기 위하여 납부하는 금원**을 말한다.

(2) 계약보증금 등의 법적 성격과 관련하여 판례는 당사자의 의사해석의 문제이나, 특별한 사정이 없는 한 **원칙적으로 위약금의 일종으로서 손해배상액의 예정으로 추정**된다고 본다.

따라서, 손해배상액의 예정이 아닌 위약벌 등으로 인정되기 위하여는 그 특별한 사정을 입증하여야 한다.

○ 계약보증금의 국고귀속

(1) 계약보증금의 국고귀속과 관련하여 국가계약법 시행령 제51조 제1항에 의하면 계약상대자가 **정당한 이유없이 계약상의 의무를 이행하지 아니한 때에 국고에 귀속하도록 규정**하고 있다. 따라서, 계약상대자가 계약의무 불이행이 있다 하더라도 정당한 이유가 있거나 계약체결 이전의 사유에 의하는 경우에는 국고에 귀속할 수 없다고 할 것이다.

(2) 또한, **계약상 의무의 일부를 이행하지 않은 경우에도 원칙적으로 계약상 의무의 불이행으로서 전액을 국고에 귀속**한다고 할 것이다. 다만, 성질상 분할할 수 있는 공사·물품 또는 용역 등에 관한 계약의 경우로서 기성부분 또는 기납부분을 검사를 거쳐 인수(인수하지 않고 관리·사용하고 있는 경우를 포함한다)한 경우에는 당초의 계약보증금 중 기성부분 또는 기납부분에 해당하는 계약보증금은 제외하고 국고에 귀속하고, 단가계약으

로서 여러 차례로 분할하여 계약을 이행하는 경우에는 당초의 계약보증금 중 이행이 완료된 분에 해당하는 계약보증금은 제외하고 국고에 귀속한다.

IV

Public contracts understood as precedents

계약의 종류

Ⅳ. 계약의 종류

1 개설

국가계약을 포함한 공공계약은 다음과 같은 분류의 기준에 따라 여러 유형 내지 종류로 분류될 수 있다.

가. 계약방법에 따른 분류

앞서 살핀 바와 같이 (1) 경쟁입찰계약과 (2) 수의계약으로 크게 나눌 수 있고, 경쟁입찰계약은 ① 일반경쟁입찰계약 ② 제한경쟁입찰계약 ③ 지명경쟁입찰계약으로 세분화할 수 있다(국가계약법 제7조).

∎ 계약방법의 장단점 비교[1]

	장점	단점
일반경쟁	• 단순하고 공정한 절차 • 가격경쟁에 따른 예산절감 • 공평한 입찰참가 기회부여	• 부적격자 응찰로 인한 경쟁 과열과 공사 부실화 우려 • 입찰 등 계약 준비기간 장기화
제한경쟁	• 참가자격을 사전에 제한하여 부적격자의 참여 배제 가능 • 일반경쟁, 지명경쟁의 단점 보완	• 객관적 제한기준 설정의 어려움 • 자격을 제한함에 대한 업체들의 반발 가능성
지명경쟁	• 입찰참가자를 지명하여 부적격자 참여를 사전에 배제 가능 • 일반경쟁에 비하여 간소한 절차	• 특정인만 참가하여 담합 소지 • 지명에 있어 객관성 및 공정성의 확보에 어려움
수의계약	• 자본, 신용, 경험이 많은 상대방 선택이 가능 • 입찰공고의 생략 등 계약행정업무의 편의 도모	• 경쟁을 지나치게 제한하는 결과 기술개발의 저해 우려 • 정책목적 달성 수단으로 악용 및 자의적인 운용 가능

---

1 강인옥·최두선·최기웅, 「공공계약 법규 및 실무」, 광문각, 2017, 71면.

나. 계약목적물에 따른 분류

계약목적물에 따라 (1) 공사계약, (2) 물품제조·구매계약, (3) 용역계약으로 구분할 수 있다. 기획재정부 계약예규에는 위 각 계약별로 입찰유의서 및 일반 계약조건 등을 별도로 규정하고 있다.

다. 계약체결 형태에 따른 분류

(1) 계약금액 결정방법에 따른 분류

(가) 확정계약, 개산계약, 사후원가검토조건부계약

확정계약은 예정가격을 미리 작성하고 계약금액을 확정하여 체결하는 계약으로서 공공계약은 확정계약이 원칙적인 계약형태라 할 것이다.

개산계약은 개발시제품의 제조와 같이 미리 가격을 정하기 곤란한 경우에 개략적인 금액으로 계약을 체결하되 계약이행이 완료된 후 정산하는 계약을 말한다.

사후원가검토조건부계약은 입찰 전에 예정가격을 구성하는 일부비목별 금액을 결정할 수 없는 경우 계약금액을 잠정적으로 정하되 계약이행이 완료된 후 사후원가 검토를 조건으로 체결하는 계약을 말한다.

(나) 총액계약, 단가계약

총액계약은 계약 목적물 전체에 대한 비용을 총액으로 체결하는 계약으로서 일반적인 계약의 원칙적인 형태라 할 것이다.

이에 반해 단가(單價)계약은 일정기간 계속하여 제조, 수리, 가공, 매매, 공급, 사용 등의 계약이 필요한 경우 해당 회계연도 예산의 범위 내에서 해당 물품 등의 단가를 기준으로 체결하는 계약을 말한다.

(2) 계약기간에 따른 분류

(가) 단년도(單年度)계약은 1회계연도 내에 계약의 체결과 이행이 이루어지는 계약을 말한다.

(나) 다년도(多年度)계약은 다수 회계연도의 기간동안 계약의 체결과 이행이

이루어지는 계약을 말하는데, 이에는 계속비계약과 장기계속계약이 있다.

1) 계속비계약은 완성에 수년이 필요한 공사나 제조 및 연구개발사업의 경우 그 경비의 총액과 연부액(年賦額)을 정하여 미리 국회의 의결을 얻은 범위 안에서 수년도에 걸쳐서 지출할 수 있는 계약을 말한다(국가재정법 제23조/국가계약법 제21조 제1항).

2) 장기계속계약은 임차, 운송, 보관, 전기·가스·수도의 공급, 그 밖에 그 성질상 수년간 계속하여 존속할 필요가 있거나 이행에 수년이 필요한 경우 총 계약금액으로 입찰하되 연차별 계약을 통하여 각 회계연도 예산의 범위에서 이행하게 하는 계약을 말한다.

3) 장기계속계약과 계속비 계약의 비교[2]

구분	장기계속계약	계속비계약	일반계약(단년도계약)
사업의 확정	확정	확정	확정
사업기간	제한 없음	원칙 5년/예외 10년	1년
총예산 확보	미확보 (당해 연도분만 확보)	확보	확보
계약체결 방식	총계약금액으로 입찰/ 해당 연도 예산범위 내 연차별 계약 (총계약금액 부기)	총계약금액으로 입찰 및 계약(연부액 부기)	당해 연도 예산범위 내 입찰 및 계약

(3) 계약당사자의 구성원 수에 따른 분류[3]

(가) 단독계약은 계약당사자가 모두 단독인 계약을 말하고, 일반적인 계약의 원칙적인 형태이다.

(나) 공동계약은 공사계약·제조계약 또는 그 밖의 계약에서 필요한 경우 2인 이상이 구성한 공동수급체가 계약상대자로서 체결하는 계약을 말한다.

---

2 법무법인(유한) 태평양 건설부동산팀, 주석 국가계약법, 박영사, 2018, 376면.
3 법무법인(유한) 태평양 건설부동산팀, 앞의 책, 48면.

라. 몇 가지 유형의 계약

(1) 수의계약

수의계약을 체결할 수 있는 경우에 대하여 국가계약법령 등에서 다음과 같은 사유를 한정적으로 규정하고 있다.

① 경쟁에 부칠 여유가 없거나 **경쟁으로는 계약의 목적을 달성 곤란한 경우**
　- 천재지변, 감염병 예방 및 확산 방지, 국가안전보장 등
② 특정인의 기술이 필요한 사항 등 **경쟁이 성립될 수 없는 경우**
　- 해당 물품을 제조·공급한 자가 직접 그 물품을 설치·조립·정비하는 경우
③ 중소기업진흥에 관한 법률상 **중소기업자가 직접 생산한 제품을 해당 중소기업자로부터 제조·구매**하는 경우
④ 국가유공자 등에게 **보훈 등의 제공목적 단체 등과 계약을 체결**하는 경우
⑤ 계약의 목적 등에 비추어 **경쟁에 따른 계약체결이 비효율적인 경우**
　- 추정가격이 2천만원 이하인 물품의 제조구매계약 또는 용역계약
⑥ 재공고입찰에도 입찰자 또는 낙찰자가 없는 경우 등
⑦ **낙찰자가 계약을 체결하지 않는 경우**

(2) 장기계속계약

장기계속계약은 총괄계약상 총 계약금액과 연차별 계약상 계약금액으로 나뉘는데, 장기계속계약과 관련한 각 요소의 기준금액은 다음과 같다.

(가) 예정가격
총 공사(또는 제조) 범위 내 예정가격 결정(법 시행령 제8조 제2항)

(나) 공사계약 입찰대상
총 공사를 기준(법 시행령 제14조 제8항)

(다) 계약보증금
총계약금액 기준(연차별계약 완료시 이행 완료분 반환)(법 시행령 제50조 제3항)

(라) 선금
연차별 계약 기준(정부 입찰·계약집행기준 제34조 제6항)

(마) 지체상금/준공검사

연차별 계약 기준(법 시행령 제74조 제1항)

(바) 하자보수보증금

연차별 계약 기준(법 시행령 제62조 제3항)

(3) 공동계약

(가) 공동계약 및 공동수급체의 의의

공공계약은 계약상대자가 1인임을 원칙으로 하나, **공동계약**은 발주기관과 공동수급체가 체결하는 계약으로서 계약상대자를 2인 이상으로 하는 계약을 말한다.

여기서 **공동수급체**라 함은 구성원을 2인 이상으로 하여 수급인이 해당계약을 공동으로 수행하기 위하여 잠정적으로 결성한 실체를 의미한다.

공동계약은 계약서를 작성하는 경우 그 담당 공무원과 계약상대자 모두가 계약서에 기명하고 날인하거나 서명함으로써 계약이 확정된다(국가계약법 제25조 제2항).

(나) 공동계약의 연혁

공동계약은 1930년대 미국 서부 콜로라도주 후버댐 건설공사에서 대규모의 댐을 건설하기 위하여 공동기업체가 결성된 것이 모태가 되었고, 일본은 1950년부터 도입하여 1973년 오일쇼크를 계기로 중소업체의 수주기회 확대를 위하여 활발하게 이용되었다. 우리나라는 1983. 3. 28. 예산회계법령 개정시에 중소건설업체의 육성 및 지방경제 활성화를 위하여 도입[4]되어 발전되어 왔으나, 복잡한 법률관계 등으로 인하여 많은 분쟁과 문제점이 노정되기도 하였다.

(다) 공동계약의 유형

공동계약의 유형으로는 공공수급체가 도급받아 이행하는 방식에 따라 다음의 3가지 방식이 있다.

1) "공동이행방식"은 공동수급체 **구성원이 일정 출자비율에 따라 연대하여 공동으로 계약을 이행하는 공동계약**을 말한다(공동계약운용요령 제2조의2 제1호).

---

4 김성근, 「정부계약법 해설 Ⅱ」, 건설경제, 2013, 328~329면 수정인용.

공동수급체가 도급받은 사업을 구성원 전원이 일체가 되어 이행하고, 구성원 전원이 연대하여 공사 전체에 대한 시공책임을 진다.[5] 공동계약의 원칙적인 형태라 할 수 있다.

계약이행에 필요한 면허, 등록 등 자격요건은 구성원 각각이 갖추어야 한다(공동계약운용요령 제9조 제1항 제1호).

2) "분담이행방식"은 공동수급체 **구성원이 일정 분담내용에 따라 나누어 계약을 이행하는 공동계약**을 말한다(공동계약운용요령 제2조의2 제2호).

발주자에 대한 계약상의 시공, 제조, 용역의무이행에 대하여 구성원은 분담내용에 따라 각자 책임을 진다(공동계약운용요령 제7조 제1항 제2호).

계약이행에 필요한 자격요건은 구성원이 공동으로 갖추어야 한다(공동계약운용요령 제9조 제1항 제2호).

3) "주계약자관리방식"은 「건설산업기본법」에 따른 건설공사를 시행하기 위한 공동수급체의 구성원 중 **주계약자를 선정하고, 주계약자가 전체 건설공사 계약의 수행에 관하여 종합적인 계획·관리 및 조정을 하는 공동계약**을 말한다(공동계약운용요령 제2조의2 제3호).

구성원은 각자 자신이 분담한 부분에 대해서만 책임을 지되, 불이행시 그 구성원의 보증기관이 책임을 지며, 주계약자는 최종적으로 전체 계약에 대하여 책임을 지되, 불이행시 주계약자의 보증기관이 책임을 진다.

다만, 주계약자가 탈퇴한 후에 주계약자의 계약이행의무 대행이 이루어지지 않은 경우에는 주계약자 이외의 구성원은 자신의 분담부분에 대하여 계약이행이 이루어지지 아니한 것으로 본다(공동계약운용요령 제7조 제1항 제3호).

계약이행에 필요한 자격요건은 주계약자는 전체공사를 이행하는데 필요한 자격요건을 갖추어야 하고, 구성원은 분담공사를 이행하는데 필요한 자격요건을 갖추어야 한다(공동계약운용요령 제9조 제1항 제3호).

---

5 정태학·오정한·장현철·유병수, 국가계약법, 박영사, 2020, 322면.

	공동이행방식	분담이행방식	주계약자관리방식
구성방식	출자비율로 구성	분담내용으로 구성	공종을 분담하여 구성
대표자 권한	공동수급체 총괄관리 (재산관리, 대금청구/ 수령 등)	공동수급체 총괄관리 (재산관리, 대금청구/ 수령 등)	주계약자가 총괄관리 (재산관리, 대금청구, 전체공사의 계획/관리/ 조정)
계약이행책임	구성원 연대책임	구성원 각자 책임	• 주계약자는 연대책임 • 부계약자는 각자 책임
하자담보책임	구성원 연대책임	구성원 각자 책임	• 주계약자는 연대책임 • 부계약자는 각자 책임
공동비용분담	출자비율에 의한 분담	분담공사금액의 비율에 따른 분담	분담내용의 금액비율에 따른 분담원칙
하도급	구성원 전원동의시 가능	각자 책임하 분담부분 일부 하도급 가능	• 원칙적 불가 • 구성원이 종합건설사업 자 경우 불가피한 사유시 주계약자와 협의하고 계 약담당공무원의 승인하 가능
제3자에 대한 손해배상	공동 연대책임	구성원이 분담공사와 관련 하여 제3자에게 끼친 손 해는 당해 구성원이 분담	구성원이 분담공사와 관련 하여 제3자에게 끼친 손 해는 당해 구성원이 분담
적용 공사	공구분할이 어려운 공사 나 연관적 기능을 필요로 하는 건축공사	공구분할이 용이한 토목 공사	공종분할이 용이한 종합 공사

(라) 공동수급체의 법적 성질

공동수급체가 어떠한 법적 성격을 가지는가에 대하여는 학계에서 견해의 대립이 있다.

1) 비법인 사단설은 공동수급체를 비법인 사단으로 보는 견해로서 표준협정서 등에서 공동수급체의 구성원이 1인이 되더라도 잔존 구성원이 공사를 계속

---

6 김홍준, "공동수급체 관련 법률문제", 제7기 건설부동산법연수원 II, 2020, 347~348면 수정인용.
  강인옥·최두선·최기웅, 앞의 책, 64면 수정인용.

하도록 할 필요성이 있고, 이는 조합이 아닌 사단의 본질에 부합한다는 점 등을 근거로 한다.

2) 민법상 조합설은 공동수급체를 민법상 조합으로 보는 견해로서 공동수급체가 계약에 의하여 만들어지고, 정관이 없으며, 각 구성원이 공동수급체의 대외적 채무에 대하여 직접 책임을 지는 점 등을 근거로 한다.[7]

3) 지분적 조합설은 공동수급체는 구성원이 조합재산에 대하여 지분소유권을 가지는 지분적 조합으로 보는 견해로서 공동수급체의 운용원리가 일반적인 민법상 조합과 일부 다른 점 등을 근거로 한다.[8]

4) 이분설은 공동이행방식은 민법상 조합이지만, 분담이행방식은 민법상 조합으로 볼 수 없고 공동수급체와 도급인 사이에 분담 부분별로 체결해야 할 여러 개의 도급계약을 1개의 계약으로 체결하였다고 보는 견해이다.[9]

5) 판례는 공동이행방식 공동수급체는 원칙적으로 민법상의 조합의 성격을 가지며, 위 공동수급체의 공사대금 등 채권은 구성원들에게 합유적으로 귀속한다고 보고 있다.

그러나, 민법상 조합은 계약의 일종으로서 민법상의 조합관련 규정도 임의규정이라 할 것이고, 당사자의 의사가 민법 규정보다 더 우선하므로 당사자의 약정에 의하여 변경이 가능하다고 할 것이다.

다만, 분담이행방식과 주계약자관리방식의 공동수급체의 법적 성격에 대하여 명확히 밝힌 판례는 없다.

(4) 종합계약

종합계약은 같은 장소에서 다른 관서, 지방자치단체 또는 「공공기관운영법」에 따른 공기업 및 준정부기관이 관련되는 공사 등에 대하여 관련 기관과 공동으로 발주하는 계약을 말한다(국가계약법 제24조 제1항).

---

7 이균용, "공동수급체의 성질과 그 법률관계", 대법원판례해설 제35호(2000년 하반기), 법원도서관, 89면.
8 김성근, 앞의 책, 366면.
9 정태학·오정한·장현철·유병수, 앞의 책, 330면.

이에 대하여는 계약예규 종합계약집행요령에서 세부적으로 규정하고 있는데, "종합계약"이라 함은 「국가계약법」 제24조에 의해 동일 장소에서 서로 다른 국가기관 중 2개 기관 이상이 관련되는 공사 등에 대하여 관련기관협의체를 구성하여 공동으로 체결하는 계약으로 규정하고 있다(종합계약집행요령 제2조 제1호).

이는 2개 이상의 기관이 관련되는 공사 등을 공동으로 수행함으로써 효율적인 사업 추진, 예산 절감, 국민 불편 감소 등을 위하여 도입되었다.

입찰무효 규정의 수의계약 유추적용 여부

(1) 지방자치단체를 당사자로 하는 계약에 관한 법률(이하 '지방계약법'이라고 한다)에서 규정한 공공계약의 한 방법인 입찰과 관련하여,

지방계약법 시행령 제13조 제1항, 제39조 제4항은 다른 법령에 따라 허가·인가·면허·등록·신고 등을 필요로 하거나 자격요건을 갖추어야 할 경우 그 요건을 갖출 것 등 **입찰참가의 자격에 관하여 규정하면서 입찰참가의 자격이 없는 자가 참가한 입찰을 무효로 한다고 규정**하고 있다.

또한, 같은 시행령 제32조는 **입찰참가의 자격에 관한 위 규정을 수의계약대상자의 자격에 관하여 준용**하고 있다.

(2) 비록 위 시행령이 위 **입찰 무효 규정을 수의계약에 준용하고 있지 아니하나,**
입찰참가의 자격에 관한 규정이 수의계약대상자의 자격에 관하여 준용되는 점, 입찰과 수의계약 사이에 대상자의 자격 흠결로 인한 법률 효과를 달리 보아야 할 만한 뚜렷한 이유가 없는 점 등을 고려하여 보면, 위 **입찰 무효 규정을 수의계약에도 유추적용할 수 있다고 보아야 한다.**

⊃ 대법원 2015. 4. 23. 선고 2014다236625 판결 [계약무효확인]

수의계약 관련규정의 개정으로 수의계약이 불가한 경우

수의계약 체결의무 확인의 이익

국가가 건설회사와 자원회수시설에 대한 공사도급계약을 수의계약에 따라 체결할 것을 약정할 당시에는 예산회계법(1989. 3. 31. 법률 제4102호로 개정되기 전의 것), 같은 법 시행령(1989. 12. 29. 대통령령 제12866호로 개정되기 전의 것), 지방재정법(1988. 4. 6. 법률 제4006호로 개정되기 전의 것) 및 같은 법 시행령(1990. 11. 6. 대통령령 제13156호로 개정되기 전의 것)상으로 수의계약의 체결이 가능하였는데 그 후 그 **법령의 개정으로 수의계약이 불가능하게 된 경우,** 국가의 수의계약의무는 이행불능으로 되었고 따라서 그 계약의 불이행이 국가의 귀책사유에 의한 **채무불이행이라 하여 손해배상을 구할 수 있음은 별론**으로 하고,

국가를 상대로 법령상 허용되지 아니하는 수의계약체결의무의 확인을 구하는 것은 현존하는 법적인 불안, 위험을 해소할 수 있는 유효적절한 방법이라고는 볼 수 없으므로 확인의 이익이 없다(판결요지).

수의계약 체결 불이행에 의한 손해배상책임 발생

... 원심은, 피고(대한민국)가 이 사건 쓰레기수송 도로에 대한 공사를 원고(A 업체)에게 **수의계약으로 도급주기로 약정하였음에도** 불구하고 **공개입찰경쟁에 붙여** 소외 B 회사와 도급계약을 체결한 뒤 위 B 회사가 1992. 10. 31. 그 수송도로를 준공함으로써 원고에 대한 위 수의계약을 체결할 채무를 불이행하였고 그 채무불이행에 대하여 피고 산하 환경청의 그 판시와 같은 과실이 있다는 이유로 **손해배상책임이 있음을 인정**하였는바, 기록에 의하여 살펴보면, 원심의 인정판단은 수긍이 가고, ...

손해배상책임 범위 및 과실상계여부

(1) 원심은, 이 사건 **손해배상액을 산정함에 있어서 원고가 입은 손해액은** 이 사건 쓰레기수송 도로를 원고가 수의계약으로 도급받아 **공사를 마쳤더라면 얻을 수 있는 공사이윤 상당액임을 전제**로 하여 금 1,197,510,600원을 인정하였는바, 기록에 비추어 살펴보면, 원심의 이러한 조치는 옳은 것으로 여겨지고, ...

(2) 이 사건 예산회계법령의 개정을 위한 입법예고기간 내에 원고가 이해관계인으로서 의견을 제출하여 법령의 개정시 원고의 수의계약에 관한 권리가 유지되도록 노력하였어야 하는데도 이에 이르지 않았으므로 이를 과실상계의 사유로 삼아야 한다는 것이나, ... 가사 의견제출을 하지 않았다고 하여도 이와 같은 **의견제출만으로 위 법령 개정시 원고의 수의계약에 관한 권리의 유지가 그대로 반영되는 것은 아니라고 할 것이므로 이와 같은 사유는 과실상계의 사유가 되지 못한다**고 할 것이다.

↪ 대법원 1996. 10. 11. 선고 95다12071 판결 [공사도급계약체결]

관련 법령

▣ 국가계약법

▶ 제7조(계약의 방법) ① 각 중앙관서의 장 또는 계약담당공무원은 계약을 체결하려면 일반경쟁에 부쳐야 한다. 다만, 계약의 목적, 성질, 규모 등을 고려하여 필요하다고 인정되면 대통령령으로 정하는 바에 따라 참가자의 자격을 제한하거나 참가자를 지명(指名)하여 경쟁에 부치거나 **수의계약(隨意契約)을 할 수 있다.**

▣ 국가계약법 시행령

▶ 제26조(수의계약에 의할 수 있는 경우) ① 법 제7조 제1항 단서에 따라 **수의계약에 의할 수 있는 경우**는 다음 각 호와 같다.

1. 경쟁에 부칠 여유가 없거나 경쟁에 부쳐서는 계약의 목적을 달성하기 곤란하다고 판단되는 경우로서 다음 각 목의 경우

    가. 천재지변, 감염병 예방 및 확산 방지, 작전상의 병력 이동, 긴급한 행사, 긴급복구가 필요한 수해 등 비상재해, 원자재의 가격급등, 사고방지 등을 위한 긴급한 안전진단·시설물 개선, 그 밖에 이에 준하는 경우

    나. 국가안전보장, 국가의 방위계획 및 정보활동, 군시설물의 관리, 외교관계, 그 밖에 이에 준하는 경우로서 보안상 필요가 있거나, 국가기관의 행위를 비밀리에 할 필요가 있는 경우

    다. 방위사업청장이 군용규격물자를 연구개발한 업체 또는 「비상대비자원 관리법」에 따른 중점관리대상업체로부터 군용규격물자(중점관리대상업체의 경우에는 방위사업청장이 지정하는 품목에 한정한다)를 제조·구매하는 경우

    라. 비상재해가 발생한 경우에 국가가 소유하는 복구용 자재를 재해를 당한 자에게 매각하는 경우

2. 특정인의 기술이 필요하거나 해당 물품의 생산자가 1인뿐인 경우 등 **경쟁이 성립될 수 없는 경우**로서 다음 각 목의 경우 …

3. 「중소기업진흥에 관한 법률」 제2조 제1호에 따른 **중소기업자가 직접 생산한 다음 각 목의 제품을 해당 중소기업자로부터 제조·구매하는 경우** …

4. **국가유공자 또는 장애인 등**에게 일자리나 보훈·복지서비스 등을 제공하기 위한 **목적으로 설립된 다음 각 목의 어느 하나에 해당하는 단체 등과 물품의 제조·구매 또는 용역 계약**(해당 단체가 직접 생산하는 물품 및 직접 수행하는 용역에 한정한다)**을 체결**하거나, 그 단체 등에 직접 물건을 매각·임대하는 경우 …

5. 제1호부터 제4호까지의 경우 외에 계약의 목적·성질 등에 비추어 **경쟁에 따라 계약을 체결하는 것이 비효율적이라고 판단되는 경우**로서 다음 각 목의 경우 …

▶ 제27조(재공고입찰과 수의계약) ① 경쟁입찰을 실시한 결과 **다음 각 호의 1에 해당하는 경우에는 수의계약**에 의할 수 있다.

1. 제10조의 규정에 의하여 경쟁입찰을 실시하였으나 입찰자가 1인뿐인 경우로서 제20조 제2항의 규정에 의하여 재공고입찰을 실시하더라도 제12조의 규정에 의한 입찰 참가자격을 갖춘 자가 1인밖에 없음이 명백하다고 인정되는 경우

2. 제20조 제2항의 규정에 의하여 재공고입찰에 부친 경우로서 입찰자 또는 낙찰자가 없는 경우

② 제1항의 규정에 의한 수의계약의 경우 보증금과 기한을 제외하고는 최초의 입찰에 부칠 때에 정한 가격 및 기타 조건을 변경할 수 없다.

③ 제1항 제1호에도 불구하고 「재난 및 안전관리 기본법」 제3조 제1호의 재난이나 경기침체, 대량실업 등으로 인한 국가의 경제위기를 극복하기 위해 기획재정부장관이 기간을 정하여 고시한 경우에는 제10조에 따라 경쟁입찰을 실시했으나 입찰자가 1인뿐인 경우 제20조 제2항에 따른 재공고입찰을 실시하지 않더라도 수의계약을 할 수 있다.

▶ 제28조(낙찰자가 계약을 체결하지 아니할 때의 수의계약) ① **낙찰자가 계약을 체결하지 아니할 때에는 그 낙찰금액보다 불리하지 아니한 금액의 범위 안에서 수의계약**에 의할 수 있다. 다만, 기한을 제외하고는 최초의 입찰에 부칠 때 정한 가격 및 기타 조건을 변경할 수 없다.

② 제1항의 규정은 낙찰자가 계약체결 후 소정의 기일 내에 계약의 이행에 착수하지 아니하거나, 계약이행에 착수한 후 계약상의 의무를 이행하지 아니하여 계약을 해제 또는 해지한 경우에 이를 준용한다.

▶ 제32조(경쟁계약에 관한 규정의 준용) 수의계약의 체결에 관하여는 제12조(경쟁입찰의 참가자격) 제1항 및 제3항부터 제6항까지의 규정을 준용한다.

▣ 지방계약법 시행령

▶ 제25조(수의계약에 의할 수 있는 경우) ① 지방자치단체의 장 또는 계약담당자는 다음 각 호의 어느 하나에 해당하는 경우에는 법 제9조 제1항 단서에 따라 수의계약을 할 수 있다.

1. 천재지변, 감염병의 발생 및 유행, 작전상의 병력이동, 긴급한 행사, 원자재의 가격급등, 그 밖에 이에 준하는 경우로서 입찰에 부칠 여유가

없는 경우

2. 입찰에 부칠 여유가 없는 긴급복구가 필요한 재난 등 행정안전부령에 따른 재난복구 등의 경우

3. 국가기관, 다른 지방자치단체(「지방자치법」 제176조에 따른 지방자치단체조합을 포함한다)와 계약을 하는 경우

4. 특정인의 기술·용역 또는 특정한 위치·구조·품질·성능·효율 등으로 인하여 경쟁을 할 수 없는 경우로서 다음 각 목의 경우 … (세목 생략)

5. 다음 각 목의 어느 하나에 해당하는 계약

   가. 「건설산업기본법」에 따른 건설공사(같은 법에 따른 전문공사는 제외한다)로서 추정가격이 2억원 이하인 공사, 같은 법에 따른 전문공사로서 추정가격이 1억원 이하인 공사 및 그 밖의 공사 관련 법령에 따른 공사로서 추정가격이 8천만원 이하인 공사에 대한 계약

   나. 추정가격이 2천만원 이하인 물품의 제조·구매계약 또는 용역계약 (기타 세목 생략)

6. 다른 법률에 따라 특정사업자로 하여금 특수한 물품·재산 등을 매입하거나 제조하도록 하는 경우로서 다음 각 목의 경우

   가. 「방위사업법」에 따른 방산물자를 방위산업체로부터 제조·구매하는 경우

   나. 「농어촌정비법」에 따른 농공단지에 입주한 공장(새마을공장을 포함한다)이 직접 생산하는 물품을 이들로부터 제조·구매하는 경우(기타 세목 생략)

7. 특정연고자, 지역주민 및 특정물품 생산자 등과 계약할 필요가 있거나 그 밖에 이에 준하는 사유가 있는 경우로서 다음 각 목의 경우(세목 생략)

7의2. 국가유공자 또는 장애인 등에게 일자리나 보훈·복지서비스 등을 제공하기 위한 경우로서 다음 각 목의 경우(세목 생략)

8. 그 밖에 계약의 목적·성질 등에 비추어 경쟁에 따라 계약을 체결하는 것이 비효율적이라고 판단되는 경우로서 다음 각 목의 경우(세목 생략)

■ 공기업·준정부기관 계약사무규칙(기획재정부령)

▶ 제8조(수의계약) ① 기관장 또는 계약담당자는 다음 각 호의 어느 하나에 해당하는 경우에는 수의계약으로 할 수 있다.

1. 국가·지방자치단체와 계약을 체결하는 경우

2. 공기업·준정부기관이 그 자회사(해당 공기업·준정부기관이 발행주식총수 또는 총출자지분의 100분의 50 이상을 소유하고 있는 법인을 말한다. 이하 같다) 또는 출자회사(해당 공기업·준정부기관이 소유하고 있는 주식 또는 출자지분과 다른 공기업·준정부기관 또는 한국산업은행이 소유하고 있는 주식 또는 출자지분의 합계가 발행주식총수 또는 총출자지분의 100분의 50 이상인 법인을 말한다. 이하 같다)와 다음 각 목의 어느 하나에 해당하는 계약을 체결하는 경우 ...

2의2. 고용노동부장관이 고용안정을 위하여 기획재정부장관과 협의하여 고시하는 기준에 따라 파견근로자 등(공기업·준정부기관의 업무를 수행하던 근로자로 한정한다)을 비정규직 근로자(「기간제 및 단시간근로자 보호 등에 관한 법률」에 따른 기간제근로자 또는 단시간근로자를 말한다)가 아닌 근로자로 고용하는 자회사(다른 공공기관의 자회사를 포함한다), 출자회사(다른 공공기관의 출자회사를 포함한다) 또는 공공기관과 해당 파견근로자 등이 수행하는 업무에 관한 계약을 체결하는 경우

3. 해외사무소에서 사용하는 물품을 현지에서 구매하는 경우

4. 국가안전보장, 외교관계, 공익목적, 그 밖에 이에 준하는 사항으로서 비밀리에 계약을 체결할 필요가 있는 경우

5. 국산화를 촉진하기 위하여 기획재정부장관이 정하여 고시하는 개발선정품 세부기준을 충족하는 제품으로서 기관장이 개발선정품으로 지정한 제품을 그 지정일부터 3년 이내에 그 생산자로부터 제조·구매하는 경우

6. 공기업·준정부기관이 「대·중소기업 상생협력 촉진에 관한 법률」 제8조 제1항에 따른 성과공유제를 시행하여 같은 조 제2항에 따른 성과공유제 확산 추진본부로부터 그 성과를 확인받은 후 2년 이내에 해당 수탁기업과 계약을 체결하는 경우

7. 「국가를 당사자로 하는 계약에 관한 법률 시행령」 제26조 제1항·제2

항에 따라 수의계약으로 하는 것이 가능한 경우(같은 조 제1항 제3호 사목에 따라 수의계약을 하는 경우에는 같은 목의 고시 금액에도 불구하고 이 규칙 제4조 제1항 본문에 따라 기획재정부장관이 고시한 금액 미만의 물품을 구매하는 경우로 한정한다)

8. 「국가를 당사자로 하는 계약에 관한 법률 시행령」 제27조 제1항에 따라 수의계약으로 하는 것이 가능한 경우

9. 「기업활동 규제완화에 관한 특별조치법」 제14조에 따라 공기업·준정부기관의 부동산을 부득이하게 공장용지로 사용하려는 중소기업자에게 매각하는 경우 ...

③ 제1항에도 불구하고 기관장 또는 계약담당자는 다음 각 호의 어느 하나에 해당하는 경우에는 수의계약을 체결해서는 안 된다.

1. 해당 공기업·준정부기관의 퇴직자가 대표이사, 이사, 감사 또는 「상법」 제401조의2 제1항 각 호의 어느 하나에 해당하는 자(비영리법인의 경우 이에 준하는 자를 말한다)로 근무하고 있는 법인과 그 퇴직자의 퇴직일부터 2년 이내에 계약을 체결하려는 경우

2. 해당 공기업·준정부기관의 퇴직자와 그 퇴직자의 퇴직일부터 2년 이내에 계약을 체결하려는 경우

3. 해당 공기업·준정부기관의 퇴직자 모임·단체 또는 그 퇴직자 모임·단체의 회원사나 자회사와 계약을 체결하려는 경우

▣ 방위사업법 시행령

▶ 제61조(계약의 종류·내용 및 방법 등) ... ③ 법 제46조 제1항 후단에 따른 계약의 방법은 「국가를 당사자로 하는 계약에 관한 법률」 제7조에 따르되, 다음 **각 호의 어느 하나에 해당하는 경우에는 수의계약**에 의할 수 있다.

1. 방산업체와 방산물자 생산(「방위산업 발전 및 지원에 관한 법률」 제2조 제1항 제2호에 따른 생산을 말한다)·구매계약(해당 방산업체가 제조하지 않는 제28조 제1항 제2호에 따른 수리부속품의 생산·구매계약을 포함한다)을 체결하는 경우

2. 제1항 제5호의 한도액계약을 체결하는 경우

3. 제1항 제10호의 성과기반계약을 체결하는 경우

4. 제1항 제11호의 장기옵션계약에 따른 변경조건을 행사하여 구입하는 물량에 대한 계약을 체결하는 경우

5. 적의 침투·도발 등의 사태에 대응하기 위하여 긴급하게 물자를 조달할 필요가 있는 경우

6. 무기체계의 효율적인 연구개발이나 전력화시기 충족을 위하여 「국방과학기술혁신 촉진법」 제8조 제1항 및 제4항에 따른 연구 또는 시제품생산을 양산단계 전까지 현재의 계약상대자가 계속 수행하도록 하는 계약을 체결하는 경우

7. 다음 각 목의 요건을 모두 갖춘 경우로서 나목에 따른 연구과제를 제출한 전문연구기관과 해당 핵심기술의 연구개발에 관한 계약을 체결하는 경우
   가. 전문연구기관이 위촉된 분야에 관하여 「국방과학기술혁신 촉진법」 제8조 제7항에 따른 핵심기술의 연구개발의 절차에 따라 연구과제를 제출하였을 것
   나. 방위사업청장이 가목에 따른 연구과제에 대하여 핵심기술의 연구개발을 추진하기로 결정하였을 것

8. 수입한 수리부속품 중 해외정비가 불가능한 수리부속품에 대한 정비능력을 갖춘 것으로 국방부장관이 인정한 국내업체와 정비에 관한 계약을 체결하는 경우

해설

○ 수의계약의 의의

수의계약은 복수의 경쟁자에 의한 입찰절차를 거치지 아니하고 **예외적으로 특정인을 상대로 하는 계약체결의 방법**이다.

○ 수의계약에서 입찰 무효의 경우

(1) 국가 등이 업체와 수의계약을 체결할 때에도 계약상대자인 업체가 국가계약법, 지방계약법에 규정된 입찰 참가자격이 없는 경우가 발생할 수 있는데, 그러한 경우 그 처리는 어떻게 할 것인가?

이러한 문제가 발생하는 이유는 국가계약법령 등에는 수의계약에도 경쟁입찰의 입찰 참가자격에 관한 규정을 준용하는 규정은 있으나, **자격없는 자의 입찰무효에 관한 규정은 명시적으로 준용하고 있지 않기 때문이다.**

(2) 이에 대하여 판례는 경쟁입찰과 수의계약 사이에 대상자의 자격 흠결로 인한 법률 효과를 달리 보아야 할 만한 뚜렷한 이유가 없는 점 등 입찰 참가 자격에 관한 규정을 준용하는 **법령의 전체 취지상 그 자격이 없는 경우 효과에 관한 규정도 유추적용할 수 있다고 판단**하였다.

따라서, 수의계약의 경우에도 계약상대자가 입찰 참가자격이 없다면 입찰무효와 관련한 법리에 의하여 처리하게 된다.

○ 법령의 개정으로 수의계약이 불가능해진 경우

(1) 기존 법령에 의하면 수의계약 체결이 가능하였으나 관련 법령의 개정으로 수의계약의 체결이 불가능해진 경우 수의계약을 예정하고 있던 업체는 어떻게 구제받을 수 있는가?

(2) 판례에 의하면 수의계약을 하기로 약정하여 업체는 수의계약의 체결을 기대하고 국가 등 발주기관은 수의계약을 체결할 의무를 부담하는 상황에서 관련 **법령의 개정으로 인하여 수의계약이 불가능해짐에 따라** 발주기관이 경쟁입찰을 시행하여 **타 업체와 계약을 체결한 경우에는 발주기관이 부담하는 의무는 이행불능**이 되었다 할 것이다.

이러한 경우 업체는 현행 법령상 허용되지 않는 수의계약을 체결할 의무를 국가에게 요구할 수는 없으므로 **수의계약 체결의무의 확인소송은 인정되지 않는다**고 본다.

다만, 업체는 그 **채무불이행에 따른 손해배상을 청구하는 소송을 고려**할 수 있을 뿐이다. 또한, 그 손해배상액을 산정함에 있어서 업체가 입은 **손해액은 업체가 수의계약으로 도급받아 공사를 마쳤더라면 얻을 수 있는 공사이윤 상당액**이라 할 것이다.

가 총괄계약의 효력

총공사기간 연장시 총괄계약상 계약금액 조정 가능여부

사실관계

○ 서울특별시(이하 '피고 서울시'라 한다)는 서울 지하철 7호선 온수역에서 인천지하철 1호선 부평구청역까지 연결하는 내용의 9개 정거장, 총연장 10.2km 규모의 지하철 7호선 연장공사(이하 '이 사건 공사'라 한다)를 추진함.

○ 대한민국 산하 **조달청(피고)**은 이 사건 공사를 701공구 내지 704공구로 구분한 다음 2004. 8. 16. **공사입찰공고**를 함.

○ 건설업체들(원고)은 각 공구별로 **공동이행방식의 공동수급체를 구성하여 입찰에 참가**하였고, 2004. 12. 30. 피고 대한민국과 사이에, 각 공구별로 **총공사준공일을 2011. 3. 31.로 부기하여 1차분 계약을 체결**함.

○ 국토해양부장관은 2010. 9. 27. '서울 도시철도 7호선(온수역─부평역) 기본계획 변경'을 고시하여 사업기간을 당초 '2004~2010년'에서 '2004~2012년'으로 변경함.

○ 업체(원고)들은 2011. 7. 5. 피고에게 재차 원고들의 귀책사유 없이 공사기간이 연장되었음을 이유로 공사기간 연장에 따른 **계약금액의 조정을 신청**하였으나, 피고는 2011. 7. 22. 원고들에게 이 사건 공사가 **장기계속공사로서** 원고들과의 합의에 의하여 **연차별 도급계약을 체결하여 추진**되었고, 공기연장비용이 이미 연차별 계약금액에 포함되어 있음을 이유로 계약금액조정 요청에 응할 수 없다고 회신함.

○ 원고들과 피고는 이 사건 공사에 관하여 **각 공구별로 설계변경, 물가변동, 공사구역 변경 등의 사유로 수회에 걸쳐 연차별 계약을 체결**하였고, 이에 따라 부기사항인 **총공사기간과 총공사금액을 변경**함.

○ 원고들은 이 사건 공사의 **총공사기간이 연장되었음을 이유로 이로 인하여 증가한 간접공사비의 지급을 구함**.

대법원 다수의견

(1) 장기계속공사계약은 총공사금액 및 총공사기간에 관하여 별도의 계약을 체결하고 다시 개개의 사업연도별로 계약을 체결하는 형태가 아니라, 우선 **1차년도의 제1차 공사에 관한 계약을 체결하면서 총공사금액과 총공사기간을 부기하는 형태**로 이루어진다.

제1차 공사에 관한 계약 체결 당시 부기된 **총공사금액 및 총공사기간에 관한 합의를 통상 '총괄계약'**이라 칭하고 있는데, 이러한 총괄계약에서 정한 총공사금액 및 총공사기간은 국가등이 입찰당시 예정하였던 사업의 규모에 따른 것이다.

사업연도가 경과함에 따라 총공사기간이 연장되는 경우 추가로 연차별 계약을 체결하면서 그에 부기하는 총공사금액과 총공사기간이 같이 변경되는 것일 뿐 **연차별 계약과 별도로 총괄계약(총공사금액과 총공사기간)의 내용을 변경하는 계약이 따로 체결되는 것은 아니다.**

(2) 장기계속공사계약에서 이른바 총괄계약은 전체적인 사업의 규모나 공사금액, 공사기간 등에 관하여 잠정적으로 활용하는 기준으로서 구체적으로는 계약상대방이 각 연차별 계약을 체결할 지위에 있다는 점과 계약의 전체 규모는 총괄계약을 기준으로 한다는 점에 관한 합의라고 보아야 한다.

따라서 **총괄계약의 효력은 계약상대방의 결정(연차별 계약마다 경쟁입찰 등 계약상대방 결정 절차를 다시 밟을 필요가 없다), 계약이행의사의 확정(정당한 사유 없이 연차별 계약의 체결을 거절할 수 없고, 총공사내역에 포함된 것을 별도로 분리 발주할 수 없다), 계약단가(연차별 계약금액을 정할 때 총공사의 계약단가에 의해 결정한다) 등에만 미칠 뿐이고,**

계약상대방이 이행할 급부의 구체적인 내용, 계약상대방에게 지급할 공사대금의 범위, 계약의 이행기간 등은 모두 **연차별 계약을 통하여 구체적으로 확정**된다고 보아야 한다.

(3) 아래와 같은 사정도 이러한 해석을 뒷받침한다
① 장기계속공사계약의 총괄계약에서 정한 총공사기간의 구속력을 인정하는 것은 결국 1년 이상 진행되는 계약의 효력을 인정하는 것이 되어 **예산일년주의에 반하거나 국회의 예산심의·확정권 내지 의결권을 침해할** 여지가 있음
② 국가계약법 시행령은 연차별 계약 완료시 **계약보증금** 중 이행이 완료된 부분에 해당하는 부분을 반환하도록 하고 있고(제50조 제3항), 하자담보책임기간이나 **하자보수보증금 및 지체상금 등도 모두 연차별 계약을 기준**으로 산정
③ 전체 공사가 완료된 후 한꺼번에 공기연장에 따른 추가공사비의 청구를 허용하게 되면 이는 **연차별 공사대금정산 원칙에 반할** 뿐 아니라, 기간의 경과에 따라 정확한 실비 산정도 쉽지 않게 되어 불필요한 법적 분쟁을 야기 등

대법원 소수의견(반대의견)
(1) **다수의견은 '총괄계약이 연차별 계약에 연동된다.'고 표현하면서 연차별 계약에 중점**을 두고 있다. 그러나 앞서 본 바와 같이 장기계속공사계약 이행의 실제 모습은 **총괄계약에서 정한 총공사기간이 연장되면 연장된 기간 내에 연차별 계약이 추가로 체결되는** 것이다. 다수의견은 현실의 모습과는 정반대의 상황을 전제로 논의하고 있는 것이다.

(2) 다수의견은 **계약의 성립과 효력에 관한 법리에 어긋날 뿐만** 아니라 국가계약법령이 추구하는 이념에도 반하고, 개별적인 관련 규정에도 어긋나는 해석이다. 그 이유를 아래와 같이 밝힌다.

① 다수의견은 **법률행위의 성립은 인정하면서도 아무런 근거 없이 그 효력을 제한**하는 것으로서 법률행위의 성립과 효력에 관한 법리를 위반한 것이다.
② 다수의견에 따르면 공사업체는 총공사기간이 연장됨에 따라 발생하는 간접공사비를 일방적으로 부담하면서도 한편으로는 발주자가 연차별 계약 체결을 요구하면 이에 응해야 하는 지위에 있게 된다. ... **발주자는 간접공사비를 추가로 부담하지 않은 채 실질적으로 총공사기간을 연장할 수 있게 되는데, 이는 불합리하다. 이러한 해석은 발주자만 일방적으로 유리한 지위에 있게 되어 신의성실의 원칙에 반한다.**
③ 관련 규정을 살펴보면 **총괄계약에서 정한 총공사기간이나 총공사대금이 장기계속공사계약의 집행기준(예정가격 결정, 입찰대상, 연차별 계약금액 기준, 계약보증금 기준, 계약금액 조정 기준 등)이 된다는 점**을 알 수 있다.
④ 장기계속공사계약은 **국회가 스스로 입법한 국가계약법에 따라 인정되는 것**이다. 이러한 경우까지 예산일년주의에 반한다거나 국회의 예산심의 확정권 또는 의결권을 침해한다고 볼 수 있는지 의문이다.
⑤ 장기계속공사계약에 적용되는 **관련 법령이나 계약조건은 국가가 입법**하거나 정한 것으로 이러한 **규정이 명확하지 않은 경우에는 작성자 불이익 원칙을 적용**하여야 한다.
⑥ 총공사기간과 총공사대금에 관한 **총괄계약의 구속력을 인정하는 것이 계약상대자뿐만 아니라 국가 등을 위해서도 필요**하다. 간접공사비 증액이 문제된 사안들과는 반대로, 예를 들어 공사업체가 필요한 장비와 인력을 투입하지 않고 최초 약정된 총공사기간의 두 배가 넘는 기간에 걸쳐 연차별 계약 체결을 요구하며 공사를 지연하는 것을 용인할 수는 없다.

대법원 다수 의견에 대한 추가 의견
(1) **총괄계약과 연차별 계약의 관계는 기본계약과 개별계약의 관계**라고 할 수 있다. 예컨대, 금융기관과 이용자 사이에 체결되는 금융거래기본약정과 개별 대출약정 관계와 유사하다. 기본약정도 효력을 가지나 대출실행과 관련해서는 개별 대출약정의 내용이 우선한다.

기본약정의 효력은 일률적으로 정할 수 없고, 기본약정을 체결하는 당사자의 의사나 관련 법률규정 등을 종합하여 판단하여야 한다.

(2) 당사자의 의사라는 측면에서 보면, **장기계속공사의 변동가능성은 발주자나 수급인 모두 익히 잘 알고 있거나 예상할 수 있는 일**이다. 장기계속공사계약에서 정한 총공사기간의 구속력을 인정하지 아니하는 것이 발주자나 수급인의 의사에 반한다고 할 수 없다.

국가계약법령의 각종 규정은 계약금액의 조정이 연차별 계약을 기준으로 이루어지는 것을 전제로 하고 있다. 급부의 목적, 즉 수급인이 해야 할 공사의 구체적 내용과 공사금액, 공사기간은 연차별 계약에 의하여 확정되므로 이는 당연한 것이다. 그러므로 총괄계약에서 정한 총공사기간의 구속력을 인정하지 아니하는 다수의견은 당사자의 의사나 관련 법률규정 등을 충실히 따른 것이다.

➲ 대법원 2018. 10. 30. 선고 2014다235189 전원합의체 판결 [공사대금]

관련 법령

◼ 국가계약법

▶ 제21조(계속비 및 장기계속계약) ① 각 중앙관서의 장 또는 계약담당공무원은 「국가재정법」 제23조에 따른 계속비사업에 대하여는 총액과 연부액을 명백히 하여 계속비계약을 체결하여야 한다.

② 각 중앙관서의 장 또는 계약담당공무원은 임차, 운송, 보관, 전기·가스·수도의 공급, 그 밖에 그 성질상 수년간 계속하여 존속할 필요가 있거나 이행에 수년이 필요한 계약의 경우 대통령령으로 정하는 바에 따라 **장기계속계약을 체결**할 수 있다. 이 경우 **각 회계연도 예산의 범위에서 해당 계약을 이행**하게 하여야 한다.

◼ 국가계약법 시행령

▶ 50조(계약보증금) … ③ 장기계속계약에 있어서는 제1차 계약체결시 부기한 **총공사 또는 총제조등의 금액의 100분의 10 이상을 계약보증금으로 납**부하게 하여야 한다. 이 경우 당해 계약보증금은 총공사 또는 총제조 등의 계약보증금으로 보며, **연차별 계약이 완료된 때에는 당초의 계약보증금 중 이행이 완료된 연차별 계약금액에 해당하는 분을 반환**하여야 한다.

▶ 제64조(물가변동으로 인한 계약금액의 조정) ① 각 중앙관서의 장 또는 계약담당공무원은 법 제19조의 규정에 의하여 국고의 부담이 되는 계약을 체결(장기계속공사 및 장기물품제조등의 경우에는 제1차계약의 체결을 말한다)한 날부터 90일 이상 경과하고 동시에 다음 각 호의 어느 하나에 해당되는 때에는 기획재정부령이 정하는 바에 의하여 **계약금액**(장기계속공사 및 장기물품

제조등의 경우에는 제1차계약체결시 부기한 총공사 및 총제조등의 금액을 말한다. 이하 이 장에서 같다)을 **조정**한다. 이 경우 조정기준일(조정사유가 발생한 날을 말한다. 이하 이 조에서 같다)부터 90일 이내에는 이를 다시 조정하지 못한다.

▶ 제65조(설계변경으로 인한 계약금액의 조정) … ② 계약담당공무원은 예정가격의 100분의 86 미만으로 낙찰된 공사계약의 계약금액을 제1항에 따라 증액조정하려는 경우로서 해당 증액조정금액(2차 이후의 계약금액 조정에 있어서는 그 전에 설계변경으로 인하여 감액 또는 증액조정된 금액과 증액조정하려는 금액을 모두 합한 금액을 말한다)이 **당초 계약서의 계약금액**(장기계속공사의 경우에는 제69조 제2항에 따라 부기된 **총공사금액**을 말한다)**의 100분의 10 이상인 경우**에는 제94조 제1항에 따른 계약심의위원회, 「국가재정법 시행령」 제49조에 따른 예산집행심의회 또는 「건설기술 진흥법 시행령」 제19조에 따른 기술자문위원회(이하 "기술자문위원회"라 한다)의 심의를 거쳐 소속중앙관서의 장의 승인을 얻어야 한다.

▶ 제69조(장기계속계약 및 계속비계약) ① 다음 각 호의 어느 하나에 해당하는 계약으로서 법 제21조에 따라 장기계속계약을 체결하려는 경우에는 각 소속중앙관서의 장의 승인을 받아 단가에 대한 계약으로 체결할 수 있다.

1. 운송·보관·시험·조사·연구·측량·시설관리등의 용역계약 또는 임차계약

2. 전기·가스·수도 등의 공급계약

3. 장비, 정보시스템 및 소프트웨어의 유지보수계약

② 장기계속공사는 낙찰 등에 의하여 결정된 **총공사금액을 부기**하고 **당해 연도의 예산의 범위 안에서 제1차 공사를 이행하도록 계약을 체결**하여야 한다. 이 경우 제2차 공사 이후의 계약은 부기된 총공사금액(제64조 내지 제66조의 규정에 의한 계약금액의 조정이 있는 경우에는 조정된 총공사금액을 말한다)에서 이미 계약된 금액을 공제한 금액의 범위 안에서 계약을 체결할 것을 부관으로 약정하여야 한다.

③ 장기물품제조등과 정보시스템 구축사업(구축사업과 함께 해당 정보시스템의 운영 및 유지보수사업을 포괄하여 계약을 체결하는 경우를 포함한다)의 계약체결방법에 관하여는 제2항을 준용한다.

④ 제2항 및 제3항의 규정에 의한 **제1차 및 제2차 이후의 계약금액은 총공사·총제조등의 계약단가에 의하여 결정**한다.

⑤ 계속비예산으로 집행하는 공사에 있어서는 총공사와 연차별공사에 관한 사항을 명백히 하여 계약을 체결하여야 한다.

▶ 제74조(지체상금) ① 각 중앙관서의 장 또는 계약담당공무원은 계약상대자(국가기관과 지방자치단체를 제외한다)가 계약상의 의무를 지체한 때에는 지체상금으로서 **계약금액**(장기계속공사계약·장기계속물품제조계약·장기계속용역계약의 경우에는 연차별 계약금액을 말한다. 이하 이 조에서 같다)에 기획재정부령이 정하는 율과 지체일수를 곱한 금액을 계약상대자로 하여금 현금으로 납부하게 하여야 한다. 이 경우 계약상대자의 책임없는 사유로 계약이행이 지체되었다고 인정될 때에는 그 해당일수를 지체일수에 산입하지 아니한다. ...

해설

O 장기계속계약의 의미와 특징

장기계속계약은 여러 회계연도에 걸친 사업을 계획, 수립, 시행하면서도 매 회계연도의 예산사정을 고려하여 신축적인 예산집행이 가능한 계약제도이다.[10]

장기계속공사계약, 장기계속물품제조계약 등은 연차별로 예산의 범위 내에서 계약을 체결하되 총계약금액 등을 부기하는 형태로 체결하는데, 국가계약법령에 의하면 **선금, 지체상금 등은 연차별 계약금액을 기준**으로 하고, **계약보증금은 총계약금액을 기준**으로 하되 연차별 계약이 완료되면 완료된 연차별 계약분을 반환하도록 하고 있다.

장기계속계약에 있어 연차별 계약을 독립적으로 운영하도록 하는 데에는 장기계속계약이 갖는 **예산확보의 불확실성을 고려**하여 철저한 계약관리를 통한 **효율성과 형평성을 배가시키고 나아가 관련분쟁을 미리 방지**하고자 함에 그 목적이 있다.[11]

---

10 장훈기, 공공계약제도 해설, 도서출판 삼일, 2015, 149면.
11 정원, 공공조달계약 I, 법률문화원, 2016, 115면.

○ 장기계속계약 관련 판결

위 판결은 장기계속계약에서 총공사기간의 연장에 따른 간접비 증가와 계약금액 조정가능여부에 대한 내용으로서 장기계속계약의 법적 구조를 이해하는데 있어 대단히 중요한 판결이라고 할 것이다.

위 판결과 관련한 사건이 발생하는 이유는 총공사기간이 연장되는 경우 연차별계약에서 연차별 공사대금을 조정하는 것만으로 총공사기간의 연장으로 인한 간접비 증가분 등을 충족하지 못하게 되는 거래현실에 따라 총괄계약상 계약대금 조정을 통하여 간접비 증가분 등을 보전해 주어 계약상대방을 보호해 줄 것이냐의 문제가 빈번히 발생하기 때문이다.

위 사건에서 대법원 다수의견과 소수의견을 살펴보면 장기계속계약을 이해하는 시각의 차이를 분명하게 인식할 수 있다.

○ 대법원 다수의견

다수의견은 장기계속계약의 연차별 계약과 총괄계약 중 **연차별 계약에 중점을 둔다.**

따라서 총공사기간이 연장되는 경우에도 기간의 연장에 따라 연차별 계약이 추가로 체결되고, 총공사기간과 총공사금액은 그에 따라서 변경될 뿐이며, 총공사기간과 총공사금액을 변경하는 총괄계약이 별도로 체결되지는 않는다는 점을 주목한다. 그러므로 **총괄계약의 총공사기간 등에 대한 구속력을 인정하지 않는다.**

또한, 다수의견은 총괄계약에 대하여 전체적인 사업의 규모나 공사금액, 공사기간 등에 관하여 잠정적으로 활용하는 기준으로서 구체적으로는 계약상대방이 각 연차별 계약을 체결할 지위에 있다는 점과 계약의 전체 규모는 총괄계약을 기준으로 한다는 점에 관한 합의로 보기 때문에 **총괄계약은 계약상대방의 결정, 계약이행의사의 확정, 계약단가에만 효력**을 가진다고 본다.

결국 계약상대방이 이행할 **급부의 구체적 내용과 계약상대방에게 지급해야할 계약대금의 범위, 계약의 이행기간 등은 연차별 계약에 의하여 확정**되는 것으로 보는 것이다.

이에 대하여 다수의견에 대한 추가의견의 경우에는 총괄계약과 연차별 계약의 관계를 **기본계약과 개별계약의 관계로 보면서 기본계약의 효력을 인정하되 개별계약이 기본계약에 우선**하는 것으로 본다.

O 대법원 소수의견
이에 반해 소수의견은 **총괄계약에 중점**을 둔다.

장기계속계약의 이행의 실제 모습은 총괄계약에서 정한 총공사기간이 연장되면 연장된 기간 내에 연차별 계약이 추가로 체결되는 것에 주목한다. 따라서, **총괄계약의 총공사기간 등에 대한 구속력을 인정**한다.

소수의견은 다수의견에 의하는 경우 총괄계약과 관련하여 그 성립은 인정하면서도 아무런 근거없이 효력은 제한하여 **계약의 법리에 어긋나고,** 총공사기간이 연장되는 경우 발주자는 추가되는 간접공사비를 부담하지 않으면서 실질적으로 총공사기간을 연장할 수 있게 됨으로써 **계약당사자 일방에게 부당**한 해석이 되어 국가계약법상 신의성실의 원칙에 반하며, 장기계속계약과 관련한 규정과 계약조건이 불명확한 경우에는 **작성자 불이익의 원칙이 적용**되어야 한다고 본다.

결국, 소수의견은 다수의견에 의하면 장기계속공사계약이 예산 집행의 경직성 및 국회의 예산심사권 침해 등 계속비계약이 지닌 단점을 보완하는 제도로 활용되는 것을 넘어 국가의 예산 부족으로 인한 공사지연의 위험을 공사업체에게 전가하고 정당한 대가 지급을 회피하는 수단으로 활용되는 것을 허용하는 결과가 된다고 비판한다.

O 학계 및 실무계의 비판적 입장
이 사안의 이해를 돕기 위하여 학계 및 실무계 일부가 위 판결의 다수의견에 대하여 주장하는 비판적 입장의 내용을 간략히 소개한다.

첫째, 발주기관과 계약상대방인 업체 간에는 총공사라는 일의 완성과 총공사 금액이라는 보수의 지급이 중요한데, 총괄계약 체결시 총공사내용과 총공사 대금 및 총 공사기간이 확정되고, 계약당사자 간에는 이러한 총공사에 대한 총공사기간과 총공사금액에 대하여 구속될 의사가 있다고 보아야 한다.[12]

그럼에도 불구하고 판결의 다수의견은 이러한 당사자의 의사와는 상관없이 총괄계약의 체결은 인정하면서 그 효력발생의 일부는 객관적 근거없이 제한 하고 있다.[13]

둘째, 공사기간 연장의 위험과 관련하여 다수의견은 공사기간 연장에 따른 위험을 계약상대방이 인수하였다는 고려가 숨어 있고, 반대의견에는 계약상 대방과 무관하게 발생한 위험을 계약상대방에게 전가해서는 안된다는 고려가 숨어 있다.

합리적인 위험 배분기준은 위험 원인을 제공하거나 위험과의 거리가 가깝거 나 위험을 좀 더 적은 비용으로 회피할 수 있는 자에게 위험을 부담시키는 것이 합리적이다. 발주기관의 예산부족 등으로 공사기간이 연장되었다면 총 공사기간의 연장으로 인해 실현된 위험인 간접비는 계약상대방보다 발주기관 인 국가가 부담하는 것이 타당하다.[14]

○ **결론**

결론적으로는 현재의 판례상 다수의견에 따라 총괄계약의 총공사기간 등의 구속력은 인정되지 못하고, 추가적인 공사대금, 계약 이행기간 등은 연차별 계약을 통하여야만 효력이 인정된다. 이에 대한 지속적인 연구와 분석이 필 요하다고 할 것이다.

---

12 권영준, 민법판례연구 I, 박영사, 2019, 266~267면.
13 이경준, 공기연장 간접비에 관한 대법원 전원합의체 판결에 대한 비판적 고찰, 법률신문, 2021.11.11.
14 권영준, 앞의 책, 269면.

나 최종 공사수급인의 책임

장기계속공사계약에서 최종 공사수급인의 하자보수보증금 납입의무여부

(1) 일반적으로 공사도급계약에 있어서 하자보수보증금은 당해 공사의 수급인이 그 공사 완공 후 목적물에 관하여 부담하게 될 하자보수의무를 담보하기 위하여 도급인에게 교부하는 것으로서, **도급인이 당해 공사 수급인 이외의 자에게 그 공사의 하자보수의 무나 이에 관한 하자보수보증금 납입의무를 부담시키기 위하여는 그와의 사이에 특별한 약정이 있어야 함**은 사법계약의 일반원칙상 당연한 것인 점 등을 종합하여 보면,

국가계약법 시행령 제62조 제3항은 국가 또는 지방자치단체가 '장기계속공사계약' 을 체결한 경우에 원칙적으로 각 연차계약별로 그 해당 하자보수보증금을 납부하 도록 하되,

① 다만 **각 연차계약의 수급인이 동일한 경우에 한하여** 장기계속계약의 성질과 내 용, 목적물의 구조 등에 비추어 준공된 목적물에 발생한 하자가 각 연차계약별 공정 중 **어느 단계에서의 하자인지 구분할 수 없는 공사인 때에는** 총공사의 준 공검사 후 그 **전체에 대하여 하자보수보증금을 납부하도록** 그 절차에 관한 편 의를 규정한 것이고,

② '장기계속공사'에 있어서 연차계약별로 그 **공사수급인이 다른 경우에도** 그 공사 계약의 성격상 연차계약별로 하자담보책임을 구분할 수 없다는 사정만으로 그 **최종 공사수급인에 대하여 특별한 약정 없이 무조건 총공사금액에 대한 하자보 수보증금을 납입토록 강제하는 규정으로 해석되지 않는다.**

(2) 따라서 장기계속공사의 연차계약별로 공사수급인이 다른 경우에 그 **최종 공사수급 인은 원칙적으로 그 해당 공사계약에 관한 하자보수보증금을 지급할 의무가 있을** 뿐이고 이와 달리 국가가 최종 공사의 수급인에게 총공사에 대한 하자담보책임 또 는 하자보수보증금 납입의무를 지우기 위하여는 그에 관하여 **최종 공사수급인과 사이에 특약이 있어야 할 것이다.**

➲ 대법원 2004. 1. 16. 선고 2003다19275 판결 [전부금]

관련 법령

▣ 국가계약법 시행령

▶ 제62조(하자보수보증금) ① 법 제18조의 규정에 의한 하자보수보증금은 기획재정부령이 정하는 바에 의하여 계약금액의 100분의 2 이상 100분의

10 이하로 하여야 한다. 다만, 공사의 성질상 하자보수가 필요하지 아니한 경우로서 기획재정부령이 정하는 경우에는 하자보수보증금을 납부하지 아니하게 할 수 있다.

② 각 중앙관서의 장 또는 계약담당공무원은 제1항의 규정에 의한 하자보수보증금을 당해 공사의 준공검사후 그 공사의 대가를 지급하기 전까지 납부하게 하고 제60조의 규정에 의한 하자담보책임기간 동안 보관하여야 한다.

③ 장기계속공사에 있어서는 **연차계약별로 제1항 및 제2항의 규정에 의한 하자보수보증금을 납부하게** 하여야 한다. 다만, **연차계약별로 하자담보책임을 구분할 수 없는 공사인 경우에는** 총공사의 준공검사후 하자보수보증금을 납부하게 하여야 한다. ...

해설

○ 관련 법령과 일반적 법리

(1) 국가계약법 시행령에 의하면 **장기계속공사계약에서 하자보수보증금은 연차별 계약을 기준으로 함을 원칙**으로 하되 연차별 계약별로 하자담보책임을 **구분할 수 없는 공사인 경우에는 총공사를 기준으로 하자보수보증금을 납부**하도록 하고 있다.

(2) 또한, 계약과 관련하여 발생하는 채무는 그 계약을 체결한 당사자에게만 미치는 것이 원칙이고, **제3자가 채무를 부담하게 하기 위해서는 그 제3자와 별도의 약정을 체결**하여야 하는 것이 계약의 법리라 할 것이다.

○ 판례의 의미

위 판례는 장기계속공사계약에서 공사 수급인의 하자보수보증금 납부의무와 관련하여 연차별 계약별로 하자담보책임을 구분할 수 없는 공사의 구체적 의미가 무엇이냐가 문제되었던 사안이다.

판례는 **연차별 계약상 공사 수급인이 동일한 상황에서** 목적물에 발생한 하자가 각 연차별 계약 공정 중 어느 단계에서의 하자인지 구분할 수 없는 공사인 때에 예외적으로 총공사를 기준으로 할 수 있도록 한 것이라고 본다.

따라서, 연차별 계약별로 공사 수급인이 다른 경우에는 각 수급인은 본인이 체결한 연차별 계약상 하자보수보증금 지급의무만 부담하는 것이 원칙이고, 최종 공사 수급인이 총공사의 하자보수보증금 지급의무를 부담하기 위하여는 당연히 그와 별도의 약정이 필요함을 계약의 법리에 비추어 재확인하였다고 할 것이다.

가 공동수급체와 도급인 간 관계

공동이행방식 공동수급체의 법적 성격과 법률관계 - 도급인에 대한 공사대금채권의 귀속 약정

사실관계

○ 원고들과 B 업체는 피고(환경관리공단)가 발주하는 한강수계 하수관거정비공사를 공동수급하기 위하여 공동이행방식의 **공사시공에 관한 공동수급체를 결성**하고, 2006. 11. 29. 피고와 사이에 이 사건 공사에 관하여 총 공사금액 71,580,223,000원, 공사기간 2006. 12. 5.부터 2010. 10. 4.까지로 하는 **공사도급계약을 체결**함.

○ **피고는** 선금을 공동수급체의 대표자에게 지급하도록 정하고 있는 공동도급계약운영요령에 따라 이 사건 공사의 시공에 앞서 공동수급체의 **대표자인 원고 A 업체에게 선금 6,084,318,955원을 지급**한 뒤, 원고 A 업체가 공동수급체의 구성원 별로 구분된 **각 회차별 기성대금을 피고에게 청구**하면, 그에 대한 **기성검사를 마친 금액에서 해당 회차의 선금 정산액을 공제한 뒤 나머지 금액을 구성원 각자의 계좌로 구분하여 송금하는 방식으로 기성대가를 지급**함.

○ 원고 A 업체는 위와 같은 방식으로 피고에게 2007. 10. 24.경 제2회 기성금으로 합계 1,428,000,000원, 그리고 2007. 11. 30.경 제3회 **기성금으로 합계 3,832,000,000원을** 각 **청구**하였는데,
B 업체의 채권자인 피고보조참가인 **대한민국이 B 업체의 국세체납을 이유로 B 업체의 공사대금채권 중 199,183,410원을 압류**하고, 피고보조참가인 **근로복지공단이 B 업체의 산재·고용보험료 등의 체납을 이유로 공사대금채권 중 132,335,390원을 압류**하여, 피고는 현재까지 위 각 압류를 이유로 B 업체의 제2, 3회차 기성대금으로 청구된 금액의 일부인 합계 338,973,880원에 대한 **지급을 보류**하고 있음.

○ B 업체는 자금압박으로 2008. 2. 4.경 발주자인 피고와 공동수급체의 나머지 구성원 전원의 동의를 얻어 이 사건 **공동수급체에서 탈퇴**하였으며,
원고들은 **2008. 4.경 원고들만으로** 새로이 변동된 지분비율 하에 **다시 공동수급협정을 체결**하고 그에 따라 2008. 4. 7. 피고와 이 사건 **공사계약의 변경계약을 체결**하고 이 사건 공사를 계속하고 있는 중임.

대법원 다수의견

(1) **공동이행방식의 공동수급체는 기본적으로 민법상의 조합의 성질**을 가지는 것이므로(대법원 2000. 12. 12. 선고 99다49620 판결 등 참조), 공동수급체가 공사를 시행함으

로 인하여 **도급인에 대하여 가지는 채권은** 원칙적으로 **공동수급체의 구성원에게 합유적으로 귀속**하는 것이어서 특별한 사정이 없는 한 구성원 중 1인이 임의로 도급인에 대하여 출자지분의 비율에 따른 급부를 청구할 수 없고, 구성원 중 1인에 대한 채권으로써 그 구성원 개인을 집행채무자로 하여 공동수급체의 도급인에 대한 채권에 대하여 강제집행을 할 수 없다.

(2) 그러나, 공동이행방식의 공동수급체와 도급인이 **공사도급계약에서 발생한 채권과 관련하여 공동수급체가 아닌 개별 구성원으로 하여금 그 지분비율에 따라 직접 도급인에 대하여 권리를 취득하게 하는 약정을 하는 경우**와 같이 공사도급계약의 내용에 따라서는 공사도급계약과 관련하여 도급인에 대하여 가지는 채권이 공동수급체의 구성원 각자에게 그 지분비율에 따라 구분하여 귀속될 수도 있고(대법원 2002. 1. 11. 선고 2001다75332 판결 참조), **위와 같은 약정은 명시적으로는 물론 묵시적으로도 이루어질 수 있다.**

(3) 공동이행방식의 공동수급체의 구성원들이 **기성대가 등을 공동수급체의 구성원별로 직접 지급 받기로 하는 공동수급협정은** 특별한 사정이 없는 한 도급인에 대한 관계에서 공사대금채권을 공동수급체의 구성원 각자가 그 출자지분의 비율에 따라 **구분하여 취득하기로 하는 구성원 상호 간의 합의라고** 보는 것이 타당하고, 나아가 공동수급체의 대표자가 개정된 공동도급계약운용요령 제11조에 따라 공동수급체 구성원 각자에게 공사대금채권을 지급할 것을 예정하고 있는 도급인에게 위와 같은 공사대금채권의 구분 귀속에 관한 공동수급체 구성원들의 **합의가 담긴 공동수급협정서를 입찰참가 신청서류와 함께 제출**하고 도급인이 **별다른 이의를 유보하지 않은 채** 이를 수령한 다음 공동도급계약을 체결하게 되면 공동수급체와 도급인 사이에서 공동수급체의 개별 구성원으로 하여금 공사대금채권에 관하여 그 **출자지분의 비율에 따라 직접 도급인에 대하여 권리를 취득하게 하는 묵시적인 약정이 이루어졌다고** 보는 것이 타당하다. 이는 공동도급계약운용요령과 공동수급협정서에서 공동이행방식의 공동수급체 대표자가 부도 등의 부득이한 사유로 신청서를 제출할 수 없는 경우 공동수급체의 다른 모든 구성원의 연명으로 이를 제출하게 할 수 있다고 규정하고 있거나, **공동수급체 구성원들의 각 출자비율과 실제의 시공비율이 일치하지 않더라도 달리 볼 것이 아니다.**

대법원 별개의견

(1) 도급인에 대한 공사대금채권과 관련하여, 공동이행방식의 공동수급체의 구성원별로 선금을 제외한 기성대가 등을 직접 지급 받기로 하는 공동수급협정을 구성원 각자가 그 출자지분의 비율에 따라 공사대금채권을 구분하여 취득하기로 하는 구성원 상호 간의 합의라고 전제한 다음,

공동수급체와 도급인 사이에서 위와 같은 **합의내용이 담긴 공동수급협정서를 수수**

하여 공동도급계약을 체결하게 되면 공동수급체의 개별구성원으로 하여금 공사대
금채권에 관하여 그 지분비율에 따라 직접 도급인에 대하여 **권리를 취득하게 하는
묵시적인 약정이 이루어진 것으로 보는 다수의견에 대하여는 아래와 같은 이유로
동의하기 어렵다.**

(2) 공동이행방식의 공동수급체와 도급인이 개별 구성원으로 하여금 그 **지분비율에 따
라 직접 도급인에 대하여 공사대금채권을 취득하게 하는 약정은** 기성대가 등을 구
성원 각자에게 구분하여 직접 지급하도록 규정하고 있는 1996. 1. 8. 개정 이후의
**공동도급계약운용요령 제11조가 공동도급계약의 내용에 편입된 경우에만 그 존재
를 인정하는 것이** 타당하다.

(3) **공동도급계약운용요령 자체는** 국가가 사인과의 계약관계를 공정하고 합리적·효율
적으로 처리하기 위하여 관계 공무원이 지켜야 할 계약사무처리에 관한 필요한 사
항을 정한 **국가의 내부규정에 불과한 것이고, ...**

다만 관급공사를 발주하고 공동수급체의 구성원별로 기성대가 등을 직접 지급 받
기로 하는 공동수급협정서를 제출받은 도급인이 소극적으로 공동도급계약운용요령
제11조에 따라 공사대금을 지급하는 것에 그치지 않고 더 나아가 위와 같은 **공동
도급계약운용요령 제11조를 공동도급계약의 내용에 포함되는 붙임문서의 조항 등
을 통하여 적극적으로 계약의 내용에 편입시킨 경우에는** 달리 보아야 한다.

이러한 경우에는 도급인이 단순히 공사대금채권의 지급사무에 관한 내부규정을 준
수한다는 의사를 가지는 것을 넘어서 공동이행방식의 공동수급체의 개별 구성원으
로 하여금 공사대금채권에 관하여 그 **지분비율에 따라 직접 도급인에 대하여 권리
를 취득하게 하려는 의사를** 외부에 명시적으로 표시한 것으로 보아야 하며, 바로
이러한 경우에 한하여 공동수급체의 개별 구성원에게 **공사대금채권이 그 지분비율
로 구분하여 귀속하는 것이다.**

➦ 대법원 2012. 5. 17. 선고 2009다105406 전원합의체 판결 [공사대금]

관련 법령

■ **국가계약법**

▶ 제25조(공동계약) ① 각 중앙관서의 장 또는 계약담당공무원은 공사계약·
제조계약 또는 그 밖의 계약에서 필요하다고 인정하면 **계약상대자를 둘
이상으로 하는 공동계약을 체결할** 수 있다.

② 제1항에 따라 계약서를 작성하는 경우에는 그 담당 공무원과 계약상대

자 모두가 계약서에 기명하고 날인하거나 서명함으로써 계약이 확정된다.

▣ 국가계약법 시행령

▶ 제72조(공동계약) ① 법 제25조의 규정에 의한 공동계약의 체결방법 기타 필요한 사항은 기획재정부장관이 정한다.

② 각 중앙관서의 장 또는 계약담당공무원이 경쟁에 의하여 계약을 체결하고자 할 경우에는 계약의 목적 및 성질상 공동계약에 의하는 것이 부적절하다고 인정되는 경우를 제외하고는 가능한 한 공동계약에 의하여야 한다.

▶ 제72조의2(지식기반사업의 공동계약) 각 중앙관서의 장 또는 계약담당공무원은 지식기반사업중 수 개의 전문분야가 요구되는 복합사업에 입찰참가자가 공동으로 참가하고자 하는 경우에는 특별한 사유가 없는 한 이를 허용하여야 한다.

▣ 공동계약 운용요령(기획재정부 계약예규)

▶ 제11조(대가지급) ① 계약담당공무원은 **선금·대가 등을 지급함에 있어서는 공동수급체 구성원별로 구분 기재된 신청서를 공동수급체 대표자가 제출**하도록 하여야 한다. 다만, 공동수급체 대표자가 부도, 파산 등의 부득이한 사유로 신청서를 제출할 수 없는 경우에는 공동수급체의 다른 모든 구성원의 연명으로 이를 제출하게 할 수 있다.

② 계약담당공무원은 제1항에 의한 신청이 있을 경우에 **신청된 금액을 공동수급체구성원 각자에게 지급**하여야 한다. 다만, 선금은 주계약자관리방식에 의한 공동계약일 경우에는 제1항 단서의 경우를 제외하고는 공동수급체 대표자에게 지급하여야 한다.

③ 기성대가는 공동수급체의 대표자 및 각 구성원의 이행내용에 따라 지급하여야 한다. 이 경우에 준공대가 지급시에는 구성원별 총 지급금액이 준공 당시 공동수급체 구성원의 출자비율 또는 분담내용과 일치하여야 한다.

해설

○ 위 판결의 의미

(1) 공동수급체는 다양한 자와의 법률관계가 발생하는데, 그 중 문제되는 것

중의 하나는 도급인과 법률관계이다.

위 판결은 공동이행방식 공동수급체의 법적 성격과 아울러 공동수급체와 도급인간 약정을 통하여 공사대금 등의 권리에 대한 귀속주체를 변경할 수 있는지에 대하여 그 동안의 논의를 정리한 중요한 판결이라 할 것이다.

(2) 먼저 판례는 **공동이행방식 공동수급체는 원칙적으로 민법상의 조합의 성격**을 가지며, 위 공동수급체의 공사대금 등 **채권은 구성원들에게 합유적으로 귀속**한다고 보고 있다.

그러나, 민법상 조합은 계약의 일종으로서 민법상의 조합관련 규정도 임의규정이라 할 것이므로 **당사자의 의사가 민법 규정보다 더 우선하므로 당사자의 약정에 의하여 변경이 가능**하다고 본다.
다만, 분담이행방식과 주계약자관리방식의 공동수급체의 법적 성격에 대하여 명확히 밝힌 판례는 없다.

(3) 또한, 권리 귀속주체의 변경과 관련하여 위 판결은 의견이 나뉘었는데, 쟁점은 조합과 관련한 법률관계의 내용을 변경하는 당사자 간의 약정의 범위를 명시적인 경우뿐만 아니라 묵시적인 경우에도 인정할 것인가의 문제이다.

즉, 다수의견은 판결의 대상이 된 사건과 같이 공동수급체와 도급인 간 명시적인 약정이 없더라도 공동수급체의 구성원 간 권리귀속주체의 변경 등에 관한 합의가 담긴 공동수급협정서를 도급인에게 제출하고 도급인은 그에 대하여 특별한 이의없이 도급계약을 체결하였다면 그에 대한 **묵시적 약정을 인정하여 공동수급체 구성원 간 권리귀속주체의 변경 등을 인정**하는 것이고, 별개의견은 그러한 내용이 적극적으로 **계약에 명시적으로 편입되어야만 권리의 귀속주체의 변경 등을 인정**할 수 있다는 것이다.

○ 사안에 대하여는 개별적으로 판단되어야 하겠으나, 당사자의 의사를 고려함에 있어 묵시적 약정을 절대적으로 배제할 필요는 없을 것으로 생각된다.

(1) 공동이행방식의 공동수급체와 도급인 사이의 공사도급계약에서 공동수급체의 개별 구성원으로 하여금 공사대금채권에 관하여 지분비율에 따라 직접 도급인에 대하여 권리를 취득하게 하는 약정이 이루어진 경우,

공사도급계약 자체에서 개별 구성원의 실제 공사 수행 여부나 정도를 지분비율에 의한 공사대금채권 취득의 조건으로 약정하거나 일부 구성원의 공사 미이행을 이유로 공동수급체로부터 탈퇴·제명하도록 하여 그 구성원으로서의 자격이 아예 상실되는 것으로 약정하는 등의 특별한 사정이 없는 한, 개별 구성원들은 실제 공사를 누가 어느 정도 수행하였는지에 상관없이 도급인에 대한 관계에서 공사대금채권 중 각자의 지분비율에 해당하는 부분을 취득하고, 공사도급계약의 이행에 있어서의 실질적 기여비율에 따른 공사대금의 최종적 귀속 여부는 도급인과는 무관한 공동수급체 구성원들 내부의 정산문제일 뿐이라고 할 것이다.

(2) 따라서 공동이행방식의 공동수급체와 도급인 사이에서 공동수급체의 개별 구성원으로 하여금 공사대금채권에 관하여 지분비율에 따라 직접 도급인에 대하여 권리를 취득하게 하는 약정이 이루어진 경우에 있어서는 일부 구성원만이 실제로 공사를 수행하거나 일부 구성원이 그 공사대금채권에 관한 자신의 지분비율을 넘어서 수행하였다고 하더라도 이를 이유로 도급인에 대한 공사대금채권 자체가 그 실제의 공사비율에 따라 그에게 귀속한다고 할 수는 없다.

⊃ 대법원 2013. 2. 28 선고 2012다107532 판결 [제3자이의]

해설

○ 앞의 판례와 같이 공동이행방식의 공동수급체와 도급인 사이의 공사도급계약에서 공동수급체의 개별구성원으로 하여금 공사대금채권에 관하여 지분비율에 따라 직접 도급인에 대하여 권리를 취득하게 하는 약정이 이루어진 경우에도 실제 지분비율과 실제적인 공사비율 내지 실질적인 기여비율이 다르다면 공동수급체 구성원 간 공사채권의 귀속범위는 어떻게 될 것인가?

○ 이에 대하여 판례는 공사도급계약 자체에서 개별 구성원의 실제 공사 수행 여부나 정도를 지분비율에 의한 공사대금채권 취득의 조건으로 약정하는 등의 특별한 사정이 없는 한 원칙적으로 공동수급체의 구성원들 간 지분비율에 의하여 귀속됨을 분명히 하였다.

공동이행방식 공동수급체의 개별 권리취득 약정을 부정한 사례

(1) 원심이 확정한 사실관계 및 원심이 적법하게 채택한 증거에 의하면, 이 사건 도급계약에는 공사계약일반조건, 공사계약특수조건, 공동수급협정서 등이 편입되어 있는데,

① 공사계약일반조건 제35조에는 **공동수급체의 구성원은 구성원별로 구분 기재된 기성신청서를** 공동수급체의 대표자 혹은 부득이한 사유가 있을 경우 공동수급체의 운영위원회에서 정한 **대표자에게 제출하고, 그 대표자가 사업시행자에게 기성대가를 청구**하며, 사업시행자는 이 사건 도급계약에서 달리 정하지 않는 한, 공사비 지급기일에 검사된 내용에 따라 기성대가를 확정하여 **공동수급체 구성원 각자에게 지급하거나 대표자에게 지급**하는 것으로 정해져 있고,

② 공동수급협정서 제8조에는 공동수급체의 **대표가 공동도급공사의 대가 등을 수령한 후 각 구성원의 계좌로 송금**한다고 규정되어 있는 사실을 알 수 있다.

(2) 이러한 사실관계에 나타난 약정 내용에 의하면,

도급인인 피고 A주식회사와 이 사건 공동수급체 사이에 체결된 이 사건 **도급계약은 공동수급체가 조합체로서 공사대금채권을 가지는 것으로 약정**하였다고 보일 뿐, 그 공사대금채권을 공동수급체의 **구성원 각자가 출자지분의 비율에 따라 도급인에게 직접 청구할 수 있는 권리를 취득하게 하는 특약을 한 것이라고는 할 수 없다.**

(3) 그리고 상고이유에서 주장하는 기획재정부 회계예규인 '**공동도급계약운용요령**'이나 행정안전부 예규인 '**지방자치단체 공동계약 운용요령**'에서 공동수급체의 공사대금채권이 그 구성원 각자에게 귀속되도록 하는 규정을 두고 있다고 하더라도,

이 사건 도급계약과 같이 정부나 지방자치단체가 도급인이 아닌 경우에도 그 공사의 원 발주자가 정부나 지방자치단체라고 하여 위 **각 예규가** 당연히 적용된다고 할 수는 없는 것이므로 이를 **계약 내용에 편입하는 특약이 있어야** 그 도급계약에 **기한 법률관계에 적용**될 수 있을 것인데, 기록을 살펴보아도 위 각 예규를 이 사건 **도급계약에 명시적 또는 묵시적으로 편입시켰다고 볼 근거를 발견할 수 없다.** 따라서 이 사건 도급계약에 위 각 예규가 적용됨을 전제로 한 상고이유 주장은 나아가 살펴볼 필요 없이 이유 없으므로 이 부분 상고이유 주장도 받아들일 수 없다.

⊃ 대법원 2013. 7. 11. 선고 2011다60759 판결 [공사대금등]

○ 위 판례는 앞서 살펴 본 대법원 전원합의체 판결의 취지에 따라 판단한 사안이다.

○ 공동이행방식 공동수급체의 구성원들이 개별적으로 대금채권을 귀속받기 위하여 도급계약에 별도의 명시적 내지 묵시적 약정이 필요함을 전제한다.

그러나, 사안의 계약내용에 따르면 기성금을 **구성원 각자에게 지급한다고 명확히 약정하지 않고**, 대표자 또는 구성원에게 지급한다고 약정하고 있는 등 **개별적으로 대금채권을 귀속받기로 하는 약정이 있었다고 인정할 수 없다**고 보아 **개별 구성원들의 권리취득을 부정**한 사안이다.

따라서 공동수급체의 구성원들이 기성대가 등 대금채권을 개별적으로 귀속받기 위해서는 도급인과 계약에서 별도의 명시적 내지 묵시적 약정이 필요함을 다시 한번 확인하였다 할 것이다.

공동이행방식 공동수급체의 지체상금

(1) A 회사와 B 회사가 함께 지하차도 확장공사를 국가로부터 도급받아 A 회사는 포장을 제외한 전체 공사를, B 회사는 포장공사를 각 나누어 받기로 한 경우 공사 중 A 회사 및 B 회사가 각 책임지기로 한 부분이 특정되어 있기는 하나,

① **공사이행에 관하여 상호연대보증**을 하였으며,

② 도급인인 국가의 입장에서 보면 A 회사 및 B 회사가 맡은 위 각 **공사는 전체로서 지하차도 확장공사라는 하나의 시설공사를 이루고 있는 것**이고,

③ 또한 위 공사의 성질상 B 회사가 맡은 포장공사는 A 회사가 맡은 나머지 공사를 완공한 후에 할 수 있는 공사이어서, **A 회사가 자신이 맡은 공사를 완공하지 못하는 경우는 B 회사도 그가 맡은 포장공사를 준공기한 내에 하지 못하는 것**이며,

④ 위 도급계약에서 정한 준공기한도 A 회사가 맡은 공사만의 준공기한이 아니라 B 회사가 맡기로 한 포장공사까지 포함한 **공사 전체의 준공기한**이므로,

A 회사가 자신이 맡은 공사를 위 준공기한 내에 하지 못함으로써 지체상금을 부담하는 경우 그 **지체상금의 기준이 되는 계약금액은 A 회사가 맡은 부분에 해당하는 공사대금뿐만 아니라 공사의 전체 공사대금**으로 보아야 한다.

(2) 따라서 원심이 원고(A 회사)와 위 소외 회사(B 회사)가 이 사건 도급계약을 형식상으로는 공동수급인으로 체결하였지만 실질적으로는 각자 별개의 도급계약을 체결한 것으로 보고 원고의 이 사건 지체상금의 기준이 되는 계약금액을 원고가 하기로 한 공사에 관한 대금인 금 1,447,838,810원으로 보았음에는 도급계약 및 지체상금에 관한 법리를 오해한 위법이 있다고 할 것이고, 이를 지적하는 논지는 이유있다.

➲ 대법원 1994. 3. 25. 선고 93다42887 판결 [공사대금]

분담이행방식 공동수급체의 지체상금

공동수급인이 분담이행방식에 의한 계약을 체결한 경우에는, 이 사건과 같이 공사의 성질상 어느 구성원의 분담 부분 공사가 지체됨으로써 타 구성원의 분담 부분 공사도 지체될 수밖에 없는 경우라도, **특별한 사정이 없는 한, 공사 지체를 직접 야기시킨 구성원만 분담 부분에 한하여 지체상금의 납부의무를 부담한다고 해석함이** 상당하다.

➲ 대법원 1998. 10. 2. 선고 98다33888 판결 [공사대금]

관련 법령

▣ 공동계약 운용요령(기획재정부 계약예규)

▶ 제7조(책임) ① 계약담당공무원은 공동수급체 구성원으로 하여금 **발주자에 대한 계약상의 시공, 제조, 용역의무이행에 대하여 다음 각 호에 따라**

책임을 지도록 하여야 한다.

1. **공동이행방식에 의한 경우에 구성원은 연대하여 책임**을 지도록 하여야 한다. 다만, 공사이행보증서가 제출된 공사로서 계약이행요건을 충족하지 못하는 업체는 출자비율에 따라 책임을 지도록 하여야 한다.

2. **분담이행방식에 의한 경우에 구성원은 분담내용에 따라 각자 책임**을 지도록 하여야 한다.

3. **주계약자관리방식에 의한 경우에 구성원은 각자 자신이 분담한 부분에 대해서만 책임**을 지되, 불이행시 그 구성원의 보증기관이 책임을 지며, **주계약자는 최종적으로 전체계약에 대하여 책임**을 지되, 불이행시 주계약자의 보증기관이 책임을 진다. 다만, 주계약자가 탈퇴한 후에 주계약자의 계약이행의무 대행이 이루어지지 않은 경우에는 주계약자 이외의 구성원은 자신의 분담부분에 대하여 계약이행이 이루어지지 아니한 것으로 본다.

② 시행령 제76조 제1항은 입찰 참가자격의 제한사유를 야기시킨 자에 대하여 적용하며, 출자비율 또는 분담내용과 다르게 시공한 경우에는 해당 구성원에 대하여 적용한다.

해설

○ 공동수급체와 도급인 간 계약이행책임의 원칙

공동수급체와 도급인 간 법률관계 중 계약이행책임과 관련하여 **공동이행방식의 경우**에는 구성원들이 연대하여 책임을 지는 것이 원칙인 반면, **분담이행방식의 경우**에는 구성원들이 분담내용에 따라 각자 책임을 지게 되며, **주계약자관리방식에 의한 경우**에는 구성원들이 각자 분담한 부분에 대하여 책임을 지되 주계약자는 최종적으로 전체 계약에 대하여 책임을 지는 것이 원칙이다.

○ 이행지체시 지체상금의 기준

따라서, 공동수급체는 그 유형에 따라 이행지체시 지체상금의 기준이 되는 계약금액도 달라지게 되는데, 판례에 의하면 **공동이행방식 공동수급체의 경우**에는 원칙적으로 계약에서 정해진 준공기한은 공사전체의 준공기한으로서 지체상금의 기준도 공사의 전체 공사대금이 된다. 반면, 분담이행방식의 공동수급체의 경우에는 특별한 사정이 없는 한 개별 업체의 분담부분의 공사대금이 기준이 된다고 할 것이다.

사실관계

○ 원고(충○남도)가 소외 A 주식회사와 B 종합건설 및 C 주식회사로 구성된 공동수급체에게 3차례에 걸쳐 ○○고등학교 교사 이전공사를 도급주었고, 위 각 **도급계약**은 '공동이행방식'의 공동도급계약으로서 그 **대표자로 A 주식회사가 선정**됨.

○ A 주식회사는 원고에게 선급금의 지급을 요청한 반면 B종합건설과 C 주식회사는 선급금을 수령하지 않겠다고 하였으며, 이러한 요청에 따라 **원고는 A 주식회사에 대해서만 선급금을 지급**함.

○ **A 주식회사는 선급금에 대한 담보방법으로** 피고(갑 공제조합) 및 을 보증보험 주식회사와 **선급금보증보험계약을 체결**하고 그들 발행의 선급금보증서를 원고에게 제출함.

○ 그런데 공동수급체 중 C 주식회사가 부도로 탈퇴한 데 이어 A 주식회사마저 부도를 내고 원고에게 공사포기원을 제출하자, 원고는 1998. 9. 23. **공동수급체와의 계약을 사실상 해지**하고, 새로이 **B 종합건설에게 위 공사를 도급**을 주었고, 이에 따라 원·피고 및 A 주식회사, B 종합건설, 을 보증보험 주식회사 등은 같은 달 25. 위 공사에 관한 타절 기성검사를 마침.

대법원 판단

공동수급체의 구성원이 발주자에 대한 계약상의 의무이행에 대하여 연대하여 책임을 진다고 규정되어 있다고 하더라도,

도급계약의 내용에 **선급금 반환채무 등에 관한 다른 구성원의 의무에 관하여는 명시적인 규정이 없고, 선급금에 관하여는 별도의 규정을 두어 그 반환채무의 담보 방법으로** 수급인이 제출하여야 할 문서로서 보험사업자의 보증보험증권이나 갑 공제조합의 지급보증서 등 그 담보력이 충분한 것으로 제한하고 있다면,

공동수급체의 각 구성원의 연대책임의 범위는 선급금 반환채무에까지는 미치지 아니한다고 봄이 상당하므로, 공동수급체의 구성원으로서는 특별한 사정이 없는 한 다른 구성원의 선급금 반환채무에 관하여는 책임을 부담하지 않는다고 할 것이다(대법원 2002. 1. 25. 선고 2001다61623 판결, 2002. 8. 23. 선고 2001다14337 판결 등 참조).

⊃ 대법원 2004. 11. 26. 선고 2002다68362 판결 [보증채무금]

관련 법령

▣ 공동계약 운용요령(기획재정부 계약예규)

▶ 제11조(대가지급) ① 계약담당공무원은 선금·대가 등을 지급함에 있어서는 공동수급체 구성원별로 구분 기재된 신청서를 공동수급체 대표자가 제

출하도록 하여야 한다. 다만, 공동수급체 대표자가 부도, 파산 등의 부득이한 사유로 신청서를 제출할 수 없는 경우에는 공동수급체의 다른 모든 구성원의 연명으로 이를 제출하게 할 수 있다.

② 계약담당공무원은 제1항에 의한 신청이 있을 경우에 **신청된 금액을 공동수급체 구성원 각자에게 지급**하여야 한다. 다만, 선금은 **주계약자관리방식에 의한 공동계약일 경우에는 제1항 단서의 경우를 제외하고는 공동수급체 대표자에게 지급**하여야 한다. ...

해설

○ 공동수급체에 대한 도급인의 **선금지급과 관련하여 공동계약운용요령**에 의하면 공동수급체 대표자가 신청하되, 도급인은 공동수급체 **구성원 각자에게 신청된 금액을 지급**하도록 하고 있다.

○ 그 과정에서 반대로 선금을 지급받은 구성원이 반환하여야 할 경우에는 위 공동계약운용요령에 그에 대한 명시적인 규정이 없는 바, 그 반환채무가 공동수급체 구성원들의 연대채무에 해당하는가가 문제된다.

이에 대하여 판례는 공동이행방식의 공동계약의 경우에 구성원이 계약이행에 대하여 연대하여 책임을 지는 것이 원칙이지만, 선금반환과 관련하여 수급한 구성원이 보증보험 증권을 제출하는 등 **도급계약상 별도로 담보방법을 제한하고 있는 점을 고려할 때 공동수급체의 각 구성원의 연대책임의 범위는 선급금 반환채무에까지는 미치지 아니한다**고 봄이 상당하므로, 공동수급체의 구성원으로서는 특별한 사정이 없는 한 다른 구성원의 선급금 반환채무에 관하여는 책임을 부담하지 않는다고 판단하였다.

따라서, 공동수급체 구성원들이 **수급한 선금의 반환채무는 구성원 각자가 부담**하는 것이 원칙이라 할 것이다.

사실관계

○ 상인인 원고 A 업체는 B 업체와 **공동이행방식의 공동수급체를 구성**하여 SH공사로부터 재개발 ○○아파트 **건설공사를 도급**받고, 이 사건 공사로 인한 **하자담보책임을 연대하여 부담**하기로 약정함.

○ **피고(보험회사)는 B 업체와** 이 사건 도급계약에 따라 SH공사에 부담하는 하자보수 의무에 관하여 공동수급협정서에 정한 출자비율(54%)에 따른 공사계약금액을 기준으로 보험가입금액을 정하여 **하자보수보증보험계약을 체결**함.

○ SH공사는 이 사건 공사 완공 이후 B 업체에 **하자보수를 요청**하였으나 B 업체가 경영 악화 등으로 이를 이행하지 못하자 2009. 12. 초순경 원고 **A 업체에게 하자보수의무의 이행을 촉구**하는 한편 피고(보험회사)에게 이 사건 보증보험계약에 따른 **보험금을 청구**함.

○ 원고 **A 업체는** 2010. 11. 중순경 1,2,3년차 하자보수공사를 완료함.

공동수급체의 하자보수이행의무

공동이행방식의 **공동수급체는 민법상 조합의 성질**을 가지는데, 조합의 채무는 조합원의 채무로서 특별한 사정이 없는 한 조합채권자는 각 조합원에 대하여 지분의 비율에 따라 또는 균일적으로 그 권리를 행사할 수 있지만,

조합채무가 조합원 전원을 위하여 상행위가 되는 행위로 인하여 부담하게 된 것이라면 상법 제57조 제1항을 적용하여 조합원들의 연대책임을 인정함이 상당하므로(대법원 1992. 11. 27. 선고 92다30405 판결 등 참조),

공동수급체의 구성원들이 상인인 경우 공사도급계약에 따라 도급인에게 **하자보수를 이행할 의무는 그 구성원 전원의 상행위에 의하여 부담한 채무로서 공동수급체의 구성원들은 연대하여 도급인에게 하자보수를 이행할 의무가 있다**(대법원 2013. 5. 23. 선고 2012 다57590 판결 등 참조).

공동수급체 구성원의 개별 하자보증보험

(1) **공동수급체 구성원이 개별적으로 출자비율에 따른 하자보수보증보험계약을 체결한 경우** 피보험자인 도급인으로부터 하자보수를 요구받은 보험계약자가 그 이행기간 내에 의무를 이행하지 아니하면 그때 보험사고와 이에 근거한 재산상 손해가 발생하여 **보험자는 피보험자인 도급인에 대하여 보험금지급의무를 부담**한다(대법원 2008. 6. 19. 선고 2005다37154 전원합의체 판결 참조).

(2) 그리고 이러한 상태에서 **연대채무를 부담하는 다른 공동수급체 구성원의 면책행위에 의하여 보험계약자의 주계약상의 채무가 소멸한 경우**, 면책행위를 한 다른 공동수급체 구성원은 민법 제425조 제1항에 따라 자신과 연대하여 하자보수의무를 부담하는 **보험계약자의 부담부분에 대하여 구상권을 행사**할 수 있다.

(3) **보증보험은** 형식적으로는 보험계약자의 채무불이행을 보험사고로 하는 **보험계약이지만** 실질적으로는 **보증의 성격을** 가지고 보증계약과 같은 효과를 목적으로 하는 것이므로 **민법의 보증에 관한 규정이 준용**될 뿐만 아니라(대법원 2012. 2. 23. 선고 2011다62144 판결 등 참조),

구상권의 범위 내에서 법률상 당연히 변제자에게 이전되는 채권자의 담보에 관한 권리에는 질권, 저당권이나 보증인에 대한 권리 등과 같이 전형적인 물적·인적 담보는 물론, 채권자와 채무자 사이에 채무의 이행을 확보하기 위한 특약이 있는 경우에 그 특약에 기하여 채권자가 가지는 권리도 포함되므로(대법원 1997. 11. 14. 선고 95다11009 판결 등 참조), **면책행위를 한 다른 공동수급체 구성원은** 하자보수를 요구받은 **보험계약자에게 구상권을 행사할 수 있는** 범위에서 민법 제481조에 따라 채권자인 **도급인의 담보에 관한 권리인 하자보수보증보험계약에 따른 보험금청구권을 대위행사할 수** 있다고 보아야 한다.

⊃ 대법원 2015. 3. 26. 선고 2012다25432 판결 [보험금]

관련 법령

■ 민법

▶ 제425조(출재채무자의 구상권) ① 어느 연대채무자가 변제 기타 자기의 출재로 공동면책이 된 때에는 다른 연대채무자의 부담부분에 대하여 구상권을 행사할 수 있다.
② 전항의 구상권은 면책된 날 이후의 법정이자 및 피할 수 없는 비용 기타 손해배상을 포함한다.

▶ 제441조(수탁보증인의 구상권) ① 주채무자의 부탁으로 보증인이 된 자가 과실없이 변제 기타의 출재로 주채무를 소멸하게 한 때에는 주채무자에 대하여 구상권이 있다.
② 제425조 제2항의 규정은 전항의 경우에 준용한다.

■ 상법

▶ 제57조(다수채무자간 또는 채무자와 보증인의 연대) ① 수인이 그 1인 또는 전원에게 상행위가 되는 행위로 인하여 채무를 부담한 때에는 연대하여 변제할 책임이 있다.

② 보증인이 있는 경우에 그 보증이 상행위이거나 주채무가 상행위로 인한 것인 때에는 주채무자와 보증인은 연대하여 변제할 책임이 있다.

■ 공동계약운용요령(기획재정부 계약예규)

[별첨1] 공동수급표준협정서(공동이행방식)

▶ 제13조(하자담보책임) 공동수급체는 공동수급체가 해산한 후 해당공사에 관하여 하자가 발생하였을 경우에는 **연대하여 책임**을 진다.

[별첨2] 공동수급표준협정서(분담이행방식)

▶ 제14조(하자담보책임) 공동수급체가 해산한 후 해당공사에 관하여 하자가 발행하였을 경우에는 **분담내용에 따라 그 책임**을 진다.

[별첨3] 공동수급표준협정서(주대표자관리방식)

▶ 제14조(하자담보책임) ① 공동수급체가 해산한 후 해당 공사에 관하여 하자가 발행하였을 경우에는 해당 구성원이 **분담내용에 따라 그 책임**을 진다.
② 해당 구성원이 하자담보책임을 이행하지 않은 경우(부도, 파산 등으로 이행할 수 없는 경우를 포함한다)에는 해당 구성원의 보증기관이 하자담보 책임을 이행하여야 한다.
③ 구성원 간(주계약자를 포함)에 **하자책임 구분이 곤란한 경우**에는 주계약자가 하자책임 구분에 대한 조정을 할 수 있으며, 조정이 불가능한 경우에는 **하자와 관련 있는 구성원이 공동으로 하자담보책임**을 이행하여야 한다.

해설

O 민법상 조합의 채무

민법상 조합의 경우 일반적으로 **조합의 채무는 전 조합원에게 합유적으로 귀속**되고, 조합채권자에게 **조합재산으로 책임**을 지게 될 뿐만 아니라 각 조합원의 채무로서 **분담비율에 따라 개인재산으로 책임**을 지게 된다.[15]

---

15 지원림, 민법강의, 홍문사, 2020, 1629면 참조.

O 공동수급표준협정서상 하자담보책임

한편, 공동계약운용예규 별첨 공동수급표준협정서에 의하면 하자담보책임과
관련하여 **공동이행방식의 경우**에는 구성원이 연대하여 책임을 지도록 하고,
분담이행방식의 경우에는 구성원이 분담내용에 따라 책임을 지도록 하며, **주
대표자관리방식의 경우**에는 해당 구성원이 분담내용에 따라 책임을 지도록
하고 있다.

O 판례의 입장

판례에 의하면 하자담보책임과 관련하여 공동이행방식의 경우 **공동수급체
구성원이 상인인 경우**(대부분 이러한 경우일 것이다)에는 상법 규정에 따라 도급
인에 대한 하자보수의무는 구성원들이 각 분담비율이 아니라 **연대하여 책임**
을 지게 된다고 본다.

또한, 공동수급체 구성원(B 업체)이 개별적 출자 비율에 따라 보증보험회사와
하자보수보증계약을 체결하고 도급인이 하자보수를 요구하여 하자보수책임
이 발생한 경우에 다른 구성원(A 업체)이 하자보수를 이행하는 등 그 **책임을
면하게 되면** 다른 구성원(A 업체)은 하자보수보증계약을 체결한 **구성원(B 업체)
에게 그 부담부분에 대하여 구상**할 수 있고, 그 구상권의 범위 내에서 **도급
인을 대위하여 보증보험회사에 대하여 보험금청구**를 할 수 있다고 판단하고
있다.

나 공동수급체 구성원 간 관계

사실관계

○ 원고(A 업체), 피고(B 업체), C 업체는 **공동수급체(이하 '이 사건 공동수급체'라 한다)를 구성**하여 2006. 12. 18. 대한주택공사와 아파트건설공사(턴키) 도급계약(이하 '이 사건 도급계약'이라 한다)을 체결함.

○ 원고는 이 사건 도급계약에 따라 이 사건 공사로 인하여 발생하는 공동원가를 미리 집행하고, C 업체에게 C 업체의 지분율에 의한 **공동원가 분담금을 지급할 것을** 요구하였으나 C 업체는 위 분담금의 지급을 지체하고, 2008. 12. 12. **회생절차개시 신청을 하였으며, 회생절차개시결정**(서울중앙지방법원 2008회합82)을 받음.

○ 위 법원의 회생계획안에 의하면, 원고의 C 업체에 대한 공동원가 분담금 채권이 회생채권으로 시인되어 그 중 일부의 채권은 C 업체의 주식으로 출자전환(이후 원고 명의로 주주명부에 등재되었다)되고, 나머지 채권은 C 업체가 2013년부터 2018년까지 매년 정기적으로 일정 금액씩 변제하도록 되어 있음.

○ **원고(A 업체)는 B 업체에게 C 업체의 분담금에 대한 지급을 청구**함.

대법원 판단

(1) 원심은, 조합에 해당하는 이 사건 **공동수급체의 내부관계는** 먼저 그 구성원인 원고 (A 업체), 피고(B 업체), C 업체가 체결한 **약정의 내용에 따라야 한다**고 전제한 다음,

(2) 이 사건 협약서 등 채택증거를 종합하여 인정한 판시와 같은 사실을 기초로 하여, **약정에 따르면 피고나 C 업체는 대표사인 원고에 대하여 그 지분비율에 따른 개별 적인 공동원가 분담금 채무를 부담**한다고 판단하고,

(3) 이와 달리 위 채무가 조합 구성원들에게 **합유적으로 귀속되는 조합채무로서** 민법 제712조, 상법 제57조 제1항에 의하여 피고가 C 업체의 분담금에 대하여 **연대책임을 부담**한다는 취지의 **원고의 주장을 배척**하였다.

원심판결 이유를 관련 법리와 기록에 비추어 살펴보면, 원심의 위와 같은 판단에 상고이유 주장과 같이 조합의 내부관계와 조합규정의 적용범위, 처분문서의 해석 등에 관한 법리를 오해하여 **판결에 영향을 미친 위법이 있다고 할 수 없다.**

⊃ 대법원 2016. 6. 10. 선고 2013다31632 판결 [손실분담금등]

공동수급체 구성원의 공동원가부담의무의 성격

(1) 원심은 그 판시와 같은 이유로 원고가 이 사건 공사를 위한 공동원가를 선지출하 였다고 하더라도 이는 이 사건 협정에 따라 **공동수급체의 대표자 지위에서 공사에 필요한 비용을 선지출한 것일 뿐,** 이를 들어 원고가 이 사건 공동수급체에게

위 비용 상당의 돈을 대여하였다고 보기 어렵고,

이 사건 **공동수급체의 구성원의 공동원가분담의무는 구성원으로서의 출자의무에** 다름없으므로, 원고가 이 사건 협정에 따라 공동원가를 선지출한 경우 다른 구성 원인 피고나 △▣건설 주식회사는 이 사건 **협정에 따라 원고에 대하여 그 지분비 율에 따른 개별적인 공동원가분담의무를 부담할 뿐** 민법 제713조에 따라 변제자력 이 없는 **다른 조합원의 공동원가분담의무에 대해서까지 보충적 책임을 지지 않는 다고 판단**하여, 원고가 공동원가를 선지출한 경우 이 사건 공동수급체에 대한 채 권자 지위에 서게 됨을 전제로 하는 원고의 이 사건 청구를 기각하였다.

(2) 기록에 비추어 살펴보면 원심의 위와 같은 사실인정과 판단은 정당하고, 거기에 상고이유의 주장과 같이 필요한 심리를 다하지 아니하거나 논리와 경험의 법칙에 반하여 사실을 인정하거나 계약의 해석, 민법 제688조 및 제713조의 적용에 관한 법리를 오해하는 등의 잘못이 없다.

➲ 대법원 2015. 2. 12. 선고 2014다33284 판결 [원가분담금]

관련 법령

▣ 공동계약운용요령(기획재정부 계약예규)

[별첨 1] 공동수급표준협정서(공동이행방식)

▶ 제10조의2(비용의 분담) ① 본계약이행을 위하여 발생한 **하도급대금, 재 료비, 노무비, 경비 등**에 대하여 **출자비율에 따라 각 구성원이 분담**한다. ② 공동수급체 구성원은 각 구성원이 분담할 비용의 납부시기, 납부방법 등을 상호 협의하여 별도로 정할 수 있다.

[별첨 2] 공동수급표준협정서(분담이행방식)

▶ 제10조(공동비용의 분담) 본계약이행을 위하여 발생한 공동의 경비 등에 대하여 **분담공사금액의 비율에 따라 각 구성원이 분담**한다.

[별첨 3] 공동수급표준협정서(주대표자관리방식)

▶ 제10조(공동비용의 분담) ① 본계약이행을 위하여 발생한 공동의 경비 등 에 대하여 **분담내용의 금액비율에 따라 각 구성원이 분담하는 것을 원칙** 으로 하되, 전체계약의 보증금 등의 일괄납부에 소요되는 비용의 재원은

공동수급체 구성원간의 합의에 의하여 별도로 정할 수 있다.

② 공동수급체 구성원은 각 구성원이 분담할 주계약자의 계획·관리·조정 업무에 대한 대가와 지급시기, 지급방법 등을 상호 협의하여 별도로 정할 수 있다.

해설

○ 문제의 소재

공동수급체 구성원의 공동원가 부담과 관련하여 구성원이 분담비율에 따라 개별 부담하는 것인지 아니면 조합채무로서 연대책임을 지는 것인지 문제된다.

○ 공동계약 표준협정서상 공동원가의 부담

이와 관련하여 공동계약 표준협정서에 의하면 공동이행방식의 경우 **출자비율에 따라 각 구성원이 부담**하되 비용의 납부방법 등에 대하여 **구성원 간 협의하여 별도로 정할 수 있도록** 하고 있고, 분담이행방식의 경우에는 **분담금액의 비율에 따라 분담**하며, 주대표자관리방식의 경우에도 **분담내용의 금액비율에 따라 분담**함을 원칙으로 하도록 하고 있다.

○ 판례의 태도

위 판례에 의하면 공동수급체 구성원의 공동원가 부담의무는 구성원으로서 출자의무에 해당하고 협정에 따라 그 **분담비율에 따른 개별적인 분담의무만을 부담**한다고 본다.

따라서 공동수급체의 대표자가 공동원가를 선지출하고, 구성원들에게 지분율에 따른 금액을 청구하던 중 일부 구성원이 파산 등의 이유로 지급을 못하게 되는 경우 대표자가 다른 구성원에게 지급을 못한 구성원의 분담액을 청구하더라도 **다른 구성원들은 연대하여 지급할 의무는 없다.**

(1) 이 사건 협약 제17조 제2항, 제4항, 제23조 제1항, 제2항에 의하면, **공동수급체의 각 시공사는 각 공구별로 분담 시공**하게 되는데, 담당 공구의 시공에 실제 투입된 비용과 무관하게 사전에 **공동수급체가 협의하여 정한 실행단가를 적용**하여 산출한 실행예산 금액이 각 시공사별로 부담하는 공사원가가 되고 **실제 투입된 비용이 당초 예상과 달리 늘어나더라도 그 증가분의 분담을 다른 공동수급업체에 청구할 수 없는 것이 원칙이다.**

그러나, 토취장의 경우에는 당초 예정된 장소가 변경될 수 있음이 이미 예상되었고 토취장의 변경에 따라 운반거리가 변경되면 담당 시공사는 공사비 부담이 증가하므로, 감리원의 승인 하에 토취장이 변경된 경우 감리단의 확인을 거친 공사비의 증가를 공동원가에 반영하여 다른 공동수급체들이 함께 분담하도록 하되, 그에 앞서 각 공동수급체들의 현장소장으로 구성된 기술분과위원회의 검증을 거치도록 하고 있다.

(2) 위와 같이 **공동원가분담금 정산과 관련하여** 각 공동수급체의 현장소장으로 구성된 **기술분과위원회의 검증을 거치도록 한 것은** 어느 공동수급체 구성원이 감리원의 승인 내지 확인 하에 토취장을 변경하여 공사비가 증가한 경우 그 적정성과 타당성을 심사함으로써 공동수급체 구성원들 상호간에 **공정하고 원활한 분담금 정산이** 이루어지도록 하는데 그 취지가 있는 것으로서, 이는 **공동수급체 구성원들이 공동으로 부담하여야 할 분담금의 유무와 액수를 조사·결정하기 위한 절차일 뿐, 그 자체가 공동원가 분담금채권의 발생 요건이라고 볼 수는 없다.**

토취장 변경에 따른 공사비 증가에 관하여 기술분과위원회 또는 시공운영위원회에서 전부 혹은 일부 승인 내지 불승인 결정 등을 한다 하더라도 그러한 조치는 토취장 변경으로 **공사비가 증가한 공동수급체 구성원이 다른 구성원들에 대하여 갖는 공동원가 분담금채권의 존부 및 범위를 실체적으로 확정시키는 효력은 없고,** 그에 대하여 이의가 있는 공동수급체 구성원은 다른 구성원들을 상대로 **민사소송을 제기하여 정당한 공동원가분담금의 지급을 청구할 수 있다고 보아야 할 것이다.**

➩ 대법원 2013. 2. 28. 선고 2011다79838 판결 [공동원가분담금]

해설

○ 문제의 소재

위 사안은 공동수급체 구성원들이 공동수급체의 공동원가 분담금을 정산함에 있어 **원칙적으로 구성원 간 협의된 구성원별 분담액이 공동원가가 되고,**

실제 투입된 비용이 당초 예상과 달리 협의된 금액보다 증가하더라도 그 증가분을 다른 구성원에게 청구할 수 없도록 하되 일부 공사에 대하여는 공사비 증가에 대하여 감리원 승인, 기술분과위원회의 검증 등의 절차를 거치는 경우 공동원가에 반영하도록 협의하여 협정서에 포함하였다.

이와 관련하여 일부 구성원이 공사비 증가에도 불구하고 그 절차 중 기술분과위원회의 검증절차를 거치지 아니한 경우 그 효력이 문제되었다.

○ 판례의 태도
그러나, 위 판결에서 법원은 위 **기술분과위원회의 검증절차**는 합의를 통하여 분담금의 유무와 액수를 정하기 위한 **형식적 절차의 일종에 불과**하고, 공사비가 증가한 구성원이 다른 구성원들에 대하여 갖는 공동원가 분담금채권의 존부 및 범위를 **실체적으로 확정시키는 효력은 없으며, 공동원가 분담금채권의 발생요건은 아니**라고 판단하였다.

따라서, 공사비 증가가 발생한 구성원은 비록 기술분과위원회의 검증절차를 거치지 않았다 하더라도 다른 구성원에게 증가한 공사비에 대하여 소송 등의 방식을 통하여 청구할 수 있다 할 것이다.

공동수급체의 구성원의 파산 경우 탈퇴금지 약정의 효력

사실관계

○ 원고(A 업체)와 B 업체가 1996. 8. 13. **공동수급체를 구성**하여 이 사건 공사를 수급하여 5차에 나누어 연차적으로 시행하기로 함.

○ 각 연차별 공사마다 작성된 공동수급표준협정서상 공동수급체의 출자비율은 B 업체 90%, 원고 10%이고, **공동수급체 구성원 중 파산으로 인하여 당초 협정서의 내용대로 계약이행이 곤란한 경우에 위 출자비율을 변경할 수 있되** 그와 같이 변경하더라도 출자비율 전부를 다른 구성원에게 이전할 수 없으며(협정서 제9조),

공동수급체의 구성원은 **발주자 및 구성원 전원의 동의가 없으면 입찰 및 당해 계약의 이행을 완료하는 날까지 탈퇴할 수 없고, 다만 공동수급체 구성원 중 파산 또는 해산, 부도** 기타 정당한 사유 없이 당해 계약을 이행하지 아니하여 국가를당사자로하는계약에관한법률시행령 제76조의 규정에 의거 **입찰 참가자격제한조치를 받은 구성원에 대하여는 다른 구성원이 탈퇴조치를** 하여야 한다(협정서 제12조 제1항)고 규정함.

○ 이 사건 공사 중 제5차 공사의 도급금액은 27,939,336,000원이고, 공사기간은 2000. 12. 30.부터 2001. 11. 16.까지인데 위 **제5차 공사가 진행되던 중인 2001. 5. 11. B 업체가 서울중앙지방법원으로부터 파산선고를 받음.**

○ 파산 당시 B 업체가 가지는 주된 재산으로 이 사건 공사의 발주자로부터 지급받는 공사대금이 있었는데 이 사건 공동수급체가 유지되어 기성고에 따라 수시로 공사대금을 지급받는 것이 파산재단의 재산의 환가에 유리할 뿐만 아니라, **B 업체가 공동수급체로부터 탈퇴하지 않고 공사를 계속하여 수익을 남기는 것이 파산한 B 업체의 채권자나 조합 자체에도 이익이 된다는 판단** 하에 B 업체의 파산관재인인 피고는 **법원의 허가와 파산채권자들의 동의를 얻어 파산 이후에도 계속 공동사업을 수행하여** 위 제5차 공사까지 모두 완공함.

대법원 판단

(1) 민법 제717조는 조합원이 사망, 파산, 금치산, 제명된 경우 조합으로부터 탈퇴된다고 규정하고 있어서 조합원 중에 파산자가 발생하면 그 파산관재인은 파산의 목적을 달성하기 위하여 파산한 조합원을 조합으로부터 탈퇴시켜 그 지분을 변제에 충당하여야 하는 것인 바,

만일 조합원들이 조합계약 당시 위 민법규정과 달리 **차후 조합원 중에 파산하는 자가 발생하더라도 조합에서 탈퇴하지 않기로 약정한다면 이는 장래의 불특정 다수의 파산채권자의 이해에 관련된 것을 임의로 위 법규정과 달리 정하는 것이어서 원칙적으로는 허용되지 않는다** 할 것이지만,

(2) 파산절차에 있어서도 파산자의 기존 사업을 반드시 곧바로 청산하여야 하는 것이 아니라 그 사업을 계속하는 것이 **파산자의 채권자를 위하여 유리할 때에는 일정한 범위 내에서 사업을 계속할 수 있고**(파산법 제50조, 제182조 제1항, 제184조 참조), 그 중 파산자의 사업이 제3자와 조합체를 구성하여 진행하는 것일 때에는 파산한 조합원이 그 **공동사업의 계속을 위하여 조합에 잔류할 필요가 있는 경우**가 있을 수 있는 바,

이와 같이 **파산한 조합원이 제3자와의 공동사업을 계속하기 위하여 그 조합에 잔류하는 것이 파산한 조합원의 채권자들에게 불리하지 아니하여 파산한 조합원의 채권자들의 동의를 얻어 파산관재인이 조합에 잔류할 것을 선택한 경우까지 조합원이 파산하여도 조합으로부터 탈퇴하지 않는다고 하는 조합원들 사이의 탈퇴금지의 약정이 무효라고 할 것은 아니다.**

⊃ 대법원 2004. 9. 13. 선고 2003다26020 판결 [공사대금등]

관련 법령

▣ 민법
▶ 제717조(비임의 탈퇴) 제716조의 경우 외에 조합원은 다음 각 호의 어느 하나에 해당하는 사유가 있으면 탈퇴된다.
1. 사망 2. 파산 3. 성년후견의 개시 4. 제명(除名)

▣ 공동계약운용요령(기획재정부 계약예규)
[별첨 1] 공동수급표준협정서(공동이행방식)
▶ 제12조(중도탈퇴에 대한 조치) ① 공동수급체의 구성원은 다음 각 호의 어느 하나에 해당하는 경우 외에는 입찰 및 해당계약의 이행을 완료하는 날까지 탈퇴할 수 없다. 다만, 제3호에 해당하는 경우에는 다른 구성원이 반드시 탈퇴조치를 하여야 한다.
1. 발주자 및 구성원 전원이 동의하는 경우
2. 파산, 해산, 부도 기타 정당한 이유없이 해당 계약을 이행하지 아니하거나 제10조의2에 따른 비용을 미납하여 해당 구성원 외의 공동수급체의 구성원이 발주자의 동의를 얻어 탈퇴조치를 하는 경우
3. 공동수급체 구성원 중 파산, 해산, 부도 기타 정당한 이유없이 해당 계

약을 이행하지 아니하여 시행령 제76조 제1항 제6호에 따라 입찰 참가
자격 제한조치를 받은 경우

② 제1항에 의하여 구성원 중 일부가 탈퇴한 경우에는 잔존 구성원이 공
동연대하여 해당 계약을 이행한다. 다만, 잔존 구성원만으로 면허, 실적,
시공능력공시액 등 잔여계약이행에 필요한 요건을 갖추지 못할 경우에는
잔존 구성원이 발주기관의 승인을 얻어 새로운 구성원을 추가하는 등의
방법으로 해당 요건을 충족하여야 한다.

[별첨 2] 공동수급표준협정서(분담이행방식)

▶ 제13조(중도탈퇴에 대한 조치) ① 공동수급체의 구성원은 각 호의 어느
하나에 해당하는 경우 외에는 입찰 및 해당 계약의 이행을 완료하는 날까
지 탈퇴할 수 없다.

1. 발주자 및 구성원 전원이 동의하는 경우
2. 파산, 해산, 부도 기타 정당한 이유없이 해당계약을 이행하지 아니하여
   해당 구성원 외의 공동수급체의 구성원이 발주자의 동의를 얻어 탈퇴
   조치를 하는 경우

[별첨 3] 공동수급표준협정서(주대표자관리방식)

▶ 제13조(중도탈퇴에 대한 조치) ① 공동수급체의 구성원은 다음 각 호의
어느 하나에 해당하는 경우 외에는 입찰 및 해당 계약의 이행을 완료하는
날까지 탈퇴할 수 없다.

1. 발주자 및 구성원 전원이 동의하는 경우
2. 파산, 해산, 부도 기타 정당한 이유없이 해당계약을 이행하지 아니하여
   해당 구성원 외의 공동수급체의 구성원이 발주자의 동의를 얻어 탈퇴
   조치를 하는 경우
3. 공동수급체 구성원이 정당한 이유없이 계약을 이행하지 아니하거나 지
   체하여 이행하는 경우 또는 주계약자의 계획·관리 및 조정 등에 협조
   하지 않아 계약이행이 곤란하다고 판단되는 경우

○ **민법의 규정**

공동수급체의 **구성원 중 한 업체가 파산한 경우** 공동수급체의 법적 성격은 민법상 조합에 해당한다 할 것이므로 **민법 규정에 의하면 조합에서 탈퇴**하도록 하고 있다(민법 제717조).

○ **판례의 태도**

위 판결은 위 민법의 법리에 따라 공동수급체 구성원이 파산한 경우 원칙적으로 공동수급체에서 탈퇴하고, 비록 구성원들이 그러한 경우에도 탈퇴하지 않는다고 **임의적으로 합의한다 하더라도 그 약정이 허용되지 않고 무효가 되는 것이 원칙**임을 인정하였다.

그러나, 파산한 공동수급체 구성원이 제3자와의 공동사업을 계속하기 위하여 그 조합에 잔류하는 것이 파산한 구성원의 채권자들에게 불리하지 아니하여 파산한 구성원의 채권자들의 동의를 얻어 파산관재인이 조합에 잔류할 것을 선택하는 등의 경우에는 **예외적으로** 구성원이 파산하여도 공동수급체로부터 탈퇴하지 않는다고 하는 **구성원들 사이의 탈퇴금지의 약정이 무효가 되는 것은 아니며 허용**된다고 판단하였다.

○ **구성원이 파산하여 탈퇴하는 경우 후속조치**

공동수급체의 구성원이 파산하여 탈퇴하는 경우에는 공동수급표준협정서에 의하면 잔존 구성원이 연대하여 해당 계약을 이행하게 된다(공동수급표준협정서 제12조 제2항).

(1) 甲 주식회사 등이 시공한 도로공사구간에서 침수사고가 발생하자, 국가가 이로 인해 피해를 입은 피해자 乙에게 손해를 배상한 사안에서,

제반 사정에 비추어 **甲 회사 등의 시공상 과실과 공사구간의 도로를 설치·관리하는 국가의 영조물 설치·관리상의 하자가 경합**하여 침수사고가 발생하였으므로 **국가와 甲 회사 등은 乙에게 공동불법행위 책임을 부담**하고,

다만 국가와 甲 회사 등의 내부 구상관계에서 국가에 침수사고 발생에 과실이 있다고 보기 어려우므로 **국가로서는 甲 회사 등에 배상액 전액을 구상할 수 있다고** 본 원심판단은 정당하다(판결요지).

(2) **공동불법행위자 중 1인에 대하여 구상의무를 부담하는 다른 공동불법행위자가 수인인 경우**에는 특별한 사정이 없는 이상 그들의 구상권자에 대한 채무는 각자의 부담 부분에 따른 **분할채무로 봄이 상당**하지만,

구상권자인 공동불법행위자 측에 과실이 없는 경우, 즉 내부적인 부담 부분이 전혀 없는 경우에는 이와 달리 그에 대한 **수인의 구상의무 사이의 관계를 부진정연대관계로 봄이 상당**하다 할 것이다(대법원 2005. 10. 13. 선고 2003다24147 판결 참조).

(3) 같은 취지에서 원심이, **원고(대한민국)는 피고 등과의 내부관계에서 과실이 없어 내부적인 부담 부분이 없으므로 피고와 나머지 공동수급체 회사들의 원고에 대한 구상의무는 부진정연대채무의 관계에 있다는 이유로, 피고(업체)는 원고에게**, 원고가 소외인에게 손해배상금으로 지급한 660,698,203원 및 이에 대한 지연손해금을 지급할 의무가 있다고 판단한 것은 위 법리에 따른 것으로서 정당하며, 거기에 상고이유에서 주장하는 바와 같은 법리오해 등의 잘못이 없다.

⊃ 대법원 2012. 3. 15. 선고 2011다52727 판결 [구상금]

관련 법령

■ 민법

▶ 제425조(출재채무자의 구상권) ① 어느 **연대채무자가** 변제 기타 자기의 출재로 공동면책이 된 때에는 **다른 연대채무자의 부담부분에 대하여 구상권을 행사**할 수 있다.

② 전항의 구상권은 면책된 날 이후의 법정이자 및 피할 수 없는 비용 기타 손해배상을 포함한다.

▶ 제760조(공동불법행위자의 책임) ① 수인이 공동의 불법행위로 타인에게 손해를 가한 때에는 **연대하여 그 손해를 배상할 책임**이 있다.

해설

○ 공동불법행위자들의 기본적인 책임

공동수급체가 계약을 이행하는 과정에서 불법행위를 한 경우에는 민법의 법리에 따라 **공동수급체 구성원들은 공동불법행위로서 연대하여 책임**을 지게 되고, 학계의 다수 견해와 판례는 **부진정연대채무를 부담**한다고 본다.

부진정연대채무는 여러 채무자가 같은 내용의 채무에 대하여 각자 독립하여 채권자에게 전부 이행할 의무를 부담하는 다수당사자의 법률관계로서, **연대채무에 비해서 채권자의 지위가 강화**되어 있다. 채권자는 채무자 중 누구에게든지 그 채무 범위 내에서 이행을 청구할 수 있고, 한 채무자에게 생긴 사유는 채권자의 채권 만족에 이른 것으로 볼 수 있는 변제 등과 같은 사유 외에는 다른 채무자에게 효력이 없다(대법원 2018. 4. 10. 선고 2016다252898 판결 [전세금반환등]).

○ 공동불법행위자들 간 내부관계

(1) 판례는 공동불법행위 등과 같이 부진정연대채무의 관계에 있는 채무자들의 내부관계에 있어서는 **형평의 원칙상 일정한 부담 부분**이 있을 수 있으며, 그 부담 부분은 각자의 고의 및 과실의 정도에 따라 정하여지는 것으로서 **부진정연대채무자 중 1인이 자기의 부담 부분 이상을 변제하여 공동의 면책을 얻게 하였을 때에는 다른 부진정연대채무자에게 그 부담 부분의 비율에 따라 구상권을 행사할 수 있다**고 하고 있다(대법원 2006. 1. 27. 선고 2005다19378 판결 [구상금]).

(2) 또한, 판례는 **공동불법행위자 중 1인이** 자기의 부담부분 이상을 변제하여 **다른 공동불법행위자들에게 구상권**을 가지게 되고, **다른 공동불법행위자가 수인인 경우에는** 공동불법행위자 내부관계에는 부담부분이 있으므로 **구상권자에 대하여 각자의 부담부분에 따른 분할채무를 부담하는 것이 원칙**이라고 본다. 그러나, 구상권자인 공동불법행위자가 과실이 없어 부담부분이 없는 경

우에는 **예외적으로** 다른 공동불법행위자는 **구상권자에 대하여 부진정연
대채무**를 지게 된다고 본다.

○ 위와 같은 법리는 위 판결과 같이 공동수급체 구성원들 간 뿐만 아니라 공동
수급체와 국가가 제3자에 대하여 공동불법행위책임을 지게 되는 경우에도
동일하게 판단하고 있다.

다 공동수급체와 하수급인 간 관계

공동수급체의 하도급 공사대금 지급

(1) 공동이행방식의 공동수급체는 기본적으로 민법상의 조합의 성질을 가지고, 조합채무가 특히 조합원 전원을 위하여 상행위가 되는 행위로 부담하게 되었다면 **상법 제57조 제1항에 따라 조합원들이 연대책임을 부담**하는 것이 원칙이겠으나,
공동수급체가 하도급계약을 체결할 때 공동수급체가 아닌 개별 구성원으로 하여금 그 **지분비율에 따라 직접 하수급인에 대하여 채무를 부담하게 하는 약정을 한 경우**와 같이 하도급계약의 내용에 따라서는 공동수급체의 개별 구성원이 하수급인에게 부담하는 채무가 공동수급체의 구성원 각자에게 그 **지분비율에 따라 구분하여 귀속될 수도 있다.**

(2) 원심판결 이유를 기록에 비추어 살펴보면,
원심이 그 채용 증거들을 종합하여 그 판시와 같은 사실을 인정한 다음,
이 사건 공동수급체 구성원인 피고(B 업체)와 소외 C 회사가 원고(A 업체)와 하도급계약을 체결하면서 피고(B 업체)와 소외 C 회사의 지분비율에 따른 하도급공사대금을 명백히 구분하여 특정함으로써 **각자의 하도급공사대금 지급채무를 각 구성원별로 부담하기로 약정**하였다고 판단하여 원고의 청구를 기각한 조치는 정당한 것으로 수긍이 가고, 거기에 상법 제57조 제1항의 적용 범위와 수인의 상행위로 인한 연대책임, 공동수급업체의 조합채무 부담, 분할채무특약 등에 관한 법리오해의 잘못이 없다.

➲ 대법원 2013. 3. 28. 선고 2011다97898 판결 [공사대금]

관련 법령

▣ 상법

▶ 제57조(다수채무자간 또는 채무자와 보증인의 연대) ① 수인이 그 1인 또는 전원에게 상행위가 되는 행위로 인하여 채무를 부담한 때에는 **연대하여 변제할 책임**이 있다. ...

▣ 공동계약운용요령(기획재정부 계약예규)

[별첨 1] 공동수급표준협정서(공동이행방식)

▶ 제7조(하도급) 공동수급체 구성원 중 일부 구성원이 단독으로 하도급계약을 체결하고자 하는 경우에는 다른 구성원의 동의를 받아야 한다.

○ 하수급인에 대한 책임범위

공동이행방식의 공동수급체가 하수급인과 하도급계약을 체결하는 경우 그 행위가 조합원 전원을 위한 상행위라면 상법 제57조 제1항의 법리에 따라 조합원들이 **연대하여 책임을 지는 것이 원칙**이다.

그러나, 이러한 경우에도 상법의 규정은 임의규정이라 할 것이므로 계약 당사자 간에 위 상법 규정의 내용과 다른 약정이 가능하고, 공동수급체가 아닌 개별 구성원으로 하여금 그 지분비율에 따라 직접 하수급인에 대하여 채무를 부담하게 하는 **약정을 하였다면 하수급인에 대한 채무가 공동수급체의 구성원 각자에게 그 지분비율에 따라 구분하여 귀속**될 수도 있다.

○ 하도급계약 체결시 체결 당사자의 명의

(1) 공동수급체가 하수급업체와 하도급계약을 체결하는 경우에는 공동수급체의 **구성원 전원의 명의로 체결함이 원칙**이다. 따라서, 공동수급체 구성원 중 일부 구성원이 단독으로 하도급계약을 체결하고자 하는 경우에는 다른 구성원의 동의를 받아야 한다[공동수급표준협정서(공동이행방식) 제7조].

(2) 판례는 아래 사건에서 판시하는 바와 같이 공동수급체의 구성원이 다른 구성원들을 대표하거나 대리하여 하도급계약을 체결하는 경우 모든 조합원을 위한 것임을 표시하여야 하나, **민법 법리상 상대방이 알 수 있을 정도로 표시하면 충분**하고, 상법상 **상행위인 경우에는 조합을 위한 것임을 표시하지 않더라도 대리행위로서 법률상 효력**을 갖는다고 본다.

민법 제114조 제1항은 "대리인이 그 권한 내에서 본인을 위한 것임을 표시한 의사표시는 직접 본인에게 대하여 효력이 생긴다."라고 규정하고 있으므로, 원칙적으로 대리행위는 본인을 위한 것임을 표시하여야 직접 본인에 대하여 효력이 생기는 것이고, 민법상 조합의 경우 법인격이 없어 조합 자체가 본인이 될 수 없으므로, 이른바 조합대리에 있어서는 본인에 해당하는 모든 조합원을 위한 것임을 표시하여야 하나, 반드시 조합원 전원의 성명을 제시할 필요는 없고, **상대방이 알 수 있을 정도로 조합을 표시하는 것으로 충분**하다고 할 것이다.

그리고 상법 제48조는 "상행위의 대리인이 본인을 위한 것임을 표시하지 아니하여도 그 행위는 본인에 대하여 효력이 있다. 그러나 상대방이 본인을 위한 것임을 알지 못한 때에는 대리인에 대하여도 이행의 청구를 할 수 있다."고 규정하고 있으므로, 조합대리에 있어서도 그 법률행위가 조합에게 **상행위가 되는 경우에는 조합을 위한 것임을 표시하지 않았다고 하더라도 그 법률행위의 효력은 본인인 조합원 전원에게 미친다**고 보아야 할 것이다(대법원 2009. 10. 29. 선고 2009다46750 판결).

라 공동수급체와 입찰의 무효

공동수급체 일부의 입찰참가 무효의 효력

사실관계

- ○ 채무자(대한민국) 산하 조달청은 포항지방해양항만청의 위탁을 받아 포항 영일만항 남방파제 축조공사'에 관한 **입찰을 공고함.**

  이 사건 입찰 공고와 공사입찰설명서에는 **대표자 성명이 변경되었음에도 변경등록을 하지 아니하고 입찰에 참가한 경우에는 그 입찰이 국가계약법 시행규칙 제44조 제6호의3 규정에 따라 무효가 됨을** 밝히는 한편 입찰 참가자가 관련 규정을 숙지하여야 하고 그렇지 못함에 따른 책임이 입찰 참가자에게 있음을 명확히 함.

- ○ A 업체와 B 업체 등은 **공동수급체를 구성하고, 채권자 A 업체를 공동수급체 대표자로 선정**하였음. 채권자 A 업체는 이 사건 실시설계 입찰에서 입찰서를 제출하였고, 적격심사 결과 **실시설계적격자로 선정됨.**

- ○ 그런데, 채권자 측 공동수급체의 구성원인 채권자 B 업체는 그 공동대표이사 갑, 을 중 을이 대표이사직을 사임하고 법인등기부상 말소등기가 마쳐졌음에도 국가종합전자조달시스템상 **대표자 등록정보를 변경하지 아니함.** 을은 대표이사직 사임에도 불구하고 B 업체의 이사 지위는 유지함.

- ○ 조달청장은 채권자 B 업체의 대표자 변경등록이 제대로 이루어지지 않은 것이 **법령상 입찰무효 사유에 해당한다는** 이유로 채권자 A 업체에 **실시설계적격자 선정 취소통보**를 하고, 같은 날 제2순위 득점자인 C 업체측 공동수급체를 실시설계적격자로 선정함.

- ○ 조달청장은 **C 업체측 공동수급체를 낙찰자로 결정**하고, 같은 날 C 업체 공동수급체와 계약을 체결함.

공동수급체 일부의 변경등록 해태 관련 입찰무효

(1) **대표자 변경등록 해태를 입찰무효 사유로 규정한 것은** 대표자를 정확히 등록함으로써 입찰 이후의 후속 절차에서 대표자 권한의 적법한 행사나 그 효력 등에 관한 **다툼이 발생할 위험을 차단**하고, 국가계약법 시행령 제76조에 따른 **부정당업자의 입찰참가를 막는 한편 대표자가 같은 여러 법인의 중복 또는 사위(詐僞)입찰을 방지**하는 데에 그 목적이 있다고 할 것이다.

따라서 국가계약법 시행규칙 제44조 제6호의3 (나)목은 입찰의 공공성과 공정성을 현저히 침해한다고 볼 만한 정형적 사항을 규정한 것으로, 공동수급체를 구성하여 입찰에 참가하는 경우 구성원의 대표자가 변경된 경우에도 그 구성원은 이를 변경등록하여야 한다.

(2) 한편 국가계약법 시행규칙 제44조 제6호의3 (나)목이 계약담당 공무원이 입찰절차에서 지켜야 할 내부규정이라고 하더라도 대표자 변경등록을 해태한 경우 입찰무효가 될 수 있다는 점을 입찰공고 등을 통해 입찰 참가자들에게 고지하거나 제시함으로써 이를 숙지하도록 하고, 입찰 참가자들도 이를 전제로 입찰에 참가한 경우에는 위와 같은 사유가 있는 참가자의 입찰은 무효가 되어 해당 참가자는 그 입찰절차에서 배제된다고 봄이 타당하다.

공동수급체 일부의 입찰무효 경우 나머지 구성원들의 입찰의 효력

(1) **공동수급체 구성원 중 일부에 입찰참가 무효사유가 있어** 그 구성원이 입찰절차에서 배제된다고 하여 그러한 사유가 없는 **나머지 구성원의 입찰참가가 당연히 무효가 된다고 볼 수는 없고,** 나머지 구성원만으로 입찰적격을 갖출 수 있는지 여부 등 일부 구성원의 입찰참가 무효사유가 공동수급체 입찰에 미치는 영향을 고려하여 **나머지 구성원들 입찰의 효력 유무를 판단하여야** 한다.

(2) 앞서 본 사실관계를 위 법리에 비추어 살펴보면, 이 사건의 경우 을이 채권자 B 업체의 공동대표이사직을 사임한 후에도 이사의 지위는 유지하고 있고, 갑이 대표이사로 그대로 남아 있을 뿐만 아니라 갑이 국가종합전자조달시스템상 채권자 B 업체의 대표자로 등록되어 있는 점 등에 비추어 **채권자 B 업체에 생긴 하자가 나머지 채권자들의 입찰 참가까지 무효로 할 정도로 중대하다고 보기 어렵다.**
따라서 채무자의 이 사건 취소통보는 채권자 B 업체를 제외한 **나머지 채권자들에 대하여 그 효력이 없다고** 할 것이다.

➲ 대법원 2012. 9. 20.자 2012마1097 결정 [가처분이의] 등

관련 법령

▣ 국가계약법 시행규칙

▶ 제44조(입찰무효) ① 영 제39조 제4항에 따라 **무효로 하는 입찰**은 다음과 같다. ...

6의3. 제15조 제1항에 따라 등록된 사항 중 다음 각 목의 어느 하나에 해당하는 등록사항을 **변경등록하지 아니하고 입찰서를 제출한 입찰**
가. 상호 또는 법인의 명칭
나. **대표자**(수인의 대표자가 있는 경우에는 대표자 전원)**의 성명**

▣ (계약예규) 입찰 참가자격사전심사요령

▶ 제10조(재심사) ① 계약담당공무원은 제9조에 의한 통보를 받은 자가 시

행령 제14조의2에 의한 현장 설명일부터 3일 이전까지 심사결과에 대하여 이의가 있어 재심사를 요청한 때에는 재심사를 실시하고, 재심사 요청을 받은 날부터 3일 이내에 그 결과를 통지하여야 한다.

② 계약담당공무원은 시행령 제72조의 규정에 의하여 공동계약을 허용한 경우로서 공동수급체를 구성하여 입찰에 참가하고자 하는 자가 제8조의 규정에 의한 **입찰적격자 선정이후 낙찰자 결정이전에 공동수급체 구성원 중 일부 구성원이 부도, 부정당업자제재, 영업정지, 입찰무효 등의 결격사유가 발생한 경우**(결격사유가 입찰참가등록 마감일 이전에 소멸되는 경우는 제외, 이하 이 항에서 같음)**에는 잔존구성원의 출자비율 또는 분담내용을 변경하거나 결격사유가 발생한 구성원을 대신할 새로운 구성원을 추가하도록 하여 제8조 제4항의 규정에 의한 입찰적격자 선정범위에 해당되는지의 여부를 재심사하여야 하며, 잔존 구성원만으로 또는 새로운 구성원을 추가하도록 하여 입찰적격자 선정범위에 해당되는 때에는 해당 공동수급체를 입찰에 참가하게 하여야 한다.** 다만, 공동수급체 대표자가 부도, 부정당업자제재, 영업정지, 입찰무효 등의 결격사유가 발생한 경우에는 해당 공동수급체를 입찰에 참가하게 하여서는 아니되며, 입찰이후에는 낙찰자 결정대상에서 제외하여야 한다.

③ 재심사결과의 통보에 대하여는 제9조의 규정을 준용한다.

해설

○ 입찰참가업체 변경등록의 취지

입찰절차에서 입찰참가업체의 대표자가 변경된 경우 변경등록을 하도록 하는 규정은 입찰절차의 공공성과 공정성을 현저히 침해한다고 볼 만한 정형적인 내용을 담고 있는 것으로서 **대표자의 변경에도 불구하고 변경등록을 하지 않는 경우에는 입찰이 무효가 되는 것**이 원칙이다.

○ 구성원의 변경등록 미시행으로 인한 입찰무효여부

그러나, 공동수급체의 경우에는 그 구성원 중 일부가 위와 같이 대표자의 변경등록을 하지 않아 **입찰무효사유에 해당하게 된다 하더라도** 그로 인해 공동수급체 전체가 당연히 입찰무효가 된다고 할 수는 없고, 일부 구성원의 하자가 입찰절차의 공정성을 해치는 중대한 침해가 되는지 내지 공동수급체의 입찰 전체에 미치는 영향을 고려하여 **나머지 구성원들만의 입찰참가의 효력 유무를 판단**하여야 한다는 점을 유의할 필요가 있다.

○ 공동수급체 구성원 중 일부 구성원의 결격사유 발생시 조치

입찰 참가자격사전심사요령(계약예규)에 의하면 입찰적격자 선정 이후 낙찰자 결정이전에 **공동수급체 구성원 중 일부 구성원이** 부도, 부정당업자제재, 영업정지, 입찰무효 등의 **결격사유가 발생한 경우**에는 잔존 구성원의 **출자비율 또는 분담내용을 변경하거나** 결격사유가 발생한 구성원을 **대신할 새로운 구성원을 추가**하도록 하여 제8조 제4항의 규정에 의한 입찰적격자 선정범위에 해당되는지의 여부를 **재심사하여야 하며,** 잔존 구성원만으로 또는 새로운 구성원을 추가하도록 하여 입찰적격자 선정범위에 해당되는 때에는 **해당 공동수급체를 입찰에 참가**하게 하도록 하고 있다.

> **대형공사계약 중 일괄입찰계약의 법적 성격과 설계변경**
>
> (1) 원고들(업체)과 피고(서울특별시) 사이의 이 사건 계약문서 중의 하나인 입찰안내서(ⅱ)의 기재에 의하면
>
> 피고는 입찰참가 희망자들에 대하여 이 사건 계약의 체결은 **설계·시공 일괄입찰방식에 의할 것임을 표시하고 있고, 또한 공사계약 일반조건 제14조 제4항, 제5항은 '계약상대자가 새로운 기술·공법(정부설계와 동등 이상의 기능·효과를 가진 기술·공법, 기자재 등을 포함한다)을 사용함으로써 공사비의 절감, 시공기간의 단축 등에 효과가 현저할 것으로 인정되는 경우에는 계약상대자의 요청에 의하여 필요한 설계변경을 할 수 있고 이러한 경우에는 당해 계약금액을 감액하지 아니한다.'라고 규정하고 있어,**
>
> 이 사건 계약은 일응 **설계·시공일괄입찰방식(이른바 Turn-Key Base방식)에 의하여 체결된 것으로 보인다. ...**
>
> (2) 이 사건 계약의 내용으로 되는 각 규정의 취지에 비추어 살펴보면
> 피고는 이 사건 **계약의 규모가 100억 원 이상의 대형공사**이므로 계약체결 당시 시행되고 있던 대형공사계약에 관한 예산회계법 시행령 특례규정에 따라 이 사건 계약을 **설계·시공일괄입찰방식에 의한 도급계약의 형태로 체결하였으나,**
>
> 실질적인 계약의 내용에 관하여는 앞서 본 바와 같이 설계요소의 변경뿐만 아니라 공사기간의 변경, 운반거리 변경 등 **계약내용에 변경이 있을 경우 계약금액을 조정할 수 있다는 공사대금에 관한 조정 유보 규정을 둔 사실을 알 수 있으므로,**
>
> **이 사건 계약은 계약이 체결된 후 공사기간 등의 변경이 있다 하더라도 공사대금의 조정을 할 수 없는 원래 의미의 설계·시공일괄입찰방식에 의한 계약이라기보다는 내역입찰방식에 의한 계약의 요소를 혼합하고 있는 중간적인 형태의 계약이라고 보아야 할 것이다.**
>
> (3) 원심이 이 사건 계약의 성격에 관하여 명시적인 판단을 하지는 않고 있으나, 원심은 이 사건 계약 중 사토장소의 변경을 **계약내용의 변경으로 보고 이러한 경우 공사대금의 감액을 인정하고 있는 바,**
>
> 이러한 원심의 조치는 이 사건 계약이 **순수한 의미의 설계·시공일괄입찰방식에 의한 계약이 아니라 내역입찰방식에 의한 계약의 요소가 가미된 것을 전제로 하고 있는 것으로 보이므로,**

결국 원심판결이 원고들의 이 사건 공사도급계약이 **설계·시공일괄입찰방식에 의한 정액공사도급계약이므로 공사대금을 감액할 수 없다는 주장을 배척**하고 있다고 못 볼 바 아니어서, 원심판결에 상고이유의 주장과 같은 판단유탈 혹은 심리미진의 위법이 있다거나 혹은 이 사건 계약의 성격에 관한 법리를 오해한 잘못이 있다고 할 수 없다.

‑ 대법원 2002. 8. 23. 선고 99다52879 판결 [공사대금]

(1) 설계·시공일괄입찰(Turn‑Key Base) 방식에 의한 도급계약은 수급인이 도급인이 의욕하는 공사 목적물의 설치 목적을 이해한 후 그 설치 목적에 맞는 설계도서를 작성하고 이를 토대로 스스로 공사를 시행하며 그 성능을 보장하여 결과적으로 도급인이 의욕한 공사목적을 이루게 하여야 하는 계약을 의미하나, **설계·시공일괄입찰 방식에 의한 도급계약의 형태로 계약이 체결되었다고 하더라도 실질적인 계약의 내용에 있어 설계요소의 변경뿐만 아니라 공사기간이나 운반거리 등 계약내용에 변경이 있으면 계약금액을 조정할 수 있다는 공사대금에 관한 조정 유보 규정을 둔 경우에는 그 규정에서 정한 계약금액 조정사유가 발생하였음을 이유로 공사대금을 조정할 수 있다**(대법원 2008. 3. 27. 선고 2006다45213 판결 등 참조).

(2) 원심은 채용 증거를 종합하여 그 판시와 같은 사실을 인정한 다음, 그 사실관계로 알 수 있는 판시와 같은 사정을 들어 상부정류장의 설계변경은 케이블카 노선의 경사거리를 2km 이내로 유지하는 것이 반드시 필요하였던 발주기관인 피고의 필요에 따른 것이므로, 이는 공사계약 일반조건 제21조 제3항 제1호에서 규정하고 있는 계약금액 조정사유에 해당하고, 원고들은 설계변경이 필요한 부분의 시공 전에 설계변경을 완료하고, 발주기관의 승인을 얻은 후 변경된 설계도면에 따라 상부정류장 공사를 마쳤으므로, 계약금액을 조정하기 위한 사전절차도 모두 준수하였다는 취지로 판단하였다.

(3) 원심판결 이유를 앞서 본 법리와 기록에 비추어 살펴보면, 원심의 위와 같은 판단은 정당하고, 거기에 상고이유의 주장과 같이 설계·시공일괄입찰방식에 의한 도급계약에 관한 법리를 오해하거나 논리와 경험의 법칙에 반하여 자유심증주의의 한계를 벗어난 위법 등이 없다.

‑ 대법원 2013. 11. 28. 선고 2011다109012 판결 [공사대금]

사실관계

○ 피고(○○공사)가 1995. 4. 4. 시흥 A아파트 건설공사 1공구 공사를 **설계·시공일
괄입찰(Turn−Key Base)방식으로 입찰함을 공고**하면서, 그 공사예산을 545억 원
으로 책정하여 공고함.

○ 구 대형공사계약에관한예산회계법시행령특례규정(1995. 7. 6. 대통령령 14710호로
폐지되기 전의 것, 이하 '특례규정'이라고만 한다) 제5조 제2항에 의하면, 일괄입찰
공사에 있어서는 예정가격을 정하지 아니한다고 규정되어 있음.

○ 원고(A건설 주식회사)는 1995. 6. 2. 입찰지침서에 규정된 기본설계도서 및 **입찰금
액을 543억 원으로 기재한 입찰서를 제출하여 기본설계입찰에 참가**하였고, 피고는
1995. 7. 20. **원고를 실시설계적격자로 선정**함.

○ 1995. 10. 19. 피고는 원고를 낙찰자로 결정하였으며, 1995. 10. 26. 원고와 사이에
**공사계약금액 543억 원, 공사기간 1995. 10. 31.부터 1997. 8. 3.까지로 하는 이 사
건 공사도급계약을 체결**함(나중에 공사기간과 공사금액이 일부 변경됨).

○ 이 사건 현장은 매립지로서 지반이 연약한 곳인데, 피고가 입찰 전인 1995. 4.경 실
시한 사전지반조사 및 원고가 1995. 6.경에 실시한 지질조사에 모두 이러한 사실이
나타나 있었으며, **원고는 그 기초공사를 하면서 일반적인 지반에 비교하여 더 많은
비용을 투입**함.

○ 피고가 배포한 입찰안내서에 의하면 지하주차장 ○○아파트 1세대당 0.15대로 설
계하도록 되어 있었으나 시흥시 도시설계지침으로 인하여 당초부터 지하주차장 ○
○아파트 1세대당 0.15대로 설계하는 것이 상당히 어려워 원고는 그 ○○아파트
1세대당 0.6557대로 하여 설계·시공함.

대법원 판단

… **설계·시공일괄입찰(Turn−Key Base) 방식에 의한 도급계약은 수급인이** 도급인이
의욕하는 공사의 목적을 이해한 후 그 목적에 맞는 **설계도서를 작성**하고 이를 토대로
스스로 공사를 시행하여 결과적으로 도급인이 의욕한 공사목적을 이루도록 하는 계약
을 의미하는 것으로서(대법원 1996. 8. 23. 선고 96다16650 판결 참조),

위 특례규정의 설계·시공일괄입찰 방식에 의하여 체결된 이 사건 공사도급계약에 있
어서도 **수급인인 원고로서는 입찰단계에서부터** 도급인인 피고가 제시하는 공사일괄입
찰기본계획 및 지침에 따라 그 공사의 **설계서 기타 시공에 필요한 도면 및 서류를 작
성하여 입찰에 참가**한 후, 낙찰자로 선정된 다음에는 자신이 작성한 설계도서를 토대
로 **스스로의 책임과 위험부담으로 공사완공에 필요한 비용을 산정하여 이 사건 공사를**
시행하고, 그 결과로서 피고가 의도한 공사목적물을 조달하여야 하는 것이므로, 이 사
건 공사의 발주자인 피고에게 공사입찰자들을 위하여 미리 적정한 공사비용을 산출하

여 공사예산을 책정할 의무가 있다고 볼 수 없으며, 입찰자도 공고된 공사예산의 범위 내에서 이 사건 입찰을 하여야 하는 제한이나 법적 구속력은 없고,

따라서 이 사건 입찰 당시 공고된 공사예산이 피고의 잘못으로 인하여 과소하게 책정되었음에도 원고가 위 공사예산이 적정 공사비인 것으로 믿고 이를 기준으로 피고와 공사도급계약을 체결하였다가 공사금액보다 추가로 비용을 들여 이 사건 공사를 시공함으로써 결과적으로 손해를 보게 되었다고 하더라도, 여기에 피고의 어떠한 위법행위가 있었다고 볼 수 없을 뿐더러, 그와 같은 손해가 피고의 위법행위로 말미암아 발생된 손해라고 볼 수도 없다고 판단하였다. 나아가 원심은, 이 사건 도급계약이 피고의 기망행위 또는 원고의 착오를 이유로 취소되었다는 원고의 주장에 대하여는 그 판시와 같은 이유로 이를 배척하였다.

원심판결 이유를 관계 법리와 기록에 비추어 살펴보면, 위와 같은 원심의 사실인정과 **판단은 정당한 것으로 수긍이 가고**, 거기에 상고이유에서 주장하는 바와 같은 사실오인, 심리미진, 문서제출명령의 효과 및 불법행위 내지 인과관계에 관한 법리오해 등의 위법이 있다고 할 수 없다.

➲ 대법원 2003. 5. 30. 선고 2002다7824 판결 [공사대금]

일괄입찰계약시 담합업체의 설계보상비 반환의무여부

사실관계

○ 원고(대한민국)의 요청에 의하여 조달청장은 포항영일만항 외곽시설 축조공사에 관한 입찰을 공고하였고, **입찰공고에는 '낙찰자로 결정되지 아니한 자는 설계비의 일부를 보상받을 수 있다,'** 공사입찰유의서에는 **'담합한 입찰은 무효로 한다**(제15조 제4호).' **특별유의서에는 '입찰 무효에 해당하거나 무효에 해당하는 사실이 사후에 발견된 자 등은 설계보상비 대상자에서 제외되며, 입찰 무효사실이 발견되기 전 설계비를 보상받은 자는 반환**한다(제28조 제4항)'고 규정함.

○ 피고들(A 업체 공동수급체, B,C,D,E 업체)은 이 사건 입찰의 투찰률이 90%를 넘지 않는 범위 내에서 **추첨을 통하여 투찰가격을 결정하기로 합의하여** 투찰하였고(이하 '이 사건 공동행위'라 한다), 피고 A 업체 공동수급체가 낙찰자로 선정됨.

○ 피고 A 업체 공동수급체는 원고(대한민국)와 이 사건 **공사에 관하여 도급계약**을 체결함.

○ 원고는 피고 A 업체 공동수급체에게 이 사건 **공사대금을 지급**하였고, 피고 A 업체는 이 사건 공사를 완성함.

○ 원고는 피고 A 업체를 제외한 피고 B 업체 등에게 **탈락자에 대한 설계보상비 지급 신청을 통지**하였고, 피고 B, C, D, E 업체 등은 지급청구를 하였으며, 원고는 피고

B 업체 등에게 설계보상비(이하 '이 사건 각 설계보상비'라 한다)를 **지급함.**

○ 공정거래위원회는 이 사건 공동행위가 독점규제 및 공정거래에 관한 법률(이하 '공정거래법'이라 한다) 제19조 제1항 제8호의 **부당한 공동행위에 해당한다는** 이유로 피고들에 대하여 시정명령 및 과징금 납부명령을 함.

원심(서울고등법원 2017. 10. 11. 선고 2016나2083748 판결)의 판단

원심은 이 사건 특별유의서의 규정을 근거로 피고 B 업체 등에 대하여 그들이 이미 지급받은 **설계보상비의 반환을 구하는 원고(대한민국)의 이 부분 청구를 배척하였다.**

원심이 들고 있는 이유는

① 이 사건 입찰유의서 등이 피고 B 업체 등에 대한 구속력을 가지고, 공사입찰유의서 제15조 제4호가 이 사건 공동행위와 같은 **담합에 의한 입찰을 무효사유로 정하고 있기는 하나**

② 이 사건 입찰이 무효로 되었는지 여부와 관계없이 이 사건 특별유의서의 규정 자체를 근거로 설계보상비의 반환을 구할 수 없는 바

③ 원고가 이 사건 **입찰을 무효로 보아 재입찰을 공고한 적이 없고 공사가 완성되어** 이 사건 공사계약을 해제할 수도 없게 되었으므로 이 사건 공동행위가 있었다는 사정만으로 이 사건 입찰이 무효가 되었다고 단정할 수 없는 이상,

원고의 청구를 받아들일 수 없다는 것이다.

대법원의 판단

(1) ... 이 사건 특별유의서 제28조 제4항은 입찰에 참가하였다가 낙찰되지 아니한 자에 대한 **설계비의 보상이 배제되는 경우로 '입찰이 무효에 해당하는 경우'와 '입찰의 무효에 해당하는 사실이 사후에 발견된 경우'를 구별**하여 각각 규정하면서, 입찰의 무효사실이 발견되기 이전에 설계비를 보상받은 자는 현금으로 즉시 반환하여야 한다고 정하고 있다.

설계비 보상이 배제되는 위 두 가지 사유를 구별하여 규정하고 있는 점을 고려하면서 설계비 반환규정의 위 문언에 주목하면, **입찰 무효의 근거가 될 사실이 나중에 밝혀지는 등 입찰 무효에 해당하는 사유가 존재하는 이상 비록 다른 사정 등에 의하여 입찰이 무효로 되지 않았더라도 위 사실관계가 밝혀지기 전에 설계비를 보상받은 자는 이를 반환하여야** 한다고 해석함이 타당하다.

(2) 설계비 보상 규정의 입법 취지를 고려하면 더욱 그렇다. **입찰에 참가하였다가 탈락한 자에게 설계비 상당액을 보상하려는 위 규정의 주된 취지는,** 공공 공사 입찰에 참여하는 자의 수를 많게 함으로써 그들의 진정한 경쟁을 통하여 **국가계약사무의 공정성과 공공성을 강화하기 위함**이다.

따라서 설계비 보상 규정의 위와 같은 **입법 취지에 반하여 서로 담합하는 등 경쟁을 제한하는 행위를 한 자에 대하여는 애초부터 설계비 상당액을 보상할 이유가 없다**고 보아야 한다. 정당한 보상대상자가 될 수 없는 자에게 설계보상비가 지급되었다는 사정이 **나중에 밝혀질 경우** 그에 근거하여 설계보상비를 반환받는 것 또한 같은 맥락에서 위와 같은 입법 취지에 부합한다.

(3) 그렇다면 피고 B 업체 등에 대하여 입찰 무효사유에 해당하는 이 사건 공동행위가 사후에 밝혀진 이상 이 사건 **입찰의 무효 여부와 관계없이** 원고는 이 사건 **특별유의서 제28조 제4항에 근거하여 피고 B 업체 등을 상대로 이 사건 각 설계보상비의 반환을 구할 수 있다**고 봄이 타당하다.

➲ 대법원 2019. 8. 29. 선고 2017다276679 판결 [손해배상(기)]

관련 법령

▣ 국가계약법 시행령

▶ 제78조(적용대상등) 대형공사계약중 대안입찰 또는 일괄입찰에 의한 계약과 특정공사의 계약에 관하여는 이 장에 규정한 바에 의하되, 이 장에 특별한 규정이 없는 사항에 관하여는 이 영의 다른 장에 규정한 바에 의한다.

▶ 제79조(정의) ① 이 장에서 사용하는 용어의 정의는 다음 각 호와 같다.

1. "대형공사"라 함은 총공사비 추정가격이 300억원 이상인 신규복합공종 공사를 말한다.

2. "특정공사"라 함은 총공사비 추정가격이 300억원 미만인 신규복합공종 공사중 각 중앙관서의 장이 대안입찰 또는 일괄입찰로 집행함이 유리하다고 인정하는 공사를 말한다.

3. "대안"이라 함은 정부가 작성한 실시설계서상의 공종 중에서 대체가 가능한 공종에 대하여 기본방침의 변동없이 정부가 작성한 설계에 대체될 수 있는 동등이상의 기능 및 효과를 가진 신공법·신기술·공기단축 등이 반영된 설계로서 해당 실시설계서상의 가격이 정부가 작성한 실시설계서상의 가격보다 낮고 공사기간이 정부가 작성한 실시설계서상의 기간을 초과하지 아니하는 방법(공기단축의 경우에는 공사기간이 정부가

작성한 실시설계서상의 기간보다 단축된 것에 한한다)으로 시공할 수 있는 설계를 말한다.

4. "대안입찰"이라 함은 원안입찰과 함께 따로 입찰자의 의사에 따라 제3호의 대안이 허용된 공사의 입찰을 말한다.

5. **"일괄입찰"이라 함은 정부가 제시하는 공사일괄입찰기본계획 및 지침에 따라 입찰시에 그 공사의 설계서 기타 시공에 필요한 도면 및 서류(이하 "도서"라 한다)를 작성하여 입찰서와 함께 제출하는 설계·시공일괄입찰**을 말한다.

6. "기본설계입찰"이라 함은 일괄입찰의 기본계획 및 지침에 따라 실시설계에 앞서 기본설계와 그에 따른 도서를 작성하여 입찰서와 함께 제출하는 입찰을 말한다.

7. "입찰안내서"라 함은 제4호 내지 제6호의 규정에 의한 입찰에 참가하고자 하는 자가 당해공사의 입찰에 참가하기 전에 숙지하여야 하는 공사의 범위·규모, 설계·시공기준, 품질 및 공정관리 기타 입찰 또는 계약이행에 관한 기본계획 및 지침 등을 포함한 문서를 말한다.

8. "실시설계서"라 함은 기본계획 및 지침과 기본설계에 따라 세부적으로 작성한 시공에 필요한 설계서(설계서에 부수되는 도서를 포함한다)를 말한다.

9. "계속비 대형공사"라 함은 공사비가 계속비 예산으로 계상된 대형공사를 말한다.

10. "일반대형공사"라 함은 공사비가 계속비 예산으로 계상되지 아니한 대형공사를 말한다. ...

▶ 제89조(설계비 보상) ① 각 중앙관서의 장 또는 계약담당공무원은 다음 각 호의 어느 하나에 해당하는 자의 전부 또는 일부에 대하여는 예산의 범위 안에서 **설계비의 일부를 보상**할 수 있다.

1. 제86조 제2항 및 제87조에 따라 선정된 자 중 **낙찰자로 결정되지 아니한 자**

2. 발주기관의 귀책사유로 취소된 대안입찰 또는 일괄입찰에 참여한 자

② 제1항의 규정에 의한 설계보상비의 지급기준 및 절차 등에 관하여 필요한 사항은 기획재정부장관이 정한다.

▶ 제91조(설계변경으로 인한 계약금액 조정의 제한) ① 대안입찰 또는 일괄입찰에 대한 **설계변경으로 대형공사의 계약내용을 변경하는 경우**에도 정부에 책임있는 사유 또는 천재·지변 등 불가항력의 사유로 인한 경우를 제외하고는 그 **계약금액을 증액할 수 없다.**

② 각 중앙관서의 장 또는 계약담당공무원은 일괄입찰의 경우 계약체결 이전에 실시설계적격자에게 책임이 없는 다음 각 호의 어느 하나에 해당하는 사유로 **실시설계를 변경한 경우에는 계약체결 이후 즉시 설계변경에 의한 계약금액 조정**을 하여야 한다.

1. 민원이나 환경·교통영향평가 또는 관련 법령에 따른 인허가 조건 등과 관련하여 실시설계의 변경이 필요한 경우

2. 발주기관이 제시한 기본계획서·입찰안내서 또는 기본설계서에 명시 또는 반영되어 있지 아니한 사항에 대하여 해당 발주기관이 변경을 요구한 경우

3. 중앙건설기술심의위원회 또는 기술자문위원회가 실시설계 심의과정에서 변경을 요구한 경우...

해설

○ 대형공사계약의 의의

국가계약법 시행령에 의하면 대형공사계약은 총공사비 추정가격이 300억 원 이상인 신규 복합 공종공사를 말한다(영 제79조 제1항 제2호).

대형공사계약은 입찰방법에 따라 2가지 유형이 있는데,

① **대안입찰**은 발주기관이 입찰절차에서 제시한 원래의 안에 대한 입찰과 함께 입찰자의 의사에 따라 원안의 대체가 가능한 안으로서 대안의 제출이 허용되는 입찰을 말한다(영 제79조 제1항 제4호).

② **일괄입찰**은 정부가 제시하는 공사일괄입찰기본계획 및 지침에 따라 입찰 시에 그 공사의 설계서 기타 시공에 필요한 도면 및 서류를 작성하여 입찰서와 함께 제출하는 설계·시공일괄입찰을 말한다(영 제79조 제1항 제5호).

○ 일괄입찰계약의 의의 및 성격

일괄입찰은 실무상 '턴키(Turn-Key)'로 부르기도 하는데, 이는 "도급인은 열쇠만 돌리면 된다."는 말에서 유래된 것으로 본래 건설업자가 금융, 토지조달, 설계, 시공, 기계설치, 시운전까지 책임을 지고 건축물을 완공하여 인도하는 계약방식을 의미한다.[16]

판례에 의하면 일괄입찰의 법적 성격과 관련하여 **일반적인 일괄입찰은** 설계변경, 공사기간의 변경 등 **계약의 변경이 있더라도 계약금액의 조정을 인정하지 않으나,** 실무상 계약조건에서 계약내용에 변경이 있는 경우 계약금액을 조정할 수 있다는 **조정유보규정을** 둔 경우에는 그 규정에서 **정한 계약금액조정사유가 발생하였음을 이유로 공사대금을 조정할 수 있다고 본다.**

○ 일괄입찰계약시 설계비보상금 반환

일괄입찰계약시 담합업체의 설계비보상금 반환과 관련하여 원심 판결은

"입찰의 무효사유가 존재하는 경우 그에 따른 입찰이 당연 무효가 되는 것이 아니라, 계약 체결 전이라면 입찰무효를 선언하고 재입찰을 공고할 수 있고, 계약 체결 후라면 약정해제권이 유보된 것으로서 계약을 해제할 수 있는 것으로 해석함이 상당하다. 이 사건에서 원고가 이 사건 입찰을 무효로 보아 재입찰을 공고한 적이 없고, 앞서 본 것처럼 낙찰된 피고가 이 사건 공사를 완성하여 원고가 이 사건 공사계약을 해제할 수도 없게 되었으므로, **이 사건 공동행위가 있었다는 사정만으로 이 사건 입찰이 무효가 되었다고 단정할 수 없다.**"는 이유로 국가의 설계비 보상금 반환청구를 기각하였으나,

대법원은 낙찰되지 아니한 업체에 대한 설계비를 보상하는 제도의 취지를 고려하여 담합행위를 한 업체에 대하여는 설계비를 보상할 이유가 없다는 전제하에 **입찰의 무효여부와 상관없이 이미 지급된 설계비 보상금의 반환을** 인정하였다.

---

16 윤재윤, 건설분쟁관계법(제5판), 박영사, 2014, 100면.

Public contracts understood as precedents

V

계약의 이행

V. 계약의 이행

1 개설

계약의 이행단계에서는 계약 당사자 간에 여러 절차와 행위들이 요구되는 바, 그 중 주요한 내용들에 대하여 간략히 설명한다.

가. 감독 및 검사

(1) 계약담당공무원 등은 공사, 제조, 용역 등의 계약을 체결한 경우에 그 계약을 적절하게 이행하도록 하기 위하여 필요하다고 인정하면 계약서, 설계서, 그 밖의 관계 서류에 의하여 **감독**(직접 또는 위임 또는 전문기관 지정)하거나(국가계약법 제13조)

계약의 전부 또는 일부를 이행하면 그 **결과에 대하여 확인**(직접 또는 위임 또는 전문기관 지정)하기 위하여 필요한 검사를 하여야 한다(국가계약법 제14조).

이는 국가계약과 관련하여 이행의 과정과 결과에 대하여 적절성을 담보하기 위한 것이다.

(2) 감독, 검사하는 자는 조서를 작성하여야 한다(국가계약법 제13조, 제14조).

(3) 특히, 물품구매계약 또는 물품제조계약의 경우 물품의 특성상 필요한 시험 등의 검사에 드는 비용과 검사로 인하여 생기는 변형, 파손 등의 손상은 계약상대자가 부담한다(국가계약법 제14조 제4항).

계약상대자는 계약의 완전한 이행을 위한 책임이 있으므로 그를 위한 비용은 기본적으로 계약상대자가 부담하는 것이 합리적일 것이다.

나. 대가의 지급

(1) 대가의 지급원칙

계약의 경우 **검사를 하거나 검사조서를 작성한 후에 그 대가**(代價)를 지급하여야 한다(국가계약법 제15조 제1항).

또한, 대가는 계약상대자로부터 대가 지급의 청구를 받은 날부터 원칙적으로 5일내에 지급하여야 하며, 그 기한까지 대가를 지급할 수 없는 경우에는 대통령령에 정하는 바에 따라 그 지연일수(遲延日數)에 따른 이자를 지급하여야 한다(국가계약법 제15조 제2항).

판례는 위 지연 이자율과 관련한 규정(국계법 시행령 제59조)을 효력규정으로 보고 있다.

(2) 기성대가의 지급

기성부분 또는 기납부분에 대한 대가를 지급하는 경우에는 계약수량, 이행의 전망, 이행기간등을 참작하여 적어도 30일마다 지급하여야 한다(국가계약법 시행령 제58조).

(3) 조달사업법상 조달요청에 의한 대가지급

(가) 조달청 대지급(代支給)(조달사업법 제15조 제1항)

조달청장은 계약 이행의 대금을 수요기관의 장을 대신하여 지급(이하 "대지급"이라 한다)하는 것이 효율적이라고 대통령령으로 정하는 경우에는 그 대금을 대지급하여야 한다.

이와 관련하여 대법원은

지방자치단체의 구매요청에 따라 조달청이 甲 회사와 조달물자구매계약을 체결하면서 지급방법을 '대지급'으로 정한 사안에서, 위 조달계약은 그 당사자가 조달청과 甲회사이고 수요기관인 지방자치단체는 그 계약상 수익자에 불과한 '제3자를 위한 계약'이므로 甲 회사에 대해 조달계약의 당사자로서 그 대금지급의무를 부담하는 자는 조달청일 뿐이고, 조달계약에서 계약금액의 지급방법을 '대지급'으로 약정한 이상, 수요기관인 지방자치단체를 제3채무자로 하여 채권압류 및 전부명령을 받은 甲 회사의 채권자가 위 지방자치단체에 대하여 전부금을 청구할 수 없다고 본 원심의 판단을 수긍하였다(대법원 2010. 1. 28. 선고 2009다56160 판결).

(나) 수요기관 지급(조달사업법 제15조 제2항)

수요기관의 장은 조달청장이 대지급하지 아니하는 경우에는 그 대금을 계약 상대자에게 직접 지급하여야 한다.

이와 관련하여 추가대금지급의무가 발생하는 경우에 지급주체와 관련하여 계약의 당사자인 조달청이 지급하여야 한다는 견해와 지급기관인 수요기관이 지급하여야 한다는 견해가 대립하고 있다.[1]

다. 하자의 보수와 하자담보책임

(1) 공사계약의 하자담보책임

(가) 하자담보책임의 법적 성격

1) 무과실책임

일반적으로 하자담보책임의 법적 성격에 대하여는 법률의 규정에 의하여 특별히 정한 무과실책임이라는 견해와 넓은 의미의 채무불이행책임에 해당한다는 견해가 나뉘나, 다수의 견해와 판례는 무과실책임으로 보고 있다.

2) 채무불이행책임과 관계

수급인의 귀책사유에 의하여 하자가 발생한 경우 하자담보책임과 채무불이행책임이 모두 인정될 수 있느냐가 문제되는데, 위에서 하자담보책임을 무과실책임으로 보는 견해는 양 자가 모두 성립가능하다는 입장이고, 채무불이행책임으로 보는 견해는 부정적 입장이다. 판례는 양 자가 경합적으로 인정된다고 본다(대법원 2020. 6. 11. 선고 2020다201156 판결).

3) 임의규정으로서 책임면제 내지 감경특약 가능

민법상 하자담보책임 규정은 원칙적으로 임의규정으로서 담보책임을 면제하거나 감경하는 특약은 가능하다. 그러나, 민법 제672조에 따라 수급인이 담보책임이 없음을 약정한 경우에도 알고 고지하지 아니한 사실에 대하여는 그 책임을

---

1 법무법인(유한) 태평양, 앞의 책, 266, 수정인용.

면하지 못한다.

(나) 담보책임의 존속기간

담보책임의 존속기간은 다음과 같다.

1) 계약담당공무원 등은 **공사계약의 도급계약을 체결할 경우** 담보책임의 존속기간을 정하여야 하고, 그 기간은 **민법 제671조의 기간**(토지, 건물 기타 공작물의 경우 5년, 목적물이 석조, 석회조, 연와조 등의 경우 10년)**을 초과할 수 없다**(국가계약법 제17조).

또한, 위 경우 전체 목적물을 인수한 날과 준공검사를 완료한 날 중에서 먼저 도래한 날(공사계약의 부분 완료로 관리·사용이 이루어지고 있는 경우에는 부분 목적물을 인수한 날과 공고에 따라 관리·사용을 개시한 날 중에서 먼저 도래한 날)부터 **1년 이상 10년 이하의 범위에서 담보기간을 정하도록 하여** 국가계약법 시행규칙(기획재정부령)에서 세부적으로 규정하고 있다(국가계약법 시행령 제60조 제1항).

2) **장기계속공사에 있어서는 연차계약별로 하자담보책임기간을 정하여야** 하나, 연차계약별로 하자담보책임을 구분할 수 없는 공사인 경우에는 제1차 계약을 체결할 때에 총공사에 대하여 하자담보책임기간을 정하여야 한다(국가계약법 시행령 제60조 제2항).

(2) 하자보수보증금

(가) 의의

공사 도급계약에 있어 **하자보수의 보증을 위하여 계약상대자가 납부하는 금원**을 말한다(국가계약법 제18조 제1항).

(나) 법적 성질

판례는 원칙적으로 **손해배상액의 예정**으로 본다. 이에 대하여는 후술한다.

(다) 국고귀속

계약상대자가 **하자보수의무를 이행하지 않으면 하자보수보증금은 국고에 귀속된다**(국가계약법 제18조 제3항).

그러나, 위 법은 계약보증금 조항을 준용하고 있고, 동 법 시행령에는 계약상 대자가 **정당한 이유없이 계약상의 의무를 이행하지 아니한 때 계약보증금을 국고에 귀속하도록 규정**(국가계약법 시행령 제51조 제1항)하고 있는 바, 판례가 법적 성격을 손해배상액의 예정으로 보는 점 등을 종합적으로 고려할 때 **정당한 이유 없이 의무를 이행하지 아니한 경우 국가귀속으로 보는 것이 타당할 것이다.**[2]

(라) 하자보수보증금의 직접 사용

하자의 보수를 위한 예산이 없거나 부족한 경우에는 그 **하자보수보증금을 그 하자의 보수를 위하여 직접 사용**할 수 있다(국가계약법 제18조 제3항 단서).

라. 계약금액의 조정

(1) 서설

(가) 계약담당공무원 등은 공사계약·제조계약·용역계약 등 국고의 부담이 되는 계약을 체결한 다음 **물가변동, 설계변경, 그 밖에 계약내용의 변경**(천재지변, 전쟁 등 불가항력적 사유에 따른 경우를 포함한다)으로 인하여 계약금액을 조정할 필요가 있을 때에는 대통령령으로 정하는 바에 따라 **그 계약금액을 조정**한다(국가계약법 제19조).

(나) 위 계약금액의 조정 조항과 관련하여 학계와 실무는 국가계약의 장기적이고 지속적인 계약의 특성상 사정변경의 원칙의 반영이라는 견해와 유형을 구분하여 물가변동의 경우는 사정변경의 원칙의 반영이나 설계변경과 그 밖의 계약내용의 변경의 경우는 그와 다르다는 견해가 나뉜다.

대법원은

'기타 계약 내용의 변경'에 의한 계약금액조정에 관한 국가계약법 제19조, 같은 법 시행령 제66조는 이를 신의칙 또는 사정변경의 원칙에 의한 계약금액조정을 일반화한 규정이라고 할 수 없다(대법원 2014. 11. 13. 선고 2009다91811 판결).

---

2 정태학·오정한·장현철·유병수, 앞의 책, 209면 수정인용.

고 판시한 사례가 있다.

유형에 따라 제도의 직접적인 이념적 토대는 다르지만, 직·간접적인 연관성은 있다고 생각된다.

(다) 규정의 성격에 대하여 강행규정이냐 임의규정이냐에 대하여도 견해가 나뉘는데, **판례는 물가변동에 의한 계약금액 조정 규정을 임의규정**으로 보며, 구체적 내용에 대하여는 후술한다.

(2) 물가변동으로 인한 계약금액의 조정

(가) 계약체결 이후 일정한 기간이 경과한 시점에서 계약금액을 구성하는 품목이나 비목의 **가격이 변동하여 계약금액을 조정할 필요가 있을 경우 계약금액을 조정**하는 것을 말한다(국가계약법 시행령 제64조).[3]

(나) 조정은 계약체결일로부터 90일 이상 경과하여야 한다. 그러나, 천재지변 또는 원자재의 가격 급등으로 필요한 경우 예외가 인정된다. 물가변동을 책정하기 위한 요건으로 **품목조정률 내지 지수조정률을 기준**으로 한다.

판례와 관련한 구체적인 내용은 후술한다.

(3) 설계변경으로 인한 계약금액의 조정

(가) 계약체결 이후 **설계내용이 변경됨으로 인하여 공사량이 증감됨에 따라 계약금액을 조정**하는 것을 말한다(국가계약법 시행령 제65조).

(나) 여기서 설계서는 공사 시방서, 설계도면, 현장설명서, 물량내역서 등을 말한다(공사계약일반조건 제2조 제4호).

(다) 설계변경의 사유는 다음과 같다(공사계약일반조건 제19조 제1항).
- 설계서의 내용이 불분명하거나 누락·오류 또는 상호 모순되는 점이 있을 경우
- 지질, 용수 등 공사현장의 상태가 설계서와 다를 경우

---

3 정태학·오정한·장현철·유병수, 앞의 책, 215면.

- 새로운 기술·공법사용으로 공사비의 절감 및 시공기간의 단축 등의 효과가 현저할 경우
- 기타 발주기관이 설계서를 변경할 필요가 있다고 인정할 경우 등
- 소요자재의 수급방법 변경(공사계약일반조건 제19조의6)

(라) 일괄입찰 및 대안입찰, 기본설계 기술제안입찰 및 실시설계 기술제안입찰에 의한 공사계약의 경우에는 설계변경으로 인한 계약금액 조정이 제한된다.

(4) 그 밖의 계약내용 변경과 계약금액의 조정

계약체결 이후 물가변동, 설계변경 외에 **공사기간, 운반거리 등 그 밖의 계약내용이 변경됨으로 인하여 계약금액을 조정**하는 것을 말한다(국가계약법 시행령 제66조). 구체적인 내용은 후술한다.

제작물공급계약 등 도급계약상 목적물의 인도와 일의 완성

제작물 공급계약의 성격

당사자의 일방이 상대방의 주문에 따라 자기 소유의 재료를 사용하여 만든 물건을 공급하기로 하고 이에 대하여 상대방이 대가를 지급하기로 약정하는 이른바 **제작물공급계약은**, 그 제작의 측면에서는 **도급의 성질**이 있고 **공급의 측면에서는 매매**의 성질이 있어 대체로 **매매와 도급의 성질**을 함께 가지고 있으므로,

그 적용 법률은 계약에 의하여 제작 공급하여야 할 물건이 **대체물인 경우에는** 매매에 **관한 규정이 적용**되지만, 물건이 특정의 주문자의 수요를 만족시키기 위한 **부대체물인 경우에는** 당해 물건의 공급과 함께 그 제작이 계약의 주목적이 되어 도급의 성질을 띠게 된다.

목적물의 인도와 보수청구

민법 제665조 제1항은 도급계약에서 **보수는 완성된 목적물의 인도와 동시에 지급해야** 한다고 정하고 있다. 이때 **목적물의 인도**는 단순한 점유의 이전만을 의미하는 것이 아니라 **도급인이 목적물을 검사한 후 목적물이 계약 내용대로 완성되었음을 명시적 또는 묵시적으로 시인**하는 것까지 포함하는 의미이다.

도급계약의 당사자들이 '수급인이 공급한 목적물을 도급인이 검사하여 합격하면, 도급인은 수급인에게 그 보수를 지급한다.'고 정한 경우 도급인의 수급인에 대한 보수지급의무와 동시이행관계에 있는 수급인의 목적물 인도의무를 확인한 것에 불과하고 '**검사 합격'은 법률행위의 효력 발생을 좌우하는 조건이 아니라 보수 지급시기에 관한 불확정기한**이다. 따라서 수급인이 도급계약에서 정한 일을 완성한 다음 **검사에 합격한 때 또는 검사 합격이 불가능한 것으로 확정된 때 보수지급청구권의 기한이 도래**한다.

도급계약의 일의 완성여부

도급계약에서 **목적물의 주요구조부분이 약정된 대로 시공되어 사회통념상 일반적으로 요구되는 성능을 갖추었고** 당초 **예정된 최후의 공정까지 마쳤다면** 일이 완성되었다고 보아야 한다.

목적물이 완성되었다면 목적물의 하자는 하자담보책임에 관한 민법 규정에 따라 처리하도록 하는 것이 당사자의 의사와 법률의 취지에 부합하는 해석이다.
개별 사건에서 예정된 최후의 공정을 마쳤는지는 당사자의 주장에 구애받지 않고 계약의 구체적 내용과 신의성실의 원칙에 비추어 객관적으로 판단해야 한다.

관련 법령

■ 민법

▶ 제656조(보수액과 그 지급시기) … ② **보수는 약정한 시기에 지급하여야** 하며 시기의 **약정이 없으면 관습**에 의하고 관습이 없으면, **약정한 노무를 종료한 후 지체없이 지급**하여야 한다.

▶ 665조(보수의 지급시기) ① **보수는 그 완성된 목적물의 인도와 동시에 지급**하여야 한다. 그러나 목적물의 인도를 요하지 아니하는 경우에는 그 **일을 완성한 후 지체없이 지급**하여야 한다.
② 전항의 보수에 관하여는 제656조 제2항의 규정을 준용한다.

해설

○ **공공계약의 한 유형인 제작물공급계약의 법적 성격**

공공계약의 한 유형으로서 체결되는 **제작물공급계약은** 판례에 의하면 제작의 측면에서는 자신의 재료로 주문된 목적물을 만들어야 하므로 **도급의 성질을 가지고,** 공급의 측면에서는 대가를 받고 계약의 상대방에게 목적물을 제공하게 되므로 **매매의 성질**을 가지게 된다.

또한, 목적물이 대체가능한 물건인 경우에는 매매의 성격이 강하므로 매매에 관한 규정이 적용되지만, 대체할 수 없는 물건인 경우에는 도급의 성격을 가지게 된다.

○ 도급계약상 목적물의 인도

  (1) 제작물공급계약을 포함한 도급계약의 경우 민법 제665조 제1항에 따라 완성된 **목적물의 인도와 동시에 그에 대한 보수가 지급**되는 것이 원칙이다.

     여기서 특별히 유의할 점은 **목적물의 인도는** 단순한 점유의 이전만을 의미하는 것이 아니라 **도급인이 목적물을 검사한 후 목적물이 계약 내용대로 완성되었음을 명시적 또는 묵시적으로 시인하는 것까지 포함하는 의미**라는 것이다.

  (2) 더구나 도급계약의 당사자들은 '수급인이 공급한 목적물을 도급인이 **검사하여 합격하면, 도급인은 수급인에게 그 보수를 지급한다.**'고 약정하기도 하는데, 이러한 경우 '검사 합격'이라는 요소의 의미가 문제된다.

     판례에 의하면 '검사 합격'이라는 요소는 **법률행위의 효력 발생을 좌우하는 '조건'이 아니라 보수 지급시기에 관한 '불확정기한'**이라고 본다. 따라서 수급인이 도급계약에서 정한 일을 **완성한 후에는 검사의 합격이 없더라도 수급인에게 보수를 청구할 권리는 인정**되나, 검사에 합격한 때 또는 검사 합격이 불가능한 것으로 확정된 때 **수급인의 보수지급청구권의 기한이 도래하여 실제적인 보수지급 청구가 가능해 지는 것이다.**

     ☞ 구체적인 판례의 내용은 후술하는 "계약의 불이행에 따른 해제와 하자담보책임" 참조

○ 도급계약에서 일의 완성

도급계약에서 **일의 완성이라는 의미**와 관련하여 판례에 의하면 목적물이 전부 완성되어 완전한 기능을 가져야 하는 것을 의미하는 것은 아니고, **목적물의 주**

요구조부분이 약정된 대로 시공되어 사회통념상 일반적으로 요구되는 성능을 갖추었고 당초 예정된 최후의 공정까지 마쳤다면 일이 완성되었다고 본다.

따라서 일의 완성 후에 발견된 **일부 기능상의 결함 등은 하자담보책임**에 의하여 처리하게 된다. 이에 대한 입증책임은 일을 완성하였다고 주장하는 수급인이 부담하게 된다.

가 선금의 지급

선금의 지급과 반환

선급금의 의미

공사도급계약에 있어서 수수되는 이른바 **선급금은** 자금 사정이 좋지 않은 수급인으로 하여금 자재 확보·노임 지급 등에 어려움이 없이 공사를 원활하게 진행할 수 있도록 하기 위하여 **도급인이 장차 지급할 공사대금을 수급인에게 미리 지급하여 주는 것으로** 서, 구체적인 기성고와 관련하여 지급된 공사대금이 아니라 **전체 공사와 관련하여 지 급된 공사대금이고,**

선급금의 반환시 정산

이러한 점에 비추어 선급금을 지급한 후 계약이 해제 또는 해지되는 등의 사유로 **수급 인이 도중에 선급금을 반환하여야 할 사유가 발생하였다면,**

특별한 사정이 없는 한 별도의 상계 의사표시 없이도 그 때까지의 **기성고에 해당하는 공사대금 중 미지급액은 선급금으로 충당**되고 도급인은 **나머지 공사대금이 있는 경우 그 금액에 한하여 지급할 의무를 부담**하게 되나(대법원 1999. 12. 7. 선고 99다55519 판결 등 참조), 이때 선급금의 충당대상이 되는 기성공사대금의 내역을 어떻게 정할 것인지 는 하도급계약 당사자의 약정에 따라야 할 것이다(대법원 2004. 6. 10. 선고 2003다69713 판결, 대법원 2004. 11. 26. 선고 2002다68362 판결 참조).

⊃ 대법원 2010. 5. 13. 선고 2007다31211 판결 [공사대금]

공사도급계약상 연대보증인의 보증범위에 선급금반환채무 포함여부

국가를당사자로하는계약에관한법률시행령 및 시행규칙의 관계 규정이 **연대보증의 자격 을 당해 공사에 관하여 입찰참가 자격이 있는 자로 제한**하고 있고, 보증의무를 **이행한 연대보증인에게 대금청구권이 있음을 전제로** 하고 있으며,

공사도급계약과 그에 관한 연대보증계약 내용의 일부로 된 **공사계약 일반조건 및 공사 계약 특수조건도** 계약 상대자가 불이행한 공사의 완성을 연대보증인에게 청구할 수 있 고 연대보증인은 그에 대한 대금을 청구할 수 있다고 규정하고 있을 뿐 **선급금 반환채 무 등에 관한 연대보증인의 의무에 관하여는 아무런 규정이 없고, 선급금에 관하여는 별도의 규정을 두어 그 반환채무의 담보방법으로서 금융기관의 보증 등 그 담보력이 충분한 것으로 제한**하고 있는 점 등에 비추어 볼 때,

지방자치단체와 건설업체 사이에 체결된 **공사도급계약에 관하여** 수급인과 연대하여 도급계약상의 의무를 이행하기로 한 **연대보증인의 보증책임의 범위는 수급인의 공사 시행에 관한 의무의 보증에 한정**되고, 수급인의 **선급금 반환채무에까지는 미치지 아니한다고 봄이 상당하다**(판결요지).

⊃ 대법원 1999. 10. 8. 선고 99다20773 판결 [구상금]

┌───┐
│ 기지급된 선금 반환시 선금이자 약정의 성격 │
└───┘

사실관계

○ **A 주식회사는** 철도청이 시행한 디젤전기기관차 25량 구매를 위한 입찰절차에서 낙찰자로 선정되어 1999. 6. 16. 피고와 사이에 물품대금 644억 2,500만 원, 납품기한 2000. 12. 31.까지로 한 **제조물공급계약을 체결**하였고, **원고는 A 주식회사를 승계**하여, 1999. 9. 3. 피고와 사이에 같은 내용의 **제조물공급계약을 체결**함.

○ 피고는 구 예산회계법 제68조, 같은 법 시행령 제56조 제1항 제14호 및 계약 내용의 일부로 포함된 물품구매계약 특수조건 제9조와 선금지급요령(1999. 9. 9. 회계예규 2200.04 - 131 - 5)에 따라 2000. 1. 22. 원고에게 이 사건 계약상의 물품대금 **중 약 66% 상당에 해당하는 422억 5,200만 원을 선금으로 지급**함.

○ 위 물품구매계약 특수조건 제9조 제4항 및 선금지급요령 제6조 제1항에 의하면, 선금을 지급한 후 **계약상대자의 귀책사유에 의하여 선금반환청구**를 하는 경우, 선금잔액에 대한 지방은행을 제외한 국내 일반은행의 어음대출금리 수준에 의하여 산출한 **이자상당액을 함께 청구하도록** 규정하였고,
위 선금지급요령 제6조 제1항에서는 선금잔액 반환 사유로
1. 계약을 해제 또는 해지한 경우
2. 선금지급조건을 위배한 경우
3. **사고이월 등으로 반환이 불가피하다고 인정하는 경우**를 규정함.

○ 원고는 이 사건 계약의 납품기한 내에 이 사건 기관차 25량 중 15량만을 공급하였고, 나머지 10량은 2001. 1. 18.부터 2001. 3. 9.까지 공급하여 이행을 완료하였으나,
피고는 2001. 3. 23. 이 사건 물품대금을 정산하면서, 원고가 **납품기한 내에 이행을 완료하지 못함에 따라** 위 선금지급요령 제6조 제1항 제3호 소정의 **사고이월 등으로 선금 반환이 불가피하다고 인정하는 경우**에 해당한다는 이유로 반환할 선금잔액 169억 80만 원 및 선금이자인 12억 90,399,960원, 약정된 지체상금 11억 5,533,000원을 공제한 나머지 물품대금만을 지급함.

○ 이 사건 계약 당시 원, 피고 사이에는 위 **선금이자 약정** 외에도 국가계약법 제12조에 의하여 계약상대자가 계약상의 의무를 이행하지 아니할 때 **계약보증금(계약금액의 10% 상당)**을 국고에 귀속시키는 내용의 약정 및 **지체상금 약정(지체상금률 1일 0.15%)**이 함께 행해짐.

대법원 판단

(1) 국가가 국가를 당사자로 하는 계약에 관한 법률(이하 '국가계약법'이라 한다)에 따라 체결한 제조물공급계약 및 그 계약내용에 편입된 선금지급요령에서 계약상대자의 귀책사유로 인하여 '**사고이월 등으로 선금의 반환이 불가피한 경우**'가 발생하면 **계약상대자에게 선금잔액 및** 이에 대한 시중은행의 어음대출금리에 의한 **선금이자를 청구하도록 약정**한 경우,

위 **선금이자가 손해배상액의 예정인지 위약벌인지는 위 제조물공급계약서 및 위 선금지급요령 등을 종합하여 개별적으로 결정할 의사해석의 문제**이고, 위약금은 민법 제398조 제4항에 의하여 손해배상액의 예정으로 추정되므로 위약금이 위약벌로 해석되기 위하여는 특별한 사정이 주장·입증되어야 하는 바, **제조물공급계약서에 선금이자 약정 외에 지체상금도 규정되어 있다는 점만을 이유로 하여 선금이자를 위약벌이라고 보기는 어렵다**고 할 것이다(대법원 2005. 11. 10. 선고 2004다 40597 판결, 2000. 12. 8. 선고 2000다35771 판결 등 참조). ...

(2) 위 인정사실을 앞서 본 법리에 비추어 살펴보면, 위 선금지급요령 제6조 제1항 제2, 3호의 선금잔액 반환 사유에 기한 선금이자 약정은, 계약상대자가 그의 귀책사유로 인하여 이 사건 **계약의 주된 채무가 아닌 선금지급과 관련한 부수적 채무 (선금지급조건을 지키고, 지급받은 선금과 관련한 채무를 그 회계연도 내에 완료하여야 하는 의무)를 불이행한 경우를 예정한 위약금 약정**이라 할 것이고,

이는 민법 제398조 제4항에 의하여 **손해배상액의 예정으로 추정**되며, 원고가 이 사건 제조물공급채무를 불이행한 경우 계약보증금을 피고에게 귀속시키기로 하는 약정 및 지체상금 약정이 있다는 점만을 이유로 이 사건 선금이자를 **위약벌로 보기는 어렵다** 할 것이다.

그럼에도 불구하고 **원심이**, 별도의 지체상금의 약정이 있다는 점 등을 이유로 이 사건 **선금이자는 위약벌의 성질을 가진다고 판단**하고, 나아가 판시 사정에 비추어 위약벌 약정 중 민사법정이율인 연 5%의 범위를 넘는 부분은 공서양속에 반하여 무효라고 봄이 상당하다고 판단한 조치는, **선금이자 약정의 해석에 관한 법리를 오해한 잘못**이 있다고 할 것이다.

⊃ 대법원 2006. 10. 26. 선고 2004다65282 판결 [매매대금]

▣ 국고금관리법

▶ 제26조(선급과 개산급) 지출관은 운임, 용선료(傭船料), 공사·제조·용역 계약의 대가, 그 밖에 대통령령으로 정하는 경비로서 그 성질상 미리 지급하지 아니하거나 개산(概算)하여 지급하지 아니하면 **해당 사무나 사업에 지장을 가져올 우려가 있는 경비의 경우에는 이를 미리 지급**하거나 개산하여 지급할 수 있다.

▣ 국고금관리법 시행령

▶ 제40조(선급) ① 법 제26조에 따라 **미리 지급할 수 있는 경비는 다음 각 호와 같다.** ...

15. 공사, 제조 또는 용역 계약의 대가로서 계약금액의 100분의 70(원활한 공사 진행 등에 필요하여 중앙관서의 장이 기획재정부장관과 협의한 경우에는 100분의 80)을 초과하지 않는 금액 ...

▣ 방위사업법

▶ 제46조(계약의 특례 등) ... ② 제1항의 규정에 의한 계약을 체결하는 경우에 그 성질상 착수금 및 중도금을 지급할 필요가 있다고 인정되는 때에는 당해 연도 예산에 계상된 범위 안에서 **착수금 및 중도금을 지급할 수 있다.** 이 경우 지급된 착수금 및 중도금은 당해 계약의 수행을 위한 용도 외에 사용하여서는 아니된다.

③ 제1항의 규정에 의한 계약을 체결하는 경우에 원가계산의 기준 및 방법과 제2항의 규정에 의한 착수금 및 중도금의 지급기준·지급방법 및 지급절차는 국방부령으로 정한다. 이 경우 국방부장관은 미리 기획재정부장관과 협의하여야 한다. ...

▣ (기획재정부 계약예규) 정부 입찰·계약 집행기준

제12장 선금의 지급 등

▶ 제33조(선금의 지급 등) 계약담당공무원은 「국고금관리법 시행령」 제40조 제1항 제15호에 의하여 **선금을 지급하고자 할 때**에는 이 장에 정한 바에

따라야 한다. 다만, 각 중앙관서의 장은 특수한 사유로 인하여 이 예규에 의하기 곤란하다고 인정할 때에는 기획재정부장관과 협의하여 특례를 정할 수 있다. ...

▶ 제36조(선금의 사용) ① 계약담당공무원은 선금을 지급하고자 할 때에 해당 선금을 **계약목적달성을 위한 용도와 수급인의 하수급인에 대한 선금배분**이외의 다른 목적에 사용하게 할 수 없으며, **노임지급**(공사계약 및 시행규칙 제23조의3 각호의 용역계약은 제외) **및 자재확보에 우선 사용**하도록 하여야 한다. ...

⑤ 계약담당공무원은 계약상대자가 하수급인에게 선금을 현금으로 지급하도록 하여야 한다.

▶ 제37조(선금의 정산) ① 선금은 기성부분 또는 기납부분의 **대가 지급시마다 다음 방식에 의하여 산출한 선금정산액 이상을 정산**하여야 한다.

선금정산액＝선금액×[기성(또는 기납)부분의 대가상당액/계약금액]

② 계약담당공무원은 계약 이행기간의 종료일 이전에 제1항에 따라 선금 전액의 정산이 완료된 경우로서, 계약상대자의 신청이 있는 경우에는 선금의 정산이 완료되었음을 증명하는 서류를 발급하여야 한다. ...

해설

○ 선금의 의의

선금은 도급계약에서 도급인이 장차 지급할 대금을 계약의 원활한 이행을 위하여 수급인의 계약이행 전이나 대가지급시기 이전에 수급인에게 미리 지급하여 주는 것을 말한다. 방위사업법에서는 "착수금"이나 "중도금"이라는 용어를 사용하여 별도로 규정하고 있다.

선금은 **원칙적으로 계약금액의 100분의 70을 초과하지 않는 범위** 내에서 지급하고, 방위사업에서 착수금 및 중도금은 당해 연도의 예산에 계상된 범위 안에서 지급하되, **착수금과 중도금을 합한 지급총액은 계약금액의 100분의 90을 초과할 수 없다**(방위산업에 관한 착수금 및 중도금 지급규칙 제5조 제1항).

O 선금의 정산과 반환

(1) 선금은 계약이 정상적으로 이행되면 기성부분 또는 기납부분의 대가지
급시마다 선금액에 기성고 비율(기성부분의 대가 상당액/계약금액)을 계산하
여 정산하게 되고, 계약의 불이행으로 해제 또는 해지되어 선금을 반환
하는 경우에는 판례에 의하면 특별한 사정이 없는 한 별도의 상계 의사
표시 없이도 그 때까지의 **기성고에 해당하는 공사대금 중 미지급액은 선
금으로 충당**되고 도급인은 **나머지 공사대금이 있는 경우 그 금액에 한하
여 지급할 의무를 부담**하게 된다.

(2) 판례에 의하면 위와 같이 계약이 해제되거나 사고 이월 등으로 계약상대
자인 업체가 국가로부터 지급받은 선금을 반환하여야 하는 경우가 발생
하고 있는데, 이때 반환할 금액에 선금 잔액 뿐만 아니라 선금이자도 포
함하는 것으로 계약 당사자 간 약정하였다면 그 **선금이자의 법적 성격이
문제**될 수 있다.

특히, 당사자 간 선금이자를 부담하는 약정 외에 계약보증금과 지체상금
까지 약정한 경우에는 그 약정들과의 관계에서 그 법적 성격을 규정하기
가 더 힘들어진다.

이에 대하여, 판례는 선금이자는 계약 상대자인 업체가 선금지급과 관련
한 조건 등을 이행해야 할 **채무를 불이행한 경우를 예정한 위약금**이라
할 것이고, 위약금에 관한 민법규정에 의하여 **손해배상액의 예정으로 추
정**되는 반면, 별도의 특별한 사정이 없는 한 선금이자 약정 외에 계약보
증금 귀속약정, 지체상금 약정 등이 있다는 사정만으로 위약벌의 성격을
가지는 것으로 보기는 어렵다고 본다.

따라서, 반환되는 선금이자는 특별한 사정이 없는 한 법원에 의한 감액
등 손해배상액의 예정이 가지는 일반적인 법리에 따라 처리된다고 할 것
이다.

나 기성금의 지급

기성금의 산정

기성고 산정방법

도급인이 지급하여야 할 미완성 건물에 대한 보수는 특별한 사정이 없는 한 당사자 사이에 **약정한 총공사비에 기성고 비율을 적용한 금액**이 되는 것이지, 수급인이 실제로 지출한 비용을 기준으로 할 것은 아니다.

이때의 기성고 비율은 공사대금 지급의무가 발생한 시점, 즉 **수급인이 공사를 중단할 당시를 기준**으로 이미 완성된 부분에 들어간 공사비에다 미시공 부분을 완성하는 데 들어갈 공사비를 합친 **전체 공사비 가운데 완성된 부분에 들어간 비용이 차지하는 비율을 산정하여 확정**하여야 한다. 다만 당사자 사이에 기성고 비율 산정에 관하여 **특약이 있는 등 특별한 사정이 인정되는 경우**라면 그와 달리 산정할 수 있다.

➲ 대법원 2019. 12. 19. 선고 2016다24284 전원합의체 판결 [공사대금]

설계 및 사양의 변경이 있는 경우 기성고 산정

만약 **공사도급계약에서 설계 및 사양의 변경이 있는 때**에는 그 설계 및 사양의 변경에 따라 공사대금이 변경되는 것으로 특약하고, 그 변경된 설계 및 사양에 따라 공사가 진행되다가 중단되었다면 설계 및 사양의 변경에 따라 **변경된 공사대금에 기성고 비율을 적용하는 방법으로 기성고에 따른 공사비를 산정**하여야 한다.

➲ 대법원 2003. 2. 26. 선고 2000다40995 판결 [공사대금]

관련 법령

▣ **국가계약법**

▶ 제15조(대가의 지급) ① 각 중앙관서의 장 또는 계약담당공무원은 공사, 제조, 구매, 용역, 그 밖에 국고의 부담이 되는 계약의 경우 **검사를 하거나 검사조서를 작성한 후에 그 대가(代價)를 지급하여야** 한다. 다만, 국제관례 등 부득이한 사유가 있다고 인정되는 경우에는 그러하지 아니하다. ...

▣ **국가계약법 시행령**

▶ 제58조(대가의 지급) ... ③ 법 제15조의 규정에 의하여 기성부분 또는 기납부분에 대한 대가를 지급하는 경우에는 제1항의 규정에 불구하고 계약수량,

이행의 전망, 이행기간 등을 참작하여 적어도 30일마다 지급하여야 한다.

④ 제3항에 따른 대가 지급시에는 제55조에 따른 검사를 완료하는 날 이전까지 계약상대자로 하여금 대가지급 청구를 하게 할 수 있으며, 검사완료일부터 5일 이내에 검사된 내용에 따라 대가를 확정하여 지급하여야 한다. 다만, 계약상대자가 검사완료일후에 대가의 지급을 청구한 때에는 그 청구를 받은 날부터 5일 이내에 지급하여야 한다.

해설

○ 기성대금의 의의

기성대금은 전체 계약내용 중 이미 완성된 부분에 대하여 지급하는 대가를 말한다. 기성부분 또는 기납부분에 대한 대가를 지급하는 경우에는 계약수량, 이행의 전망, 이행기간 등을 참작하여 적어도 30일마다 지급하여야 한다(국가계약법 시행령 제58조 제3항).

○ 기성대금의 산정

기성대금은 주로 공사계약에서 많이 문제되는데, 판례에 의하면 공사도급계약에서 기성대금은 특별한 사정이 없는 한 당사자 사이에 **약정한 총공사계약금액에 기성고 비율을 적용한 금액**이 되고, 수급인이 실제로 지출한 비용을 기준으로 할 것은 아니다.

이때의 **기성고 비율은** 공사대금 지급의무가 발생한 시점을 기준으로 이미 완성된 부분에 들어간 공사비에다 미시공 부분을 완성하는 데 들어갈 공사비를 합친 **전체 공사비 가운데 완성된 부분에 들어간 비용이 차지하는 비율을 산정하여 확정**하여야 한다. 다만 당사자 사이에 기성고 비율 산정에 관하여 **특약이 있는 등 특별한 사정이 인정되는 경우**라면 그와 달리 산정할 수 있다.

또한, **공사도급계약에서 설계 및 사양의 변경이 있고,** 그 설계 및 사양의 변경에 따라 공사대금이 변경되는 것으로 특약한 때에는 설계 및 사양의 변경에 따라 변경된 공사대금에 기성고 비율을 적용하는 방법으로 기성고에 따른 공사비를 산정하여야 한다.

○ 기성대금의 확정시점

공사도급계약에서 기성고 내지 기성대금의 확정시점은 분할지급의 경우에는 공사대금 지급일이고, 공사도급계약이 해제, 해지된 경우에는 해제, 해지된 날이 된다고 할 것이다.[4]

---

4 김상우, "공사도급계약 관련 법률문제" 「제7기 건설부동산법연수원 Ⅰ」, 2020, 50면.

4. 계약금액의 조정

가 물가변동에 의한 계약금액의 조정

계약금액 조정의 요건 및 절차(조정의 신청)

사실관계

○ 원고는 2001. 6. 23. 피고 대한민국(소관: 국방부조달본부)과 사이에 떡국떡과 떡볶이떡에 관하여 각 납품하기로 하는 **물품매매계약을 체결함.**

　※ 원심은 2001. 10. 8.경 이 사건 **각 계약에 대한 품목조정률이 100분의 5 이상+ 하락한** 사실을 인정할 수 있으므로 위 날을 조정기준일로 봄.

○ 그 후 피고는 원고에게 떡국떡에 관하여 2001. 12. 31. 수량을 변경하고, 떡볶이떡에 관하여 2001. 12. 20. 및 같은 달 31. **수량을 변경하는 내용의 각 수정물품납품 통지를** 하였고, 이에 따라 원고는 위 물품납품통지서에서 지정한 납기, 납지 및 수량대로 **납품을 완료함.**

○ 피고는 **납품대금을 각 지급**하였고, 원고는 위 각 계약의 이행을 완료한 후 떡국떡과 떡볶이떡 국채분, 떡국떡과 떡볶이떡 **추가납품분에** 대하여 각 **잔여 물품대금의 지급을 청구함.**

대법원 판단

(1) '국가를 당사자로 하는 계약에 관한 법률' 제19조와 같은 법 시행령 제64조, 같은 법 시행규칙 제74조에 의한 물가변동으로 인한 계약금액조정에 있어,

계약금액조정은 계약체결일부터 일정한 기간이 경과함과 동시에 품목조정률이 일정한 비율 이상 증감함으로써 **조정사유가 발생하였다** 하더라도 그 자체로 자동적으로 이루어지는 것이 아니라, 계약당사자의 상대방에 대한 **적법한 계약금액조정 신청에** 의하여 비로소 이루어진다고 할 것이다.

(2) 조정사유가 발생한 최초의 날인 조정기준일 이후에 이행된 부분의 대가(기성대가)라 할지라도 그 대가가 조정에 앞서 이미 지급된 경우에는,

　(가) 증액조정이나 감액조정을 불문하고 그것이 **개산급(槪算給)으로** 지급되었거나 **계약당사자가 계약금액조정을 신청한 이후에** 지급된 것이라면 이는 차후 계약금액의 조정을 염두에 두고 일단 종전의 계약내용에 따라 잠정적으로 지급된 것으로서 물가변동적용대가(계약금액 중 조정기준일 이후에 이행되는 부분의 대가)에 포함되어 계약금액조정의 대상이 된다고 할 것이나,

(나) 이와 달리 당사자 사이에 계약금액조정을 염두에 두지 않고 **확정적으로 지급을 마친 기성대가**는 당사자의 신뢰보호 견지에서 물가변동적용대가에서 공제되어 **계약금액조정의 대상이 되지 않는다**고 보아야 할 것이다.

(3) 위의 법리에 따라 원심판결 이유를 기록에 비추어 살펴보면,

원심이 원고와 피고 사이에 물품납품계약을 체결하면서 '국가를 당사자로 하는 계약에 관한 법률' 제19조 및 같은 법 시행령 제64조에 따라 **물가변동으로 인한 계약금액을 조정**하기로 한 이 사건에서,

조정기준일 이후에 이행된 부분에 대한 대가이지만 조정 전에 이미 확정적으로 지급을 마친 기성대가는 물가변동적용대가에 포함되지 않는다고 판시한 다음,

조정기준일 이후에 이행된 부분에 대한 대가는 감액조정신청이나 기성대가의 지급 여부와 관계없이 물가변동적용대가에 포함된다는 피고의 주장을 배척한 것은 정당한 판단으로 수긍이 간다.

➲ 대법원 2006. 9. 14. 선고 2004다28825 판결 등

물가변동에 의한 계약금액 조정의 방법

국가계약법 시행령 제64조는 원래 계약 체결일을 기준으로 품목조정률 또는 지수조정률이 100분의 5 이상 증감된 때 계약금액을 조정하되(제1항), 계약을 체결할 때에 계약상대자와 협의하여 계약금액 조정방법을 계약서에 명시하도록 정하고 있었으나(제2항), 2005. 9. 8. 대통령령 제19035호로 개정하면서 위와 같이 변경되었다.

(1) 이는 물가변동에 따른 계약금액 조정기준을 완화하고 물가변동률 산정의 기준시점을 입찰일로 조정함으로써 계약상대자의 부담을 완화한 것이다.

(2) 또한 계약금액 조정방법에 관하여 원래 각 중앙관서의 장 또는 계약담당공무원에게 부여하였던 협의·결정에 관한 의무와 권한을 없애고 **계약상대자가 지수조정률 방법을 원한다는 의사표시를 하는 경우에는 그 의사대로, 그러한 의사표시가 없는 경우에는 품목조정률 방법을 계약서에 명시할 의무**를 부여하고 있다. 이와 같이 계약상대자는 원래 계약금액 조정방법을 선택할 권리가 없었지만, 개정을 통하여 **계약을 체결할 때 지수조정률 방법을 선택할 권리를 보장**받게 되었다.

위와 같은 국가계약법 제19조와 그 시행령 제64조 개정 전후의 문언과 내용, 공공계약의 성격, 국가계약법령의 체계와 목적 등을 종합하면, **계약상대자는 계약 체결 시 계약금액 조정방법으로 지수조정률 방법을 선택할 수 있으나, 그러한 권리 행사에 아무런 장애사유가 없는 데도 지수조정률 방법을 원한다는 의사를 표시하지**

않았다면 품목조정률 방법으로 계약금액을 조정해야 한다.

↪ 대법원 2019. 3. 28. 선고 2017다213470 판결 [승낙의 의사표시]

품목조정률의 산정기준

(1) 이 사건 계약에 적용되는 구 국가를당사자로하는계약에관한법률시행규칙(1998. 2. 23. 총리령 제682호로 개정되기 전의 것, 이하 같다) 제74조 제1항은, 물가변동으로 인한 계약금액 조정의 기준이 되는 **'품목조정률'**은 각 품목 또는 비목의 수량에 등락폭을 곱하여 산출한 금액의 합계액을 계약금액으로 나누어 산출하고, **'등락폭'**은 계약단가에 등락률을 곱하여 산출하며, **'등락률'**은 물가변동당시가격에서 계약체결당시가격을 뺀 다음 이를 계약체결당시가격으로 나누어 산출하도록 규정하면서, **'물가변동당시가격'**이라 함은 물가변동 당시 산정한 각 품목 또는 비목의 가격을, **'계약체결당시가격'**이라 함은 계약체결 당시 산정한 각 품목 또는 비목의 가격을 말한다고 규정하고 있고,

같은 조 제3항은 제1항의 등락폭을 산정함에 있어서는 물가변동당시가격이 계약단가보다 높고 계약단가가 계약체결당시가격보다 높을 경우의 등락폭은 물가변동당시가격에서 계약단가를 뺀 금액으로 하고, 물가변동당시가격이 계약체결당시가격보다 높고 계약단가보다 낮을 경우의 등락폭은 영으로 한다고 규정하고 있다.

(2) 이들 규정을 종합하여 보면, '물가변동당시가격'이나 '계약체결당시가격' 또는 '계약단가'는 각기 별개의 개념으로서 '물가변동당시가격'은 물가변동 당시의 객관적인 거래가격을, '계약체결당시가격'은 계약체결 당시의 객관적인 거래가격(입찰의 경우에는 입찰예정가격이 계약체결당시가격으로 될 수 있을 것이다)을 말하는 것으로 보아야 할 것이다(다만, 객관적인 거래가격이 없는 품목에 있어서는 실제의 계약단가 또는 실제구입가격 그 자체가 계약체결당시가격 또는 물가변동당시가격으로 인정될 수는 있을 것이다).

(3) 그럼에도 불구하고 원심은 이 사건 물가변동으로 인한 계약금액조정의 대상인 주기관(main engine)의 계약체결당시가격이나 물가변동당시가격이 얼마인지를 제대로 심리, 확정하지도 아니한 채, 주기관에 대한 계약금액을 그 계약체결당시가격으로, 주기관의 실제구입가격을 물가변동당시가격으로 단정하고 이에 기초하여 등락폭을 산출하고 나아가 품목조정율 및 계약조정금액, 그리고 공제금액을 산출하고 말았으니, 이러한 원심판결에는 물가변동으로 인한 계약금액 조정에 관한 법리를 오해하고 심리를 다하지 아니하여 판결에 영향을 미친 위법이 있다고 할 것이다.

↪ 대법원 2003. 10. 24. 선고 2002다4948 판결 [선박건조대금]

▣ **국가계약법**

▶ 제19조(물가변동 등에 따른 계약금액 조정) 각 중앙관서의 장 또는 계약
담당공무원은 공사계약·제조계약·용역계약 또는 그 밖에 국고의 부담이
되는 계약을 체결한 다음 **물가변동, 설계변경, 그 밖에 계약내용의 변경**(천
재지변, 전쟁 등 불가항력적 사유에 따른 경우를 포함한다.)으로 인하여 **계약금액
을 조정(調整)할 필요가 있을 때에는 대통령령으로 정하는 바에 따라 그
계약금액을 조정**한다.

▣ **국가계약법 시행령**

▶ 제64조(물가변동으로 인한 계약금액의 조정) ① 각 중앙관서의 장 또는
계약담당공무원은 법 제19조의 규정에 의하여 국고의 부담이 되는 **계약을
체결**(장기계속공사 및 장기물품제조 등의 경우에는 제1차 계약의 체결을 말한다.)**한
날부터 90일 이상 경과하고 동시에 다음 각 호의 어느 하나에 해당되는
때**에는 기획재정부령이 정하는 바에 의하여 계약금액(장기계속공사 및 장기물
품제조 등의 경우에는 제1차 계약체결시 부기한 총공사 및 총제조등의 금액을 말한다.
이하 이 장에서 같다.)을 조정한다. 이 경우 조정기준일(조정사유가 발생한 날을
말한다. 이하 이 조에서 같다.)부터 90일 이내에는 이를 다시 조정하지 못한다.

1. **입찰일**(수의계약의 경우에는 계약체결일을, 2차 이후의 계약금액 조정에 있어서는
   직전 조정기준일을 말한다. 이하 이 항 및 제6항에서 같다.)**을 기준일**로 하여
   기획재정부령이 정하는 바에 의하여 산출된 **품목조정률**이 100분의 3
   이상 증감된 때

2. **입찰일을 기준일**로 하여 기획재정부령이 정하는 바에 의하여 산출된
   지수조정률이 100분의 3 이상 증감된 때

② 각 중앙관서의 장 또는 계약담당공무원은 제1항의 규정에 의하여 계약
금액을 조정함에 있어서 동일한 계약에 대하여는 제1항 각 호의 방법 중
하나의 방법에 의하여야 하며, 계약을 체결할 때에 계약서에 **계약상대자가
제1항 제2호의 방법을 원하는 경우 외에는 동항 제1호의 방법으로 계약금
액을 조정한다는 뜻을 명시하여야 한다.** ...

■ **국가계약법 시행규칙**

▶ 제74조(물가변동으로 인한 계약금액의 조정) ① 영 제64조 제1항 제1호의 규정에 의한 품목조정률과 이에 관련된 등락폭 및 등락률 산정은 다음 각 호의 산식에 의한다. 이 경우 품목 또는 비목 및 계약금액 등은 조정기준일 이후에 이행될 부분을 그 대상으로 하며, "계약단가"라 함은 영 제65조 제3항 제1호에 규정한 각 품목 또는 비목의 계약단가를, "물가변동당시가격"이라 함은 물가변동당시 산정한 각 품목 또는 비목의 가격을, "입찰당시가격"이라 함은 입찰서 제출마감일 당시 산정한 각 품목 또는 비목의 가격을 말한다.

1. 품목조정률=각 품목 또는 비목의 수량에 동락폭을 곱하여 산출한 금액의 합계액/계약금액

2. 등락폭=계약단가×등락률

3. 등락률=(물가변동당시가격－입찰당시가격)/입찰당시 가격 ....

⑨ 각 중앙관서의 장 또는 계약담당공무원이 제1항 내지 제7항의 규정에 의하여 계약금액을 증액하여 조정하고자 하는 경우에는 계약상대자로부터 계약금액의 조정을 청구받은 날부터 30일 이내에 계약금액을 조정하여야 한다. 이 경우 예산배정의 지연 등 불가피한 사유가 있는 때에는 계약상대자와 협의하여 조정기한을 연장할 수 있으며, 계약금액을 증액할 수 있는 예산이 없는 때에는 공사량 또는 제조량 등을 조정하여 그 대가를 지급할 수 있다.

해설

○ **사정변경 및 계약내용 변경에 따른 계약금액의 변경 필요**

계약의 이행과정 특히 계약기간이 장기인 경우에는 물가상승, 환율변동, 공사기간의 연장 등 다양한 변수들이 발생하고 그에 따라 계약금액의 증감 등 **변동이 발생하게 되는데, 이러한 경우 계약의 당사자 간에 그 위험을 누구에게 부담하게 할 것인지를 정할 필요**가 있다.

특히, 계약유형 중 개산계약 등의 경우에는 그 계약요소의 변경에 따른 비용

증감을 정산할 여지가 남아 있어 큰 문제가 되지 않지만, 계약금액이 확정되는 **확정계약의 경우에는 사정 변경이 발생하는 경우** 계약금액의 증감이 인정되지 않으면 계약의 일방 당사자에게 불이익이 부당하게 귀속될 가능성이 있으므로 **합리적인 조정이 요구**된다고 할 것이다.

이와 관련하여 국가계약법은 위와 같이 물가상승, 설계변경, 기타 계약내용의 변경 등의 경우 계약금액의 조정에 대하여 규정하고 있다.

○ 조정신청 절차의 필요여부

물가변동, 공사기간 연장 등의 사유로 계약금액을 조정하여야 할 필요성이 있는 경우에 그 사유의 발생만으로 조정이 되는지 아니면 조정의 신청이 있어야만 조정이 되는지 여부에 대하여 판례는 관련 규정의 취지를 고려할 때 물가변동 등의 사유가 있다고 하여 자동적으로 조정되는 것은 아니며, **계약당사자 일방의 조정신청이 선행되어야 한다**고 본다.

○ 이미 지급한 기성대가의 계약조정 대상여부

여기서 물가변동으로 인한 계약금액의 조정을 할 수 있는 사유가 발생한 후 계약의 일부가 이행되었고, 계약금액의 조정절차에 따라 조정이 되기 전에 **이행된 부분에 대하여 기성대가가 이미 지급된 경우**에 그 기성대가는 계약금액 조정의 대상이 되어 **증액 등이 가능한지 여부**가 문제될 수 있다.

이에 대하여 판례는 증액조정이나 감액조정을 불문하고 그것이 **개산급(概算給)으로 지급되었거나 계약당사자가 계약금액조정을 신청한 이후에 지급**된 것이라면 이는 차후 계약금액의 조정을 염두에 두고 일단 종전의 계약내용에 **따라 잠정적으로 지급된 것으로서 물가변동적용대가**(계약금액 중 조정기준일 이후에 이행되는 부분의 대가)**에 포함되어 계약금액조정의 대상**이 된다고 할 것이나, 이와 달리 당사자 사이에 계약금액조정을 염두에 두지 않고 **확정적으로 지급을 마친 기성대가**는 당사자의 신뢰보호 견지에서 물가변동적용대가에서 공제되어 **계약금액조정의 대상이 되지 않는다**고 보아야 한다고 판단하였다.

○ 물가변동 조정방법

물가변동에 의한 가격을 조정하기 위하여 국가계약법은 **품목조정률의 의한 방법과 지수조정물가률에 의한 방법**을 규정하고 있다.

여기서 판례는 국가계약법령의 개정으로 계약상대자가 **계약을 체결할 때 지수조정률 방법을 선택할 권리를 보장**받게 되었고, 국가계약법 제19조와 그 시행령 제64조 개정 전후의 문언과 내용, 공공계약의 성격, 국가계약법령의 체계와 목적 등을 종합하면, **계약상대자는 계약 체결 시 계약금액 조정방법으로 지수조정률 방법을 선택할 수 있으나, 그러한 권리 행사에 아무런 장애 사유가 없는데도 지수조정률 방법을 원한다는 의사를 표시하지 않았다면 품목조정률 방법으로 계약금액을 조정**해야 한다고 판단하였다.

또한, 판례에 의하면 계약금액의 조정에 있어 "물가변동당시 가격," "계약체결당시 가격" 등 산정의 기준이 되는 용어들은 별도의 개념으로서 개별적인 의미를 가지는 것이므로 그 의미에 따른 객관적인 가격을 세밀하게 파악하여야 할 것이다.

그리고 국가계약법 시행령에 의하면 물가변동에 의한 계약금액 조정의 요건의 하나로서 **계약을 체결**(장기계속공사 및 장기물품제조등의 경우에는 제1차계약의 체결을 말한다)**한 날부터 90일 이상 경과**를 규정한 반면, 품목조정률과 지수조정률의 변동기준 시점은 입찰일로 규정하고 있다.

이는 입찰절차를 거치는 계약의 경우 입찰일과 계약일 사이에 일정기간이 소요되는데, 이 기간동안에 발생하는 물가변동에 대하여 품목조정률과 지수조정률 변동에 반영하게 함으로써 계약상대자를 보호하기 위한 취지라 할 것이다.

사실관계

○ 원고(업체)들은 피고(한국토지주택공사)와 2007. 4. 16. 아산배방지구 집단에너지 시설 건설공사 도급계약을 체결함.

○ 이 사건 도급계약의 내용에 포함된 이 사건 특약은

"입찰예정금액 중 **국외업체와 계약하는 부분**(이하 '**국외 공급분**'이라 한다)과 관련 된 금액은 계약기간 중의 물가변동을 고려한 금액으로서 물가조정으로 인한 계약금 액 조정이 필요하지 아니한 **고정불변금액이므로**, 입찰자는 입찰 전에 전 계약기간 동안 발생할 수 있는 물가변동(환율변동 등)을 감안하여 입찰금액을 작성하여야 하 고, 국외 공급분의 계약금액 고정에 대하여 민·형사상 이의를 제기할 수 없다."

라고 규정함. 위와 같은 내용은 현장설명회와 입찰안내서에도 동일하게 기재됨.

○ 원고들은 2007. 6.경 **국외업체인 지멘스(SIEMENS)**로부터 가스터빈을 매수하고 매 매대금으로 스웨덴화 274,530,117크로나를 지급하였고, 2008. 1.경 **국외업체인 에 스.엔.엠(S.N.M)**으로부터 스팀터빈을 매수하고 매매대금으로 일본화 623,278,000엔 을 지급함.

○ 원고 ○○주식회사는 **2008년 발생한 세계적인 금융위기로 환율이 상승**하자 2009. 5. 7. 이 사건 도급계약의 **계약금액 조정**을 요청하였으나 피고는 이 사건 특약을 이유로 거절함.

○ 이 사건 공사와 관련하여 계약금액이 고정된 **국외 공급분의 예상 구입 및 설치금액 은 전체 계약금액의 4분의 1에도 미치지 못하였고**, 나머지 금액에 대하여는 수차례 물가변동에 따른 계약금액 조정이 이루어짐.

○ 피고는 이 사건 도급계약의 공사계약특수조건(Ⅱ)에서 **가스터빈과 스팀터빈의 공급 업체의 범위를 제시하였을 뿐 결제통화를 특정하지는 아니함**. 원고들은 외국기업과 스웨덴국 크로나화 및 일본국 엔화를 결제통화로 정하여 가스터빈과 스팀터빈에 관 한 매매계약을 체결하고도 **환위험을 회피하기 위한 조치를 하지 아니함**.

대법원 다수의견

(1) **국가계약법상 물가의 변동으로 인한 계약금액 조정 규정**은 계약상대자가 계약 당 시에 예측하지 못한 물가의 변동으로 계약이행을 포기하거나 그 내용에 따른 ① **의무를 제대로 이행하지 못하여 공공계약의 목적 달성에 지장이 초래되는 것을 막 기 위한 것**이다. 이와 더불어 세금을 재원으로 하는 공공계약의 특성상 계약 체결 후 일정 기간이 지난 시점에서 계약금액을 구성하는 각종 품목 또는 비목의 가격 이 급격하게 상승하거나 하락한 경우 계약담당자 등으로 하여금 ② **계약금액을 조 정하는 내용을 공공계약에 반영하게 함으로써 예산 낭비를 방지하고 계약상대자에 게 부당하게 이익이나 불이익을 주지 않으려는 뜻**도 있다.

따라서 **계약담당자 등은** 위 규정의 취지에 배치되지 않는 한 개별 계약의 구체적 특성, 계약이행에 필요한 물품의 가격 추이 및 수급 상황, 환율 변동의 위험성, 정책적 필요성, 경제적 변동에 따른 위험의 합리적 분배 등을 고려하여 **계약상대자와 물가변동에 따른 계약금액 조정 조항의 적용을 배제하는 합의를 할 수 있다.** 계약금액을 구성하는 각종 품목 등의 가격은 상승할 수도 있지만 하락할 수도 있는데, 공공계약에서 위 조항의 적용을 배제하는 특약을 한 후 계약상대자가 이를 신뢰하고 환 헤징(hedging) 등 물가변동의 위험을 회피하려고 조치하였음에도 이후 물가하락을 이유로 국가 등이 계약금액의 감액조정을 요구한다면 오히려 계약상대자가 예상하지 못한 손실을 입을 수 있는 점에 비추어도 그러하다.

(2) 공공계약의 성격, **국가계약법령상 물가변동으로 인한 계약금액 조정 규정의 내용과 입법 취지** 등을 고려할 때, 위 규정은 국가 등이 사인과의 계약관계를 공정하고 합리적·효율적으로 처리할 수 있도록 **계약담당자 등이 지켜야 할 사항을 규정한 데에 그칠 뿐이고**, 국가 등이 계약상대자와의 합의에 기초하여 계약당사자 사이에만 효력이 있는 특수조건 등을 부가하는 것을 금지하거나 제한하는 것이라고 할 수 없으며, 사적 자치와 계약자유의 원칙상 그러한 계약 내용이나 조치의 **효력을 함부로 부인할 것이 아니다.**

(3) 다만 국가를 당사자로 하는 계약에 관한 법률 시행령(이하 '국가계약법 시행령'이라 한다) 제4조는 '계약담당공무원은 계약을 체결함에 있어서 국가계약법령 및 관계 법령에 규정된 계약상대자의 계약상 이익을 부당하게 제한하는 특약 또는 조건을 정하여서는 아니 된다.'고 규정하고 있으므로, 공공계약에서 **계약상대자의 계약상 이익을 부당하게 제한하는 특약은 효력이 없다.** 여기서 어떠한 특약이 계약상대자의 계약상 이익을 부당하게 제한하는 것으로서 국가계약법 시행령 제4조에 위배되어 효력이 없다고 하기 위해서는 그 특약이 계약상대자에게 다소 불이익하다는 점만으로는 부족하고, 국가 등이 계약상대자의 정당한 이익과 합리적인 기대에 반하여 형평에 어긋나는 특약을 정함으로써 계약상대자에게 부당하게 불이익을 주었다는 점이 인정되어야 한다.

그리고 **계약상대자의 계약상 이익을 부당하게 제한하는 특약인지**는 그 특약에 의하여 계약상대자에게 생길 수 있는 불이익의 내용과 정도, 불이익 발생의 가능성, 전체 계약에 미치는 영향, 당사자들 사이의 계약체결과정, 관계 법령의 규정 등 **모든 사정을 종합하여 판단**하여야 한다.

대법원 소수의견

(1) 국가계약법령은 물가변동이나 환율변동에 따른 계약금액 조정의 요건과 효과에 관하여 명확한 규정을 두고 있다. 공공계약 체결 후 계약금액을 구성하는 각종 품목 등의 **가격이 물가변동이나 환율변동으로 급격하게 상승하면**, 상대방이 **경제적 어**

려움으로 **계약의 이행을 중단·포기**하여 계약의 목적을 달성할 수 없거나 계약을 부실하게 이행할 우려가 있다. 반면 물가변동이나 환율변동으로 위와 같은 품목 등의 가격이 급격하게 하락하면, 세금을 재원으로 하는 공공계약의 특성상 국가나 **공공기관의 예산이 불필요하게 과다 집행**될 수 있다. 물가변동이나 환율변동으로 인해 계약을 통해서 달성하고자 하는 목적이 좌절되거나 더 큰 사회적 비용이 들지 않도록 하고 적정 예산이 집행되도록 하려는 **공익적 목적을 달성하기 위하여** 계약담당공무원에게 계약 체결 후 일정 기간이 지난 시점에서 계약금액을 구성하는 각종 품목 등의 가격 변동을 반영하여 계약금액을 조정하는 의무를 부과하는 규정이 도입된 것이다.

(2) 공공계약을 체결할 당시에 약정으로 물가변동이나 환율변동으로 인한 위험을 미리 배분하는 것이 효율적인 경우도 있을 수 있다. 그러나 **국가계약법 제19조는 그러한 약정을 허용하는 것보다 조정을 강제하는 것이 바람직하다는 입법적 선택**을 한 것이다. 이러한 입법이 헌법에 반한다거나 감당할 수 없이 부당한 극히 예외적인 상황이 아니라면 국가와 그 상대방은 이에 따라야 한다.

...

이러한 규정은 공공계약에 대하여 사적 자치와 계약 자유의 원칙을 제한하는 것으로서 강행규정 또는 효력규정에 해당한다. 따라서 공공계약의 당사자인 국가와 그 상대방은 공공계약 체결 이후 물가변동이나 환율변동에 따른 손실의 위험을 공정하고 형평에 맞게 배분하기 위하여 **계약금액을 조정하여야 하고, 이를 배제하는 약정은 효력이 없다**고 보아야 한다.

➲ 대법원 2017. 12. 21. 선고 2012다74076 전원합의체 판결

해설

○ 판결의 쟁점

위 판결의 쟁점은 국가계약법령상 **물가변동에 의한 계약금액 조정관련 규정의 법적 성격 내지 효력**이 무엇인지, 그리고 그 **규정의 내용과 다른 특약을 당사자 간에 체결할 수 있는지**의 문제이다.

○ 대법원 판결관련 다수의견과 반대의견

이에 대하여 대법원 내에서도 견해가 대립되었던 바,

(1) 다수의견은 국가계약에 있어 **당사자의 사적 자치와 계약자유의 원칙을**

중요시하는 입장이라 할 것이다.

따라서, **국가계약법령상 물가변동에 의한 계약금액의 조정관련 규정은**
예측하지 못한 물가의 변동으로 의무를 제대로 이행하지 못하여 공공계
약의 목적을 달성하지 못하거나 가격의 상승 내지 하락을 계약금액에 반
영하여 예산낭비와 불이익 등을 방지하기 위한 취지이지만, **계약담당자
등이 지켜야 할 내부 규정에 불과**하고, 위 규정의 취지에 벗어나지 않는
한 계약상대자와 위 **규정의 적용을 배제하는 합의**를 하거나 **특수조건을**
부가하는 것을 금지하거나 제한할 수 없다고 본다.

또한, 계약상대자의 계약상 이익을 부당하게 제한하는 것으로서 국가계
약법 시행령 제4조(현재는 국가계약법 제5조로 개정)에 위배되어 **효력이 없**
다고 하기 위해서는 그 특약이 계약상대자에게 다소 불이익하다는 점만
으로는 부족하고, 국가 등이 계약상대자의 정당한 이익과 합리적인 기대
에 반하여 형평에 어긋나는 특약을 정함으로써 계약상대자에게 부당하
게 불이익을 주었다는 점이 인정되어야 한다고 본다.

(2) 반면, 소수의견은 국가계약에 있어 당사자의 사적 자치와 계약자유의 원
칙을 제한하더라도 **계약의 공공성과 형평성을 중요시하는 입장**이라 할
것이다.

따라서, **국가계약법령상 물가변동에 의한 계약금액의 조정관련 규정은**
물가변동이나 환율변동으로 인해 계약을 통해서 달성하고자 하는 목적
이 좌절되거나 더 큰 사회적 비용이 들지 않도록 하고 적정 예산이 집행
되도록 하려는 공익적 목적을 달성하기 위하여 **계약금액의 조정을 의무**
화하는 내용을 도입한 것으로서 당사자 간의 별도의 약정보다 조정을 강
제하는 것이 바람직하다는 입법적 선택이므로 위 규정은 사적 자치와 계
약자유의 원칙을 제한하는 **강행규정 내지 효력규정으로 보므로 이를 배**
제하는 약정은 **효력이 없다**고 본다.

O 판결의 의미

결론적으로는 대법원 다수의견에 따라 **위 규정의 취지를 벗어나지 않는 한 위 규정을 배제하는 특약도 가능**하다고 할 것이다.

다만, 위 대법원의 다수의견에 대하여는 실질적인 측면에서 공공계약의 계약 상대자인 사인은 국가 등과 상호 대등한 관계라고 보기 어려우므로 **공공계 약의 현실을 도외시한 판단**이고, 국가가 스스로 제정한 법령의 내용을 위반 하여 국민에게 불리한 내용의 계약을 체결하게 허용하는 것은 **정의의 관념 에 부합하지 못하다는 비판**이 있다.[5]

---

5 정태학·오정한·장현철·유병수, 앞의 책, 233~234면.

나 설계변경으로 인한 계약금액의 조정

설계 변경으로 인한 계약금액조정 여부

사실관계

○ 원고(업체)들과 피고(한국철도시설공단)는 터널의 굴착방법을 다단면 굴착방법에서 상하 반단면 굴착방법으로 **설계 변경함에 따라** 1999. 12. 24. **제2회 변경계약을 체** 결하면서,

그 **설계변경이 '신규비목'에 해당함을 전제로** 각 비목에 대하여 설계변경 당시를 기 준으로 새로 조사하여 산정한 단가에 이 사건 도급계약 체결시 원고들이 제시한 세 부공종별 단가낙찰률을 곱한 금액을 신규단가로 정한 후 이를 기준으로 당초의 **계** **약금액에서** 1차로 4,568,398,407원을 **감액함.**

○ 그 후 **감사원의 감사 결과** 위 설계변경 과정에서 감액되어야 할 공사비가 적절하게 산정되지 않았다는 이유로 **시정요구를** 받게 됨.

○ 피고는 2002. 1. 28. 원고에 대하여 제2회 변경계약 체결 당시 계약금액을 감액함 에 있어 공사계약일반조건 제20조 제2항에 따라 설계변경 당시를 기준으로 새로 산정한 단가와 **동 단가에 해당 공사의 전체낙찰률을 곱한 금액의 범위** 안에서 계약 당사자 간에 협의하여 신규단가를 정한 후 이를 기준으로 감액하였어야 함에도 설 계변경 당시를 기준으로 새로 산정한 단가에 **전체낙찰률이 아닌 세부공종별 단가낙** **찰률을 곱한 금액을** 신규단가로 정한 후 이를 기준으로 계약금액을 감액함으로써 위 **설계변경 과정에서 터널공사비가 적절하게 산정되지 아니하였으므로** 그 차액에 해당하는 4,443,500,000원을 감액하는 것으로 설계변경할 것을 통보함.

○ 이에 원고들은 **피고의 의견을 수용하기 어렵다고 다투다가** 2002. 5. 22.에 이르러 피 고와 사이에 터널굴착방법 변경에 따른 설계변경과 관련하여 2차로 4,447,564,427원 **을 추가 감액하는 내용의 제6회 변경계약을 체결함.**

대법원 판단

(1) 터널굴착방법 변경으로 인한 계약금액 감액 부분

… 제6회 변경계약은 원고들과 피고 사이에서 일단 감사원의 시정요구에 따라 **계** **약금액을 감액하되, 다만, 그 감액사유의 존부에 대하여는 추후 소송 등에서의 판** **단 결과에 따르기로 하는 이의를 유보한 상태에서 체결된 것으로서,**

당시 원고들과 피고의 의사는, 원고들이 피고의 공사대금 감액요구를 일단 수용하여 피 고가 당초 공사대금에서 감액된 부분에 해당하는 공사대금의 지급을 보류하되, 추후 소 송 등에서 공사대금의 감액사유가 존재하지 않는 것으로 밝혀질 경우에는 감액된 만큼 의 공사대금을 추가로 원고들에게 지급하기로 한 것으로 봄이 상당하다고 할 것인데,

이 사건 소송에서 **터널굴착방법의 변경으로 인한 설계변경이 '신규비목'에 해당하지 아니하여 결과적으로 공사대금의 감액사유가 존재하지 않는 것으로 판명되었으**므로, 제6회 변경계약에서 위와 같은 설계변경이 '신규비목'에 해당함을 전제로 각 비목에 대하여 설계변경 당시를 기준으로 새로 산정한 단가와 동 단가에 해당공사의 전체낙찰률을 곱한 금액을 기준으로 하여 2차로 4,447,564,427원을 **추가감액한 것은 부당**하고, 따라서 피고는 제6회 변경계약에서의 이의유보에 따라 원고들에게 위와 같이 **부당하게 감액한 4,447,564,427원을 지급할 의무가 있다**고 할 것이다. 그런데 위 4,447,564,427원은 위와 같이 부당하게 감액되지 아니하였더라면 원래 피고가 이 사건 공사도급계약에 따라 원고들에게 지급하여야 할 미지급 공사대금임이 분명하고, 제6회 변경계약의 체결로 인하여 그러한 성질이 달라진다고 볼 수 없으므로, 이 사건 **소송의 결과에 따라 피고가 원고들에 대하여 부담하게 된 채무 역시 이 사건 공사도급계약에 따른 공사대금지급채무**라고 봄이 상당하다. ...

(2) 교량시공방법의 변경으로 인한 계약금액 감액 부분

원심은, 그 채용 증거들을 종합하여 판시와 같은 사실을 인정한 다음, 영동고가 및 주곡고가의 시공과 관련한 **교량시공방법의 변경이** 공사계약일반조건 제18조의4 제1항, 제19조 제3항 **소정의 새로운 기술·공법에 의한 설계변경에 해당한다고 보기 어렵고**, 새로운 기술·공법에 의한 설계변경의 경우 공사계약일반조건 제18조의4의 규정에 따라 원고들이 피고에게 그에 대한 구체적인 설명서, 산출내역서, 수정 공정예정표, 공사비의 절감 및 시공기간의 단축효과 등을 기재한 서면을 제출하여 **설계변경을 승인받을 것을 필요로 하는데, 원고들이 이러한 절차를 거쳤음을 인정할 증거가 없다는 이유로**, 이 부분 원고들의 **주위적 청구를 배척**하고,

나아가, 영동고가 및 주곡고가 교량공사에 관하여 현재 시공된 대로 설계변경을 하는 데에 소요되는 적정 설계비용이 1,010,876,116원인 사실은 인정되나, **제2회 변경계약에 의하여 위와 같은 설계변경을 이유로 하는 계약금액의 감액조정이 마쳐진 이후로 2년이 넘는 기간 동안 원고들로부터 아무런 이의제기가 없었던 점에 비추어 보면**, 제2회 변경계약 체결 당시 원고들 주장과 같은 설계비용까지 감안하여 공사대금이 최종 산정되었다고 봄이 상당하다는 이유로, 위 설계비용에 관한 원고들의 **예비적 청구도 배척**하였는바, 기록에 의하여 살펴보면, 이러한 원심의 사실인정과 판단도 옳은 것으로 수긍이 되고, 거기에 상고이유의 주장과 같은 채증법칙 위배 등의 위법이 있다고 할 수 없다.

⊃ 대법원 2009. 9. 10. 선고 2009다34665 판결 [공사대금등]

■ 국가계약법

▶ 제19조(물가변동 등에 따른 계약금액 조정) 각 중앙관서의 장 또는 계약담당공무원은 공사계약·제조계약·용역계약 또는 그 밖에 국고의 부담이 되는 계약을 체결한 다음 물가변동, 설계변경, 그 밖에 계약내용의 변경(천재지변, 전쟁 등 불가항력적 사유에 따른 경우를 포함한다)으로 인하여 계약금액을 조정(調整)할 필요가 있을 때에는 대통령령으로 정하는 바에 따라 그 계약금액을 조정한다.

■ 국가계약법 시행령

▶ 제65조(설계변경으로 인한 계약금액의 조정) ① 각 중앙관서의 장 또는 계약담당공무원은 공사계약의 경우 **설계변경으로 공사량의 증감이 발생한 때에는** 법 제19조에 따라 해당 **계약금액을 조정한다.** 다만, 제14조 제7항 단서에 따라 입찰에 참가하려는 자가 물량내역서를 직접 작성하고 단가를 적은 산출내역서를 제출하는 경우로서 그 물량내역서의 **누락 사항이나 오류 등으로 설계변경이 있는 경우에는** 그 **계약금액을 변경할 수 없다.**

② 계약담당공무원은 예정가격의 100분의 86 미만으로 낙찰된 공사계약의 계약금액을 제1항에 따라 증액조정하려는 경우로서 해당 증액조정금액(2차 이후의 계약금액 조정에 있어서는 그 전에 설계변경으로 인하여 감액 또는 증액조정된 금액과 증액조정하려는 금액을 모두 합한 금액을 말한다)이 당초 계약서의 계약금액(장기계속공사의 경우에는 제69조 제2항에 따라 부기된 총공사금액을 말한다)의 100분의 10 이상인 경우에는 제94조 제1항에 따른 계약심의위원회, 「국가재정법 시행령」 제49조에 따른 예산집행심의회 또는 「건설기술 진흥법 시행령」 제19조에 따른 기술자문위원회(이하 "기술자문위원회"라 한다)의 심의를 거쳐 소속중앙관서의 장의 승인을 얻어야 한다.

③ 제1항의 규정에 의하여 계약금액을 조정함에 있어서는 다음 각 호의 기준에 의한다.

1. 증감된 공사량의 단가는 제14조 제6항 또는 제7항의 규정에 의하여 제출한 산출내역서상의 단가(이하 "계약단가"라 한다)로 한다. 다만, 계약단

가가 제9조의 규정에 의한 예정가격의 단가(이하 "예정가격단가"라 한다)보다 높은 경우로서 물량이 증가하게 되는 경우 그 증가된 물량에 대한 적용단가는 예정가격단가로 한다.

2. 계약단가가 없는 신규비목의 단가는 설계변경 당시를 기준으로 하여 산정한 단가에 낙찰률을 곱한 금액으로 한다.

3. 정부에서 설계변경을 요구한 경우(계약상대자에게 책임이 없는 사유로 인한 경우를 포함한다)에는 제1호 및 제2호의 규정에 불구하고 증가된 물량 또는 신규비목의 단가는 설계변경당시를 기준으로 하여 산정한 단가와 동 단가에 낙찰률을 곱한 금액의 범위 안에서 계약당사자 간에 협의하여 결정한다. 다만, 계약당사자간에 협의가 이루어지지 아니하는 경우에는 설계변경당시를 기준으로 하여 산정한 단가와 동 단가에 낙찰률을 곱한 금액을 합한 금액의 100분의 50으로 한다.

④ 각 중앙관서의 장 또는 계약담당공무원은 계약상대자가 새로운 기술·공법 등을 사용함으로써 공사비의 절감, 시공기간의 단축 등에 효과가 현저할 것으로 인정되어 계약상대자의 요청에 의하여 필요한 설계변경을 한 때에는 계약금액의 조정에 있어서 당해 절감액의 100분의 30에 해당하는 금액을 감액한다.

⑤ 제4항의 경우 새로운 기술·공법 등의 범위와 한계에 관하여 이의가 있을 때에는 기술자문위원회(기술자문위원회가 설치되어 있지 아니한 경우에는 「건설기술 진흥법」 제5조에 따른 건설기술심의위원회를 말한다)의 심의를 받아야 한다. 이 경우 새로운 기술·공법 등의 범위와 한계, 이의가 있을 경우의 처리방법 등 세부적인 시행절차는 각 중앙관서의 장이 정한다.

⑥ 계약금액의 증감분에 대한 일반관리비 및 이윤 등은 제14조 제6항 또는 제7항의 규정에 의하여 제출한 산출내역서상의 일반관리비율 및 이윤율 등에 의하되 기획재정부령이 정하는 율을 초과할 수 없다.

⑦ 제1항 내지 제6항의 규정은 제조·용역 등의 계약에 있어서 계약금액을 조정하는 경우에 이를 준용할 수 있다.

■ 국가계약법 시행규칙

▶ 제74조의2(설계변경으로 인한 계약금액의 조정) ① 영 제65조의 규정에 의한 **설계변경은 그 설계변경이 필요한 부분의 시공 전에 완료**하여야 한다. 다만, 각 중앙관서의 장 또는 계약담당공무원은 공정이행의 지연으로 품질저하가 우려되는 등 **긴급하게 공사를 수행하게 할 필요가 있는 때에** 는 계약상대자와 협의하여 설계변경의 시기 등을 명확히 정하고, **설계변경 을 완료하기 전에 우선 시공을 하게 할 수 있다.**

② 제74조 제9항 및 제10항의 규정은 제1항의 규정에 의한 계약금액의 조정에 관하여 이를 준용한다.

해설

○ 설계변경으로 인한 계약금액 조정의 적용대상

설계변경으로 인한 계약금액의 조정은 국가계약법 시행령에 의하면 **공사계 약을 원칙**으로 하고, 물품의 **제조계약이나 용역계약은 필요한 경우에 공사계 약에 관한 규정을 준용**하도록 하고 있다.

따라서, 기획재정부 예규인 **공사계약일반조건에는** 설계변경으로 인한 계약금 액에 관한 조항이 규정되어 있으나, **물품제조계약일반조건이나 용역계약일반 조건에는** 물가상승에 의한 경우와 기타 계약내용의 변경에 의한 경우만 규정하고, 설계변경에 의한 계약금액 조정관련 내용은 규정하고 있지 않다.

○ 설계변경으로 인한 계약금액 조정의 요건

(1) 국가계약법 시행령 제65조 제1항에 의하면 설계변경으로 인한 계약금액 을 조정하기 위하여는 **단순히 설계변경이 있는 것만으로는 부족하고** 설계변경으로 인하여 **공사량의 증감이 발생**하여야 한다. 이러한 점은 물가변동으로 인한 경우나 그 밖의 계약내용의 변경에 의한 경우와 다른 점이라 할 것이다.

(2) 또한, 국가계약법 시행규칙 제74조의2 제1항에 의하면 **설계변경은 그 설계변경이 필요한 부분의 시공 전에 완료**하여야 한다. 다만, 긴급하게

공사를 수행하게 할 필요가 있는 때에는 계약상대자와 협의하여 설계변
경의 시기 등을 명확히 정하고, 설계변경을 완료하기 전에 우선 시공을
할 수 있다.

○ 설계변경에 의한 계약금액 조정사유의 인정여부

위 판결은 설계변경에 의한 계약금액 조정사유의 인정여부에 대하여 각 항
목별로 세부적인 검토가 요구됨을 다시 한번 확인하였다고 할 것이다.

다 기타 계약내용의 변경으로 인한 계약금액의 조정

기타 계약내용의 변경으로 인한 계약금액조정 절차(조정신청)

공사 간접비 청구(공사기간 연장으로 인한 조정)

(1) 이 사건 공사계약일반조건 제23조 제1항에 의하면 공사기간, 운반거리 등 계약내용의 변경으로 계약금액을 조정하여야 할 필요가 있는 경우에는 그 변경된 내용에 따라 실비를 초과하지 아니하는 범위 안에서 이를 조정하고, 제2항에 의하면 위 **계약내용의 변경은 변경되는 부분의 이행에 착수하기 전에 완료하여야 하며**, 제4항에 의하면 **계약금액이 증액될 때에는 계약상대자의 신청에 의거 조정하도록 규**정되어 있다.

(2) **공사기간 연장으로 인한 계약금액 조정에 관한 위 조항의 해석과 관련하여, 계약**상대자가 변경되는 부분의 이행에 착수하기 전까지 공사기간 연장으로 인한 계약금액 조정신청을 하지 않으면 발주자를 상대로 추가로 지출한 간접공사비를 청구할 수 없다는 피고의 주장에 대하여,

원심은 그 판시와 같은 사정을 근거로 계약상대자는 공사기간의 변경으로 계약금액을 조정하여야 할 필요가 있는 경우에는 연장되는 공사기간의 개시 전에 발주기관의 승인을 받는 등으로 **발주기관과의 공사기간 연장에 관한 합의가 있으면 충분**하고, **계약금액의 조정신청이나 그에 따른 조정까지 반드시 변경된 공사기간의 개시 전에 완료될 필요는 없으며**, 다만 확정적으로 지급을 마친 기성대가는 당사자의 신뢰보호 견지에서 계약금액조정의 대상이 되지 아니하므로 계약상대자는 **늦어도 최종 기성대가(또는 준공대가)의 지급이 이루어지기 전에 계약내용의 변경으로 인한 계약금액조정 신청을 마치면 된다고 판단**하여 피고의 위 주장을 배척하였다. 이 사건 공사계약일반조건 해당 조항의 문언적 의미, 그와 같은 조항을 두게 된 목적과 취지 등을 종합적으로 고려하면, **원심의 위와 같은 판단은 정당**한 것으로 수긍이 가고, 거기에 상고이유로 주장하는 바와 같은 공사간접비 청구 기한에 관한 법리 등을 오해한 위법이 있다고 할 수 없다.

⊃ 대법원 2012. 6. 28. 선고 2011다45989 판결 등

사실관계

○ 2000. 12. 8. 원고(업체)가 피고(대한민국)와 육군과학화전투훈련장 중앙통제장비를 공급하기로 하는 이 사건 계약을 체결함.

○ 이 사건 계약은 장기계속계약 및 개산계약, 중도확정계약으로 체결하여 계약금액을 최종 확정하기로 하되 그 상한가는 846억 8,000만 원으로 함.

○ 이 사건 계약은 당시 시행되던 부가가치세법령에 따라 계약 내용 중 **소프트웨어 프로그램 개발용역 부분을 부가가치세 면세대상으로 예정하여 체결되어 계약금액은 면세대상 공급가액 21,808,923,000원, 과세대상 공급가액 57,155,524,000원, 과세대상에 대한 부가가치세 5,715,552,400원의 합계인 84,679,999,400원으로 예정됨.**

○ 2000. 12. 29. **부가가치세법 시행령이 개정됨에 따라 소프트웨어 프로그램 개발용역이 과세대상으로 변경**되어 2001. 7. 1.부터 시행된 결과 원고는 위 시행일 이후 공급된 **소프트웨어 프로그램 개발용역에 대하여는 부가가치세를 납부하게 됨.**

국가계약법의 유추적용 여부

(1) '기타 계약 내용의 변경'에 의한 계약금액조정에 관한 규정인 국가계약법 시행령 제66조는 제1항에서 "공사기간, 운반거리의 변경 등 기타 계약 내용의 변경으로 계약금액을 조정하여야 할 필요가 있는 경우에는 그 변경된 내용에 따라 실비를 초과하지 아니하는 범위 안에서 이를 조정한다."고 정하고 있고, 같은 법 시행규칙 제74조의3 제1항 본문은 "위 공사기간, 운반거리의 변경 등 계약 내용의 변경은 그 계약의 이행에 착수하기 전에 완료하여야 한다."고 정하고 있다. 위 각 규정의 내용을 종합하면, '기타 계약 내용의 변경'에 의한 계약금액조정은 "공사기간, 운반 거리와 같은 계약의 구체적인 내용이 변경되고, 그 계약 내용의 변경이 계약의 이행 전에 당사자 간에 합의될 것"을 요건으로 한다고 해석된다.

그렇다면 '기타 계약 내용의 변경'에 의한 계약금액조정에 관한 국가계약법 제19조, 같은 법 시행령 제66조는 이를 신의칙 또는 사정변경의 원칙에 의한 계약금액조정을 일반화한 규정이라고 할 수 없다. 따라서 위 규정을 그 내용 및 성질이 전혀 다른 계약 체결 후 부가가치세법령이 변경된 경우에까지 유추적용할 수는 없다. 그럼에도 이와 달리 판단한 원심에는 국가계약법 제19조, 같은 법 시행령 제66조의 계약금액조정에 관한 법리를 오해한 잘못이 있다.

보충적 해석에 의한 계약금액 수정

(1) '계약당사자 쌍방이 계약의 전제나 기초가 되는 사항에 관하여 **같은 내용으로 착오가 있고** 이로 인하여 그에 관한 구체적 약정을 하지 아니하였다면, 당사자가 그러한 착오가 없을 때에 약정하였을 것으로 보이는 내용으로 당사자의 의사를 보충하여 계약을 해석할 수 있다. 여기서 보충되는 당사자의 의사는 당사자의 실제 의사

또는 주관적 의사가 아니라 계약의 목적, 거래관행, 적용법규, 신의칙 등에 비추어 객관적으로 추인되는 정당한 이익조정 의사를 말한다.

(2) 다음과 같은 사정, 즉

① 이 사건 계약은 육군과학화전투훈련장 사업을 위한 중앙통제장비를 납품하기 위한 정부조달계약으로서 면세대상 부분(예정 공급가액 약 218억 원)과 과세대상 부분(예정 공급가액 약 571억 원)으로 되어 있고, 그중 과세대상 부분에 대한 부가가치세 약 57억 원을 피고가 부담하기로 약정한 것에 비추어 **면세대상 부분인 소프트웨어 프로그램 개발용역 부분이 부가가치세법령의 개정으로 과세대상으로 변경된다고 하더라도 그 사업을 폐기하거나 이 사건 계약을 체결하지 아니하였을 것으로 보기는 어려운 점,**

② 재정경제부는 이 사건 계약의 법령개정에 따른 부가가치세 지급의 당부에 대한 방위사업청의 질의에 대하여 "국가를 당사자로 하는 계약 체결 후 당사자가 **예상하지 못한 법령개정으로 추가로 발생한 비용에 대하여는 계약금액을 조정하는 것이 타당하다.**"는 견해를 밝히고 있고, 국방부도 한국방위산업진흥회에서 편찬한 2001. 1. 방위계약·원가 회계질의 사례집에서 같은 취지의 견해를 밝히고 있는 점,

③ 원고로서는 이 사건 계약 체결 당시 예상하지 못한 부가가치세법령의 변경으로 인하여 손실을 입게 되는 반면에 피고는 위 부가가치세 증액분을 지급하더라도 소관청을 달리하여 다시 피고가 이를 환수하게 되어 실질적인 손해가 발생하지 않고 원고도 당초 예정했던 것 이상의 이익을 얻게 되는 것은 아니므로 **부가가치세 증액분을 계약금액에 포함하는 것이 신의칙에도 부합되는 점**

등을 종합하면, 원고와 피고는 이 사건 계약 체결 당시 소프트웨어 프로그램 개발용역 부분이 부가가치세법령이 정한 과세대상이 아니라는 전제에서 그 **공급가액에 대한 부가가치세를 산정하지 아니한 상태로 예정 계약금액을 결정하고 그 부분이 과세대상으로 변경될 경우에 대비한 구체적인 약정을 하지 아니한 이상,** 앞서 본 법리에 따라 만약 원고와 피고가 이 사건 계약 체결 당시 면세대상이 차후 과세대상으로 **변경될 것을 알았더라면 그 부분에 대하여도 피고가 부가가치세를 부담하기로 약정하였을 것으로 보이므로 위 부가가치세 증액분이 이 사건 계약금액에 포함되는 것으로 해석함이 상당하다.**

➲ 대법원 2014. 11. 13. 선고 2009다91811 판결 [정산금]

■ 국가계약법

▶ 제19조(물가변동 등에 따른 계약금액 조정) 각 중앙관서의 장 또는 계약
담당공무원은 공사계약·제조계약·용역계약 또는 그 밖에 국고의 부담이
되는 계약을 체결한 다음 물가변동, 설계변경, 그 밖에 계약내용의 변경(천
재지변, 전쟁 등 불가항력적 사유에 따른 경우를 포함한다)으로 인하여 계약금액을
조정(調整)할 필요가 있을 때에는 대통령령으로 정하는 바에 따라 그 계약
금액을 조정한다.

■ 국가계약법 시행령

▶ 제66조(기타 계약내용의 변경으로 인한 계약금액의 조정) ① 각 중앙관서
의 장 또는 계약담당공무원은 법 제19조의 규정에 의하여 공사·제조 등의
계약에 있어서 제64조 및 제65조의 규정에 의한 경우 외에 **공사기간·운
반거리의 변경 등 계약내용의 변경으로 계약금액을 조정하여야 할 필요가
있는 경우에는 그 변경된 내용에 따라 실비를 초과하지 아니하는 범위 안
에서 이를 조정한다.**
② 각 중앙관서의 장 또는 계약담당공무원은 단순한 노무에 의한 용역으
로서 기획재정부령으로 정하는 용역에 대해서는 「최저임금법」에 따른 최
저임금액이 변동되어 당초의 계약금액(제64조 제8항에 따라 계약금액 조정을 하
는 경우를 포함한다)으로는 최저임금 지급이 곤란하다고 인정하는 경우로서
기획재정부장관이 정하는 요건에 해당하는 경우 계약금액을 조정한다.
③ 제65조 제6항의 규정은 제1항의 경우에 이를 준용한다.

■ 국가계약법 시행규칙

▶ 제74조의3(기타 계약내용의 변경으로 인한 계약금액의 조정) ① 영 제66조의
규정에 의한 공사기간, 운반거리의 변경 등 **계약내용의 변경은 그 계약의
이행에 착수하기 전에 완료**하여야 한다. 다만, 각 중앙관서의 장 또는 계
약담당공무원은 계약이행의 지연으로 품질저하가 우려되는 등 긴급하게
계약을 이행하게 할 필요가 있는 때에는 계약상대자와 협의하여 계약내용

변경의 시기 등을 명확히 정하고, **계약내용을 변경하기 전에 우선 이행하
게 할 수 있다.**
② 제74조 제9항 및 제10항의 규정은 제1항의 규정에 의한 계약금액의
조정에 관하여 이를 준용한다.

해설

○ 조정 신청의 시기

공사기간 등이 연장되어 계약금액의 조정이 필요한 상황에서 계약조건에 '계
약내용의 변경은 변경되는 부분의 이행에 착수하기 전에 완료하여야 한다.'
고 규정되어 있는 경우 이행의 착수 전에 조정절차가 모두 완료되어야 하는
지 여부가 문제된다.

판례는 이러한 경우에도 **이행의 착수 전에 당사자 간 공사기간의 연장 등에
대한 합의만 있으면 충분**하고, 실제 조정의 신청까지 이루어져야 할 필요는
없다고 본다.

다만, 확정적으로 지급을 마친 기성대가의 경우에는 지급 이후에 다시 계약
금액의 조정을 요구하는 것은 부적절하므로 **최종 기성대가 내지 준공대가의
지급이 이루어지기 전에 계약금액 조정신청이 이루어져야 함**을 판결은 밝히
고 있다.

○ 관련법령이 계약기간 중 개정된 경우 계약금액 조정가능여부

계약체결 후 법령의 개정으로 계약목적의 일부가 미과세대상에서 과세대상
으로 변경됨에 따라 계약당사자간 예상하지 못한 비용증가가 발생한 상황에
서 계약금액의 조정이 문제될 수 있다.

이에 대하여 법원은 먼저 '기타 계약 내용의 변경'에 의한 계약금액조정에 관
한 국가계약법 제19조, 같은 법 시행령 제66조는 이를 신의칙 또는 사정변
경의 원칙에 의한 계약금액조정을 일반화한 규정이라고 할 수 없으므로 위
규정을 그 내용 및 성질이 전혀 다른 **계약 체결 후 부가가치세법령이 변경된**

경우에까지 유추적용할 수는 없다고 판단하였다.

그렇다면 위와 같은 경우 어떻게 처리하여야 할 것인가?

법원은 위 사안에서 제반 사정을 종합할 때 계약당사자간 미과세대상에서 과세대상으로 **법령의 개정을 예상하였더라면 계약금액에 과세결과를 반영하여 포함하였을 것으로 해석함이 상당하다고 판단하면서 그 계약금액의 조정**을 인정하였다.

즉, 위 판결은 계약의 양 당사자들이 계약의 전제되는 사항 등에 대하여 착오가 있는 경우 그러한 착오가 없었다면 약정하였을 보이는 내용으로 **당사자의 객관적 의사를 보충하여 계약의 해석을 할 수 있다고 인정한 점에 큰 의미가 있다고 할 것이다.**

개산계약 관련 예가율에 의한 정산원가 감액가능여부

항공기 설계, 제조 등 사업을 영위하는 갑 주식회사가 국가 등과 '한국형 헬기 개발사업' 등에 관하여 계약 이행 후 계약금액을 확정하는 **일반개산계약 형태의 계약을 각 체결하고 납품일자에 계약이행을 완료**하였는데, 국가 등이 국가를 당사자로 하는 계약에 관한 법률 시행령 제9조 제3항을 근거로 이른바 **'예가율'을 적용하여 정산원가를 조정·감액**한 사안에서,

(1) 원심은, 방위사업법 제46조 제1항, 같은 법 시행령 제61조, 국가를 당사자로 하는 계약에 관한 법률 시행령(이하 '국가계약법 시행령'이라 한다) 제70조 제3항, 제9조 제3항을 근거로 소위 '예가율'에 따라 정산원가를 조정한 것은 적법하다는 피고들의 주장에 대하여,

① 국가계약법 시행령 제70조 제3항은 **개산계약의 경우** 같은 법 시행령 제9조와 제70조 제2항에서 정한 계약수량, 이행기간, 수급상황, 계약조건 기타 제반 여건, 계약목적물의 특성, 이행기간 **등을 고려하여 정산하도록 하고 있으나, 피고들이 주장하는 소위 '예가율'이 이를 반영한 것이라는 구체적인 근거가 없는 점,**

② 국가계약법 시행령 제9조는 본래 예정가격의 결정 기준에 관한 것으로서, 이 사건 계약과 같은 **일반개산계약은 계약이행 후 실제발생원가에 따라 정산한 결과를 조정해야 할 필요성이 적고 오히려 임의적 조정은 계약상대방에게 부당하게 불리할 수 있어 불합리한 점,**

③ 국가계약법 시행령 제9조 제3항에서 **예정가격 조정의 고려요소인 계약수량, 이행기간, 수급상황, 계약조건 등은 실제발생원가에 이미 반영되어 더는 이를 근거로 정산원가를 조정하여야 한다고 보기 어려운 점,**

④ 일반개산계약에서 개산원가나 정산원가가 그대로 개산계약의 계약금액으로 정해지는 것은 아니고 **정산과정에서 일부 조정이 필요한 사정도 엿보이나,** 피고들로서는 원고가 제출한 자료의 적정성을 검토하여 **개별적·구체적으로 정산을 해야 하는 것이지, 소위 '예가율'을 곱하는 방식으로 일률적으로 정산원가를 감액할 수는 없는 점**

등의 사정을 들어, 국가계약법 시행령 제9조 제3항이 소위 '예가율'에 따라 정산원가를 조정할 수 있다는 근거가 될 수 없다고 판단하였다.

(2) 원심판결 이유를 관련 법리와 기록에 비추어 살펴보면, **원심의 위와 같은 판단은 정당**하고, 거기에 필요한 심리를 다하지 아니한 채 논리와 경험의 법칙에 반하여 자유심증주의의 한계를 벗어나거나 소위 '예가율' 적용 여부에 관한 법리를 오해하는 등의 잘못이 없다.

⊃ 대법원 2019. 4. 11. 선고 2017다289521 판결 [물품대금]

관련 법령

▣ 방위사업법

▶ 제46조(계약의 특례 등) ① 정부는 방산물자와 무기체계의 운용에 필수적인 수리부속품을 조달하거나 제18조 제4항에 따라 연구 또는 시제품생산(이와 관련된 연구용역을 포함한다)을 하게 하는 경우에는 단기계약·장기계약·확정계약 또는 **개산계약을 체결**할 수 있다. 이 경우 「국가를 당사자로 하는 계약에 관한 법률」 및 관계법령의 규정에 불구하고 계약의 종류·내용·방법, 그 밖에 필요한 사항은 대통령령으로 정한다.

▣ 방위사업법 시행령

▶ 제61조(계약의 종류·내용 및 방법 등) ① 법 제46조 제1항의 규정에 의한 계약은 다음 각 호와 같이 구분하여 체결한다. …
9. 일반개산계약 : 계약을 체결하는 때에 **계약금액을 확정할 수 있는 원가자료가 없어 계약금액을 계약이행 후에 확정**하고자 하는 경우

▣ 국가계약법 시행령

▶ 제9조(예정가격의 결정기준) ① 각 중앙관서의 장 또는 계약담당공무원은 다음 각 호의 가격을 기준으로 하여 예정가격을 결정하여야 한다.
1. 적정한 거래가 형성된 경우에는 그 **거래실례가격**(법령의 규정에 의하여 가격이 결정된 경우에는 그 결정가격의 범위 안에서의 거래실례가격)
2. 신규개발품이거나 특수규격품등의 특수한 물품·공사·용역 등 계약의 특수성으로 인하여 **적정한 거래실례가격이 없는 경우에는 원가계산에 의한 가격.** 이 경우 원가계산에 의한 가격은 계약의 목적이 되는 물품·

공사·용역 등을 구성하는 재료비·노무비·경비와 일반관리비 및 이윤으로 이를 계산한다.

3. 공사의 경우 이미 수행한 공사의 종류별 시장거래가격 등을 토대로 산정한 **표준시장단가로서 중앙관서의 장이 인정한 가격**

4. 제1호 내지 제3호의 규정에 의한 가격에 의할 수 없는 경우에는 **감정가격, 유사한 물품·공사·용역 등의 거래실례가격 또는 견적가격**

② 제1항의 규정에 불구하고 해외로부터 수입하고 있는 군용물자부품을 국산화한 업체와 계약을 체결하려는 경우에는 그 수입가격 등을 고려하여 방위사업청장이 인정한 가격을 기준으로 하여 예정가격을 결정할 수 있다.

③ 각 중앙관서의 장 또는 계약담당공무원은 제1항의 규정에 의하여 **예정가격을 결정함에 있어서는 계약수량, 이행기간, 수급상황, 계약조건 기타 제반여건을 참작**하여야 한다.

④ 제1항 내지 제3항외에 예정가격의 결정에 관하여 필요한 사항은 기획재정부장관이 정한다.

▶ **제70조(개산계약)** ① 각 중앙관서의 장 또는 계약담당공무원은 법 제23조의 규정에 의하여 개산계약을 체결하고자 할 때에는 미리 개산가격을 결정하여야 한다.

② 각 중앙관서의 장은 제1항의 규정에 의하여 개산계약을 체결하고자 할 때에는 입찰 전에 계약목적물의 특성·계약수량 및 이행기간 등을 고려하여 원가검토에 필요한 기준 및 절차 등을 정하여야 하며, 이를 입찰에 참가하고자 하는 자가 열람할 수 있도록 하여야 한다.

③ 계약담당공무원은 제1항의 규정에 의하여 개산계약을 체결한 때에는 이를 감사원에 통지하여야 하며, 계약의 이행이 완료된 후에는 제9조 및 제2항의 규정에 의한 기준 등에 따라 정산하여 소속중앙관서의 장의 승인을 얻어야 한다.

○ 개산계약의 의의

개산계약은 새로운 제품의 개발과 같이 미리 계약목적물의 가격을 정할 수 없을 때 개략적인 금액으로 계약을 체결하고 계약을 이행한 시점에 세부적인 금액으로 정산하는 계약을 말한다.

계약금액의 정산은 정확한 원가의 산정을 전제로 한다고 할 것이다. 이 과정에서 계약 당사자 간에 원가에 대한 신뢰가 부족한 경우 그 처리과정에서 분쟁이 발생할 수 있다.

○ 판결의 의미

방위사업청 등 일부 국가기관은 공공사업관련 개산계약의 정산과정에서 업체가 제출하는 원가관련 자료의 부정확성을 근거로 관행적으로 일괄적인 예가율을 적용하여 정산원가를 감액조정하였다.

위 판결은 이러한 **예가율에 의한 정산원가의 감액조정이 법적인 명확한 근거가 없는 부당한 조치임을 인정**하였음에 의미가 있다고 할 것이다.

향후 국가기관 등의 일괄적인 예가율 적용에 따른 정산원가의 부당한 감액조정 등과 같이 계약상대자에게 부당하게 계약대금을 감액하거나 비용을 전가하는 행위 등에 대하여 경종을 울리는 중요한 신호가 될 것으로 보인다.

6. 하자의 보수

하자보수보증금의 법적 성질

위약벌 내지 제재금으로 본 판례(과거)

이 사건 도급계약의 내용에 비추어 보면 위 **하자보수보증금은** 위 도급계약상의 소외 회사의 **하자보수책임의 이행을 간접적으로 강제**하고, 소외 회사가 동 책임을 **이행하지 아니하는 경우**에는 그에 대한 제재로서 동 금원을 피고 소유로 귀속시키기로 하는 이른바 **위약벌 내지 제재금에 해당**하는 것이고, ...

⊃ 대법원 1998. 1. 23. 선고 97다38329 판결 [전부금]

손해배상액의 예정으로 본 판례(현행)

이 사건 도급계약의 내용으로 되어 있는 공사계약일반조건에 수급인이 하자보수의무를 이행하지 아니하는 경우 하자보수보증금이 도급인에게 귀속한다고만 규정되어 있을 뿐 이와 별도로 도급인이 입은 **손해에 대하여는 따로이 배상하여야 한다는 취지의 규정이 있지도 아니하고**, 오히려 원심의 설시와 같이 이 사건 도급계약상 도급인이 하자보수를 위하여 실제로 지출한 **비용이 수급인이 예치한 하자보수보증금을 초과하더라도 그 이상의 책임을 수급인에게 물을 수 없다면**,

이 사건 하자보수보증금의 귀속규정은 수급인이 하자보수의무를 이행하지 아니하는 경우 그 보증금의 몰취로써 손해의 배상에 갈음한다는 취지로서, 하자보수보증금은 **손해배상액의 예정으로서의 성질**을 가진다고 보아야 할 것이다.

⊃ 대법원 2001. 9. 28. 선고 2001다14689 판결 [보증채무금등]

실 손해 배상이 추가로 가능한 특수한 손해배상액의 예정으로 본 판례

(1) 사실관계

- ○ 원고(양○시)는 공동피고 **A 업체와** 근로자 분양을 위한 ○○아파트 단지의 건축, 토목, 설비공사에 관하여 4회에 걸쳐 총 공사대금 5,602,683,000원의 **도급계약을 체결**하였고, 한편 피고 **B 업체는** 원고에게 위 도급계약에 있어 **A 업체와 연대하여 계약상의 의무를 이행할 것을 보증**함.

- ○ A 업체는 위 도급계약에 따라 이 ○○아파트의 건축공사에 착수하여 공사를 마친 다음, 원고로부터 **준공검사를 받고 원고에게 이를 인도**함.

- ○ 그런데, 원고가 위 아파트를 근로자들에게 **분양한지 약 7개월 후부터 기초지반의 침하로 인하여** 각 동의 건물에 수직 기울기 1/500에서 1/170까지의 경사변위가 발생하였고 전체 건물의 외벽에 균열이 생겼으며, 아파트 각 세대의 벽체, 베란다 및 방바닥에 균열과 문 틀어짐·비틀림 현상이 나타났고, 지붕 슬라브의 균열로 천장에 누수가 발생하는 등 **하자가 발생**함.

- ○ 이 ○○아파트에 위와 같은 하자가 발생한 데는 그 판시의 **설계 및 시공상 잘못이 복합적으로 작용**함.

○ 한편, A 업체는 위 각 도급계약에 첨부된 시설공사계약 특수조건에서 정한 바에 따라 하자보수보증금조로 보증금액을 금 71,460,000원으로 한 하자보수보증서와 보증금액을 금 96,139,350원으로 한 **하자보수보증서를 건설공제조합으로부터 발급받아 원고에게 교부함.**

○ **A 업체는** 이 ○○아파트에 하자가 발생한 이후 원고 및 아파트 입주자들과 그 **보수 문제를 두고 협의하던 중 부도를 내고 도산함.**

(2) 대법원 판단

공사도급계약서 또는 그 계약내용에 편입된 약관에 수급인이 하자담보책임기간 중 도급인으로부터 하자보수요구를 받고 이에 불응한 경우 하자보수보증금은 도급인에게 귀속한다는 조항이 있을 때 이 **하자보수보증금은 특별한 사정이 없는 한 손해배상액의 예정**으로 볼 것이고(대법원 2001. 9. 28. 선고 2001다14689 판결 참조),

다만 하자보수보증금의 특성상 실 손해가 하자보수보증금을 초과하는 경우에는 그 초과액의 손해배상을 구할 수 있다는 명시 규정이 없다고 하더라도 **도급인은 수급인의 하자보수의무 불이행을 이유로 하자보수보증금의 몰취 외에 그 실 손해액을 입증하여 수급인으로부터 그 초과액 상당의 손해배상을 받을 수도 있는 특수한 손해배상액의 예정**으로 봄이 상당하다.

➔ 대법원 2002. 7. 12. 선고 2000다17810 판결 [손해배상(기)]

하자보수보증금(손해배상액의 예정)과 과실상계

원심의 판단

원고 업체가 납품한 물품에 하자가 발생하였고, 피고 대한민국 육△△×사령부의 **하자보수 또는 대체납품 요구를 거절하여 그 채무를 불이행**함으로써 피고에게 약정된 **손해배상의 예정액을 지급할 의무가 있다고** 전제한 다음,

그 손해배상의 예정액이 부당히 과다하다고 볼 수 없어 민법 제398조 제2항에 따라 **감액할 수는 없지만,** 원고의 채무불이행으로 인한 손해의 발생 및 확대에 피고 측 육△△×사령부 검사관 소외인의 주의의무 위반이 기여하였음을 들어 **원고의 책임을 70%로 제한하는 과실상계를 하는 판단**을 함.

손해배상액 예정과 과실상계

당사자 사이의 계약에서 채무자의 채무불이행으로 인한 손해배상액이 예정되어 있는 경우, **채무불이행으로 인한 손해의 발생 및 확대에 채권자에게도 과실이 있다고 하여도** 민법 제398조 제2항에 따라 채권자의 과실을 비롯하여 채무자가 계약을 위반한 경위 등 제반 사정을 참작하여 **손해배상 예정액을 감액할 수는 있을지언정 채권자의 과실을 들어 과실상계를 할 수는 없다.**

➔ 대법원 2016. 6. 10. 선고 2014다200763, 200770 판결

▣ 국가계약법

▶ 제18조(하자보수보증금) ① 각 중앙관서의 장 또는 계약담당공무원은 공사의 도급계약의 경우 계약상대자로 하여금 그 공사의 **하자보수(瑕疵補修) 보증을 위하여 하자보수보증금을 내도록 하여야 한다.** 다만, 대통령령으로 정하는 경우에는 하자보수보증금의 전부 또는 일부의 납부를 면제할 수 있다.

② 제1항에 따른 하자보수보증금의 금액, 납부시기, 납부방법, 예치기간, 그 밖에 필요한 사항은 대통령령으로 정한다.

③ **하자보수보증금의 국고 귀속에 관하여는 제12조 제3항을 준용**한다. 다만, 그 하자의 보수를 위한 예산이 없거나 **부족한 경우에는 그 하자보수보증금을 그 하자의 보수를 위하여 직접 사용**할 수 있다.

④ 제3항 단서의 경우에 사용하고 남은 금액은 국고에 납입하여야 한다.

▣ 국가계약법 시행령

▶ 제62조(하자보수보증금) ① 법 제18조의 규정에 의한 하자보수보증금은 기획재정부령이 정하는 바에 의하여 **계약금액의 100분의 2 이상 100분의 10 이하**로 하여야 한다. 다만, 공사의 성질상 하자보수가 필요하지 아니한 경우로서 기획재정부령이 정하는 경우에는 하자보수보증금을 납부하지 아니하게 할 수 있다.

② 각 중앙관서의 장 또는 계약담당공무원은 제1항의 규정에 의한 하자보수 보증금을 **당해 공사의 준공검사 후 그 공사의 대가를 지급하기 전까지 납부**하게 하고 제60조의 규정에 의한 **하자담보책임기간 동안 보관**하여야 한다.

③ 장기계속공사에 있어서는 **연차계약별로 제1항 및 제2항의 규정에 의한 하자보수보증금을 납부**하게 하여야 한다. 다만, 연차계약별로 하자담보책임을 구분할 수 없는 공사인 경우에는 총공사의 준공검사 후 하자보수보증금을 납부하게 하여야 한다.

④ 법 제18조 제1항 단서의 규정에 의하여 하자보수보증금의 납부를 면제할 수 있는 경우는 다음 각 호와 같다.

1. 삭제

2. 제37조 제3항 제1호 내지 제4호에 규정된 자와 계약을 체결한 경우

⑤ 제37조 제2항·제4항 및 제38조의 규정은 하자보수보증금의 납부 및 국고귀속의 경우에 이를 준용한다.

▶ 제63조(하자보수보증금의 직접사용) ① 법 제18조 제3항 단서에 따라 하자보수보증금을 해당 하자의 보수를 위하여 직접 사용하고자 할 때에는 해당 하자보수보증금을 세입으로 납입하지 아니하고 세입·세출 외로 구분하여 회계처리한다.

② 제1항의 규정에 의한 하자보수보증금의 직접사용에 관한 절차는 기획재정부령으로 정한다.

해설

○ 하자보수보증금의 법적 성격

종래 판례에서는 하자보수보증금의 법적 성격과 관련하여 사안에 따라 위약벌로 보기도 하였으나, 최근에는 특별한 사정이 없는 한 **손해배상액의 예정**으로서의 성질을 가지는 것으로 정리된 듯하다.

○ 하자보수보증금 외에 추가적인 손해배상 청구

(1) 다만, 일부 판결에서는 손해배상액의 예정으로 보면서도 손해가 하자보수보증금을 초과하는 경우에는 하자보수 보증금을 몰취하는 외에도 추가적으로 실 손해액을 입증하여 **초과액 상당을 청구할 수 있는 특수한 손해배상액의 예정으로 판단하는 경우**도 있다.

이는 추가적인 손해액의 청구를 인정하지 않는 **일반적인 손해배상액 예정의 법리와 다른 내용**이다. 해당 사안을 구체적으로 살펴보면, 하자로 인한 손해액이 하자보수보증금보다 **초과하는 범위가 상당하여 그 하자보수보증금만으로는 계약의 목적을 이루기 힘든 경우**로 보이는 바, 그 특별한 사정을 해결하기 위한 노력의 일환으로 생각되고, 이러한 **판결의 내용을 일반화하기는 힘들다고 판단**된다.[6]

---

6 정원, 앞의 책, 368면.

(2) 이와 관련하여 조달청도 '하자보수보증금이 하자보수비보다 작은 경우 조치방법'과 관련한 질의회신에서 다음과 같이 회신하였다.

이러한 하자보수보증금은 계약상대자의 하자보수 불이행 등 채무불이행의 경우에 계약상대자가 발주기관에 지급하여야 할 손해배상의 액을 계약당사자가 미리 약정(손해배상액의 예정)한 것으로 **발주기관은 실제로 발생한 손해액이 해당 하자보수보증금을 초과하더라도 그 초과액을 청구하지 못할 것이며, 계약상대자는 발주기관의 실제로 발생한 손해액이 해당 하자보수보증금에 미치지 못하거나 없더라도 그 잔액을 발주기관에 청구할 수 없는 것입니다.**

따라서 하자보수보증금과 별도로 민법상 손해배상을 다시 청구하는 것은 1건의 하자보수 불이행에 대하여 이중으로 손해배상을 청구하는 것이니, 계약문서에 따로 정한 바가 없다면 계약담당공무원은 계약상대자에게 손해배상을 청구할 수 없을 것으로 봅니다.

다만, 대법원은 2002. 7. 12. 선고 2000다 17810 판결에서 "하자보수보증금은 특별한 사정이 없는 한 손해배상액의 예정으로 볼 것이고, 다만 하자보수보증금의 특성상 실 손해가 하자보수보증금을 초과하는 경우에는 그 초과액의 손해배상을 구할 수 있다는 명시 규정이 없다고 하더라도 도급인은 수급인의 하자보수의무 불이행을 이유로 하자보수보증금의 몰취 외에 그 실 손해액을 입증하여 수급인으로부터 그 초과액 상당의 손해배상을 받을 수도 있는 특수한 손해배상액의 예정으로 봄이 상당하다."라고 한 바 있습니다. 귀 질의 건의 경우 이에 의할 수 있는지 여부는 계약담당공무원이 관련 판례와 하자내용 등을 검토, 확인하여 판단하여야 할 것입니다[조달청 질의회신 (2015. 10. 7.)].

○ 하자보수보증금의 과실상계 가능여부
하자보수보증금, 지체상금 등과 같이 손해배상액의 예정에 대한 약정이 되어 있는 사안에서 채무자의 채무불이행 과정에 채권자의 과실이 있었다면 손해배상액의 예정액에 과실상계를 인정할 수 있을 것이라 생각할 수 있으나, 손해배상액의 예정이라는 당사자의 의사와 제도의 취지를 고려하면 채권자의 과실이 있다고 하여 **과실상계가 인정될 수는 없고, 법원에 의하여 예정액의 감액이 될 수 있을 뿐**이다.

VI

Public contracts understood as precedents

지체상금

VI. 지체상금

1 개설

가. 계약상대자의 계약이행이 지연되는 경우 일반적 처리

공공계약에서 계약상대자의 계약 이행을 위하여 약정된 기일이 지연되는 경우 지연되는 사유에 따라 그 처리의 방향이 달라진다. 지연되는 사유별로 지체에 대한 책임유무와 계약대금의 부담여하에 대하여 개략적으로 정리하면 다음과 같다.[1]

(1) 계약상대자의 귀책사유에 의하는 경우

계약상대자의 귀책사유에 의하여 계약의 이행이 지연되는 경우에는 **계약상대자가 계약이행에 대한 지체책임**을 지게 되고, 계약이행이 지연되는 기간동안 발생하는 **추가 비용은 계약상대자가 부담**하여야 한다.

(2) 발주자의 귀책사유에 의하는 경우

발주자의 귀책사유에 의하여 계약의 이행이 지연되는 경우에는 **계약상대자는 계약이행에 대한 지체책임을 지지 않으며**, 계약의 이행이 지연되는 기간동안 발생하는 **추가비용도 발주자가 부담**하게 된다.

(3) 발주자와 계약상대자 모두에게 귀책사유가 없는 경우

불가항력적 사유와 같이 발주자와 계약상대자 모두에게 귀책사유가 없는 경우에는 발주자는 계약기간을 연장하고, **계약상대자는 지체상금 등 계약이행에 대한 지체책임을 부담하지 않는다.** 그러나, 연장된 기간동안 **추가되는 비용의 부담에 대하여는 다툼의 여지가 있으며**, 계약조건에 따라 다르다고 할 것이다.

기존의 물품구매(제조)계약일반조건(기획재정부 계약예규)에 의하면 계약기간을

---

[1] 김상우, "공사도급계약 관련 법률문제", 「제7기 건설부동산법연수원 I」, 2020, 66~67면.

연장한 경우에는 그 변경된 내용에 따라 실비를 초과하지 아니하는 범위 안에서 **계약금액을 조정하도록 하고 있으나, 불가항력적 사유에 의한 경우에는 그러하지 아니하다고 하여 단서에 의하여 예외를 인정**하고 있었으나(제25조 제4항), 개정(21년 12월)되어 단서가 삭제됨으로써 예외가 없어지게 되었다.

반면, 공사계약일반조건(기획재정부 계약예규)에 의하면 **불가항력적 사유를 계약금액 조정의 예외사유로 두고 있지 않아 계약금액의 조정이 가능**하다(제26조 제4항).

(4) 발주자와 계약상대자 모두에게 귀책사유가 있는 경우

발주자와 계약상대자 모두에게 귀책사유가 있고 계약의 이행이 지연된 경우에는 구체적인 사안별로 귀책사유와 결과에 대한 인과관계 여하 등에 따라 책임 여부가 달라질 것이나, 판례에 의하면 **계약상대자가 지체책임을 면하지는 못하고 지체상금의 감경만이 고려되는 경우가 많다**고 할 것이다.

수급인이 책임질 수 없는 사유로 인하여 공사가 지연된 경우에는 그 기간만큼 지체일수에서 제외되어야 할 것이나, 지체일수가 공제되는 수급인에게 책임지울 수 없는 사유란 공사도급계약에서 예상하지 못하였던 사정이 발생하였고, 그 사정으로 인하여 일정한 기간 동안 예정된 공사를 진행할 수 없어 공사의 지연이 불가피하였음을 입증하였어야 하는 것이지 단지 **어떤 사유가 수급인의 귀책사유와 경합하여 공사기간이 연장될 가능성만 있는 때에는 배상예정액의 감액에서 고려할 수 있을 뿐**이다(대법원 2005. 11. 25. 선고 2003다60136 판결 [공사대금]).

나. 지체상금의 의의와 발생요건

(1) 지체상금의 의의

지체상금은 **계약상대자가 정당한 이유없이 계약의 이행을 지체한 경우 지급할 것을 약정해 둔 손해배상금**을 의미한다.

이는 계약상대자에게 이행을 촉구하고, 발주기관의 손해입증부담을 완화하며, 당사자간 분쟁을 예방하는 역할을 담당한다.

지체상금약정의 성격은 **이행지체를 정지조건으로 하는 정지조건부 계약**이자

급부의무를 부담하는 주된 계약에 부수하는 **종된 계약**이라 할 것이다.

(2) 지체상금의 발생요건

(가) 지체상금의 약정

지체상금의 약정이 있어야만 계약상대자의 이행지체시 지체상금 청구가 가능하다.

(나) 계약상대자의 이행지체

정해진 이행기한 내에 이행을 완료하지 못한 것을 말한다. 공사계약에 있어 일의 미완성과 하자와의 관계에 대하여는 후술한다.

(다) 계약상대자의 귀책사유

국가계약법은 "정당한 이유가 없이"를 명문으로 규정하고 있으므로 계약상대자의 귀책사유가 요구된다(국가계약법 제26조 제1항). 귀책사유 여부에 대하여는 **계약상대자가 귀책사유의 부존재를 기본적으로 입증**하여야 할 것이다.

다. 지체상금의 산정

지체상금은 **계약금액**(장기계속공사계약·장기계속물품제조계약·장기계속용역계약의 경우에는 연차별 계약금액을 말한다)에 **기획재정부령이 정하는 율과 지체일수를 곱한 금액으로 산정**한다.

기성부분 또는 기납부분에 대하여 검사를 거쳐 이를 인수한 경우(인수하지 아니하고 관리·사용하고 있는 경우를 포함한다)에는 그 부분에 상당하는 금액을 계약금액에서 공제한 금액을 기준으로 지체상금을 계산하여야 한다(국가계약법 시행령 제74조).

라. 지체상금의 상한

종래 지체상금의 상한이 없음으로 인하여 제도의 원래 취지와 어긋나게 계약상대자에게 지체상금을 과도하게 부과하는 문제가 발생함에 따라 최근 관련 법령에서는 지체상금의 상한을 정하는 규정이 신설되었다.

(1) 국가계약법상 지체상금의 상한(국가계약법 시행령 제74조 제3항)

지체상금이 계약금액(기성부분 또는 기납부분에 대하여 검사를 거쳐 이를 인수한 경우에는 그 부분에 상당하는 금액을 계약금액에서 공제한 금액을 말한다)의 100분의 30을 초과하는 경우에는 **100분의 30**으로 한다(2018. 12. 4. 개정).

(2) 방위사업법상 지체상금의 상한(방위사업법 시행령 제61조 제4항)

다음 각 호의 어느 하나에 해당하는 계약의 경우에 정당한 이유없이 계약의 이행을 지체한 계약상대자가 납부하여야 하는 **지체상금의 총액은 계약금액의 100분의 10에 해당하는 금액을 한도**로 한다.

1. 법 제46조 제1항에 따라 **무기체계 및 핵심기술의 연구개발을 수행하기 위하여 시제품생산**(함정 및 전장정보관리체계 등 무기체계의 특성상 시제품 자체가 전력화되는 경우를 포함한다)을 하게 하는 계약(2016. 3. 31. 개정),

2. 무기체계로 분류된 물자 중에서 법 제34조에 따라 **방산물자로 지정된 물자를 방위사업청장이 정하는 바에 따라 최초로 양산**하게 하는 계약(2018. 10. 26. 개정)

2. 지체상금의 법적 성격

지체상금의 법적 성격

지체상금의 법적 성격

지체상금에 관한 약정은 수급인이 그와 같은 일의 완성을 지체한 데 대한 손해배상액의 예정이므로, 수급인이 약정된 기간 내에 그 일을 완성하여 도급인에게 인도하지 아니하여 지체상금을 지급할 의무가 있는 경우, 법원은 민법 제398조 제2항의 규정에 따라 계약 당사자의 지위, 계약의 목적과 내용, 지체상금을 예정한 동기, 실제의 손해와 그 지체상금액의 대비, 그 당시의 거래관행 및 경제상태 등 제반 사정을 참작하여 약정에 따라 산정한 지체상금액이 일반 사회인이 납득할 수 있는 범위를 넘어 **부당하게 과다하다고 인정하는 경우에 이를 적당히 감액할 수 있다.**

➲ 대법원 2002. 9. 4. 선고 2001다1386 판결

계약보증금과 지체상금

도급계약서 및 그 계약내용에 편입된 약관에 수급인의 귀책사유로 인하여 계약이 해제된 경우에는 계약보증금이 도급인에게 귀속한다는 조항이 있는 경우, 그 **계약보증금이 손해배상액의 예정인지 위약벌인지는 도급계약서 및 위 약관 등을 종합하여 개별적으로 결정할 의사해석의 문제이고,**

위약금은 민법 제398조 제4항에 의하여 손해배상액의 예정으로 추정되므로 위약금이 위약벌로 해석되기 위하여는 특별한 사정이 주장·입증되어야 하는 바, **도급계약서에 계약보증금 외에 지체상금도 규정되어 있다는 점만을 이유로 하여 계약보증금을 위약벌이라고 보기는 어렵다 할 것이다.**

➲ 대법원 2005. 11. 10. 선고 2004다40597 판결

관련 법령

▣ 민법

▶ 제398조(배상액의 예정) ① 당사자는 채무불이행에 관한 **손해배상액을 예정**할 수 있다.

② 손해배상의 예정액이 **부당히 과다한 경우에는 법원은 적당히 감액**할 수 있다.

③ 손해배상액의 예정은 이행의 청구나 계약의 해제에 영향을 미치지 아니한다.

④ **위약금의 약정은 손해배상액의 예정으로 추정**한다.

⑤ 당사자가 금전이 아닌 것으로써 손해의 배상에 충당할 것을 예정한 경우에도 전4항의 규정을 준용한다.

◼ 국가계약법

▶ 제26조(지체상금) ① 각 중앙관서의 장 또는 계약담당공무원은 **정당한 이유 없이 계약의 이행을 지체**한 계약상대자로 하여금 **지체상금을 내도록** 하여야 한다.

② 제1항에 따른 지체상금의 금액, 납부방법, 그 밖에 필요한 사항은 대통령령으로 정한다.

③ 제1항의 지체상금에 관하여는 제18조 제3항 단서를 준용한다.

◼ 국가계약법 시행령

▶ 제74조(지체상금) ① 각 중앙관서의 장 또는 계약담당공무원은 계약상대자(국가기관과 지방자치단체를 제외한다)가 **계약상의 의무를 지체한 때에는 지체상금으로서 계약금액**(장기계속공사계약·장기계속물품제조계약·장기계속용역계약의 경우에는 연차별 계약금액을 말한다. 이하 이 조에서 같다)**에 기획재정부령이 정하는 율과 지체일수를 곱한 금액**을 계약상대자로 하여금 현금으로 납부하게 하여야 한다. 이 경우 **계약상대자의 책임없는 사유로 계약이행이 지체되었다고 인정될 때에는 그 해당일수를 지체일수에 산입하지 아니한다.**

② 제1항의 경우 **기성부분 또는 기납부분에 대하여 검사를 거쳐 이를 인수한 경우**(인수하지 아니하고 관리·사용하고 있는 경우를 포함한다. 이하 이 조에서 같다)에는 그 부분에 **상당하는 금액을 계약금액에서 공제한 금액을 기준으로 지체상금을 계산**하여야 한다. 이 경우 기성부분 또는 기납부분의 인수는 성질상 분할할 수 있는 공사·물품 또는 용역 등에 대한 완성부분으로서 인수하는 것에 한한다.

③ 제1항 및 제2항에 따라 납부할 **지체상금이 계약금액**(제2항에 따라 기성부분 또는 기납부분에 대하여 검사를 거쳐 이를 인수한 경우에는 그 부분에 상당하는 금

액을 계약금액에서 공제한 금액을 말한다)의 **100분의 30을 초과하는 경우에는 100분의 30으로 한다.**

■ 국가계약법 시행규칙

▶ 제75조(지체상금률) 영 제74조 제1항에 따른 지체상금률은 다음 각 호와 같다.

1. 공사: 1천분의 0.5

2. 물품의 제조·구매(영 제16조 제3항에 따라 소프트웨어사업시 물품과 용역을 일괄하여 입찰에 부치는 경우를 포함한다. 이하 이 호에서 같다): 1천분의 0.75. 다만, 계약 이후 설계와 제조가 일괄하여 이루어지고, 그 설계에 대하여 발주한 중앙관서의 장의 승인이 필요한 물품의 제조·구매의 경우에는 1천분의 0.5로 한다.

3. 물품의 수리·가공·대여, 용역(영 제16조 제3항에 따라 소프트웨어사업시 물품과 용역을 일괄하여 입찰에 부치는 경우의 그 용역을 제외한다) 및 기타: 1천분의 1.25

4. 군용 음·식료품 제조·구매: 1천분의 1.5

5. 운송·보관 및 양곡가공: 1천분의 2.5

■ 방위사업법

▶ 제46조(계약의 특례 등) ① 정부는 **방산물자와 무기체계의 운용에 필수적인 수리부속품을 조달하거나 「국방과학기술혁신 촉진법」 제8조 제1항 및 제4항에 따라 국방연구개발사업을 수행하게 하는 경우에는** 단기계약·장기계약·확정계약 또는 개산계약을 체결할 수 있다. 이 경우 「국가를 당사자로 하는 계약에 관한 법률」 및 관계법령의 규정에 불구하고 **계약의 종류·내용·방법, 그 밖에 필요한 사항은 대통령령으로** 정한다.

■ 방위사업법 시행령

▶ 제61조(계약의 종류·내용 및 방법 등) ...

④ 다음 각 호의 어느 하나에 해당하는 계약의 경우에 정당한 이유없이 계약의 이행을 지체한 계약상대자가 납부하여야 하는 **지체상금의 총액은 계약금액의 100분의 10에 해당하는 금액을 한도로** 한다.

1. 법 제46조 제1항에 따라 **무기체계 및 핵심기술의 연구개발을 수행하기 위하여 시제품생산**(함정 및 전장정보관리체계 등 무기체계의 특성상 시제품 자체가 전력화되는 경우를 포함한다)을 하게 하는 계약
2. 무기체계로 분류된 물자 중에서 법 제34조에 따라 **방산물자로 지정된 물자를 방위사업청장이 정하는 바에 따라 최초로 양산하게 하는 계약**

해설

○ **지체상금의 법적 성격**

지체상금의 법적 성격은 위약금이라 할 것인 바, 당사자 간의 계약에 따라 손해배상액의 예정 내지 위약벌이 될 것이다.

손해배상액의 예정과 위약벌의 차이점은 손해배상액의 예정은 원칙적으로 예정된 배상액 외에 추가적인 손해에 대한 배상청구가 곤란하고, 법원에 의한 감액이 가능한 반면, 위약벌은 추가적인 손해의 배상청구가 가능하고, 법원에 의한 감액이 인정되지 않는다는 점이다.

판례에 의하면 민법 제398조 제4항에 따라 **특별한 사정이 없는 한 손해배상액의 예정으로 추정**한다. 따라서, 손해배상액의 예정에 대한 법리가 지체상금에도 적용된다고 할 것이다.

○ **지체상금과 계약보증금의 관계**
(1) 법적 성격

계약조건에 지체상금뿐만 아니라 계약보증금도 함께 약정하는 경우가 많은데, 법적으로 계약보증금도 손해배상액의 예정으로 보는 것이 일반적이므로 양 자의 관계가 문제될 수 있다.

그러나 판례에 의하면 단순히 양 자가 함께 약정되었다는 사실만으로 계약보증금이나 지체상금을 위약벌로 인정할 근거는 되지 않는다고 판단하고 있다. 결국, **다른 특별한 사정이 없는 한 손해배상액의 예정으로 계속 추정**된다고 할 것이다.

(2) 계약보증금과 지체상금을 병과(倂科)하여 모두 지급청구가 가능한지여부

계약보증금과 지체상금 중 하나가 손해배상액의 예정이 아닌 위약벌이어서 양 자의 법적 성격이 다른 경우에는 도급계약에서 수급인의 채무불이행시 도급인은 양 자 모두 지급을 청구하는 것도 가능할 것이다.

그러나, 양 자가 모두 동일하게 손해배상액의 예정의 성격을 가지고 있고, 채무불이행에 의하여 계약이 해제되는 등의 경우에 도급인은 양 자의 지급을 모두 청구할 수 있는가?

일반적으로 **지체상금**은 채무이행의 지체에 의한 손해를 배상[지연배상(遲延賠償)]하는 반면, **계약보증금**은 일반적으로 채무의 이행불능 등 불이행의 경우 본래의 이행을 대신하여 손해를 배상[전보배상(塡補賠償)]하게 되는데, 보통 전보배상에는 지연배상도 포함된다고 보므로 지체상금과 계약보증금을 모두 지급하게 되면 중복으로 배상하는 결과가 될 수 있다.

이에 대하여 대법원도

위 법이 정하는 '계약보증'은 건설공사도급계약의 수급인이 도급계약을 약정대로 이행하는 것을 보증하고, 만약 수급인의 귀책사유로 도급계약을 불이행하는 경우에는 그로 인한 수급인의 도급인에 대한 손해배상채무의 이행을 계약보증금의 한도에서 보증하는 것이므로, 수급인의 귀책사유로 도급계약의 목적이 된 공사의 완공이 지연되는 경우에 그 **지연으로 인한 손해배상채무도 당연히 계약보증의 대상**이 되는 것이고, 이 경우 만일 도급인과 수급인 사이에 공사완공의 지연에 대비한 지체상금의 약정이 있다면 그 약정에 따라 산정되는 지체상금액이 계약보증의 대상이 되는 것이다(대법원 2006. 4. 28. 선고 2004다39511 판결 [이행보증금]).

라고 판시하여 지연으로 인한 손해의 배상채무도 계약보증의 대상이 됨을 인정하였다.

따라서, 이 경우에는 계약보증금만 지급하는 것이 원칙이라고 할 것이다.

계약의 해제와 지체상금

사실관계

○ 1982. 11. 10. 원고(수급인)와 피고(도급인)간에 건물의 신축을 위한 도급계약을 체결하였고, 계약내용은 공사의 경우 1983. 6. 30. 완료하되 1982. 12. 25.까지 지하 및 1층 공사를, 1983. 5. 31.까지는 2층 공사를 완료하기로 하고 그 공사대금은 그 공사정도에 따라 3회에 나누어 지급하기로 함.

○ 원고가 건축공사를 중단한 것은 1983. 6. 2.이고 이에 피고가 1984. 11. 13.에 이르러 계약을 해제함.

원심 판단

이 사건 도급계약 체결당시 공사의 완공이 예정기일보다 지연되는 경우 원고는 피고에게 그 지체일수 1일에 대하여 총공사 계약금액의 1,000분의 3에 해당하는 **지체상금을 지급하기로 약정한 사실은 인정되나, 이는 위 도급계약에 따른 공사 전체가 그 준공기한보다 늦게 준공될 경우에 관한 손해배상액의 예정으로서**

이 사건에 있어서와 같이 일부 공사만이 완료된 후 공사가 중단된 상태에서 위 **해제에 관한 특약에 기하여 도급계약이 해제된 경우에는 위 지체상금 약정이 적용되지 아니한**다고 할 것이고 또한 위 해제에 관한 특약조항에는 그 효과로서 원고의 피고에 대한 손해배상청구권 배제에 대하여만 정하였을 뿐 피고의 원고에 대한 손해배상청구권에 대하여는 아무런 약정이 없으므로 **피고는 원고에 대하여 지체상금채권을 가지지 아니한다고 판단**하였다.

대법원 판단(계약의 해제와 지체상금의 적용여부)

건물신축의 도급계약은 그 건물의 준공이라는 일의 완성을 목적으로 하는 계약으로서 그 지체상금에 관한 약정은 수급인이 이와 같은 **일의 완성을 지체한 데 대한 손해배상액의 예정을 한 것**이라고 보아야 할 것이므로 수급인이 **약정된 기간 내에 그 일을 완성하여 도급인에게 인도하지 아니하는 한** 특별한 사정이 있는 경우를 제외하고는 **지체상금을 지급할 의무가 있게 되는 것**이라고 보아야 할 것이고,

이 사건의 경우에 있어서와 같이 약정된 기일 이전에 그 공사의 일부만을 완료한 후 **공사가 중단된 상태에서 약정기일을 넘기고 그 후에 도급인이 계약을 해제함으로써 일을 완성하지 못한 것이라고 하여 지체상금에 관한 위 약정이 적용되지 아니한다고 할수는 없을 것이고 ...**

대법원 판단(지체상금의 산정)

(1) 다만 이와 같은 경우에 있어서

① **지체상금 발생의 시기는 특별한 사정이 없는 한 약정준공일 익일인 1983. 7. 1.**이 될 것이나

② 그 종기는 원고나 피고가 건물을 준공할 때까지 무한히 계속되는 것이라고 할 수 없고 원고가 공사를 중단하거나 기타 해제사유가 있어 피고가 이를 **해제할 수 있었을 때**(실제로 해제한 때가 아니고)부터 피고가 다른 업자에게 의뢰하여 이 사건 건물을 완성할 수 있었던 시점까지로 제한되어야 할 것이고

또 원고가 **책임질 수 없는 사유**로 인하여 공사가 지연된 경우에는 그 기간만큼 공제되어야 할 것이며

그렇게 하여 산정된 지체상금액이 부당히 과다하다고 인정되는 경우에는 법원이 민법 제398조 제2항에 의하여 적당히 감액할 수 있다고 보아야 할 것이다.

➲ 대법원 1989. 7. 25. 선고 88다카6273 판결 [공사대금]

일반적으로 수급인이 완공기한 내에 공사를 완성하지 못한 채 공사를 중단하고 계약이 해제된 결과 완공이 지연된 경우에 있어서

(2) 지체상금은 **약정 준공일 다음 날부터 발생**하되
그 **종기**는 도급인이 수급인의 공사 중단이나 기타 해제사유를 이유로 **해제·해지할 수 있었던 때를 기준으로 하여 도급인이 다른 업자에게 의뢰하여 같은 건물을 완공할 수 있었던 시점까지**이고, 실제 해제·해지한 때를 기준으로 할 것은 아니다 (대법원 1989. 7. 25. 선고 88다카6273, 6280 판결, 대법원 1999. 3. 26. 선고 96다23306 판결 등 참조).

다만 이와 같이 도급인이 해제·해지할 수 있었던 때를 기준으로 하여 종기를 제한하는 것은 그때부터 도급인이 다른 업자에게 의뢰하여 공사를 완공할 수 있음을 전제로 하는 것이므로, **수급인의 귀책사유로 인하여 도급인이 다른 업자에게 의뢰하여 공사를 완공할 수 없는 사정**이 있었던 경우에는 그 종기는 도급인이 계약을 해제·해지할 수 있었던 때가 아니라 **도급인이 다른 업자에게 의뢰하여 공사를 시작할 수 있었던 때를 기준으로 하여 같은 건물을 완공할 수 있었던 시점까지**를 산정하여야 할 것이다.

➲ 대법원 2016. 12. 27. 선고 2015다23167 판결 [손해배상청구·공사대금 등]

해설

○ 계약의 해제와 지체상금 약정의 적용여부
  (1) 지체상금 약정이 포함된 계약이 해제되는 경우에는 지체상금 약정은 어떻게 될 것인가?

이에 대하여 지체상금 약정의 효력이 계약의 해제에 따라 상실하게 되는지 아니면 계약의 해제에도 불구하고 지체상금 약정의 효력이 상실되지 않고 계속 적용될 수 있느냐가 실무상 문제된다.

(2) 위 판결은 그 논란에 대하여 일반적인 기준을 제시한 판결이라 할 것이다. 즉, 지체상금에 관한 약정에 따라 수급인이 약정된 기간 내에 그 일을 완성하여 도급인에게 인도하지 않는 한 특별한 사정이 있는 경우를 제외하고는 지체상금을 지급할 의무를 지게 되므로 공사가 중단되고 약정기일을 넘겨 **계약이 해제되는 경우에도 지체상금에 관한 약정이 적용될 수 있다**고 인정한 것이다.

(3) 판례는 위 판결 이후

공사도급계약상 **지체상금 약정의 적용범위를 정하는 것은 도급계약에 나타난 당사자 의사의 해석문제**로서, 그 약정의 내용과 약정이 이루어지게 된 동기 및 경위, 당사자가 이로써 달성하려는 목적, 거래의 관행 등을 종합적으로 고려하고, 특히 건설공사의 경우 공사가 비교적 장기간에 걸쳐 시행되기 때문에 그 사이에 자연현상의 변화, 경제적 환경의 변동 등 외부적인 장애나 당사자의 경영상태 악화 등 공사의 완성에 장애가 되는 사정이 발생할 가능성이 많으므로, 이러한 경우에 대비하여 **도급인의 손해액에 대한 입증 곤란을 덜고 손해배상에 관한 법률관계를 간명하게 처리할 목적에서 지체상금 약정을 하는 것이 통례인 점을 감안하여 당사자의 의사를 합리적으로 해석한 다음 그 적용 여부를 결정**하여야 한다(대법원 1999. 3. 26. 선고 96다23306 판결 [공사금반환]).

라고 하여 우선 계약당사자간 의사해석의 문제임을 인정하고 있지만, 기본적으로 계약 해제의 경우 지체상금 약정이 적용될 수 있음을 부정하지는 않고, 구체적인 제반 사정을 고려하여 합리적으로 해석할 여지를 남긴 것으로 보아야 할 것이다.

○ 계약의 해제와 지체상금 산정의 시기와 종기

또한, 계약해제시 지체상금의 산정과 관련하여서도 일응의 기준을 제시하고 있다.

(1) 즉, 지체상금이 발생하는 기간에 대하여 무한정으로 인정할 수 없고, 지
체상금 발생의 시기(始期)는 특별한 사정이 없는 한 약정준공일 익일이
되며, 지체상금 발생의 종기(終期)는 계약 상대방이 계약을 해제할 수 있
었던 때부터 발주기관이 다른 업자에게 의뢰하여 이 사건 건물을 완성할
수 있었던 시점까지로 제한하여야 한다고 본다.

여기서 유의할 점은 계약 상대방이 실제로 계약을 해제한 시점은 아니라는
것이다. 이는 계약 상대방의 시기에 따른 유불리를 고려한 주관적 의사에
따라 지체상금의 기간이 산정되지 않도록 하기 위함이라 할 것이다.

(2) 또한, 수급인의 책임없는 사유로 지체된 경우에는 그 기간을 지체상금
산정기간에서 공제하며, 지체상금액이 과다하다고 인정되는 경우에는 법원
이 감액할 수 있다고 하여 지체상금의 일반적인 법리도 인정하고 있다.

지체상금과 계약의 해제에 의한 손해배상 청구가부

사실관계

○ 원고와 피고는 이 사건 건물신축공사에 관한 **도급계약을 체결함**에 있어서 건설교통부 고시 제2000-56호의 '민간건설공사 표준도급계약 일반조건'을 그 계약의 일부로 **편입하기로 합의함.**

○ 위 일반조건의 제27조는 '**지체상금**'이라는 표제 아래 그 제1항 본문에서 "**수급인이 준공기한 내에 공사를 완성하지 아니한 때에는 매 지체일수마다 계약서상의 지체상금율[이는 별도로 0.1%로 약정되었다]을 곱하여 산출한 금액을 도급인에게 지급하여야 한다.**"고 정함.

○ 한편 위 일반조건의 제33조 제2항은 "**제31조 및 제32조의 규정에 의한 계약의 해제 또는 해지로 인하여 손해가 발생한 때에는 상대방에게 그에 대한 배상을 청구할 수 있다.**"고 정하는데,

제31조 및 제32조는 계약의 해제·해지사유로서, 수급인의 책임있는 사유로 인하여 준공기일 내에 공사를 완성할 가능성이 없음이 명백한 경우 등의 개별적 사유와 아울러 "기타 수급인의 계약조건 위반으로 인하여 계약의 목적을 달성할 수 없다고 인정되는 경우(제31조 제1항 제4호)"를 규정함.

원심의 판단

공사도급계약을 체결하면서 건설교통부 고시 '민간건설공사 표준도급계약 일반조건'을 계약의 일부로 편입하기로 합의하였고, 위 일반조건에서 **지체상금에 관한 규정과 별도로 계약의 해제·해지로 인한 손해배상청구에 관한 규정을 두고 있는 경우** 원고(도급인)가 피고(수급인)의 부실시공 및 공사포기 등 **계약조건의 위반으로 해제되었음을 이유로 손해의 배상을 구하는 사건에서**

원심은

이 사건 도급계약에서 수급인인 피고가 지체상금약정에 기한 지체상금액을 초과한 손해까지 배상하기로 약정하였다고 인정할 증거가 없으므로 그것을 넘는 손해의 배상을 구할 수 없다고 판단함.

대법원의 판단

(1) 채무불이행에 관한 손해배상액의 예정은 당사자의 합의로 행하여지는 것으로서, 그 내용이 어떠한가, 특히 어떠한 유형의 채무불이행에 관한 손해배상을 예정한 것인가는 무엇보다도 **당해 약정의 해석에 의하여 정하여진다.**

(2) 이 사건에서 위에서 본 바와 같은 계약조항의 문언 및 체계, 나아가 지체상금에 관한 제27조 중 앞서 인용한 부분을 제외한 나머지 부분이 거기서 정하는 지체상금

지급의무가 발생하지 아니하는 경우로서도 공사 또는 착공의 지연, 지체 또는 중단과 같이 공사의 지연과 관련된 사유만을 지적하고 있는 점 등을 종합하여 보면,

위 일반조건 ① 제27조의 지체상금약정은 수급인이 공사완성의 기한 내에 공사를 완성하지 못한 경우에 완공의 지체로 인한 손해배상책임에 관하여 손해배상액을 예정하였다고 해석할 것이고,

수급인이 ② 완공의 지체가 아니라 그 공사를 부실하게 한 것과 같은 불완전급부 등으로 인하여 발생한 손해는 그것이 그 부실공사 등과 상당인과관계가 있는 완공의 지체로 인하여 발생한 것이 아닌 한 위 지체상금약정에 의하여 처리되지 아니하고 도급인은 위 일반조건 제33조 제2항에 기하여 별도로 그 배상을 청구할 수 있다고 봄이 상당하다.

이 경우 손해배상의 범위는 민법 제393조 등과 같은 그 범위획정에 관한 일반법리에 의하여 정하여지고, 그 것이 위 지체상금약정에 기하여 산정되는 지체상금액에 제한되어 이를 넘지 못한다고 볼 것이 아니다.

➲ 대법원 2010. 1. 28. 선고 2009다41137 판결 [손해배상(기)·공사대금]

해설

○ 지체상금과 추가 손해배상 약정

판례에 의하면 민법 제398조가 규정하는 손해배상액의 예정은 채무불이행의 경우에 채무자가 지급하여야 할 손해배상액을 미리 정해두는 것으로서 그 목적은 손해의 발생사실과 손해액에 대한 입증곤란을 배제하고 분쟁을 사전에 방지하여 법률관계를 간이하게 해결하는 것 외에 채무자에게 심리적으로 경고를 줌으로써 채무이행을 확보하려는 데에 있다.

따라서, 채무자가 실제로 손해발생이 없다거나 손해액이 예정액보다 적다는 것을 입증하더라도 채무자는 그 예정액의 지급을 면하거나 감액을 청구하지 못한다(대법원 2008. 11. 13. 선고 2008다46906 판결 [계약금반환]).

또한, 당사자사이의 채무불이행에 관하여 손해배상액을 예정한 경우에 채권자는 통상의 손해뿐만 아니라 특별한 사정으로 인한 손해에 관하여도 예정된 배상액만을 청구할 수 있고 특약이 없는 한 예정액을 초과한 배상액을 청

구할 수는 없다(대법원 1988. 9. 27. 선고 86다카2375(본소), 2376(반소) 판결 [물품대금, 손해배상(기)])고 판시하고 있다.

그러므로, 위 판례에 의하면 기본적으로 계약 당사자 간에 손해배상액의 예정을 초과하는 배상액을 청구할 수 없을 것이나, 위 판례의 반대해석상 계약 당사자 간에 손해배상액의 예정을 초과하는 배상액을 청구할 수 있다는 **특별한 약정이 있는 경우에는 손해배상액의 예정액를 초과하는 배상도 청구가 가능할 수 있다**고 할 것이다.

○ 이행지체 사유가 아닌 사유로 계약해제시 별도 손해배상청구 가능여부
계약조건상 지체상금 약정과 계약 해제로 인한 손해배상의 약정이 모두 있는 상황에서 이행지체가 아닌 사유로 계약을 해제한 경우 손해배상의 범위와 관련하여 판례는 지체상금의 대상은 공사 완공의 지체와 관련된 것이므로 **완공의 지체가 아니라 그 공사를 부실하게 한 것과 같은 불완전급부 등으로 인하여 발생한 손해**는 그것이 그 부실공사 등과 상당인과관계가 있는 완공의 지체로 인하여 발생한 것이 아닌 한 위 **지체상금약정에 의하여 처리되지 아니하고** 도급인은 위 일반조건 제33조 제2항에 기하여 **별도로 그 배상을 청구할 수 있다**고 판단하였다.

3. 지체상금의 요건

이행지체(지체상금)와 하자(손해배상)의 판단기준

이행지체와 하자 구분의 기준

(1) 공사가 도중에 중단되어 ① **예정된 최후의 공정을 종료하지 못한 경우에는 공사가 미완성**된 것으로 볼 것이지만, 공사가 당초 ② **예정된 최후의 공정까지 일응 종료하고 그 주요 구조 부분이 약정된 대로 시공**되어 사회통념상 일이 완성되었고 다만 그것이 **불완전하여 보수를 하여야 할 경우에는** 공사가 완성되었으나 목적물에 **하자가 있는 것에 지나지 아니한다**고 해석함이 상당하고,

(2) 예정된 최후의 공정을 종료하였는지 여부는 수급인의 주장이나 도급인이 실시하는 준공검사 여부에 구애됨이 없이 당해 공사 도급계약의 구체적 내용과 신의성실의 원칙에 비추어 객관적으로 판단할 수밖에 없고,

(3) **이와 같은 기준은** 공사 도급계약의 수급인이 공사의 준공이라는 일의 완성을 지체한 데 대한 손해배상액의 예정으로서의 성질을 가지는 **지체상금에 관한 약정에 있어서도 그대로 적용**된다고 할 것이다.

⊃ 대법원 1997. 10. 10. 선고 97다23150 판결 [공사대금등]

하자에 대한 손해배상청구

건물 신축공사의 공정이 종료되고 주요 구조 부분이 약정한 대로 시공되었다면 그 공사는 완성된 것이고, 일부 미시공된 부분이 있다고 하더라도 이는 건물에 하자가 있는 것에 불과하다(대법원 2009. 6. 25. 선고 2008다18932 판결 등 참조).

이와 같이 **공사가 완성된 때에는** 일부 미시공된 하자 부분에 관하여도 수급인의 공사대금채권은 성립하고, 도급인은 위 하자 부분에 관하여 하자보수청구 또는 하자보수에 갈음하는 손해배상청구를 할 수 있을 뿐이다.

⊃ 대법원 2015. 10. 29. 선고 2015다214691, 214707 판결 [손해배상(기)·공사대금]

해설

○ 공사 도급계약 등에 있어 수급인으로부터 인도받은 목적물에 일부 결함이 있는 경우에 이를 채무불이행으로서 이행지체로 보아 지체상금을 부과하느냐 아니면 이행은 되었으나 하자가 있는 것으로 보아 수급인의 공사대금채

권은 인정하되 도급인의 손해배상만을 인정하느냐 여부에 따라 그 법적 처리가 달라진다.

○ 이와 관련하여 판례는 하자담보책임을 인정하는 취지에 대하여 다음과 같이 상세히 설명하고 있다.

건물신축도급계약상 건물의 공사가 불완전한 때 이를 미완성으로 볼 것인가, 아니면 공사의 완성으로 보되 다만 목적물에 하자가 있는 경우에 해당한다고 볼 것인가는 실제상 중요한 문제점을 내포하고 있다.

건물공사가 미완성인 때에는 채무불이행의 문제로 되며 수급인은 원칙적으로 **공사금의 지급을 청구할 수 없다**(보수후불의 원칙). 이에 반하여 목적물인 건물에 **하자가 있는 경우에는** 수급인은 도급인에게 공사금의 지급을 청구할 수 있으나, 도급인은 수급인의 하자담보책임을 물어 동시이행의 항변권을 행사함으로써 수급인이 하자부분의 보수 또는 그에 갈음하는 손해배상의 제공이 있을 때까지 **공사금의 지급을 거절할 수 있을 뿐**이다.

민법이 그 하자가 수급인의 과실에 의하여 발생한 것임을 필요로 하지 아니함은 물론 그것이 숨은 하자인가 아닌가를 묻지 아니하고 하자보수청구권을 인정하는 등 수급인에게 엄격한 하자담보책임을 지우고 있는 것은 한편으로는 **도급인으로 하여금 하자없는 완전한 목적물을 취득케 함을** 목적으로 하고, 다른 한편으로는 **수급인에게 보수청구권을 쉽게 확보할 수 있도록 하기 위한** 것이기도 하다.

즉, 목적물이 완성되지 않는 한 수급인은 보수를 청구할 수 없으므로, 민법은 수급인에게 중한 담보책임을 지워 도급인을 보호하는 한편, 그와 균형을 취하기 위하여 **목적물의 완성여부에 대한 판단기준을 가능한 한 완화시켜 수급인의 보수청구권을 일단 인정하되, 도급인이 인도받은 목적물에 하자가 있다면 하자담보책임에 관한 규정에 의하여 처리하도록 하려는 것이** 그 입법취지라고 해석함이 상당하다 할 것이다(대법원 1994. 9. 30. 선고 94다32986 판결 [지체상금등]).

○ 결국 판례는 그 구별기준과 관련하여 예정된 최후의 공정을 완료하지 못한 경우에는 이행이 완료되지 못한 것으로서 채무불이행으로 보지만, **예정된 최후의 공정까지 일응 종료하고 주요 구조부분이 약정된 대로 시공되었다면 이행이 완료되었고, 일부 결함이 있어 보수가 필요하더라도 이는 채무불이행이 아니라 하자가 있는 것에 불과한 것으로 본다.**

그에 따라 전자의 경우에는 도급인이 수급인에게 지체상금을 부과할 수 있고, 수급인의 보수청구권은 발생하지 않지만, 후자의 경우에는 수급인의 보수청구권이 발생하고, 도급인이 하자보수청구 내지 하자보수에 갈음하는 손해배상 청구만이 가능하다.

천재지변이나 이에 준하는 경제사정의 급격한 변동 등 불가항력으로 인하여 목적물의 준공이 지연된 경우에는 수급인은 지체상금을 지급할 의무가 없다고 할 것이지만,

① IMF사태 및 그로 인한 자재수급 차질

IMF 사태 및 그로 인한 자재 수급의 차질 등은 그와 같은 불가항력적인 사정이라고 볼 수 없고, ...

② 이상 강우

일반적으로 수급인이 공사도급계약상 공사기간을 약정함에 있어서는 통상 비가 와서 정상적으로 작업을 하지 못하는 것까지 감안하고 이를 계약에 반영하는 점에 비추어 볼 때 **천재지변에 준하는 이례적인 강우가 아니라면 지체상금의 면책사유로 삼을 수 없다**고 할 것인데,
기록에 의하여 살펴보면, **동절기의 이상 강우로 인하여 이 사건 공사가 어느 정도 지연**되었을 것으로 보이지만, 그것이 공사기간 내에 공사 진행을 도저히 할 수 없는 천재지변에 준하는 불가항력적인 이상 강우라고 볼 만한 자료는 찾기 어려우므로, 그것을 가지고 **지체상금의 감액사유로 삼을 수 있을지언정 지체상금의 면책사유로 삼을 수는 없다**고 할 것이고,

③ 도급인의 부당한 간섭

그 밖에 피고들의 부당한 시공요구 및 공사 수행의 간섭 등으로 인하여 이 사건 공사가 중단되거나 지연되었다는 원고의 주장에 대하여는 원심이 적법하게 배척한 증거들 외에는 기록상 **이를 인정할 만한 자료를 찾아볼 수 없다.**
따라서 이 사건 공사의 지연이 원고의 귀책사유에 기한 것이 아니므로 지체상금 지급의무가 발생하지 아니한다는 원고의 면책 항변을 배척한 원심의 사실인정과 판단은 결국, 정당한 것으로 수긍할 수 있고 ...

지체상금의 인정후 감액

원심은, 이 사건 도급계약상의 조건이 피고들에 의하여 주도적으로 정해져서 공사대금의 변동이 어렵게 되어 있고, 공사규모에 비하여 공사기간이 비교적 단기인 점, 이 사건 공사기간 당시 이른바, **IMF 사태로 인하여 수입자재의 가격이 폭등하여 수급인인 원고가 어려움을 겪었던 점 등의 제반 사정을 고려하여** 약정 지체상금 414,268,048원은 그 수액이 지나치게 과다하여 부당하다고 하여 이를 금 180,000,000원으로 **감액**하였는바,
앞서 본 법리와 기록에 의하여 살펴보면, 원심의 인정과 판단은 정당한 것으로 수긍할 수 있고, 거기에 채증법칙을 위반하여 사실인정을 그르치거나 지체상금 감액에 관한 법리를 오해하여 지체상금을 지나치게 적게 감액한 위법이 없다.

⊃ 대법원 2002. 9. 4. 선고 2001다1386 판결

▣ 국가계약법

▶ 제26조(지체상금) ① 각 중앙관서의 장 또는 계약담당공무원은 **정당한 이유 없이 계약의 이행을 지체한** 계약상대자로 하여금 **지체상금을 내도록** 하여야 한다. ...

▣ 국가계약법 시행령

▶ 제74조(지체상금) ① 각 중앙관서의 장 또는 계약담당공무원은 계약상대자(국가기관과 지방자치단체를 제외한다)가 **계약상의 의무를 지체한 때에는 지체상금으로서 계약금액**(장기계속공사계약·장기계속물품제조계약·장기계속용역계약의 경우에는 연차별 계약금액을 말한다. 이하 이 조에서 같다)**에 기획재정부령이 정하는 율과 지체일수를 곱한 금액**을 계약상대자로 하여금 현금으로 납부하게 하여야 한다. 이 경우 **계약상대자의 책임없는 사유로 계약이행이 지체되었다고 인정될 때에는 그 해당일수를 지체일수에 산입하지 아니한다.**
...

▣ (기획재정부 계약예규) 물품구매(제조)계약일반조건

▶ 제24조(지체상금) ... ③ 계약담당공무원은 다음 각 호의 어느 하나에 해당되어 납품이 지체되었다고 인정할 때에는 그 해당일수를 제1항의 지체일수에 산입하지 아니한다.

1. 천재·지변 등 불가항력의 사유에 의한 경우
2. 계약상대자가 대체사용할 수 없는 중요 관급재료의 공급이 지연되어 제조공정의 진행이 불가능하였을 경우
3. 계약상대자의 책임 없이 납품이 지연된 경우로서 다음 각 목의 어느 하나에 해당하는 경우
   가. 발주기관의 물품제작을 위한 설계도서 승인이 계획된 일정보다 지연된 경우(관련서류의 누락 등 계약상대자의 잘못을 보완하는 기간은 제외한다)
   나. 계약상대자가 시험기관 및 검사기관의 시험·검사를 위해 필요한 준비를 완료하였으나 시험기관 및 검사기관의 책임으로 시험·검사

가 지연된 경우

다. 설계도서 승인 후 발주기관의 요구에 의한 설계변경으로 인하여 제
작기간이 지연된 경우

라. 발주기관의 책임으로 제조의 착수가 지연되었거나 중단되었을 경우

4. 기타 계약상대자의 책임에 속하지 않은 사유로 인하여 지체된 경우

해설

O 국가계약법령에는 계약상대자가 정당한 이유없이 계약의 이행을 지체한 경
우 지체상금을 내도록 하고 있고, 계약상대자의 책임없는 사유에 대하여 물
품구매(제조)계약 일반조건 등에서 구체적으로 규정하고 있다.

O 불가항력 등의 인정범위

천재·지변과 같은 불가항력적 경우에는 지체상금이 면책될 수 있으나, 구체
적으로 어느 정도에 이르러야 불가항력이 인정되는가는 불명확하다.

위 판결은 IMF와 그로 인한 자재수급의 차질 그 자체를 불가항력적 사유로
인정하지 않았다. 또한, 이상 강우의 경우에도 이로 인하여 공사에 어느 정
도 지장을 주었다 하더라도 천재지변에 준하는 이례적인 강우가 아닌 한 지
체상금의 면책사유에 해당하지 않는다고 판단하였다.

이러한 점을 고려할 때, 계약서에 천재지변 등 면책사유의 인정기준에 대하여
구체적으로 약정하여 향후 분쟁의 가능성을 줄일 필요성이 있다고 할 것이다.

O 지체상금의 감액사유

판례는 특정한 사유가 지체상금의 면제사유에는 해당하지 않다 하더라도 그와 같
은 사정을 고려하여 지체상금을 감액할 사유는 될 수 있음을 인정하였다.

따라서 지체상금의 면책여부가 문제되는 경우에 비록 지체상금의 면책사유
에 해당하지 않는다 하더라도 소송에서 지체상금의 감액을 주장할 필요성은
있다고 할 것이다.

계약기간 연장 청구에 대한 승낙여부

사실관계

○ 2010. 11. 30. 원고(A업체)는 피고(대한민국)와 체계통합, 소프트웨어 개발 등에 관한 용역계약을 체결함.

○ 피고는 원고의 채무이행 이전에 전술도로를 개설하고, 전기인입공사를 완료하기로 하였으나, 협력업체 도산 등의 사정으로 전술도로의 완공이 계속하여 지연되자 계약만료 기간을 연장하는 제1차 수정계약을 체결함.

○ 제1차 수정계약 체결 후에도 상당 기간 지연된 후에야 전술도로 등이 완공되었고, 원고는 피고에게 이 사건 1차 수정계약 기간을 연장하여 줄 것을 여러 차례 요청하였으나 피고는 거절함.

○ 원고는 국가계약분쟁조정절차까지 거친 다음 그 조정결과를 근거로 피고에게 계약기간 연장을 다시 요청하였으나, 피고는 이러한 원고의 요청을 계속하여 거절하고 위 조정결정도 수용하지 않음.

○ 원고는 소송을 통해 피고의 귀책으로 인하여 지연된 기간만큼의 계약기간연장을 청구함.

계약기간 연장을 위한 수정계약에 승낙할 의무이행 청구소송 가능여부

(1) 민법 제389조 제2항은 '채무가 법률행위를 목적으로 한 때에는 채무자의 의사표시에 갈음한 재판을 청구할 수 있다.'라고 규정하고 있고, 의사의 진술을 명하는 판결은 확정과 동시에 그러한 의사를 진술한 것으로 간주되므로, 의사의 진술이 간주됨으로써 어떤 법적 효과를 가지는 경우에는 소로써 구할 이익이 있다(대법원 2016. 9. 30. 선고 2016다200552 판결 참조).

(2) 위 법리에 비추어 이 사건 소에 관하여 권리보호자격 또는 권리보호이익이 있는지에 대하여 살피건대, 아래에서 보는 사실 및 사정 등에 비추어 보면 이 사건 소는 적합한 분쟁해결 방법으로서 권리보호자격 및 권리보호이익이 있다 할 것이므로, 피고의 위 항변은 모두 이유 없다.

　(가) 원고가 이 사건 소로써 구하는 채무는 이 사건 계약에 기한 피고의 법률행위(계약기간 연장 승낙 의사표시)를 목적으로 하는 채무이고, 이러한 **계약상 채무의 이행을 구하는 이행의 소는 그 자체로 소의 이익이 인정**된다.

　(나) 이 사건 용역계약일반조건, 방위사업관리규정, 계약변경업무처리지침 등에 의하면 계약당사자의 책임에 속하지 아니하는 사유로 이 사건 사업이 지체된 경우에는 계약기간 연장 등의 필요한 조치를 하여야 하는 것으로 되어 있고, 이 사건 소로써 **원고가 청구하는 것은 계약에 근거하여 발생하는 피고의 연장계약 체결의무의 이행이므로 이는 전형적인 계약상의 권리행사로서 권리보호의 자격이 있으며**, 피고가 주장하는 청구권의 구체적인 성립·발생 여부는 본안에서

판단할 문제이다.

(다) 의사표시를 명하는 이행판결은 확정과 동시에 채무자가 의사표시를 한 효과가 발생하고, 그 의사표시가 요식행위일 때에는 그 방식을 갖춘 것으로 취급되므로, **국가계약법상 계약체결의 의사표시를 명하는 판결이 확정되면 그 의사표시는 계약에 필요한 방식을 갖춘 것으로 보아야 한다.**

(라) 이 사건 소는 연장계약에 승낙할 의무의 이행을 구하는 소로써 연장계약이 체결되는 결과는 **피고의 채무이행에 의하여 발생하는 효과**이지 원고의 일방적인 의사표시에 의하여 발생하는 법률효과가 아니므로, **형성의 소에 해당한다고 볼 수 없다.**

(마) 이 사건 소에 의하여 계약기간이 연장되면 그 기간에 대하여는 지체책임이 인정되지 않고, 앞서 본 바와 같이 지체책임을 제한(지체상금의 총액을 계약금액의 100분의 10에 해당하는 금액을 한도로 함)한 구 방위사업법 시행령 제61조 제4항은 2016. 3. 31. 이후에 계약기간이 만료되어 지체상금이 발생하는 계약부터 적용되므로, 이 사건 1차 수정계약 기간의 연장 여부에 따라 원고의 지체책임 범위와 액수가 달라질 수 있는 바, 이 사건 소는 원고에게 있어 이 사건 사업에 대한 **지체상금채무 등에 관하여 종국적이고 근원적으로 분쟁을 해결할 수 있는 방법**으로 보인다.

➤ 계약기간 연장청구에 대한 승낙의무 여부

(1) ... 이 사건 계약은 발주기관의 책임으로 용역착수가 지연되거나 용역수행이 지연되었을 경우 및 **계약상대자의 책임에 속하지 않는 사유**로 인하여 지체된 경우에 대해서는 그 기간에 **대하여 계약기간을 연장시키는 방법**으로 원고가 그 지연에 따른 책임을 부담하지 않음을 명백하게 규정하고 있고,

(2) **원고(A업체)의 귀책사유 없이** 전술도로 및 전기인입공사의 지체와 F 실총기의 제원변경으로 인하여 이 사건 사업이 325일(= 304일 + 21일) **지연되었으므로,**

(3) 피고(대한민국)는 원고에게 이 사건 1차 **수정계약에 관하여** 그 지연된 기간 325일에 대하여 **계약기간의 종기를** 2015. 11. 30.에서 2016. 10. 20.로 **연장하는 수정계약의 체결에 관한 승낙의 의사표시를 할 의무가 있다.**

➲ 서울중앙지법 2019. 10. 30. 선고 2018가합522695 판결 [계약기간 연장에 대한 승낙청구의 소]

▣ 민법

▶ 제389조(강제이행) ① 채무자가 임의로 채무를 이행하지 아니한 때에는 채권자는 그 강제이행을 법원에 청구할 수 있다. 그러나 채무의 성질이 강제이행을 하지 못할 것인 때에는 그러하지 아니하다.

② 전항의 채무가 법률행위를 목적으로 한 때에는 **채무자의 의사표시에 갈음할 재판을 청구**할 수 있고 채무자의 일신에 전속하지 아니한 작위를 목적으로 한 때에는 채무자의 비용으로 제삼자에게 이를 하게 할 것을 법원에 청구할 수 있다.

▣ (기획재정부 계약예규) 용역계약일반조건

▶ 제18조(지체상금) ③ 계약담당공무원은 다음 각 호의 어느 하나에 해당되어 용역수행이 지체되었다고 인정할 때에는 그 해당일수(제5호에 해당하는 경우에는 해당 일수의 1/2)를 제1항의 지체일수에 산입하지 아니한다.

1. 제24조에서 규정하는 불가항력의 사유에 의한 경우
2. 발주기관의 책임으로 용역착수가 지연되거나 용역수행이 중단되었을 경우
3. <삭제 2021.12.1.>
4. 계약상대자의 부도 등으로 보증기관이 보증이행업체를 지정하여 보증이행할 경우
5. 제49조에 따른 소프트웨어사업으로서 구현하고자 하는 기능의 범위에 대해 계약이행기간 내에 발주기관과 계약상대자간의 이견이 발생하여 과업내용을 조정함으로 인한 경우
6. 기타 계약상대자의 책임에 속하지 않는 사유로 인하여 지체된 경우

▶ 제19조(계약기간의 연장) ① 계약상대자는 제18조 제3항 각 호의 사유(제5호 제외)가 계약기간 내에 발생한 경우에는 계약기간 종료전에 지체없이 계약담당공무원에게 서면으로 계약기간의 연장신청과 동 연장으로 인하여 추가비용이 발생하는 경우에는 제4항에 의한 계약금액 조정신청을 함께

하여야 한다. 다만, 연장사유가 계약기간내에 발생하여 계약기간 경과후 종료된 경우에는 동 사유가 종료된 후 즉시 계약기간의 연장신청과 제4항에 의한 계약금액 조정신청을 함께 하여야 한다.

② 계약담당공무원은 제1항에 의한 계약기간연장 신청이 접수된 때에는 즉시 그 사실을 조사 확인하고 해당 용역이 적절히 이행될 수 있도록 계약기간의 연장 등 필요한 조치를 하여야 한다.

③ 계약담당공무원은 제1항의 연장청구를 승인하였을 경우 동 연장기간에 대하여는 제18조에 의한 지체상금을 부과하여서는 아니된다.

④ 제2항에 의하여 계약기간을 연장한 경우에는 제17조에 의하여 그 변경된 내용에 따라 실비를 초과하지 아니하는 범위안에서 계약금액을 조정한다. 다만, 제18조 제3항 제4호의 사유에 의한 경우에는 그러하지 아니하다.

⑤ 계약담당공무원은 제1항 내지 제4항에도 불구하고 계약상대자의 의무불이행으로 인하여 발생한 지체상금이 시행령 제50조 제1항에 의한 계약보증금상당액에 달한 경우라고 하더라도 계약목적물이 국가정책사업 대상이거나 계약의 이행이 노사분규 등 불가피한 사유로 인하여 지연된 때에는 계약기간을 연장할 수 있다.

⑥ 제5항에 의한 계약기간의 연장은 지체상금이 계약보증금상당액에 달한 때에 하여야 하며, 연장된 계약기간에 대하여는 제18조에도 불구하고 지체상금을 부과하여서는 아니된다.

⑦ 제2항 및 제5항에 따라 계약기간을 연장하는 경우 계약상대자는 계약기간 연장계약 체결전까지 계약기간 연장이 표시된 보증서 등을 발주기관에 제출하여야 한다. 다만, 보증서 등의 보증기간이 해당 계약의 실제 완료일까지 유효한 것으로 약정된 경우에는 그러하지 아니한다.

해설

○ 이 사건은 발주기관이 계약기간을 1차 연장하였으나, 계약상대자의 귀책사유가 없음에도 2차 계약기간을 연장하지 않고 지체상금을 부과함으로써 분쟁이 발생한 사건이었다.

공교롭게도 이 사건의 결과에 따라 계약기간이 연장되는 경우 방위사업법 시행령 제61조 제4항에 따라 지체상금의 한도(계약금액의 100분의 10)를 제한하는 개정규정이 적용되는 시점에 해당하게 되어 이 사건관련 전체 사업에 대한 지체상금이 대폭 감액될 수 있던 사안이라 그 판결 결과에 관심이 모아진 사건이었다.

○ 이 사건에서 법원은 계약상대자인 업체의 권리보호자격과 소의 이익이 있음을 인정하였고, 발주기관인 국가에게 **계약기간의 종기를 연장하는 수정계약의 체결에 관한 승낙의 의사표시를 할 의무**가 있다고 판결하였다.

또한, 국가계약은 원칙적으로 계약서 작성이라는 형식을 요하지만 **국가계약법상 계약체결의 의사표시를 명하는 판결이 확정되면 그 의사표시는 계약에 필요한 방식을 갖춘 것**으로 보아야 한다고 판단하였다.

4. 지체상금의 감액

법원의 지체상금에 대한 감액 기준

지체상금 과다여부의 기준

지체상금을 계약 총액에서 지체상금률을 곱하여 산출하기로 정한 경우, 민법 제398조 제2항에 의하면, 손해배상액의 예정액이 부당히 과다한 경우에는 법원은 적당히 감액할 수 있다고 규정되어 있고,

여기의 **손해배상의 예정액이란** 문언상 그 예정한 **손해배상액의 총액을** 의미한다고 해석되므로, 손해배상의 예정에 해당하는 **지체상금의 과다 여부는 지체상금 총액을 기준**으로 하여 판단하여야 한다.

지체상금이 부당히 과다한 경우의 의미 및 감액의 기준

손해배상 예정액이 부당하게 과다한 경우에는 법원은 당사자의 주장이 없더라도 직권으로 이를 감액할 수 있으며,

여기서 '**부당히 과다한 경우**'라고 함은 채권자와 채무자의 각 지위, 계약의 목적 및 내용, 손해배상액을 예정한 동기, 채무액에 대한 예정액의 비율, 예상 손해액의 크기, 그 당시의 거래관행 등 모든 사정을 참작하여 일반 사회관념에 비추어 그 예정액의 지급이 경제적 약자의 지위에 있는 채무자에게 **부당한 압박을 가하여 공정성을 잃는 결과를 초래한다고 인정되는 경우를 뜻하는** 것으로 보아야 하고,

한편 위 규정의 적용에 따라 손해배상의 예정액이 부당하게 과다한지 및 그에 대한 적당한 감액의 범위를 판단하는 데 있어서는 법원이 구체적으로 그 판단을 하는 때 즉, **사실심의 변론종결 당시를 기준**으로 하여 그 사이에 발생한 위와 같은 모든 사정을 종합적으로 고려하여야 할 것이다.

당사자의 주장없을 시 직권 판단 필요여부

지체상금이 부당하게 과다하다고 인정되지 아니하는 경우에는 이에 대하여 **당사자의 주장이 없다면 법원이 직권으로 지체상금이 부당하게 과다하지 않다는 것을 판단할 필요까지는 없다.**

➲ 대법원 2002. 12. 24. 선고 2000다54536 판결

손해배상액 예정과 위약벌 성격 모두 가진 지체상금 약정의 감액

사실관계

○ 국가가 설치·운영하는 甲 학교와 ○○공사가 전기공급계약을 체결하였고, 그 계약에 적용되는 전기공급약관에 고객이 약관을 위반하여 전기를 사용함으로써 **요금이 정당하게 계산되지 않았을 경우** 정당하게 계산되지 않은 **금액의 3배를 한도로 위약금을 받는다고 규정함.**

○ 甲 학교가 계약종별을 위반하여 양어장에서 사용한 전기에 대하여 **교육용 전력요금이 아닌 농사용 전력요금을 납부하였음을 이유로** ○○공사가 국가를 상대로 전기공급약관에서 정한 **위약금의 지급을 구함.**

손해배상액 예정과 위약벌의 성격을 모두 가진 위약금의 감액 범위

이 사건 공급계약에 적용되는 전기공급약관 및 그 시행세칙의 규정 내용 등을 살펴보면, 위 전기공급약관상 **위약금은 손해배상액의 예정과 위약벌의 성질을 함께 가지는 것**으로 볼 수 있는데(대법원 2013. 4. 11. 선고 2011다112032 판결 참조), 이러한 경우 특별한 사정이 없는 한 민법 제398조 제2항에 따라 **위약금 전체 금액을 기준으로 감액**을 할 수 있다고 봄이 타당하다.

⊃ 대법원 2018. 10. 12. 선고 2016다257978 판결

지체상금의 감액시 과실상계 인정여부

(1) 조달청이 체결하는 물품구매계약의 일반조건 및 특수조건에서,

　　정부측 사정으로 인하여 납품이 지연된 경우에는 그 해당일수의 지체상금은 면제된다는 취지의 규정이 있고, 구 예산회계법시행령 제129조 제1항 후문(현 국가를당사자로하는계약에관한법률시행령 제74조 제1항 후문)에서도 수급인이 책임을 질 수 없는 사유로 이행이 지연된 경우에는 그 해당일수만큼 지체상금을 공제할 수 없다는 취지의 규정을 두고 있다 할지라도

　　그 지체상금이 손해배상의 예정으로 인정되어 이를 **감액함에 있어서는** 채무자가 계약을 위반한 경위 등 **제반사정이 참작되므로 손해배상액의 감경에 앞서 채권자의 과실 등을 들어 따로 감경할 필요는 없다.**

(2) 원심이 공사의 운영이사 등의 발언을 공사의 과실로 보아 지체상금액을 감경하여야 한다는 취지의 원고의 주장을 받아들이지 아니한 것에 과실상계나 손해배상예정액의 감경 등에 관한 법리오해 등 상고이유에서 주장하는 바와 같은 위법이 있다 할 수 없다.

⊃ 대법원 2002. 1. 25. 선고 99다57126 판결 [물품대금]

▣ 민법

▶ 제398조(배상액의 예정) ① 당사자는 채무불이행에 관한 손해배상액을 예
정할 수 있다.

② **손해배상의 예정액이 부당히 과다한 경우에는 법원은 적당히 감액할
수 있다.**

③ 손해배상액의 예정은 이행의 청구나 계약의 해제에 영향을 미치지 아
니한다.

④ 위약금의 약정은 손해배상액의 예정으로 추정한다. ...

해설

○ 민법상 손해배상액의 예정액 감액규정의 강행법규성

판례에 의하면 지체상금은 원칙적으로 손해배상액의 예정으로 보므로 법원
이 직권으로 감액을 할 수 있다(민법 제398조 제2항).

판례는 위 **민법 제398조 제2항의 규정을 강행규정**으로 인정하고 있으므로
당사자간 감액을 인정하지 않는다는 취지의 약정과 같이 당사자의 의사에
따라 위 내용을 배제할 수는 없다.

○ 지체상금의 감액 기준

판례는 손해배상액의 예정이란 문언상 그 예정한 손해배상액의 총액을 의미
한다고 해석되므로, 손해배상액의 예정에 해당하는 **지체상금의 과다 여부는
지체상금 총액을 기준으로 하여 판단하여야** 한다고 본다.

또한, 지체상금을 감액하기 위한 전제로서 **"지체상금이 과다한 경우"란** 채권
자와 채무자의 관계, 채무액에 대한 손해배상액의 예정의 비율 등 제반 사정
을 고려하고, 일반 사회관념에 비추어 그 **손해배상액의 예정의 지급이 경제
적 약자의 지위에 있는 채무자에게 부당한 압박을 가하여 공정성을 잃는 결
과를 초래한다고 인정되는 경우를** 의미하는 것으로 본다.

쉽게 말해 채무자에게 있어 **공정성이 침해되는 경우**를 말한다고 할 것이다.

○ 손해배상액의 예정과 위약벌의 성격을 모두 가진 지체상금 약정의 감액
위약금의 약정이 있는 경우 그 위약금은 대개 손해배상액의 예정 또는 위약벌 중 하나의 성격을 가지는 것이 보통이나, 약정의 내용과 제반 사정을 고려할 때 **손해배상액의 예정과 위약벌의 성격을 모두 가지는 경우도** 있을 것이다.

판례에 의하면

다수의 전기수용가와 사이에 체결되는 전기공급계약에 적용되는 약관 등에 계약종별외의 용도로 전기를 사용하면 그로 인한 전기요금 면탈금액의 2배에 해당하는 위약금을 부과한다고 되어 있지만, 그와 별도로 면탈한 전기요금 자체 또는 손해배상을 청구할 수 있도록 하는 규정은 없고 면탈금액에 대해서만 부가가치세 상당을 가산하도록 되어 있는 등의 사정이 있는 경우, **위 약관에 의한 위약금은 손해배상액의 예정과 위약벌의 성질을 함께 가지는 것**으로 봄이 상당하다(대법원 2013. 4. 11. 선고 2011다112032 판결 [사용료]).

라고 판시하고 있는 바, 전기공급계약 등의 경우 면탈한 전기 요금 자체 또는 손해배상을 청구할 수 있는 규정은 별도로 없고, 전기요금 면탈금액의 2배에 해당하는 위약금을 부담한다고 규정한 점에서 그 위약금에 어느 한 가지 성격만을 가진다고 보기는 힘들고 손해배상액의 예정의 성격과 위약벌의 성격을 모두 가지는 것으로 판단한 것으로 보인다.

이러한 경우 법원은 손해배상액의 예정으로서 성격을 가지는 만큼 위약금 전체 금액에 대하여 감액이 가능하다고 할 것이다.

○ 지체상금의 감액과 과실상계 여부
지체상금을 감액시 채권자의 과실이 있는 경우에 이를 어떻게 고려하여야 하는가와 관련하여 판례는 지체상금이 손해배상액의 예정으로 인정되어 이

를 감액함에 있어서는 채무자가 계약을 위반한 경위 등 제반사정이 참작되므로 손해배상액의 감경에 앞서 채권자의 과실 등을 들어 따로 감경할 필요는 없다고 본다.

Public contracts understood as precedents

VII

부정당업자의
입찰 참가자격 제한

Ⅶ. 부정당업자의 입찰 참가자격 제한

가. 부정당업자의 입찰 참가자격 제한의 의의

계약상대자 등이 입찰부터 계약의 이행까지의 과정에서 계약의 공정한 집행이나 계약의 적정한 이행 등을 해하는 일정한 위반행위에 대하여 가하는 제재라고 할 수 있다.

이는 국가를 당사자로 하는 계약 등에서 공정한 입찰 및 계약질서를 어지럽히는 행위를 하는 자에 대하여 일정기간 동안 입찰참가를 배제함으로써 국가가 체결하는 계약의 성실한 이행을 확보함과 동시에 국가가 입게 될 불이익을 미연에 방지하기 위한 것이라 할 것이다(헌법재판소 2005. 6. 30.자 2005헌가1 결정).

나. 부정당업자의 입찰 참가자격 제한의 법적 성격

학계 및 실무는 일부 견해의 대립이 있으나, 판례에 의하면

(1) 국가, 지방자치단체의 제한은 행정소송의 대상이 되는 행정처분으로 본다.

(2) 또한, 공공기관 중에서도 공기업, 준정부기관의 제한도 행정처분으로 본다.

(3) 그러나, 공공기관 중 기타 공공기관의 제한은 행정처분으로 인정할 수 없고, 해당기관의 입찰에 참가시키지 않겠다는 사법상의 통지 등으로 본다.

구체적인 내용은 후술한다.

다. 부정당업자의 입찰 참가자격 제한의 주체와 대상

(1) 주체

(가) 기본적으로 발주기관으로서 국가계약법은 **중앙관서의 장**(국가계약법 제27조

제1항), 지방계약법은 **지방자치단체의 장**(지방계약법 제31조 제1항), 공공기관은 **공기업·준정부기관의 장**(공공기관운영법 제39조 제2항)으로 규정하고 있다. 중앙관서는 정부조직법상 중앙행정기관으로서 부, 처, 청을 의미한다고 할 것이다.

(나) 지방계약법에 의하면 제한의 주체와 관련하여 "지방자치단체의 장이 ... 중앙행정기관의 장 또는 다른 지방자치단체의 장에게 계약사무를 위임하거나 위탁하여 처리하는 경우에는 그 위임 또는 위탁을 받은 중앙행정기관의 장 또는 지방자치단체의 장을 포함한다."고 규정하고 있다. 따라서, **지방자치단체의 장으로부터 계약사무를 위임 내지 위탁받은 중앙행정기관의 장 또는 지방자치단체의 장도 주체가 된다**(지방계약법 제31조 제1항).

(다) 조달사업법에 의하면 수요기관의 장(국가기관, 지방자치단체, 그 밖에 대통령으로 정하는 기관)은 수요물자 또는 공사 관련 계약을 체결할 때 조달청장에게 계약체결을 요청하도록 하고 있는 바(조달사업법 제11조),

판례에 의하면 위 경우 계약사무를 다른 관서에 위탁할 수 있는 국가계약법 제6조 제3항에 근거하여 **조달청장이 입찰 참가자격 제한의 주체가 될 수 있다고** 본다.

또한, **공기업·준정부기관이 조달요청을 하는 경우**에도 계약체결을 조달청장에게 위탁할 수 있다는 공공기관운영법 제44조 제2항에 근거하여 **조달청장이 주체가 될 수 있다고** 보는 한편 **기타 공공기관의 경우**에는 그러한 근거가 없으므로 **조달청장이 주체가 될 수 없다고** 본다.

(2) 대상

(가) 기본적으로 제한의 상대방은

1) **계약상대자, 입찰자 또는 국가전자조달시스템을 이용하여 견적서를 제출하는 자**로서 제재사유 제5호, 제6호 외의 사유에 해당하는 자이다(국가계약법 시행령 제76조 제3항).

2) 또한, 제재사유 제5호인 **공정거래위원회로부터 입찰 참가자격 제한 요청**

이 있는 자와 제6호인 **중소벤처기업부장관으로부터 입찰 참가자격 제한의 요청이 있는 자**이다(국가계약법 시행령 제76조 제3항).

(나) 부정당업자의 대리인, 지배인 또는 그 밖의 사용인 등이 제한사유에 해당하는 행위를 한 경우에도 **부정당업자**가 대상이 되지만, 부정당업자가 위 대리인 등의 행위를 방지하기 위해 **상당한 주의와 감독을 게을리하지 않은 경우**에는 대상이 되지 않는다(국가계약법 시행령 제76조 제3항).

(다) 공동계약의 공동수급체의 경우에는 **입찰 참가자격 제한의 원인을 제공한 자**만이 대상이 된다(국가계약법 시행령 제76조 제5항).

(라) 법인 또는 단체의 경우에는 **법인 또는 단체**와 아울러 **법인 또는 단체의 대표자**(대표자가 여러 명 있는 경우에는 해당 입찰 및 계약에 관한 업무를 소관하는 대표자로 한정한다),

「중소기업협동조합법」에 따른 중소기업협동조합의 경우에는 **중소기업협동조합**과 아울러 **입찰 참가자격 제한의 원인을 제공한 조합원**도 대상이 된다(국가계약법 시행령 제76조 제6항).

라. 부정당업자의 입찰 참가자격 제한의 사유

(1) 전체 규정방식

입찰 참가자격 제한의 사유에 대하여 국가계약법은 8가지 큰 유형에 대하여 규정하면서

마지막 유형으로 "그 밖에 다음 각 목의 어느 하나에 해당하는 자로서 대통령령으로 정하는 자"와 관련하여

① 경쟁의 공정한 집행을 저해할 염려가 있는 자,

② 계약의 적정한 이행을 해칠 염려가 있는 자,

③ 다른 법령을 위반하는 등 입찰에 참가시키는 것이 적합하지 아니하다고 인정되는 자의 3가지 세부 유형으로 다시 나누어

동 법 시행령에서 구체적인 사유들을 규정하고 있다.

(2) 구체적 제한사유

(가) 계약을 이행할 때에 부실·조잡 또는 부당하게 하거나 부정한 행위를 한 자

(나) 경쟁입찰, 계약 체결 또는 이행 과정에서 입찰자 또는 계약상대자 간에 서로 상의하여 미리 입찰가격, 수주 물량 또는 계약의 내용 등을 협정하였거나 특정인의 낙찰 또는 납품대상자 선정을 위하여 담합한 자

(다) 「건설산업기본법」, 「전기공사업법」, 「정보통신공사업법」, 「소프트웨어산업 진흥법」 및 그 밖의 다른 법률에 따른 하도급에 관한 제한규정을 위반(하도급통 지의무위반의 경우는 제외한다)하여 하도급한 자 및 발주관서의 승인없이 하도급을 하거나 발주관서의 승인을 얻은 하도급조건을 변경한 자

(라) 사기, 그 밖의 부정한 행위로 입찰·낙찰 또는 계약의 체결·이행 과정에 서 국가에 손해를 끼친 자

(마) 「독점규제 및 공정거래에 관한 법률」 또는 「하도급거래 공정화에 관한 법률」을 위반하여 공정거래위원회로부터 입찰 참가자격 제한의 요청이 있는 자

(바) 「대·중소기업 상생협력 촉진에 관한 법률」 제27조 제5항에 따라 중소 벤처기업부장관으로부터 입찰 참가자격 제한의 요청이 있는 자

(사) 입찰·낙찰 또는 계약의 체결·이행과 관련하여 관계 공무원(제27조의3 제 1항에 따른 과징금부과심의위원회, 제29조 제1항에 따른 국가계약분쟁조정위원회, 「건설기술 진흥법」에 따른 중앙건설기술심의위원회·특별건설기술심의위원회 및 기술자문위원회, 그 밖 에 대통령령으로 정하는 위원회의 위원을 포함한다)에게 뇌물을 준 자

(아) 계약을 이행할 때에 「산업안전보건법」에 따른 안전·보건 조치 규정을 위반하여 근로자에게 대통령령으로 정하는 기준에 따른 사망 등 중대한 위해를 가한 자

 - "대통령령으로 정하는 기준에 따른 사망 등 중대한 위해"란 「산업안전보 건법」 제38조, 제39조 또는 제63조에 따른 안전 및 보건조치 의무를 위 반하여 동시에 2명 이상의 근로자가 사망한 경우를 말한다(국가계약법 시행 령 제76조 제1항).

(자) 그 밖에 다음 각 목의 어느 하나에 해당하는 자로서 대통령령으로 정하는 자

1) 입찰·계약 관련 서류를 위조 또는 변조하거나 입찰·계약을 방해하는 등 경쟁의 공정한 집행을 저해할 염려가 있는 자

① 입찰 또는 계약에 관한 서류[제39조에 따라 전자조달시스템을 통해 입찰서를 제출하는 경우 「전자서명법」 제2조 제6호에 따른 인증서(서명자의 실지명의를 확인할 수 있는 것으로 한정한다)를 포함한다]를 위조·변조하거나 부정하게 행사한 자 또는 허위서류를 제출한 자

② 고의로 무효의 입찰을 한 자. 다만, 입찰서상 금액과 산출내역서상 금액이 일치하지 않은 입찰 등 **기획재정부령으로 정하는 입찰무효사유에 해당하는 입찰의 경우는 제외**

> ☞ 제외되는 사유에 대하여 국가계약법 시행규칙(기획재정부령) 제75조의2에는 아래와 같이 규정하고 있다.
> (1) 공사입찰에서 **입찰서와 함께 산출내역서를 제출하지 아니한 입찰 및 입찰서상의 금액과 산출내역서상의 금액이 일치하지 아니한 입찰**과 그 밖에 기획재정부장관이 정하는 입찰무효사유에 해당하는 입찰
> (2) 계약담당공무원 등이 경쟁입찰 참가자격의 등록을 하게 하여 등록을 한 자가 등록된 사항 중 **다음 각 목의 어느 하나에 해당하는 등록사항을 변경등록하지 아니하고 입찰서를 제출한 입찰**
> 가. 상호 또는 법인의 명칭
> 나. 대표자(수인의 대표자가 있는 경우에는 대표자 전원)의 성명

③ 입찰참가를 방해하거나 낙찰자의 계약체결 또는 그 이행을 방해한 자

2) 정당한 이유 없이 계약의 체결 또는 이행 관련 행위를 하지 아니하거나 방해하는 등 계약의 적정한 이행을 해칠 염려가 있는 자

① 정당한 이유 없이 계약을 체결 또는 이행(제42조 제5항에 따른 계약이행능력심사를 위하여 제출한 하도급관리계획, 외주근로자 근로조건 이행계획에 관한 사항의 이행과 제72조 및 제72조의2에 따른 공동계약에 관한 사항의 이행을 포함한다)하지 아니하거

나 입찰공고와 계약서에 명시된 계약의 주요조건(입찰공고와 계약서에 이행을 하지 아니하였을 경우 입찰 참가자격 제한을 받을 수 있음을 명시한 경우에 한정한다)을 위반한 자

② 조사설계용역계약 또는 원가계산용역계약에 있어서 고의 또는 중대한 과실로 조사설계금액이나 원가계산금액을 적정하게 산정하지 아니한 자

③ 「건설기술 진흥법」 제47조에 따른 타당성 조사 용역의 계약에서 고의 또는 중대한 과실로 수요예측 등 타당성 조사를 부실하게 수행하여 발주기관에 손해를 끼친 자

④ 감독 또는 검사에 있어서 그 직무의 수행을 방해한 자

⑤ 시공 단계의 건설사업관리 용역계약 시 「건설기술 진흥법 시행령」 제60조 및 계약서 등에 따른 건설사업관리기술인 교체 사유 및 절차에 따르지 아니하고 건설사업관리기술인을 교체한 자

3) 다른 법령을 위반하는 등 입찰에 참가시키는 것이 적합하지 아니하다고 인정되는 자

① 계약의 이행에 있어서 안전대책을 소홀히 하여 공중에게 위해를 가한 자

② 「전자정부법」 제2조 제13호에 따른 정보시스템의 구축 및 유지·보수 계약의 이행과정에서 알게 된 정보 중 각 중앙관서의 장 또는 계약담당공무원이 누출될 경우 국가에 피해가 발생할 것으로 판단하여 사전에 누출금지정보로 지정하고 계약서에 명시한 정보를 무단으로 누출한 자

③ 「전자정부법」 제2조 제10호에 따른 정보통신망 또는 같은 조 제13호에 따른 정보시스템(이하 이 목에서 "정보시스템등"이라 한다)의 구축 및 유지·보수 등 해당 계약의 이행과정에서 정보시스템등에 허가 없이 접속하거나 무단으로 정보를 수집할 수 있는 비(非)인가 프로그램을 설치하거나 그러한 행위에 악용될 수 있는 정보시스템등의 약점을 고의로 생성 또는 방치한 자

☞ 지방계약법상 부정당업자 제재사유
▶ 법 제31조 ① 지방자치단체의 장 … 은 다음 각 호의 어느 하나에 해당하는 자에 대해서는 대통령령으로 정하는 바에 따라 2년 이내의 범위에서 입찰 참가자격을 제

한하여야 한다.

1. 계약을 이행할 때 부실·조잡 또는 부당하게 하거나 부정한 행위를 한 자
2. 경쟁입찰, 계약 체결 또는 이행 과정에서 입찰자 또는 계약상대자 간에 서로 상의하여 미리 입찰가격, 수주 물량 또는 계약의 내용 등을 협정하거나 특정인의 낙찰 또는 납품대상자 선정을 위하여 담합한 자
3. 「건설산업기본법」, 「전기공사업법」, 「정보통신공사업법」, 「소프트웨어 진흥법」 및 그 밖의 다른 법률에 따른 하도급의 제한규정을 위반하여 하도급한 자(하도급 통지의무 위반의 경우는 거짓이나 그 밖에 부정한 방법으로 위반한 경우만을 말한다), 발주관서의 승인 없이 하도급한 자 및 발주관서의 승인을 얻은 하도급조건을 변경한 자
4. 사기, 그 밖의 부정한 행위로 입찰·낙찰 또는 계약의 체결·이행과 관련하여 지방자치단체에 손해를 끼친 자
5. 「독점규제 및 공정거래에 관한 법률」 또는 「하도급거래 공정화에 관한 법률」을 위반하여 공정거래위원회로부터 입찰참가자격제한의 요청이 있는 자
6. 「대·중소기업 상생협력 촉진에 관한 법률」 제27조 제7항에 따라 중소벤처기업부장관으로부터 입찰참가자격제한의 요청이 있는 자
7. **입찰·낙찰 또는 계약의 체결·이행과 관련하여 관계 공무원 또는 다음 각 목의 어느 하나에 해당하는 사람에게 금품 또는 그 밖의 재산상 이익을 제공한 자**
   가. 제7조 제1항에 따라 위임·위탁을 받아 계약사무를 처리하는 기관의 계약 관련 업무를 수행하는 자(그 계약사무 처리와 관련하여 위원회 등이 설치된 경우 그 위원회 등의 위원을 포함한다) …
8. **제33조(입찰 및 계약체결의 제한)를 위반하여 계약을 체결한 자**
9. 그 밖에 다음 각 목의 어느 하나에 해당하는 자로서 대통령령으로 정하는 자
   가. 입찰·계약 관련 서류를 위조 또는 변조하거나 입찰·계약을 방해하는 등 경쟁의 공정한 집행을 저해할 염려가 있는 자
   나. 정당한 이유 없이 계약의 체결 또는 이행 관련 행위를 하지 아니하거나 방해하는 등 계약의 적정한 이행을 해칠 염려가 있는 자
   다. 그 밖에 다른 법령을 위반하는 등 입찰에 참가시키는 것이 적합하지 아니하다고 인정되는 자

☞ 공공기관운영법상 부정당업자 제재사유

▶ 법 제39조(회계원칙 등) ② 공기업·준정부기관은 공정한 경쟁이나 계약의 적정한 이행을 해칠 것이 명백하다고 판단되는 사람·법인 또는 단체 등에 대하여 2년의 범위 내에서 일정기간 입찰참가자격을 제한할 수 있다.

③ 제1항과 제2항의 규정에 따른 회계처리의 원칙과 입찰참가자격의 제한기준 등

에 관하여 필요한 사항은 기획재정부령으로 정한다

▶ 공기업·준정부기관 회계사무규칙(기획재정부령) 제15조(부정당업자의 입찰참가자격 제한)
법 제39조 제3항에 따라 기관장은 공정한 경쟁이나 계약의 적정한 이행을 해칠 것이 명백하다고 판단되는 자에 대해서는 「국가를 당사자로 하는 계약에 관한 법률」 제27조에 따라 입찰참가자격을 제한할 수 있다.

마. 부정당업자의 입찰 참가자격 제한의 효력

(1) 효력발생 시기

입찰 참가자격 제한은 일반적으로 처분서에 **입찰 참가자격 제한기간이 별도로 정해져서 기재**되고, 그 기간의 시작시점부터 만료시점까지 효력이 발생한다. 또한, 이 처분도 일반적인 처분과 마찬가지로 **처분서가 송달된 때로부터 효력이 발생**한다.

따라서, 판례에 의하면 처분서상의 제한기간의 시작시기가 처분서의 송달시기 이전인 경우에는 처분서의 송달시기에 효력이 발생한다.

(2) 효력의 범위

(가) 업종별 효력의 범위

입찰 참가자격 제한은 행위자의 법인격에 대한 처분이므로 해당 업종 내지 사업뿐만 아니라 **행위자인 법인 등의 모든 사업 및 업종에 대하여 입찰 참가자격이 제한**된다.

(나) 기관별 효력의 범위

1) 해당 중앙관서 등의 제한

각 중앙관서의 장은 부정당업자에게 **해당 중앙관서에서 진행하는 입찰에의 참가자격을 제한**하여야 한다(국가계약법 제27조 제1항). 이는 당연한 내용이라 할 것이다.

지방자치단체의 장, 공기업·준정부기관도 부정당업자에 대하여 **해당 기관의 입**

찰 참가자격을 제한하여야 한다(지방계약법 제31조 제4항/공공기관운영법 제39조 제2항).

2) 같은 법령에 근거한 다른 중앙관서 등의 제한

중앙관서의 장은 입찰 참가자격 제한사실을 즉시 다른 중앙관서의 장에게 통보하여야 한다. 이 경우 **통보를 받은 다른 중앙관서의 장은 해당 부정당업자의 입찰 참가자격을 제한**하여야 한다(국가계약법 제27조 제1항).

지방자치단체로부터 입찰 참가자격을 제한받은 자는 **다른 지방자치단체에서 시행하는 모든 입찰에 대하여 참가자격이 제한**된다(지방계약법 제31조 제4항).

3) 다른 법령에 근거한 다른 중앙관서 등의 제한

이를 이른 바 **"확장제재조항"**이라 하는 바, 기관별로 나누어 살펴보면,

가) 중앙관서의 경우 **각 중앙관서의 장 또는 계약담당공무원**은 「지방계약법」 또는 「공공기관운영법」 등 다른 법령에 따라 입찰 참가자격 제한을 한 사실을 통보받거나 전자조달시스템에 게재된 자에 대해서도 **입찰에 참가할 수 없도록** 해야 한다(국가계약법 시행령 제76조 제12항).

나) 지방자치단체의 경우 국가계약법, 공공기관운영법 등 다른 법령에 따라 입찰 참가자격의 제한을 받은 자는 그 제한기간 동안 **각 지방자치단체에서 시행하는 모든 입찰에 대하여 참가자격이 제한**된다(지방계약법 제31조 제4항).

다) 공기업·준정부기관의 경우에는 공기업·준정부기관 계약사무규칙(기획재정부령) 제15조(부정당업자의 입찰 참가자격 제한)에서 "「국가를 당사자로 하는 계약에 관한 법률」 제27조에 따라 입찰 참가자격을 제한할 수 있다."라고 규정하고 있는 바, 국가계약법 이나 지방계약법 등 **다른 법령에 의하여 중앙관서 내지 지방자치단체에서 제재를 받은 업체에 대하여 입찰 참가자격 제한처분을 할 수 있는가**에 대하여 견해의 대립이 있다.

① 위 규정을 근거로 국가계약법령을 유추적용하여 중앙관서, 지방자치단체에서 제재를 받은 업체에 대하여 입찰 참가자격 제한이 특별한 조건없이 가능하다는 견해[2]와

② 공공기관운영법에서 입찰 참가자격 제한의 요건은 "공정한 경쟁이나 계

약의 적정한 이행을 해칠 것이 명백하다고 판단되는 경우"로서 국가계약법 등과 다르므로 그 요건에 해당하는 경우에 한하여 입찰 참가자격 제한이 가능하다는 견해 등이 나뉜다.[3]

국가계약법령을 유추적용하되 법령간 다른 요건을 조화시키는 뒤의 견해가 타당하다고 할 것이다.

이와 관련하여 판례에 의하면 확장제재조항에 의하더라도 어떤 처분청이 입찰 참가자격 제한을 한 경우 다른 처분청이 별도의 제재가 없어도 원래 처분청의 처분의 효력이 당연히 확장되는 것이 아니고, 새로운 제재를 할 수 있는 근거조항일 뿐이므로 다른 처분청은 별도의 제재를 하여야 한다고 본다(대법원 2017. 4. 7. 선고 2015두50313 판결).

(3) 효력의 내용

경쟁입찰에서 입찰 참가자격이 제한될 뿐 아니라 부정당업자와는 수의계약도 체결할 수 없다. 다만, 입찰 참가자격을 제한받은 자 외에는 적합한 시공자, 제조자가 존재하지 아니하는 등 부득이한 사유가 있는 경우에는 예외로 가능하다 (국가계약법 제27조 제3항).

각 중앙관서의 장 또는 계약담당공무원은 경쟁입찰에서 낙찰된 자가 입찰 참가자격 제한을 받은 경우에는 그 **낙찰자와 계약을 체결해서는 안 된다.** 다만, 장기계속계약의 낙찰자가 최초로 계약을 체결한 이후 입찰 참가자격 제한을 받은 경우로서 해당 장기계속계약에 대한 연차별계약을 체결하는 경우에는 해당 계약상대자와 계약을 체결할 수 있다(국가계약법 시행령 제76조 제8항).

바. 그 외 다른 조항 및 법령상 부정당업자의 입찰 참가자격 제한

앞서 살펴본 국가계약법, 지방계약법, 공공기관운영법과 그 외에도 다른 여러 법령에 부정당업자의 입찰 참가자격 제한에 대하여 규정하고 있다.

---

2 법무법인(유한) 태평양 건설부동산팀, 앞의 책, 482면.
3 정태학·오정한·장현철·유병수, 앞의 책, 428면.

(1) 국가계약법상 다른 입찰 참가자격 제한

제27조의5(조세포탈 등을 한 자의 입찰 참가자격 제한) ① 각 중앙관서의 장은 대통령령으로 정하는 조세포탈 등을 한 자로서 유죄판결이 확정된 날부터 2년이 지나지 아니한 자에 대하여 입찰 참가자격을 제한하여야 한다.

(2) 방위사업법상 입찰 참가자격 제한

제59조(청렴서약위반에 대한 제재) 국방부장관과 방위사업청장은 제6조 제1항 제4호에 해당하는 자가 청렴서약서의 내용을 지키지 아니한 경우에는 대통령령이 정하는 바에 따라 해당 방산업체·일반업체, 방위산업과 관련없는 일반업체, 전문연구기관 및 일반연구기관에 대하여 5년의 범위 안에서 입찰 참가자격을 제한하는 등의 제재를 할 수 있다.

(3) 지방공기업법상 입찰 참가자격 제한

제64조의2(회계처리의 원칙 등) … ④ 공사는 계약을 체결하는 경우 공정한 경쟁 또는 계약의 적정한 이행을 해칠 것이 명백하다고 판단되는 자에 대하여는 2년 이내의 범위에서 입찰 참가자격을 제한할 수 있다.

(4) 조달사업법상 입찰 참가자격 제한

제14조(계약방법의 특례) … ④ 조달청장은 제3항 본문에 따른 공동수급체의 구성원에 대하여는 「국가를 당사자로 하는 계약에 관한 법률」 제27조에 따라 입찰 참가자격을 제한하여야 한다.

(5) 사회기반시설에 대한 민간투자법(약칭: 민간투자법)상 입찰 참가자격 제한

제46조의2(부정당업자의 민간투자사업 참가자격 제한) 주무관청은 경쟁의 공정한 집행 또는 실시협약의 적정한 이행을 해칠 염려가 있거나 그 밖에 민간투자사업에 참가시키는 것이 부적합하다고 인정되는 자에 대하여는 2년의 범위에서 대통령령으로 정하는 바에 따라 민간투자사업 참가자격을 제한하여야 하며, 이를 즉시 다른 주무관청에 통보하여야 한다. 이 경우 통보를 받은 주무관청은 대통령령으로 정하는 바에 따라 해당자의 민간투자사업 참가자격을 제한하여

야 한다.

(6) 대·중소기업 상생협력 촉진에 관한 법률(약칭: 상생협력법)상 입찰 참가자격 제한

제8조(상생협력 성과의 공평한 배분) ... ⑤ 「공공기관의 운영에 관한 법률」 제5조에 따른 공기업·준정부기관 및 「지방공기업법」에 따른 지방공기업은 성과 공유제 시행을 위하여 필요한 경우에는 「공공기관의 운영에 관한 법률」 제39조 및 「지방공기업법」 제64조의2에 따라 입찰참가자의 자격을 제한하거나 입찰참가자를 지명하여 경쟁에 부치거나 수의계약(隨意契約)을 할 수 있다.

사. 과징금

(1) 의의 및 법적 성격

(가) 국가계약법은 부정당업자의 책임이 경미하거나 입찰 참가자격 제한으로 인하여 유효한 경쟁입찰이 성립될 수 없는 경우에는 입찰 참가자격 제한을 갈음하여 과징금을 부과할 수 있도록 하고 있다(국가계약법 제27조의 2 제1항).

이는 입찰 참가자격 제한처분의 효과가 중대하고 광범위함으로 인하여 계약 상대자인 업체에게 위반의 정도에 비하여 과도한 불이익을 줄 수 있고, 경우에 따라서는 그 여파가 발주기관 및 해외계약에도 미칠 우려가 있으므로 제재의 실효성을 확보하되 입찰 참가자격 제한의 경직성으로 인한 부작용을 예방할 수 있도록 하기 위하여 도입된 것이다.

(나) 국가계약법상 과징금은 행정법규 위반으로 인한 경제적 이익을 박탈하기 위한 제재금으로서 통상적인 과징금이라기보다 공익적인 이익을 고려하여 영업정지를 하지 않고 그 영업이익을 박탈하는 변형된 과징금의 성격을 가진다고 할 것이다.

또한, 과징금은 공권력의 행사로서 행정소송의 대상이 되는 침익적 행정처분이라 할 것이다.

(2) 관련 법령

입찰 참가자격 제한을 대체할 과징금 제도는 국가계약법 제27조의2와 지방계약법 제31조의2에 명시적 규정을 두고 있다.

그러나, 공공기관운영법은 공기업·준정부기관의 과징금 부과권한부여의 부적절성 등으로 인하여 과징금제도에 대한 규정을 두고 있지 않다.

(3) 과징금 부과사유

(가) 부정당업자의 책임이 경미한 경우

부정당업자의 위반행위가 예견할 수 없음이 명백한 경제여건 변화에 기인하는 등 부정당업자의 책임이 경미한 경우로서 대통령령으로 정하는 사항(국가계약법 시행령 제76조의2)은 아래와 같다.

① 천재지변이나 그 밖에 이에 준하는 부득이한 사유로 인한 경우
② 국내·국외 경제 사정의 악화 등 급격한 경제 여건 변화로 인한 경우
③ 발주자에 의하여 계약의 주요 내용이 변경되거나 발주자로부터 받은 자료의 오류 등으로 인한 경우
④ 공동계약자나 하수급인 등 관련 업체에도 위반행위와 관련한 공동의 책임이 있는 경우
⑤ 입찰금액 과소산정으로 계약체결·이행이 곤란한 경우로서 제36조 제16호에 따른 기준 및 비율을 적용하는 등 책임이 경미한 경우
⑥ 금액단위의 오기 등 명백한 단순착오로 가격을 잘못 제시하여 계약을 체결하지 못한 경우
⑦ 입찰의 공정성과 계약이행의 적정성이 현저하게 훼손되지 아니한 경우로서 부정당업자의 책임이 경미하며 다시 위반행위를 할 위험성이 낮다고 인정되는 사유가 있는 경우

다만, 다음의 경우에는 위 과태료 대상에서 제외된다.
① 경쟁입찰, 계약 체결 또는 이행 과정에서 입찰자 또는 계약상대자 간에 서로 상의하여 미리 입찰가격, 수주 물량 또는 계약의 내용 등을 협정하

였거나 특정인의 낙찰 또는 납품대상자 선정을 위하여 담합한 자

② 사기, 그 밖의 부정한 행위로 입찰·낙찰 또는 계약의 체결·이행 과정에서 국가에 손해를 끼친 자

③ 「독점규제 및 공정거래에 관한 법률」 또는 「하도급거래 공정화에 관한 법률」을 위반하여 공정거래위원회로부터 입찰참가자격 제한의 요청이 있는 자

④ 「대·중소기업 상생협력 촉진에 관한 법률」 제27조 제7항에 따라 중소벤처기업부장관으로부터 입찰참가자격 제한의 요청이 있는 자

⑤ 입찰·낙찰 또는 계약의 체결·이행과 관련하여 관계 공무원(제27조의3 제1항에 따른 과징금부과심의위원회, 제29조 제1항에 따른 국가계약분쟁조정위원회,「건설기술 진흥법」에 따른 중앙건설기술심의위원회·특별건설기술심의위원회 및 기술자문위원회, 그 밖에 대통령령으로 정하는 위원회의 위원을 포함한다)에게 뇌물을 준 자

⑥ 입찰 또는 계약에 관한 서류[제39조에 따라 전자조달시스템을 통해 입찰서를 제출하는 경우「전자서명법」제2조 제6호에 따른 인증서(서명자의 실지명의를 확인할 수 있는 것으로 한정한다)를 포함한다]를 위조·변조하거나 부정하게 행사한 자 또는 허위서류를 제출한 자

⑦ 고의로 무효의 입찰을 한 자. 다만, 입찰서상 금액과 산출내역서상 금액이 일치하지 않은 입찰 등 기획재정부령으로 정하는 입찰무효사유에 해당하는 입찰의 경우는 제외한다.

⑧ 입찰참가를 방해하거나 낙찰자의 계약체결 또는 그 이행을 방해한 자

⑨ 조사설계용역계약 또는 원가계산용역계약에 있어서 고의 또는 중대한 과실로 조사설계금액이나 원가계산금액을 적정하게 산정하지 아니한 자

⑩ 「건설기술 진흥법」 제47조에 따른 타당성 조사 용역의 계약에서 고의 또는 중대한 과실로 수요예측 등 타당성 조사를 부실하게 수행하여 발주기관에 손해를 끼친 자

(나) 입찰 참가자격 제한으로 유효한 경쟁입찰이 성립될 수 없는 경우

입찰 참가자격 제한으로 인하여 입찰자가 2인 미만이 될 것으로 예상되는 경우를 의미한다.

(4) 과징금 부과절차

과징금을 부과하기 위하여 기획재정부에 설치된 과징금부과위원회의 심의(국가계약법 제27조의3)를 거쳐야 하고, 중앙관서의 장은 부정당업자에게 위반행위의 종류와 과징금액을 서면으로 통지하여야 한다(국가계약법 시행령 제76조의3).

판례 **2. 입찰 참가자격 제한의 법적 성격**

국가 및 지방자치단체의 조치의 법적 성격

중앙관서의 장의 조치

원심이 이 사건 처분을 원고(A 주식회사)에 대하여 그 처분일인 1993. 2. 20.부터 같은 해 11. 27.까지 **입찰 참가자격을 제한하는 내용의 처분으로 보고** 이 사건 처분에 대한 재량권의 남용 및 일탈에 관한 주장을 판단한 조치와

이 사건 처분은 그 판시와 같은 원고가 이 사건 계약을 불이행하게 된 경위, 관련법령에 위반한 정도, 이 사건 처분으로 인하여 원고가 받게 될 불이익과 피고(조달청장)가 도모하고자 하는 공익목적 등을 종합하여 볼 때,

원고 주장의 사정을 감안하더라도 피고가 원고의 입찰 참가자격을 1993. 2. 20.부터 같은 해 11. 27.까지 제한한 것은 적절하고, 여기에 **재량권을 남용하거나 그 범위를 일탈한 위법이 있다고 할 수 없다고 판단**하였음은 정당한 것으로 수긍이 가고, 거기에 소론과 같이 채증법칙을 위반하여 사실을 잘못 인정한 위법이나 재량권의 남용 및 일탈에 관한 법리를 오해한 위법이 있다고 할 수 없다.

➲ 대법원 1994. 6. 24. 선고 94누958 판결 [입찰 참가자격 제한 처분취소]

지방자치단체의 장의 조치

... **지방자치단체의 장의 위 입찰 참가자격 제한**의 기준으로 적용되는 국가계약법 시행령 제76조 제1항은 '다음 각 호의 1에 해당하는 계약상대자 또는 입찰자에 대하여는 ... 입찰 참가자격을 제한하여야 한다.'고 규정하면서 제7호로서 '경쟁입찰에 있어서 입찰자 간에 서로 상의하여 미리 입찰가격을 협정하였거나 특정인의 낙찰을 위하여 담합한 자'를 규정하고 있다.

그런데 **위와 같은 침익적 행정처분의 근거가 되는 행정법규**는 엄격하게 해석 · 적용하여야 하고 ...

➲ 대법원 2008. 2. 28. 선고 2007두13791 판결 [부정당업자제재처분취소]

공기업 · 준정부기관의 조치의 법적 성격

행정처분성 인정 판례

(1) **공공기관의 운영에 관한 법률 제39조 제2항, 제3항에 따라** 입찰 참가자격 제한기준을 정하고 있는 구 계약사무규칙 제15조 제2항, 국가계약법 시행규칙 제76조 제

1항[별표 2], 제3항 등은 비록 부령의 형식으로 되어 있으나 그 규정의 성질과 내용이 공기업·준정부기관(이하 '행정청'이라 한다)이 행하는 입찰 참가자격 제한처분에 관한 행정청내부의 재량준칙을 정한 것에 지나지 아니하여 대외적으로 국민이나 법원을 기속하는 효력이 없으므로,

입찰 참가자격 제한처분이 적법한지 여부는 이러한 규칙에서 정한 기준에 적합한지 여부만에 따라 판단할 것이 아니라 공공기관의 운영에 관한 법률상 입찰 참가자격 제한 처분에 관한 규정과 그 취지에 적합한지 여부에 따라 판단하여야 할 것이다(대법원 1990. 1. 25. 선고 89누3564판결, 대법원 2007. 9. 20. 선고 2007두6946판결 등 참조).

(2) 다만 그 재량준칙이 정한 바에 따라 되풀이 시행되어 행정관행이 이루어지게 되면 평등의 원칙이나 신뢰보호의 원칙에 따라 행정청은 상대방에 대한 관계에서 그 규칙에 따라야 할 자기구속을 받게 되므로, 이러한 경우에는 특별한 사정이 없는 한 그에 반하는 처분은 평등의 원칙이나 신뢰보호의 원칙에 어긋나 재량권을 일탈·남용한 위법한 처분이 된다(대법원 2013. 11. 14. 선고 2011두28783판결 등 참조).

➲ 대법원 2014. 11. 27. 선고 2013두18964 판결 [부정당업자제재처분취소]

행정처분성 내지 계약상 권리행사 여부 판단 판례

(1) 사실관계

○ 원고(업체)는 피고(한국 ○○원자력 주식회사)와 원자력발전소 발전설비 납품계약을 체결하고 2008. 6. 27.부터 2010. 8. 16.까지 피고에게 배관재, 볼트, 너트 등 발전설비 부품을 납품하면서, 위 부품과 관련하여 수차례에 걸쳐 위·변조된 시험성적서 33장을 제출함.

○ 피고는 2014. 4. 15. 원고가 "입찰 또는 계약에 관한 서류를 위조·변조하거나 허위서류를 제출한 자"에 해당한다는 이유로 원고에 대하여 이 사건 입찰 참가자격 제한 처분을 함.

(2) 대법원 판단

(가) 공기업·준정부기관이 법령 또는 계약에 근거하여 선택적으로 입찰 참가자격 제한 조치를 할 수 있는 경우, 계약상대방에 대한 입찰 참가자격 제한 조치가 법령에 근거한 행정처분인지 아니면 계약에 근거한 권리행사인지는 원칙적으로 의사표시의 해석 문제이다. 이때에는 공기업·준정부기관이 계약상대방에게 통지한 문서의 내용과 해당 조치에 이르기까지의 과정을 객관적·종합적으로 고찰하여 판단하여야 한다.

그럼에도 불구하고 공기업·준정부기관이 법령에 근거를 둔 행정처분으로서의 입찰 참가자격 제한 조치를 한 것인지 아니면 계약에 근거한 권리행사로

서의 입찰 참가자격 제한 조치를 한 것인지 여부가 여전히 **불분명한 경우에는**, 그에 대한 불복방법 선택에 중대한 이해관계를 가지는 그 조치 상대방의 인식가능성 내지 예측가능성을 중요하게 고려하여 규범적으로 이를 확정함이 타당하다.

(나) 위와 같은 사정들을 앞서 본 법리에 비추어 살펴보면, 피고가 한 입찰 참가자격 제한 조치는 계약에 근거한 권리행사가 아니라 공공기관운영법 제39조 제2항에 근거한 **행정처분으로 봄이 타당**하다. 그 이유는 다음과 같다.

  1) 피고(한국 ○○원자력주식회사)가 원고에게 **통지한 각 문서에는, 해당 조치가 계약임을 전제로 한 내용과 행정처분임을 전제로 한 내용이 혼재**되어 있어, 객관적으로 보아도 해당 조치의 성격과 근거를 명확하게 알기 어렵다.
  2) 해당 조치에 이르기까지의 모든 과정을 살펴보더라도, 피고가 과연 어떠한 수단을 선택하여 입찰 참가자격 제한 조치를 취한 것인지가 여전히 불분명하다.
  3) 피고는 **행정절차법에 따라 입찰 참가자격 제한에 관한 절차를 진행**하였고, 원고에게 입찰 참가자격 제한 조치에 대한 불복방법으로 일정한 기간 내에 행정심판법 또는 행정소송법에 따라 **행정심판을 청구하거나 행정소송을 제기하여야 한다고 안내**하였다.
  4) 따라서 원고(업체)가 이러한 상황에서, 피고의 위와 같은 통보에도 불구하고 입찰 참가자격 제한 조치를 행정처분이 아니라 민사소송으로 다투어야 할 계약에 근거한 권리행사라고 인식하였을 것으로 기대하기는 어렵다.

⊃ 대법원 2018. 10. 25. 선고 2016두33537 판결 [부정당업자제재처분취소]

기타 공공기관의 조치의 법적 성격

[1] 행정소송의 대상이 되는 행정처분은, 행정청 또는 그 소속기관이나 법령에 의하여 행정권한의 위임 또는 위탁을 받은 공공기관이 국민의 권리의무에 관계되는 사항에 관하여 공권력을 발동하여 행하는 공법상의 행위를 말하며, 그것이 상대방의 권리를 제한하는 행위라 하더라도 **행정청 또는 그 소속기관이나 권한을 위임받은 공공기관의 행위가 아닌 한 이를 행정처분이라고 할 수 없다.**

[2] 수도권매립지관리공사가 甲에게 입찰 참가자격을 제한하는 내용의 부정당업자제재처분을 하자, 甲이 제재처분의 무효확인 또는 취소를 구하는 행정소송을 제기하면서 제재처분의 효력정지신청을 한 사안에서,

수도권매립지관리공사는 행정소송법에서 정한 행정청 또는 그 소속기관이거나 그로부터 제재처분의 권한을 위임받은 공공기관에 해당하지 않으므로, 수도권매립지

관리공사가 한 위 제재처분은 행정소송의 대상이 되는 **행정처분이 아니라 단지 甲**
을 자신이 시행하는 입찰에 참가시키지 않겠다는 뜻의 사법상의 효력을 가지는 통
지에 불과하므로, 甲이 수도권매립지관리공사를 상대로 하여 제기한 위 효력정지
신청은 부적법함에도 그 신청을 받아들인 원심결정은 집행정지의 요건에 관한 법
리를 오해한 위법이 있다.
‣ 대법원 2010. 11. 26.자 2010무137 결정 [부정당업자제재처분효력정지]

관련 법령

■ 국가계약법

▶ 제27조(부정당업자의 입찰 참가자격 제한 등) ① **각 중앙관서의 장은** 다
음 각 호의 어느 하나에 해당하는 자(이하 "부정당업자"라 한다)에게는 2년
이내의 범위에서 대통령령으로 정하는 바에 따라 **입찰 참가자격을 제한하**
여야 하며, 그 제한사실을 즉시 다른 중앙관서의 장에게 통보하여야 한다.
이 경우 통보를 받은 다른 중앙관서의 장은 대통령령으로 정하는 바에 따
라 해당 부정당업자의 입찰 참가자격을 제한하여야 한다. ...

■ 지방계약법

▶ 제31조(부정당업자의 입찰 참가자격 제한) ① **지방자치단체의 장**(지방자치
단체의 장이 제7조 제1항에 따라 중앙행정기관의 장 또는 다른 지방자치단체의 장에게 계
약사무를 위임하거나 위탁하여 처리하는 경우에는 **그 위임 또는 위탁을 받은 중앙행정기**
관의 장 또는 지방자치단체의 장을 포함한다. 이하 제6항·제7항, 제31조의2 제1항·제5항
및 제31조의5 제1항·제3항에서 같다)은 다음 각 호의 어느 하나에 해당하는
자(이하 "부정당업자"라 한다)에 대해서는 대통령령으로 정하는 바에 따라 **2년**
이내의 범위에서 입찰 참가자격을 제한하여야 한다. ...

■ 공공기관운영법

▶ 제39조(회계원칙 등) ① 공기업·준정부기관의 회계는 경영성과와 재산의
증감 및 변동 상태를 명백히 표시하기 위하여 그 발생 사실에 따라 처리
한다.
② **공기업·준정부기관은** 공정한 경쟁이나 계약의 적정한 이행을 해칠 것

이 명백하다고 판단되는 사람·법인 또는 단체 등에 대하여 **2년의 범위 내에서 일정기간 입찰 참가자격을 제한할 수 있다.**

③ 제1항과 제2항의 규정에 따른 회계처리의 원칙과 입찰 참가자격의 제한기준 등에 관하여 필요한 사항은 기획재정부령으로 정한다.

해설

○ 문제의 소재

국가계약법 등 여러 법령에 의하여 이루어지는 입찰 참가자격 제한조치는 그 법적 성격이 행정처분이냐 또는 사법상의 계약에 의한 제한조치냐에 따라 그 시행절차와 분쟁시 행정소송의 대상여부 등이 달라지게 된다.

○ 국가 및 지방자치단체의 입찰 참가자격 제한조치

국가 및 지방자치단체의 입찰 참가자격 제한조치는 당연히 **행정처분에 해당**하는 것으로 해석되고 있다. 이러한 경우 입찰 참가자격 제한조치는 그 사유에 해당하면 **계약담당공무원이 반드시 조치를 하여야 하는 의무규정**이다.

○ 공기업 내지 준정부기관의 입찰 참가자격 제한조치

공기업 내지 준정부기관의 입찰 참가자격 제한조치의 법적 성격에 대하여는 행정처분인지 계약에 근거한 권리행사인지 여부에 대하여 일의적으로 단정하여 판단할 수 없으며, 그 법적 근거, 조치에 이르기까지의 경위 등을 객관적, 종합적으로 고찰하여 판단하여야 한다.

먼저, 판례는 공공기관운영법 등 법령에 근거한 입찰 참가자격 제한의 경우에는 일반적으로 그 **행정처분성을 인정**하고 있다.

다만, **대법원은 행정처분 내지 계약에 근거한 권리행사여부가 불분명한 경우**에는 그 법적성격을 판단함에 있어 해당 조치에 대한 불복방법에 대하여 큰 이해관계를 가지는 **계약 상대방의 인식가능성 내지 예측가능성을 중요한 고려요소로 보고 판단**하도록 하고 있다.

○ 기타 공공기관의 입찰 참가자격 제한

부정당업자의 입찰 참가자격 제한이 행정처분으로서의 효력을 가지기 위해서는 처분의 주체가 법적인 근거를 바탕으로 권한과 책임을 가지고 있어야 한다.

공공기관운영법상 공공기관 중에서도 공기업 또는 준행정기관에 해당하지 않는 **기타 공공기관은** 공공기관운영법상 입찰 참가자격 제한의 주체에 포함되지 않아 제한을 할 수 있는 **법적 근거가 없을 뿐만 아니라** 행정청이나 소속기관으로부터 처분의 **권한을 적법하게 위임받은 공공기관에 해당하지도 않는다.**

따라서, 그러한 기타 공공기관의 입찰 참가자격 제한은 **행정처분으로 인정될 수 없고,** 해당 기관 자체의 입찰에 참가시키지 않겠다는 **사법상의 효력을 가지는 통지에 불과**하다고 할 것이다.

3. 입찰 참가자격 제한의 해석 기준

입찰 참가자격 제한 관련 해석

입찰 참가자격 제한 관련 해석의 원칙

침익적 행정처분의 근거가 되는 행정법규는 엄격하게 해석·적용하여야 하고 행정처분의 상대방에게 불리한 방향으로 지나치게 확장해석 하거나 유추해석 하여서는 안 되며, 그 입법 취지와 목적 등을 고려한 목적론적 해석이 전적으로 배제되는 것은 아니라 하더라도 그 **해석이 문언의 통상적인 의미를 벗어나서는 안 될 것인 바, ...**

➲ 대법원 2008. 2. 28. 선고 2007두13791 판결 [부정당업자제재처분취소]

입찰 참가자격 제한의 재량권 일탈남용여부 판단기준

(1) 제재적 행정처분이 재량권의 범위를 일탈하였거나 남용하였는지 여부는, 처분사유인 위반행위의 내용과 그 위반의 정도, 그 처분에 의하여 달성하려는 공익상의 필요와 개인이 입게 될 불이익 및 이에 따르는 제반 사정 등을 객관적으로 심리하여 **공익침해의 정도와 처분으로 인하여 개인이 입게 될 불이익을 비교·교량하여 판단**하여야 한다.

(2) 이러한 제재적 행정처분의 기준이 부령 형식으로 규정되어 있더라도 그것은 행정청 내부의 사무처리준칙을 규정한 것에 지나지 않아 대외적으로 국민이나 법원을 기속하는 효력이 없다. 따라서 그 **처분의 적법 여부는 처분기준만이 아니라 관계 법령의 규정 내용과 취지에 따라 판단**하여야 한다.

그러므로 처분기준에 부합한다 하여 곧바로 처분이 적법한 것이라고 할 수는 없지만, 처분기준이 그 자체로 헌법 또는 법률에 합치되지 않거나 그 기준을 적용한 결과가 처분사유인 위반행위의 내용 및 관계 법령의 규정과 취지에 비추어 현저히 부당하다고 인정할 만한 합리적인 이유가 없는 한, 섣불리 그 기준에 따른 처분이 재량권의 범위를 일탈하였다거나 재량권을 남용한 것으로 판단해서는 안 된다.

➲ 대법원 2018. 5. 15. 선고 2016두57984 판결 [입찰 참가자격 제한 처분취소]

... 공기업·준정부기관(이하 '행정청'이라 한다)이 행하는 입찰 참가자격 제한 처분에 관한 행정청 내부의 재량준칙을 정한 것에 지나지 아니하여 대외적으로 국민이나 법원을 기속하는 효력이 없으므로 입찰 참가자격 제한처분이 적법한지 여부는 이러한 규칙에서 정한 **기준에 적합한지 여부만에 따라 판단할 것이 아니라** 공공기관의 운영에 관한 법률상 입찰 참가자격 제한처분에 관한 **규정과 그 취지에 적합한지여부에 따라 판단**하여야 한다.

다만 그 재량준칙이 정한 바에 따라 되풀이 시행되어 행정관행이 이루어지게 되면 평등의 원칙이나 신뢰보호의 원칙에 따라 행정청은 상대방에 대한 관계에서 그 규칙에 따라야 할 자기구속을 받게 되므로, 이러한 경우에는 특별한 사정이 없는 한 **그에 반하는 처분은 평**

등의 원칙이나 신뢰보호의 원칙에 어긋나 재량권을 일탈·남용한 위법한 처분이 된다.
➲ 대법원 2014. 11. 27. 선고 2013두18964 판결 [부정당업자제재처분취소]

입찰 참가자격 제한 대상 관련 엄격해석의 사례

(1) 국가계약법 시행령 제76조 제1항 본문이 입찰 참가자격 제한의 대상을 '계약상대
자 또는 입찰자'로 정하고 있는 점 등에 비추어 보면,

같은 항 제7호에 규정된 '특정인의 낙찰을 위하여 담합한 자'는 '당해 경쟁입찰에
참가한 자'로서 당해 입찰에서 특정인이 낙찰되도록 하기 위한 목적으로 담합한 자
를 의미한다고 봄이 상당하고,

당해 경쟁입찰에 참가하지 아니함으로써 경쟁입찰의 성립 자체를 방해하는 담합행
위는 설사 그 경쟁입찰을 유찰시켜 수의계약이 체결되도록 하기 위한 목적에서 비
롯된 것이라 하더라도 위 '계약상대자 또는 입찰자'에 해당한다고 할 수 없다.
➲ 대법원 2008. 2. 28. 선고 2007두13791 판결 [부정당업자제재처분취소]

(2) 원심판결 이유에 의하면, 원심은 공공기관의 운영에 관한 법률(이하 '공공기관법'
이라고 한다) 제39조 제2항에 의한 입찰 참가자격 제한은 제재적 행정처분으로서
그 처분사유는 법령이 정하고 있는 사유로 한정되는데,

피고가 이 사건 제3처분 사유의 근거로 삼은 이 사건 청렴계약특수조건 위반은 공
공기관법 제39조 제2항, 국가를 당사자로 하는 계약에 관한 법률 시행령(이하 '국
가계약법 시행령'이라고 한다) 제76조 제1항 각호에서 정한 입찰 참가자격 제한처
분의 사유에 해당하지 아니하므로, 이 사건 제3처분 사유는 적법한 처분사유가 될
수 없다고 판단하였다.

관련 법리에 비추어 기록을 살펴보면, 원심의 위와 같은 판단은 정당하고, 거기에
상고이유 주장과 같이 처분사유에 관한 법리를 오해하거나 필요한 심리를 다하지
아니한 잘못이 없다.
➲ 대법원 2015. 9. 10. 선고 2013두13372 판결 [부정당업자입찰 참가자격 제한 처분취소]

(3) ... 위와 같은 공공기관법 및 이 사건 규칙 조항의 내용을 대비해 보면,
입찰 참가자격 제한의 요건을 공공기관법에서는 '공정한 경쟁이나 계약의 적정한
이행을 해칠 것이 명백할 것'을 규정하고 있는 반면, 이 사건 규칙 조항에서는 '경
쟁의 공정한 집행이나 계약의 적정한 이행을 해칠 우려가 있거나 입찰에 참가시키
는 것이 부적합하다고 인정되는 자'라고 규정함으로써, 이 사건 규칙 조항이 법률
에 규정된 것보다 한층 완화된 처분요건을 규정하여 그 처분대상을 확대하고 있다.
그러나 공공기관법 제39조 제3항에서 부령에 위임한 것은 '입찰 참가자격의 제한
기준 등에 관하여 필요한 사항'일 뿐이고, 이는 그 규정의 문언상 입찰 참가자격을

제한함에 있어서 그 기간의 정도와 가중·감경 등에 관한 사항을 의미한다고 할 것이지 처분의 요건까지를 위임한 것이라고 볼 수는 없다.

따라서 이 사건 규칙 조항에서 위와 같이 처분의 요건을 완화하여 정한 것은 **상위 법령의 위임 없이 규정한 것**이므로 이는 앞서 본 법리에 비추어 **행정기관 내부의 사무처리준칙을 정한 것**에 지나지 아니한다 할 것이다.

원심이 같은 취지에서 이 사건 규칙 조항이 **대외적 구속력이 없다**고 판단한 것은 정당하고, 거기에 피고가 주장하는 위임규정의 존부 등에 관한 법리를 오해한 위법은 없다.

➲ 대법원 2013. 9. 12. 선고 2011두10584 판결 [부정당업자제재처분취소]

관련 법령

▣ 행정기본법

▶ 제8조(법치행정의 원칙) 행정작용은 법률에 위반되어서는 아니 되며, 국민의 권리를 제한하거나 의무를 부과하는 경우와 그 밖에 국민생활에 중요한 영향을 미치는 경우에는 법률에 근거하여야 한다.

▶ 제9조(평등의 원칙) 행정청은 합리적 이유없이 국민을 차별하여서는 아니 된다.

▶ 제12조(신뢰보호의 원칙) ① 행정청은 공익 또는 제3자의 이익을 현저히 해칠 우려가 있는 경우를 제외하고는 행정에 대한 국민의 정당하고 합리적인 신뢰를 보호하여야 한다.
② 행정청은 권한행사의 기회가 있음에도 불구하고 장기간 권한을 행사하지 아니하여 국민이 그 권한이 행사되지 아니할 것으로 믿을만한 정당한 사유가 있는 경우에는 그 권한을 행사해서는 아니 된다. 다만, 공익 또는 제3자의 이익을 현저히 해칠 우려가 있는 경우는 예외로 한다.

▶ 제21조(재량행사의 기준) 행정청은 재량이 있는 처분을 할 때에는 관련 이익을 정당하게 형량하여야 하며, 그 재량권의 범위를 넘어서는 안 된다.

○ 부정당업자의 입찰 참가자격 제한 등 국민에게 불이익한 처분이 이루어지는 과정에서는 처분의 적법성과 관련하여 많은 분쟁이 발생한다. 이러한 분쟁을 해결하기 위하여는 처분의 근거가 되는 관련 법령의 해석이 중요한 요소를 차지한다 할 것이다.

○ 입찰 참가자격 제한 관련 법령의 해석 기준

이러한 입찰 참가자격 제한 관련 법령의 해석에 대하여 판례는 몇 가지 일반적 기준을 제시하고 있다.

먼저 입찰 참가자격 제한은 국민의 권리와 이익을 침해하는 불이익한 처분이므로 그 **규정을 엄격하고 제한적으로 해석**하여야 하며, 처분의 재량권 일탈 내지 남용여부 판단기준은 개인의 **공익침해의 정도와 처분으로 인하여 개인이 입게 될 불이익을 비교, 교량하여 판단**하여야 한다. 또한, 처분의 **적법여부는 처분기준만이 아니라 관련 법령의 내용과 취지에 따라 판단**하여야 한다.

관련 규정이 국민에게 효력을 미치는 강행규정이 아닌 한 원칙적으로 규정에 정해진 기준을 준수하였다고 하여 당연히 그 처분이 적법하다고 인정될 수 없으나, **전체 규정의 내용과 취지를 함께 고려하되 해당 처분의 내용이 현저히 부당하다고 인정할 만한 합리적 이유가 없는 한 섣불리 위법하다고 판단해서는 안 된다**고 하고 있다.

○ 국가계약법 시행규칙상 입찰 참가자격 제한 기준의 법적 성격

(1) 판례는 "제재적 행정처분의 기준이 부령 형식으로 규정되어 있더라도 그것은 행정청 내부의 사무처리준칙을 규정한 것에 지나지 않아 대외적으로 국민이나 법원을 기속하는 효력이 없다. 따라서 그 **처분의 적법 여부는 처분기준만이 아니라 관계 법령의 규정 내용과 취지에 따라 판단**하여야 한다."고 판시하고 있다.

(2) 이에 대하여 학계 및 실무에서는 견해의 대립이 있다. 처분기준은 법률과 대통령에 의하여 위임된 것이라거나 집행명령 내지 위임명령 형식으로 되어 있다는 점에서 법규명령으로서 대외적 구속력을 인정해야 한다는 견해,[4] 판례와 같이 행정기관 내부의 사무처리기준에 불과하다는 견해[5] 등이 있다.

이와 관련하여 부령의 법규명령성에 대하여 대법원은 다음과 같이 판시하였다.

법령에서 행정처분의 요건 중 **일부 사항을 부령으로 정할 것을 위임한 데 따라 시행규칙 등 부령에서 이를 정한 경우**에 그 부령의 규정은 국민에 대해서도 구속력이 있는 법규명령에 해당한다고 할 것이지만, 법령의 **위임이 없음에도 법령에 규정된 처분 요건에 해당하는 사항을 부령에서 변경하여 규정한 경우**에는 그 부령의 규정은 행정청 내부의 사무처리 기준 등을 정한 것으로서 행정조직 내에서 적용되는 **행정명령의 성격을 지닐 뿐 국민에 대한 대외적 구속력은 없다**고 보아야 한다(대법원 1992. 3. 31. 선고 91누4928 판결 참조).

국가계약법 시행규칙과 처분기준을 위 판례의 태도와 법령상 규정체계를 종합적으로 고려하면, 법령에 의해 위임된 범위 내에서 규정된 것이라 할 것이므로 법규명령으로 인정함이 타당하다고 생각된다.[6]

○ 행정기본법의 제정·시행
  (1) 행정법관계에서 판례에 의하여 법리로만 인정되던 신뢰보호의 원칙 등과 그 외 다양한 기본적 내용을 담은 행정기본법이 2021. 3. 23. 제정되어 같은 날 시행되었다.

---

4 정원, 앞의 책, 693면.
5 김성근, 앞의 책, 612면.
6 정태학·오정한·장현철·유병수, 앞의 책, 430면.

(2) 이 법의 시행으로 행정법관계의 기본원칙과 법리가 일반적인 법적 근거
를 가지게 되었다. 따라서, 부정당업자의 입찰참가 제한 등 행정상 불이
익한 처분에 대하여도 평등의 원칙, 신뢰보호의 원칙, 재량행사의 기준
등의 내용이 적용되어 좀 더 법적인 보호가 강화되는 의미를 가지게 되
었다고 할 것이다.

4. 입찰 참가자격 제한의 주체

정부기관 등이 조달청에 위임한 경우 처분의 주체

(1) 조달청이 조달사업에 관한 법률 제5조의2 제1항 또는 제2항에 따라 수요기관으로
부터 계약 체결을 요청받아 그에 따라 체결하는 계약(이하 '요청조달계약'이라 한
다)에 있어 조달청장은 수요기관으로부터 요청받은 계약 업무를 이행하는 것에 불
과하므로, **조달청이 수요기관을 대신하여 국가를 당사자로 하는 계약에 관한 법률
제27조 제1항에 규정된 입찰 참가자격 제한 처분을 할 수 있기 위해서는 그에 관
한 수권의 근거 또는 수권의 취지가 포함된 업무 위탁에 관한 근거가 법률에 별도
로 마련되어 있어야 한다.**

(2) 구 국가를 당사자로 하는 계약에 관한 법률(2012. 12. 18. 법률 제11547호로 개정
되기 전의 것, 이하 '국가계약법'이라 한다) 제6조 제3항은 "**각 중앙관서의 장은 대
통령령이 정하는 바에 의하여 그 소관에 속하는 계약에 관한 사무를 다른 관서에
위탁할 수 있다.**"고 규정하고 있는데,

① 국가계약법에 계약 업무 위탁에 관하여 법률 규정을 별도로 두고 있는 취지는
조달청에서 운영하고 있는 전문적이고 체계적인 조달시스템을 완전하게 이용하
도록 하기 위한 것인 점,
② 이 사건 요청조달계약의 수요기관은 중앙관서의 장으로서 위탁 전 독자적인 입
찰 참가자격 제한 처분 권한을 보유하고 있었던 점,
③ 중앙관서의 장으로부터 조달청장에게 계약업무가 전적으로 위탁된 이상, 조달
청장은 국가계약법에서 정한 제반 절차에 따라 위탁기관의 계약과 관련한 사무
를 처리하여야만 하는 점 등을 종합하여 보면,

**국가계약법 제6조 제3항의 '계약에 관한 사무 위탁'에는 국가계약법에 정한 중앙관
서의 장의 입찰 참가자격 제한 처분 권한에 관한 수권도 당연히 포함되는 것으로 볼
수 있다.**

(3) 이러한 법리와 관련 규정의 내용 및 취지에 비추어 보면, **중앙관서의 장인 경찰청
장으로부터** 국가계약법 제6조 제3항에 따라 요청조달계약의 형식으로 계약에 관한
사무를 위탁받은 피고(조달청장)는 국가계약법 제27조 제1항에 의하여 원고들에
대하여 이 사건 처분을 할 수 있는 권한이 있다고 봄이 타당하다.

➔ 대법원 2017. 10. 12. 선고 2016두40993 판결 [입찰 참가자격 제한 처분취소]

┌───┐

기타 공공기관이 조달청에 위임한 경우 처분의 주체

(1) 공공기관의 운영에 관한 법률 제44조 제2항은 "공기업·준정부기관은 필요하다고 인정하는 때에는 수요물자 구매나 시설공사계약의 체결을 조달청장에게 위탁할 수 있다."라고 규정함으로써, **공기업·준정부기관에 대해서는 입찰 참가자격 제한 처분의 수권 취지가 포함된 업무 위탁에 관한 근거 규정을 두고 있는 반면, 기타공공기관은 여기에서 제외**하고 있음을 알 수 있다.

따라서 **수요기관이 기타공공기관인 요청조달계약의 경우에 관하여는 입찰 참가자격 제한 처분의 수권 등에 관한 법령상 근거가 없으므로, 조달청장이 국가계약법 제27조 제1항에 의하여서는 계약상대방에 대하여 입찰 참가자격 제한 처분을 할 수는 없고**, 그 밖에 그러한 처분을 할 수 있는 별도의 법적 근거도 없다고 봄이 타당하다.

(2) 그럼에도 원심은, 이와 다른 전제에서 그 판시와 같은 이유만을 들어 **기타공공기관인 ○○대학교병원으로부터 계약 체결을 요청**받았을 뿐인 피고(조달청장)가 국가계약법 제27조 제1항에 의하여 입찰 참가자격 제한 처분을 할 수 있다고 판단하였으니, 이러한 원심 판단에는 공·사법의 관계의 구분, 법률유보의 원칙 등에 관한 법리를 오해하여 판결에 영향을 미친 잘못이 있다.

➲ 대법원 2017. 6. 29. 선고 2014두14389 판결 [입찰 참가자격 제한 처분취소]

└───┘

관련 법령

■ **국가계약법**

▶ 제6조(계약사무의 위임·위탁) ... ③ 각 중앙관서의 장은 대통령령으로 정하는 바에 따라 그 **소관의 계약에 관한 사무를 다른 관서에 위탁**할 수 있다.

▶ 제27조(부정당업자의 입찰 참가자격 제한 등) ① **각 중앙관서의 장은** 다음 각 호의 어느 하나에 해당하는 자(이하 "부정당업자"라 한다)에게는 2년 이내의 범위에서 대통령령으로 정하는 바에 따라 **입찰 참가자격을 제한하여야 하며**, 그 제한사실을 즉시 다른 중앙관서의 장에게 통보하여야 한다. 이 경우 통보를 받은 다른 중앙관서의 장은 대통령령으로 정하는 바에 따라 해당 부정당업자의 입찰 참가자격을 제한하여야 한다. ...

■ **지방계약법**

▶ 제7조(계약사무의 위임·위탁) ① 지방자치단체의 장은 다른 법령에서 정

한 경우 외에는 그 소관 계약사무를 처리하기 위하여 필요하다고 인정되면 그 사무의 전부 또는 일부를 「지방회계법」에 따른 **회계관계공무원, 중앙행정기관의 장, 다른 지방자치단체의 장 또는 대통령령으로 정하는 전문기관에 위임하거나 위탁**하여 처리하게 할 수 있다.

② 제1항에 따라 계약사무를 위임 또는 위탁받는 기관의 계약담당자는 다른 법률에 특별한 규정이 없으면 이 법에서 정하는 바에 따라 계약사무를 처리하여야 한다. 다만, 「국가를 당사자로 하는 계약에 관한 법률」의 적용을 받는 중앙행정기관의 장 또는 전문기관에 위임 또는 위탁하는 경우에는 이 법에서 정하는 바에 따라 계약사무를 처리하여야 한다.

▶ 제31조(부정당업자의 입찰 참가자격 제한) ① **지방자치단체의 장**(지방자치단체의 장이 제7조 제1항에 따라 중앙행정기관의 장 또는 다른 지방자치단체의 장에게 계약사무를 위임하거나 위탁하여 처리하는 경우에는 **그 위임 또는 위탁을 받은 중앙행정기관의 장 또는 지방자치단체의 장을 포함**한다. 이하 제6항·제7항, 제31조의2 제1항·제5항 및 제31조의5 제1항·제3항에서 같다)은 다음 각 호의 어느 하나에 해당하는 자(이하 "부정당업자"라 한다)에 대해서는 대통령령으로 정하는 바에 따라 **2년 이내의 범위에서 입찰 참가자격을 제한하여야 한다.** ...

▣ 공공기관운영법

▶ 제39조(회계원칙 등) ... ② **공기업·준정부기관은** 공정한 경쟁이나 계약의 적정한 이행을 해칠 것이 명백하다고 판단되는 사람·법인 또는 단체 등에 대하여 **2년의 범위 내에서 일정기간 입찰 참가자격을 제한할 수 있다.**

▶ 제44조(물품구매와 공사계약의 위탁) ... ② **공기업·준정부기관은** 필요하다고 인정하는 때에는 **수요물자 구매나 시설공사계약의 체결을 조달청장에게 위탁**할 수 있다.

▣ 조달사업법

▶ 제11조(계약체결의 요청) ① **수요기관의 장은** 수요물자 또는 공사 관련 계약을 체결할 때 계약 요청 금액 및 계약의 성격 등이 대통령령으로 정하는 기준에 해당하는 경우에는 **조달청장에게 계약체결을 요청**하여야 한다. 다만, 천재지변 등 부득이한 사유로 계약체결을 요청할 수 없거나 국방 또는 국가기밀의 보호, 재해 또는 긴급 복구 및 기술의 특수성 등으로

계약체결을 요청하는 것이 부적절한 경우 등 대통령령으로 정하는 경우에
는 그러하지 아니하다.

② 수요기관의 장은 제1항 본문에 해당하지 아니하는 경우에도 조달청장
에게 수요물자의 구매 및 공사의 계약체결을 요청할 수 있다.

○ 중앙관서의 장 및 지방자치단체의 장

(1) 직접 조달의 경우

중앙관서 및 지방자치단체가 직접 필요한 물자의 조달을 위한 계약을 한
경우 **입찰 참가자격 제한의 주체가 됨**은 관련 법령에 근거하여 당연하다
할 것이다.

(2) 계약의 위임·위탁의 경우

그러나 중앙관서의 장은 다른 관서에 계약사무를 위탁할 수 있고, 지방
자치단체의 장도 중앙행정기관의 장 또는 다른 지방자치단체의 장에게
계약을 위탁할 수 있다. 특히, 조달청장에게 계약을 위탁하는 경우가 많
다. 그러한 경우에 누가 입찰 참가자격 제한의 주체가 될 수 있느냐가
문제된다.

판례는 중앙관서의 장이 조달청장에게 계약을 위탁한 경우에 조달청장
이 제재처분을 하기 위하여는 권한 위탁의 근거가 법률로 별도로 필요한
데, 국가계약법에서 계약의 위탁에 관한 규정이 있으므로 위 규정이 별
도의 법적 근거가 될 수 있고, 그에 따라 **적법한 권한 위탁을 받은 조달
청장이 주체**가 될 수 있다고 판단하였다.

지방계약법은 법률의 개정을 통하여 계약사무를 위임 또는 위탁받은 중
앙행정기관의 장이나 지방자치단체의 장도 부정당업자 제재의 주체에
명문으로 포함시켰다(지방계약법 제31조 제1항). 따라서 **위임 또는 위탁받
은 기관의 장도 주체**가 될 수 있게 되었다.

○ 공공기관의 장

(1) 공공기관의 구분

공공기관은 공공기관운영법에 따라 공기업, 준정부기관, 기타 공공기관
으로 구분할 수 있는데,

(가) 공기업은 자체수입액이 총수입액의 2분의 1 이상인 기관 중에서
기획재정부장관이 지정한 기관을 말하고, 준정부기관은 공기업이
아닌 공공기관 중에서 지정한 기관을 말한다.

1) 공기업에는 ㉮ 시장형 공기업(자산규모가 2조원 이상이고, 총수입액
중 자체수입액이 대통령령으로 정하는 기준 이상인 공기업)과 ㉯ 준시
장형 공기업(시장형 공기업이 아닌 공기업)이 있고,

2) 준정부기관에는 ㉮ 기금관리형 준정부기관(「국가재정법」에 따라 기
금을 관리하거나 기금의 관리를 위탁받은 준정부기관)과 ㉯ 위탁집행
형 준정부기관(기금관리형 준정부기관이 아닌 준정부기관)이 있다.

(나) 기타 공공기관은 공공기관 중 공기업과 준정부기관을 제외한 기관
을 말한다.

(2) 공기업과 준정부기관

공기업과 준정부기관의 경우에는 공공기관운영법에 따라 기관의 장이
입찰 참가자격 제한의 주체가 될 수 있고, 동 법에 조달청장에게 구매계
약체결업무를 위탁하는 취지의 명문 규정이 있으므로 그 법적 근거에 따
라 **조달청장이 위임 내지 위탁을 받은 경우 조달청장도 입찰 참가자격
제한의 주체**가 될 수 있다고 할 것이다.

(3) 기타 공공기관

그러나, 기타 공공기관의 경우에는 공공기관운영법에서 입찰 참가자격
제한의 주체에 포함되어 있지 않다. 또한, 국가계약법상 계약사무를 위
탁받을 수 있는 행정관서도 아니다. 따라서 **기타 공공기관은 입찰 참가
자격 제한의 주체가 될 수 없고**, 기타 공공기관이 한 입찰 참가자격 제
한은 행정처분으로서의 성질을 가질 수 없다고 할 것이다.

그리고 판례에 의하면 기타 공공기관이 조달사업에 관한 법률에 근거하여 조달청장에게 계약체결을 요청하는 경우에는 조달청장도 입찰 참가자격 제한의 주체가 될 수 없다.

"계약상대자 또는 입찰자" 해당여부

사실관계

❍ 2005. 3. 22. 원고 업체들 및 폐기물협회의 17개 회원사 대표들이 향후 폐기물 수집·운반 대행계약을 원주시와 수의계약으로 체결하는 경우 공동수급 계약 또는 A 합자회사를 17개사 대표로 하여 대행계약을 체결하기로 하고, 경비도 17개사가 공동으로 부담하며 수익금을 균등 배분하기로 합의함.

❍ 2005. 4. 7. 폐기물협회 회원사 대표회의에서 폐기물협회 회원사들은 폐기물 수집·운반계약이 수의계약이 되도록 원주시가 발주하는 이 사건 입찰에 각 업체가 참가하지 않거나 참가하여 낙찰되더라도 계약체결을 하지 않기로 합의함.

❍ 피고(원주시)가 2005. 4. 2. 및 2005. 4. 13. 실시한 이 사건 입찰에 회원사 업체들이 참가하지 않거나 A 합자회사만 단독으로 응찰하여 이 사건 입찰이 모두 유찰됨.

원심의 판단(서울고등법원 2006누28507 판결)

(1) 국가계약법 제27조 제1항의 **입법 취지가 경쟁의 공정한 집행 또는 계약의 적정한 이행을 확보하기 위하여 이를 해하는 행위를 한 자에 대하여 일정기간 동안 입찰 참가자격을 제한**하려는 데 있고 이를 구체화한 것이 국가계약법 시행령 제76조 제1항 각 호의 규정이므로 같은 항 제7호의 '특정인의 낙찰을 위하여 **담합한 자**'의 **의미를 해석함에 있어서도 가능한 한 이러한 입법 취지를 존중하여 그에 부합되도록 새기는 것이 타당**하고

(2) 공개입찰의 성립 자체를 방해하여 특정인으로 하여금 수의계약을 체결하게 하는 행위는 경쟁의 공정한 집행 또는 계약의 적정한 이행을 해칠 염려가 있는 행위에 해당하고, '특정인의 낙찰을 위하여 담합한 자'의 의미를 당해 공개입찰에서 특정인이 낙찰되도록 하는 경우에 한정되고 공개입찰의 성립 자체를 방해하여 특정인으로 하여금 수의계약을 체결하게 하는 행위는 제외된다고 한정하여 해석하여야 할 근거도 없으므로,

원고들이 자신들에게 **유리한 조건으로 수의계약을 체결하기 위하여 이 사건 입찰에 참가하지 않는 방법으로 이 사건 입찰을 유찰시킨 것은 '특정인의 낙찰을 위하여 담합한 자'에 해당**한다고 보고, 이 사건 처분의 사유가 존재하지 않는다는 원고들의 주장을 배척하였다.

대법원 판단

국가계약법 시행령 제76조 제1항 본문이 입찰 참가자격 제한의 대상을 '계약상대자 또는 입찰자'로 정하고 있는 점 등에 비추어 보면,

같은 항 제7호에 규정된 '특정인의 낙찰을 위하여 담합한 자'는 '당해 경쟁입찰에 참가한 자'로서 당해 입찰에서 특정인이 낙찰되도록 하기 위한 목적으로 담합한 자를 의미한다고 봄이 상당하고,

당해 경쟁입찰에 참가하지 아니함으로써 경쟁입찰의 성립 자체를 방해하는 담합행위는 설사 그 경쟁입찰을 유찰시켜 수의계약이 체결되도록 하기 위한 목적에서 비롯된 것이라 하더라도 위 '계약상대자 또는 입찰자'에 해당한다고 할 수 없다.

➲ 대법원 2008. 2. 28. 선고 2007두13791 판결 [부정당업자제재처분취소]

"계약상대자"의 계약의 범위

법 제27조 제1항, 시행령 제76조 제1항은 정당한 이유 없이 계약을 체결 또는 이행하지 아니한 계약상대자를 입찰 참가자격의 제한 대상자로 정하고 있는데,

여기서 '계약상대자'라 함은 계약의 상대방이라는 의미로서 그 계약에는 주계약자가 체결한 계약뿐만 아니라 주계약자를 위하여 체결한 이행보증계약도 포함된다고 봄이 상당하다.

원심이 같은 취지에서 이 사건 용역계약의 이행보증인인 원고도 '계약상대자'에 포함된다고 보고 원고에 대하여 6개월간 입찰 참가자격을 제한한 이 사건 처분이 적법하다고 판단한 것은 정당하고, 거기에 상고이유로 주장하는 바와 같은 입찰 참가자격 제재처분의 상대방에 관한 법리오해의 위법이 없다.

➲ 대법원 2013. 5. 23. 선고 2011두19666 판결 [부정당업자제재처분취소]

관련 법령

■ 국가계약법 시행령

▶ 제76조(부정당업자의 입찰 참가자격 제한) … ③ 각 중앙관서의 장은 **다음 각 호의 어느 하나에 해당하는 자**(이하 "부정당업자"라 한다)에 대해서는 즉시 1개월 이상 2년 이하의 범위에서 입찰 참가자격을 제한해야 한다. 다만, 부정당업자의 대리인, 지배인 또는 그 밖의 사용인이 법 제27조 제1항 각 호의 어느 하나에 해당하는 행위를 하여 입찰 참가자격 제한 사유가 발생한 경우로서 부정당업자가 대리인, 지배인 또는 그 밖의 사용인의 그 행위를 방지하기 위해 상당한 주의와 감독을 게을리하지 않은 경우에는

부정당업자에 대한 입찰 참가자격을 제한하지 않는다.

1. 계약상대자, 입찰자 또는 제30조 제2항에 따라 전자조달시스템을 이용해 견적서를 제출하는 자로서 법 제27조 제1항 제1호부터 제4호까지 및 제7호·제9호까지의 규정 중의 어느 하나에 해당하는 자

2. 법 제27조 제1항 제5호 또는 제6호에 해당하는 자

▶ 제30조(견적에 의한 가격결정 등) … ② 각 중앙관서의 장 또는 계약담당 공무원은 제26조 제1항 제5호 가목에 따른 수의계약 중 추정가격이 2천만 원[같은 조 제1항 제5호 가목 5) 가)부터 다)까지의 어느 하나에 해당하는 자와 계약을 체결하는 경우에는 5천만원]을 초과하는 수의계약의 경우에는 전자조달시스템을 이용하여 견적서를 제출하도록 해야 한다. 다만, 계약의 목적이나 특성상 전자조달시스템에 의한 견적서제출이 곤란한 경우로서 기획재정부령으로 정하는 경우에는 그렇지 않다.

해설

○ 입찰 참가자격 제한의 대상

(1) 입찰 참가자격 제한의 대상은 **기본적으로 계약상대자, 입찰자, 국가계약법 시행령 제30조 제2항에 따라 전자조달시스템을 이용해 견적서를 제출한 자**를 말한다(국가계약법 시행령 제76조 제2항).

"국가계약법 시행령 제30조 제2항에 따라 전자조달시스템을 이용해 견적서를 제출한 자"는 추정가격이 일정 범위를 초과하는 수의계약을 체결하는 경우 전자조달시스템을 이용하여 견적서를 제출한 자를 의미한다.

또한, "계약상대자"에는 경쟁입찰에 의한 계약상대자뿐만 아니라 수의계약에 의한 계약상대자도 포함되는 것으로 해석된다.

(2) **공정거래위원회로부터 입찰 참가자격 제한의 요청이 있는 자, 중소벤처기업부장관으로부터 입찰 참가자격 제한의 요청이 있는 자**에 대하여도 제한처분을 하여야 한다.

(3) 더구나, 국가계약법 시행령에 의하면 계약상대자 등이 직접 제재사유에 해당하는 행위를 한 경우뿐만 아니라 부정당업자의 **대리인, 지배인 또는 그 밖의 사용인이 제재사유에 해당하는 행위를 한 경우에도 계약상대자 등이 입찰 참가자격 제한대상**이 된다.

그러나 계약상대자 등 부정당업자가 대리인, 지배인 또는 그 밖의 사용인의 제한사유에 해당하는 행위를 **방지하기 위해 상당한 주의와 감독을 게을리하지 않은 경우에는 제한대상이 되지 않는다**(국가계약법 시행령 제76조 제2항).

이와 관련하여 유의할 점은 계약상대자 등의 대리인, 지배인, 그 밖의 사용인이 제한사유에 해당하는 행위를 하더라도 계약상대자 등이 제한대상이 되는 것이고, 행위를 한 대리인, 지배인, 그 밖의 사용인이 제한대상에 해당하는 것은 아니라는 것이다. 뒤에서 다시 설명하도록 한다.

○ **"계약상대자 또는 입찰자"의 의미**

관련 판결에서는 입찰 참가자격 제한의 대상으로서 "계약상대자 또는 입찰자"의 의미와 관련하여 원심(서울고등법원)은 제도의 취지에 중점을 두고 입찰에 참가하지 않은 자들도 포함된다고 판단하였으나,

대법원은 엄격한 해석을 통하여 **특정인의 낙찰을 위하여 담합한 자는 당해 경쟁입찰에 참가한 자로 해석**하여 입찰에 참가하지 않은 방법으로 입찰의 성립자체를 방해하는 경우에는 계약상대자 또는 입찰자에 해당하지 않는다고 판단하였다(대법원 2008. 2. 28. 선고 2007두13791 판결).

따라서, 비록 담합을 하였다 하더라도 입찰에 참가하지 않은 경우에는 제한의 대상이 되지 않는다고 할 것이다.

○ **계약대상자의 계약의 범위**

판례는 제재대상으로서 계약대상자의 범위와 관련하여 도급계약, 용역계약 등 계약을 이행할 **주계약대상자뿐만 아니라** 주계약자를 위하여 **이행보증계약을 체결**

한 자도 계약대상자에 포함하고 있다(대법원 2013. 5. 23. 선고 2011두19666 판결). 계약의 체결과 이행 전체를 두고 고려하면 이행보증도 계약의 이행을 위한 하나의 요소에 해당하고, 이행보증계약대상자도 공공계약의 직접적인 계약당 사자임은 분명하기 때문이다.

따라서 주로 이행채무를 부담하는 계약뿐만 아니라 이행보증채무를 지는 계약에 있어서도 계약의 이행이 원활히 진행되지 않는 경우 입찰 참가자격 제한도 받을 수 있음을 염두에 두어야 할 것이다.

기타 제한대상자 여부(중소기업협동조합과 조합원인 회사의 관계)

사실관계

○ 원고 조합은 구 중소기업협동조합법 제3조에 의하여 설립된 **법인인 조합**으로서 2001. 11. 19. 피고(국방부장관) 산하 공군관리단과 공군 정비사근무복 3,487벌을 납품하기로 하는 **단체수의계약을 체결**함.

○ 원고 조합으로부터 단체수의계약운용규칙에 따라 위 계약물량을 배정받은 A 주식회사 등 **3인의 조합원**이 정비사근무복을 제작·납품함.

○ 피고(국방부장관)는 2003. 6. 5. 원고 조합의 **조합원인 A 주식회사**가 계약의 체결·이행과 관련하여 **관계공무원에게 뇌물을 주었다는** 이유로 2003. 6. 14.부터 같은 해 12. 13.까지 원고 조합의 입찰 참가자격을 제한하는 이 사건 처분을 함.

대법원 판단

(1) 법 제27조 및 법 시행령 제76조 제1항 제10호에 따라 **중소기업협동조합에 대하여 입찰 참가자격을 제한하는 처분은 중소기업협동조합의 이사장 및 이사, 종업원 등 사용인이 계약의 체결·이행과 관련하여 관계공무원에게 뇌물을 제공한 경우로 제한**되고,

법 시행령 제76조 제1항 소정의 계약상대자 **본인 또는 그 사용인에 법인의 사원 (社員)이 포함된다고 확대하여 해석할 수 없는 이상,**
법인의 사원(社員)에 불과한 조합원의 행위가 법률상 중소기업협동조합의 행위로 되거나 이와 동일시 할 수 있는 특별한 사정이 없는 한 조합원이 이 사건 계약체결과 관련하여 관계공무원에게 뇌물을 주었다고 하여 위 규정을 근거로 **중소기업협동조합에게 입찰 참가자격 제한 처분을 할 수 없는** 한편

(2) 법 시행령 제76조 제4항이 '제1항 내지 제3항의 규정에 의하여 입찰 참가자격의 제한을 받은 자가 … 중소기업협동조합인 경우에는 그 원인을 직접 야기시킨 조합원에 대하여도 제1항의 규정을 적용한다.'고 규정하고 있으나,

이는 **중소기업협동조합이 입찰 참가자격제한을 받는 경우** 즉, 조합이 체결한 단체적 계약이 조합원인 회사에 직접 효력을 미치게 되어 그 계약체결과정 또는 이행과정에서 실제로는 조합원인 회사가 법 시행령 제76조 제1항 각호 소정의 입찰 참가자격 제한사유를 야기하였으나 이것이 바로 그 단체적 계약의 당사자인 조합의 행위로 되는 결과가 발생함으로써 조합이 입찰자격 제한을 받게 되는 경우에 계약당사자인 **중소기업협동조합 이외에 그 원인을 직접 야기시킨 조합원**(법인 기타 단체인 경우에는 그 대표자)에 대하여도 입찰 참가자격 제한규정을 적용하는 일종의 **양벌적 제재규정**이라고 해석함이 상당하므로,

조합원 회사가 중소기업협동조합과 무관하게 관계공무원에게 뇌물을 주는 등 중소

기업협동조합의 행위로 볼 수 없는 행위를 한 경우에 위 규정을 근거로 하여 **중소기업협동조합에 대하여 입찰 참가자격 제한처분을 할 수도 없다**고 할 것이다.

(3) 이 사건의 경우를 보면, 원고 조합의 **조합원에 불과한 A 주식회사가** 이 사건 계약의 체결·이행과 관련하여 관계공무원에게 뇌물을 주었다고 하더라도 이러한 행위가 원고 조합과 어떠한 법률상 관련이 있어서 그 행위를 원고 조합의 행위로 볼 수 있는 특별한 사정이 없는 이상, 이 사건 처분은 원고 조합에게 입찰 참가자격 제한사유가 없음에도 행하여진 것으로서 위법하다고 할 것이다.

↪ 대법원 2007. 10. 11. 선고 2005두6027 판결 [부정당업자제재처분취소]

기타 제한대상자 여부(공공기관과 계약시 법인의 대표)

(1) **공공기관운영법 제39조 제2항**은 입찰 참가자격 제한 대상을 "공정한 경쟁이나 계약의 적정한 이행을 해칠 것이 명백하다고 판단되는 사람·법인 또는 단체 등"으로 규정하여 **입찰 참가자격 제한 처분 대상을 해당 부정당행위에 관여한 자로 한정**하고 있다.

반면, **계약사무규칙 제15조 제4항**(이하 '이 사건 규칙 조항'이라고 한다)은 '입찰 참가자격을 제한받은 자가 법인이나 단체인 경우에는 그 대표자'에 대하여도 입찰 참가자격 제한을 할 수 있도록 규정하여, **부정당행위에 관여하였는지 여부와 무관하게 법인 등의 대표자 지위에 있다는 이유만으로 입찰 참가자격 제한 처분의 대상이 될 수 있도록 함으로써, 법률에 규정된 것보다 그 처분대상을 확대**하고 있다.

(2) 그러나, **공공기관운영법 제39조 제3항**에서 부령에 위임한 것은 '입찰 참가자격의 제한기준 등에 관하여 필요한 사항'일 뿐이고, 이는 그 규정의 문언상 입찰 참가자격을 제한하면서 그 기간의 정도와 가중·감경 등에 관한 사항을 의미하는 것이지 **처분대상까지 위임한 것이라고 볼 수는 없다.**

따라서 이 사건 **규칙 조항에서 위와 같이 처분대상을 확대하여 정한 것은 상위법령의 위임 없이 규정한 것이므로 이는 위임입법의 한계를 벗어난 것으로서 그 대외적 효력을 인정할 수 없다**(대법원 2013. 9. 12. 선고 2011두10584 판결 참조).

이러한 법리는 계약사무규칙 제2조 제5항이 "공기업·준정부기관의 계약에 관하여 계약사무규칙에 규정되지 아니한 사항에 관하여는 국가를 당사자로 하는 계약에 관한 법령을 준용한다."고 규정하고 있다고 하여 달리 볼 수 없다.

↪ 대법원 2017. 6. 15. 선고 2016두52378 판결 [입찰 참가자격 제한 처분취소청구의소]

▣ 국가계약법 시행령

▶ 제76조(부정당업자의 입찰 참가자격 제한) … ⑤ 법 제25조에 따른 공동계약의 공동수급체가 법 제27조 제1항 각 호의 어느 하나에 해당하는 경우에는 입찰 참가자격 제한의 **원인을 제공한 자에 대해서만** 제3항을 적용한다.

⑥ 다음 각 호의 어느 하나에 해당하는 자가 법 제27조 제1항 각 호의 어느 하나에 해당하는 경우에는 그 **구분에 따른 자에 대해서도** 제3항을 적용한다.

1. 법인 또는 단체: **법인 또는 단체의 대표자**(대표자가 여러 명 있는 경우에는 해당 입찰 및 계약에 관한 업무를 소관하는 대표자로 한정한다)

2. 「중소기업협동조합법」에 따른 중소기업협동조합: 입찰 참가자격 제한의 **원인을 제공한 조합원**

▣ 공공기관운영법

▶ 제39조(회계원칙 등) … ② 공기업·준정부기관은 공정한 경쟁이나 계약의 적정한 이행을 **해칠 것이 명백하다고 판단되는 사람·법인 또는 단체 등에 대하여** 2년의 범위 내에서 일정기간 입찰 참가자격을 제한할 수 있다.

③ 제1항과 제2항의 규정에 따른 회계처리의 원칙과 **입찰 참가자격의 제한기준 등에 관하여 필요한 사항은 기획재정부령으로 정한다.**

○ 공동수급체의 경우 제한대상

공동수급체의 경우에는 제한대상은 **공동수급체가 아니라 입찰 참가자격 제한의 원인을 제공한 구성원만**이 된다. 따라서 공동수급체 내의 다른 구성원들은 제한대상이 되지 않는다.

○ 법인 또는 단체의 경우 제한대상

제한사유에 해당하는 행위를 한 대상이 법인 또는 단체인 경우에는 **법인 또**

는 단체뿐만 아니라 법인 또는 단체의 대표자도 제한대상이 된다. 다만, 대표자가 여러 명 있는 경우에는 해당 입찰 및 계약에 관한 업무를 소관하는 대표자로 한정한다.

○ 중소기업협동조합의 경우 제한대상

특정 조합의 조합원인 회사가 입찰 참가자격 제한사유를 야기한 경우 그 조합원 회사의 행위가 조합 전체에 영향을 미치는 때에는 **조합과 조합원인 회사 모두 입찰 참가자격 제한대상**이 된다.

하지만, 조합원인 회사의 행위가 **조합과 법률상 무관한 개별적 행위에 불과한 때에는 조합원인 회사만이 제한의 대상**이 되고, 조합은 대상이 되지 않는다는 점을 유의할 필요가 있다.

○ 공공기관과 계약의 경우 제한대상

판례는 공공기관의 경우 입찰 참가자격 제한의 대상범위와 관련하여 상위 법률인 공공기관운영법에는 **부정당행위에 관여한 개인이나 법인에 한정**하여 규정하고 하위 법령에 그 구체화를 위임하였으나, 하위 법령은 제한처분 대상이 법인인 경우에는 **무조건 그 법인의 대표자도 제한대상에 포함**되도록 규정하였던 바, 이러한 규정은 **상위 법률이 위임하는 범위를 넘어 처분대상을 확대 규정**한 것으로서 효력이 없음을 인정하였다.

국민에게 불이익한 처분과 관련한 규정은 위임입법의 법절차에 부합하게 엄격하게 규율하여야 함을 다시 한번 확인한 판결이라 할 것이다.

"기타 사용인"의 의미

"기타 사용인"은 계약상대자나 입찰자의 업무를 위탁받아 수행하면서 그의 지시·감독을 받는 자로 해석함이 상당하고, 이때의 업무는 계약의 이행에 필요한 특정한 업무도 포함된다고 할 것이므로 반드시 고용계약의 체결 등으로 인하여 포괄적으로 감독을 받는 자에 한정된다고 볼 수 없다.

➲ 서울고등법원 2016. 5. 27. 선고 2015누54980 판결

"협력업체"의 "기타 사용인" 해당여부

(1) 이 사건 시행령 조항의 '그 밖의 사용인'은 반드시 부정당업자와 고용계약을 체결하는 등 일반적인 업무 전반에 관하여 직접적인 지휘·감독을 받는 자에 한정되는 것이 아니라, 부정당업자 스스로 처리해야 하는 의무가 있는 업무를 제3자에게 위탁하여 처리하도록 함으로써 부정당업자의 책임 하에 그의 의무를 대신하여 처리하는 자 등을 포함한다. ...

(2) 원심이 들고 있는 위와 같은 근거에다가 기록에 의하여 알 수 있는 다음과 같은 사정, 즉, 이 사건 처분이 있기 전 원고는 국내외 협력업체의 일부 납품과 관련하여 시험성적서의 진위 여부를 확인하였고, 협력업체를 직접 방문하여 품질심사 및 제품검사를 하는 등의 관리감독을 하였다고 피고에게 주장하였던 점 등을 더하여 보면,

이 사건에서 원고의 협력업체는 원자재의 납품 및 시험성적서 제출과 관련하여 원고의 감독 아래에 있었음을 알 수 있다.
따라서 원고의 협력업체가 이 사건 시행령 조항의 '그 밖의 사용인'에 해당한다는 원심의 판단에 이 사건 시행령 조항 중 '그 밖의 사용인'의 해석·적용에 관한 법리를 오해하는 등의 잘못이 없다.

➲ 대법원 2020. 2. 27. 선고 2017다39266 판결

상당한 주의·감독의 입증책임

위와 같은 입찰 참가자격제한의 적극적 사유가 인정되는 경우라도,

'계약상대자 등의 사용인의 행위로 인하여 입찰 참가자격의 제한사유가 발생한 경우로서 계약상대자 등이 그 사용인의 행위를 방지하기 위하여 상당한 주의와 감독을 게을리하지 아니한 경우'에는 국가계약법 시행령 제76조 제1항 단서에 의하여 계약상대자 등이 면책될 수 있는 바,

이때 사용인의 행위를 방지하기 위하여 **상당한 주의와 감독을 게을리하지 않았다는 점**에 관한 증명책임은 계약상대자 등에게 있다고 보아야 한다.

➲ 서울고등법원 2013. 4. 19. 선고 2012누8856 판결 [입찰 참가자격 제한처분 취소]

상당한 주의·감독의 판단기준

(1) 계약상대자 등이 그 사용인의 행위를 방지하기 위하여 상당한 주의와 감독을 게을 리하지 아니한 경우에는 그러하지 아니하다고 규정하고 있는 바,

위 규정의 취지는 법인 등 사업주에 대한 입찰 참가자격 제한이라는 행정처분을 통 하여 입찰 등 절차의 공공성과 공정성을 확보하는 데 있으므로, 구체적인 사안에서 **법인이 상당한 주의 또는 감독을 게을리하였는지 여부는** 당해 위반행위와 관련된 모든 사정 즉, 당해 **법령의 입법 취지, 사용인의 위반행위와 관련하여 법인에 대한 행정제재조항을 마련한 취지 등은 물론 위반행위의 구체적인 모습, 법인의 영업 규 모 및 행위자에 대한 감독가능성** 이나 **구체적인 지휘·감독 관계, 법인이 위반행위 방지를 위하여 실제 행한 조치 등을** 전체적으로 종합하여 판단하여야 한다.

(2) 이 사건에 관하여 보건대, 갑 제11 내지 17호증(가지번호 포함)의 각 기재에 의하 면, 원고는 자체적으로 '**임직원 윤리행동 지침'을 제정·시행하고, 전체 직원을 대 상으로 온라인을 통한 윤리경영 교육**을 실시하거나 신입사원들로부터 **윤리서약서 등을 제출**받아 온 사실은 인정되나,

원고의 이러한 조치는 원고와 같은 통상의 기업들이 일반적으로 실시하는 교육 내 지 지도에 해당할 뿐, 원고가 A의 이 사건 위반행위 방지를 위하여 실제 행한 구 체적인 조치라 볼 수 없으므로, 원고가 주장하는 사유만으로는 원고가 사용인의 뇌물공여와 같은 위반행위를 방지하기 위하여 상당한 주의와 감독을 게을리하지아 니하였다는 점을 인정하기에 부족하고, 달리 이를 인정할 만한 증거가 없다.
따라서 원고의 이 부분 주장은 이유 없다.

⊃ 인천지방법원 2013. 4. 25. 선고 2012구합3488 판결 [입찰 참가자격 제한 처분취소]

협력업체의 시험성적서 제출관련 책임여부

원심은, 원고(업체)는 **협력업체들로부터 품질 보증에 관한 적정한 이행을 담보받았어 야 하는데, 만연히 협력업체가 제출한 시험성적서를 믿었다는 사정만으로는 원고가 협 력업체들에 대한 주의·감독 의무를 게을리 하지 않았다거나 시험성적서 제출에 필요 한 주의의무를 다하였다고 보기 부족하다는 점** 등을 근거로

원고가 협력업체의 시험성적서 위·변조 행위를 방지하기 위하여 상당한 주의와 감독 을 다하였다고 보기 어렵고, 원고는 계약의 적정한 이행을 해칠 염려가 인정되는 자에 해당한다고 판단하였다.

관련 법리와 기록에 따라 살펴보면, 원심의 위와 같은 판단에 국가계약법 제27조 제1항, 이 사건 시행령 조항 단서의 해석·적용에 관한 법리를 오해하거나, 자유심증주의의 한 계를 벗어난 잘못이 없다.

⊃ 대법원 2020. 2. 27. 선고 2017다39266 판결

관련 법령

■ 국가계약법 시행령

▶ 제76조(부정당업자의 입찰 참가자격 제한) … ③ 각 중앙관서의 장은 다음 각 호의 어느 하나에 해당하는 자(이하 "부정당업자"라 한다)에 대해서는 즉시 1개월 이상 2년 이하의 범위에서 입찰 참가자격을 제한해야 한다. **다만, 부정당업자의 대리인, 지배인 또는 그 밖의 사용인이 법 제27조 제1항 각 호의 어느 하나에 해당하는 행위를 하여 입찰 참가자격 제한 사유가 발생한 경우로서 부정당업자가 대리인, 지배인 또는 그 밖의 사용인의 그 행위를 방지하기 위해 상당한 주의와 감독을 게을리하지 않은 경우에는 부정당업자에 대한 입찰 참가자격을 제한하지 않는다.**

해설

○ 대리인, 지배인, 그 밖의 사용인의 제한사유 해당 행위의 책임

(1) 부정당업자의 입찰 참가자격 제한처분과 관련하여 계약상대자 등은 본인의 행위뿐만 아니라 **계약상대자 등의 대리인, 지배인, 그 밖의 사용인의 제한사유에 해당하는 행위에 대하여도 책임**을 지게 된다.

민법에서 채무자의 이행보조자의 고의·과실을 채무자의 고의·과실로 인정하는 법리(민법 391조)와 유사하게 계약상대자 등이 자신의 계약상 의무를 이행하기 위하여 국가 등과 직접적인 계약관계가 없는 대리인, 지배인, 그 밖의 사용인을 사용하여 이익을 얻었다면 그 사용으로 인한 위험도 부담하는 것이 공평하다고 할 것이다.

(2) 다만, 유의할 점은 그 **대리인, 지배인, 그 밖의 사용인**은 국가 등과 직접적인 계약관계에 있지 않으므로 **입찰 참가자격 제한의 직접적인 대상이 되지 아니한다**는 것이다.

(3) 또한, 계약상대자 등은 대리인 등의 행위에 대하여 무한정 책임을 지는 것은 아니고, 책임주의의 원칙상 대리인 등의 행위를 방지하기 위하여

VII. 부정당업자의 입찰 참가자격 제한 **309**

상당한 주의감독을 다 한 경우에는 제한에 대하여 면책된다.

○ "그 밖의 사용인"과 협력업체

(1) "그 밖의 사용인"이 무엇을 의미하는가에 대하여 별도의 규정이 없어 구체적인 의미와 범위가 문제된다.

그에 대하여 대법원은 "그 밖의 사용인"은 반드시 부정당업자와 고용계약을 체결하는 등 **일반적인 업무 전반에 관하여 직접적인 지휘·감독을 받는 자뿐만 아니라 계약상대자의 업무를 제3자에게 위탁하여 처리하도록 함으로써 계약상대자의 책임 하에 그의 의무를 대신하여 처리하는 자 등을 포함**한다고 본다.

(2) 또한, "그 밖의 사용인"과 관련하여 문제되었던 쟁점 중에 하나는 협력업체가 그 밖의 사용인에 해당되느냐에 대한 사안이었던 바, 위와 같은 기준 하에서 감독을 받는 **협력업체도 기본적으로 "그 밖의 사용인"에 해당**한다고 판단하였다.

○ 상당한 주의감독의 정도와 기준

실제 사안에서는 계약상대자 등이 면책되기 위한 조건인 상당한 주의감독의 정도와 기준이 항상 분쟁의 쟁점이 된다.

판례에 의하면 **법인이 상당한 주의 또는 감독을 게을리하였는지 여부는 당해 위반행위와 관련된 모든 사정** 즉, 당해 법령의 입법 취지, 사용인의 위반행위와 관련하여 법인에 대한 행정제재조항을 마련한 취지, 위반행위의 구체적인 모습, 법인의 영업 규모 및 행위자에 대한 감독가능성, 구체적인 지휘·감독 관계, 법인이 위반행위 방지를 위하여 실제 행한 조치 등을 **전체적으로 종합하여 판단**하여야 한다.

그러면서 구체적인 사안에서 업체의 임직원에 대한 윤리행동지침 제정·시행, 윤리경영교육, 윤리서약서 제출 등의 행위에 대하여는 통상의 기업들이 일반적으로 실시하는 교육 내지 지도에 해당할 뿐 업체가 위반행위 방지를 위하여 실제 행한 구체적인 조치라 볼 수 없다고 판단하였다.

결국 이러한 판례의 입장을 고려하면 계약상대자의 일반적인 조치만으로는 상당한 주의감독을 다 하였다고 보기는 부족하고, 좀 더 구체적인 조치를 하였다는 사정이 인정되어야 할 것이다.

○ 협력업체의 허위 시험성적서 제출의 경우

판례에 의하면 협력업체의 허위 시험성적서 제출의 경우 협력업체가 허위 시험성적서를 제출하였다는 사실 자체만으로 계약상대자인 업체의 책임유무를 단순히 판단하기는 힘들고, 협력업체에 대한 상당한 주의감독 인정여부가 문제될 것이나, 계약상대자인 업체가 협력업체에 대하여 상당한 주의감독의무를 다 함으로써 부정당업자 제재책임을 면하기 위해서는 협력업체를 신뢰하였다는 등의 사정만으로는 부족하고, 협력업체의 품질보증에 관한 적정한 이행을 담보할 수 있는 조치를 구체적으로 하여야 한다고 본다.

고의·과실이 필요없고 정당한 사유도 없다고 인정한 사례

행정법규 위반에 대하여 가하는 제재조치는 행정목적의 달성을 위하여 **행정법규 위반이라는 객관적 사실에 착안하여 가하는 제재이므로 위반자의 의무 해태를 탓할 수 없는 정당한 사유가 있는 등의 특별한 사정이 없는 한 위반자에게 고의나 과실이 없다고 하더라도 부과될 수 있다**(대법원 1980. 5. 13. 선고 79누251 판결, 2000. 5. 26. 선고 98두5972 판결 등 참조).

이 사건에서 보면, A는 원고 회사의 직원으로 일하면서 원고 회사로부터 보수를 받는 한편, **이사라는 직함의 사용을 허락받았고**, 공사수주나 공사계약의 체결 등에 관한 **포괄적 권한을 위임받아 평소 원고 회사의 인감 등을** 가지고 다니면서 직접 원고 회사 명의로 계약을 체결하여 왔으며, 나중에는 법인등기부에 원고 **회사의 이사로 등재**되었다는 것이므로,

설령 A가 원고 회사의 인감 등을 가지고 다님을 기화로 B로부터 **원고 회사 몰래 공사 이익금을 반반씩 나누자는 제의를 받고** 이를 승낙하여 원고 회사 명의의 공사관계 서류를 위조하여 관할 행정청에 제출하였고, **원고 회사는 뒤늦게 이러한 사실을 알게 되었다 하더라도,**

원고 회사가 A의 이러한 건설산업기본법 제21조 위반행위를 방지하지 못한 이상 원고 회사로서는 A의 행위에 대하여 행정책임을 질 수밖에 없고, 여기에 원고 회사의 의무 해태를 탓할 수 없는 정당한 사유가 있다고도 할 수 없다.

따라서 원고 회사가 건설산업기본법 제21조를 위반하였음을 이유로 한 이 사건 처분은 적법하다.

⊃ 대법원 2003. 9. 2. 선고 2002두5177 판결 [건설업등록말소처분취소]

고의·과실이 필요없다 하더라도 정당한 사유는 있다고 인정한 사례

(1) 행정법규 위반에 대하여 가하는 제재조치는 행정목적의 달성을 위하여 행정법규 위반이라는 객관적 사실에 착안하여 가하는 제재이므로 **위반자의 고의·과실이 있어야만 하는 것은 아니나,** 그렇다고 하여 위반자의 **의무 해태를 탓할 수 없는 정당한 사유가 있는 경우까지 부과할 수 있는 것은 아니다**(대법원 1976. 9. 14. 선고 75누255 판결, 대법원 2003. 9. 2. 선고 2002두5177 판결 등 참조).

(2) 원심은 그 채택 증거를 종합하여 판시와 같은 사실을 인정한 다음,
① 원고(업체)가 이 사건 입찰참여 시에 제출한 2차 실적증명서가 허위의 서류이기는 하나,

피고(한국철도시설공단)가 이 사건 입찰공고시 제시하고 있는 실적증명서 서식

은 '7) 하도급 부분'에 있어 '전문건설업자에게 하도급한 경우에는 해당없음 표기'라고 되어 있을 뿐 전문건설업자에게 하도급한 경우가 어떤 경우를 의미하는지에 대하여 이 사건 입찰공고 시 피고가 어떠한 안내를 하였는지를 인정할 아무런 증거가 없어 원고가 전문건설업자인 궤도공영 주식회사에게 '광양제강 전로용강 미니밀 철도신호설비 설치공사' 중 '신호기장치 설치공사 외 1식' 부분을 하도급한 것이 위 서식의 '전문건설업자에게 하도급한 경우'에 해당한다고 판단한 것을 탓할 수만은 없다고 보이는 점

② 원고의 궤도공영 주식회사에 대한 위 하도급은 적법한 하도급이고 위 하도급 부분을 제외한다고 하더라도 원고의 낙찰적격심사의 시공실적 부분 점수에 영향이 없는 사정에 비추어 원고가 위 하도급 사실을 숨기기 위하여 의도적으로 하도급란에 '해당없음'으로 기재한 것이 아니라고 보이는 점

등을 종합하여 보면 원고의 이 사건 2차 실적증명서 제출은 그 의무 위반을 탓할 수 없는 정당한 사유가 있는 경우에 해당한다고 판단하였다.

(3) 위 법리 및 기록에 비추어 보면 원심의 위와 같은 판단은 수긍할 수 있고, 거기에 상고이유 주장과 같이 행정법규 위반자의 의무 해태를 탓할 수 없는 정당한 사유에 관한 심리를 다하지 아니하거나 판단을 누락한 위법이 있다고 할 수 없다.

⊃ 대법원 2014. 12. 24. 선고 2010두6700 판결 [부정당업자제재처분 등]

해설

○ 행정법규위반 행위에 고의·과실 필요여부

위 판례에 의하면 입찰 참가자격 제한은 계약상대방이 그 제한사유에 해당하고 관련 행정법규를 위반했다는 객관적 사실에 중점을 두고 처분하는 것이므로 그 제한사유에 해당하는 행위에 대하여 **계약상대방의 고의·과실이 없더라도 제한처분을 할 수 있는 것이 원칙**이다.

○ 위반자의 의무해태를 탓할 수 없는 정당한 사유가 있는 등의 특별한 사정이 있는 경우

그러나 예외적으로 "위반자의 의무해태를 탓할 수 없는 정당한 사유가 있는 등의 특별한 사정이 있는 경우"에는 **행정책임을 부담하지 않는다**고 할 것이다.

그 예외가 인정될 수 있는 정당한 사유의 기준은 불명확하나, 위반자의 고의·과

실이 극히 경미하고, 제반 사정을 고려시 행정법규 위반의 결과를 위반자에 묻는 것이 부당한 경우에 해당한다고 할 것이다.

6. 입찰 참가자격 제한의 사유

☞ 제한사유관련 판례의 각 호는 국가계약법 제27조 제1항 각 호임.

제1호 "계약을 이행함에 있어 부실·조잡 또는 부당하게 하거나 부정한 행위를 한 자" 해당 여부

사실관계

○ 원고(甲 주식회사)가 피고(조달청장)와 **우수조달물품으로 지정된 고정식 연결의자**를 수요기관인 지방자치단체에 납품하는 내용의 물품구매계약을 체결함.

○ 강원 영월군 등 수요기관인 **지방자치단체 담당자들은** 용이성이나 편의성 등이 고려된 적절한 제품에 관한 의견을 나누다가, 조달품목에 등재되지 않은 프리미엄급 관람 의자가 적절하다는 것으로 의견을 모았고, 담당자들은 원고에게 경쟁입찰을 거칠 경우 공사기간을 맞추기 어려우니 예산에 맞추어 **조달품목이 아닌 프리미엄급 의자를 납품해 달라고 요구함.**

○ 甲 주식회사는 자신이 우수조달품목을 등록한 업체라서 **우수조달물품이 아닌 다른 제품에 대해서도 수의계약이 가능하다고 하면서** 각 지방자치단체에 계약에서 정한 물품이 아니지만 **우수조달물품보다 품질이 뛰어난 프리미엄급 의자를 납품함.**

○ 조달청장이 甲 회사가 수요기관에 납품한 의자가 우수조달물품이 아닌 일반제품이라는 이유로 3개월 간 입찰 참가자격을 제한하는 처분을 함.

대법원 판단

(1) 이 사건 계약은 그 당사자가 원고(甲 회사)와 피고(조달청)이고, 수요기관인 지방자치단체들이 **계약상 수익자인 제3자를 위한 계약**이다. 제3자인 지방자치단체들이 이 사건 계약 내용을 임의로 변경할 수 없으므로, **원고가 임의로 이 사건 계약에서 정한 제품과 다른 제품을 납품한 행위 자체는 계약위반에 해당**한다.

(2) 국가계약법은 국민에게 공정하고 공평한 기회를 제공하고 국가계약의 투명성을 제고하기 위하여 경쟁입찰을 원칙으로 규정하고 있고, 예외적으로만 수의계약을 허용하고 있다. 이러한 점에 비추어 보면, 원고가 수의계약이 가능한 **제품으로 계약을 체결한 후에 수의계약이 불가능한 제품을 대신 수요기관에 납품한 것은 그 자체로 국가계약법의 취지에 반하는 것으로 부당하거나 부정한 행위로 평가**할 수 있다.

(3) 원심은, 원고의 계약위반 행위가 부당하거나 부정한 행위에 해당되지 않는다는 근거의 하나로 원고가 납품한 제품이 이 사건 **계약에서 정한 제품보다 효용성이 크다거나 고가·고급 사양의 제품이라는 사정**을 들고 있다. 그러나 원고 또한 궁극적으로 자신의 영리를 목적으로 그러한 행위를 한 것이고, 그로 인해 결과적으로 같

은 제품을 생산하는 다른 중소기업자들의 납품 기회를 박탈하였다는 점에서 보면, 그러한 이유만으로 원고의 계약위반 행위가 정당화되지 않는다.

(4) 원심은, 원고가 수요기관의 요청에 부응하여 다른 제품을 납품하였다는 사정 또한 원고의 계약위반 행위가 부당하거나 부정한 행위에 해당되지 않는다는 근거로 삼고 있다. 그러나 원고 스스로 수요기관에 우수조달물품이 아닌 제품도 수의계약이 가능하다는 잘못된 정보를 전달하였고, 나아가 이러한 사정을 형량요소로 삼는 것은 별론으로 하고 처분사유가 있는지를 좌우하는 근거로 볼 수도 없다. ...

나. 그러나 원심이 이 사건 처분이 비례원칙 등을 위반하여 재량권 일탈·남용의 위법이 있다고 판단한 부분은 관련 법리와 기록에 비추어 볼 때 이를 수긍할 수 있다.

⊃ 대법원 2018. 11. 29. 선고 2018두49390 판결 [부정당업자입찰 참가자격 제한 처분취소]

관련 법령

▣ 국가계약법

▶ 제27조(부정당업자의 입찰 참가자격 제한 등) ① 각 중앙관서의 장은 다음 각 호의 어느 하나에 해당하는 자(이하 "부정당업자"라 한다)에게는 2년 이내의 범위에서 대통령령으로 정하는 바에 따라 입찰 참가자격을 제한하여야 하며, 그 제한사실을 즉시 다른 중앙관서의 장에게 통보하여야 한다. 이 경우 통보를 받은 다른 중앙관서의 장은 대통령령으로 정하는 바에 따라 해당 부정당업자의 입찰 참가자격을 제한하여야 한다.

1. 계약을 이행할 때에 부실·조잡 또는 부당하게 하거나 부정한 행위를 한 자 ...

▣ 국가계약법 시행규칙

▶ 제76조(부정당업자의 입찰 참가자격 제한기준 등) 영 제76조 제4항에 따른 부정당업자의 입찰 참가자격 제한의 세부기준은 별표 2와 같다.

별표 2) **부정당업자의 입찰 참가자격 제한기준**(제76조 관련)

입찰 참가자격 제한사유	제재기간
1. 법 제27조 제1항 제1호에 해당하는 자 중 **부실시공 또는 부실설계·감리**를 한 자	
가. 부실벌점이 150점 이상인 자	2년
나. 부실벌점이 100점 이상 150점 미만인 자	1년
다. 부실벌점이 75점 이상 100점 미만인 자	8개월
라. 부실벌점이 50점 이상 75점 미만인 자	6개월
마. 부실벌점이 35점 이상 50점 미만인 자	4개월
바. 부실벌점이 20점 이상 35점 미만인 자	2개월
2. 법 제27조 제1항 제1호에 해당하는 자 중 **계약의 이행을 조잡**하게 한 자	
가. 공사	
1) 하자비율이 100분의 500 이상인 자	2년
2) 하자비율이 100분의 300 이상 100분의 500 미만인 자	1년
3) 하자비율이 100분의 200 이상 100분의 300 미만인 자	8개월
4) 하자비율이 100분의 100 이상 100분의 200 미만인 자	3개월
나. 물품	
1) 보수비율이 100분의 25 이상인 자	2년
2) 보수비율이 100분의 15 이상 100분의 25 미만인 자	1년
3) 보수비율이 100분의 10 이상 100분의 15 미만인 자	8개월
4) 보수비율이 100분의 6 이상 100분의 10 미만인 자	3개월
3. 법 제27조 제1항 제1호에 해당하는 자 중 **계약의 이행을 부당하게 하거나 계약을 이행할 때에 부정한 행위**를 한 자	
가. 설계서(물품제조의 경우에는 규격서를 말한다. 이하 같다)와 달리 구조물 내구성 연한의 단축, 안전도의 위해를 가져오는 등 부당한 시공(물품의 경우에는 제조를 말한다. 이하 같다)을 한 자	1년
나. 설계서상의 기준규격보다 낮은 다른 자재를 쓰는 등 부정한 시공을 한 자	6개월
다. 가목의 부당한 시공과 나목의 부정한 시공에 대하여 각각 감리업무를 성실하게 수행하지 아니한 자	3개월

비고
1. 위 표에서 "부실벌점"이란 「건설기술진흥법」 제53조 제1항 각 호 외의 부분에 따른 벌점을 말한다.
2. 위 표에서 "하자비율"이란 하자담보책임기간 중 하자검사결과 하자보수보증금에 대한 하자발생 누계 금액비율을 말한다.
3. 위 표에서 "보수비율"이란 물품보증기간 중 계약금액에 대한 보수비용발생 누계금액비율을 말한다.

○ "계약을 이행함에 있어 부실·조잡 또는 부당하게 하거나 부정한 행위"의 의미

(1) 국가계약법 제27조 제1항 제1호에 의하면 제한사유로서 "계약을 이행함에 있어 부실·조잡 또는 부당하게 하거나 부정한 행위"를 규정하고 있으나, 그 실질적 의미는 불명확하다.

(2) 다만, 그와 관련하여 국가계약법 시행규칙 별표2에 의하면

    (가) **"부실"**은 부실시공 또는 부실설계·감리를 하여 「건설기술진흥법」 제53조 제1항 각 호 외의 부분에 따른 부실벌점을 받은 것을 기준의 하나로 제시하고 있고,

    (나) **"조잡"**은 하자 또는 보수비율이 어느 수준 이상인 경우를 기준의 하나로 제시하고 있으며,

    (다) **"부당 또는 부정한 행위"**는 ① 설계서, 규격서와 달리 구조물 내구성 연한의 단축, 안전도의 위해를 가져오는 등 부당한 시공, 제조를 하거나, ② 설계서상의 기준규격보다 낮은 다른 자재를 쓰는 등 부정한 시공을 하거나, ③ 부당한 시공과 부정한 시공에 대하여 각각 감리업무를 성실하게 수행하지 아니한 경우를 기준의 하나로 제시하고 있다.

(3) 하급심 판결에 의하면

입찰 참가자격의 제76조 제1항 제1호 소정의 **'부실·조잡'**이라 함은 납품된 물품에 객관적 하자가 있어 이를 그대로 사용할 수 없거나 조악하여 보수를 하지 아니하고는 사용될 수 없는 경우 등을 말한다(서울행정법원 2007. 10. 16. 선고 2006구합29256 판결 [부정당업자제재처분취소]).

라고 판시하였고,

위 법리에 비추어 이 사건을 보건대, 원고의 사용인인 B가 햄빵의 제조일자를 허위로 표시한 행위는 그에 관한 원고 회사의 지시가 실제로 있었는지 여부와 상관없이, 국가계약법 시행령 제76조 제1항 제1호에 의한 '계약상대자의 사용인이 계약을 이행할 때 **부당하게 하거나 부정한 행위를 한**

경우에 해당하고, 나아가 같은 법 시행규칙 제 76조 제1항 [별표 2] 제3호 가목이 정한 '**규격서와 달리 안전도의 위해를 가져오는 부당한 물품 제조**에 해당함은 분명해 보인다. …

살피건대, ① 위 법령에서 정한 '계약의 적정한 이행을 해칠 염려', '**안전도의 위해**' 등의 요건은 해당되는 부정한 행위 자체로부터 야기될 수 있는 **위험을 객관적·규범적으로 판정**하여야 하는 것이고 실제 부정한 행위로 야기될 수 있는 위험이 현실화되었을 것까지 요구된다고 보기 어려운 점 … 등을 종합하여 보면, 이 사건 처분의 적극적 사유는 인정된다(서울고등법원 2013. 4. 19. 선고 2012누8856 판결 [입찰 참가자격 제한처분 취소]).

라고 판시하였다.

○ 납품된 물품이 계약조건과는 다르지만 품질이 오히려 우수한 경우

(1) 계약상대자인 업체가 계약에서 정해진 조건보다 품질이 낮은 제품을 납품한 경우에는 계약의 이행에 있어 부당 또는 부정한 행위에 해당할 가능성이 크겠지만, 계약조건과는 다르지만 품질이 오히려 우수한 경우에는 문제될 수 있다.

(2) 이와 관련하여 판례는 계약상대자인 업체가 **계약에서 정해진 조건과 다르지만, 계약조건보다 품질이 우수한 물품을 납품한 경우에도 기본적으로 계약위반에 해당**하고, 수의계약이 가능한 제품으로 계약을 체결한 후에 수의계약이 불가능한 제품을 대신 수요기관에 납품한 것은 부당 또는 **부정한 행위**이며, 우수한 품질이라는 점이 계약위반을 정당화하는 것은 아니라고 판단하였다.

따라서 계약은 그 약정된 내용대로 이행하는 것이 원칙이고, 비록 품질이 더 우수하다 하더라도 약정된 계약내용과 다른 경우에는 계약위반의 책임을 부담하게 될 수 있으므로 계약조건과 다른 이행이 필요할 것으로 예상되는 경우에는 계약체결시 계약조건에 그러한 내용을 포함시키는 것이 필요할 것이다.

담합의 의미

(1) ... 담합이라 함은 입찰자가 입찰을 함에 즈음하여 **실질적으로는 단독입찰인 것을** 그로 인한 유찰을 방지하기 위하여 경쟁자가 있는 것처럼 제3자를 시켜 형식상 입찰하게 하는 소위 들러리를 세운다거나, 입찰자들끼리 **특정한 입찰자로 하여금 낙찰받게 하거나** 당해 입찰에 있어서 입찰자들 상호간에 가격경쟁을 하는 경우 당연히 예상되는 **적정한 가격을 저지하고 특정입찰자에게 부당한 이익을 주고 입찰실시자에게 그 상당의 손해를 입히는 결과를** 가져올 정도로 싼 값으로 낙찰되도록 하기 위한 사전협정으로서 그 어느 경우이건 매수인이 된 **입찰자에게 책임을 돌릴 수 있는 경우를** 말한다고 풀이한 다음,

(2) 원고(업체)가 이 사건 입찰을 함에 있어서 입찰자들과 접촉한 원 판시 행위는 실질적으로 단독 입찰인 것을 형식상 경쟁입찰인 것처럼 꾸미기 위한 것이었다거나 낙찰가격을 부당하게 저렴하게 하여 피고의 이익을 해하고 원고의 이익을 도모하려고 함으로써 입찰의 공정과 본질을 해한 것이라 할 수 없고,

   단지 기업이윤을 고려한 적정선에서 무모한 출혈경쟁을 방지하기 위하여 일반거래통념상 인정되는 범위내에서 입찰자 상호간에 의사의 타진과 절충을 한 것에 지나지 않는 것이라고 판단하여 위 입찰자 및 낙찰자 유의사항 제17항 소정의 담합행위가 있었음을 이유로 한 피고의 계약해제 주장을 배척하였는바, 원심의 그와 같은 판단은 수긍되고 거기에 소론과 같은 담합에 관한 법리오해가 있다할 수 없으므로 논지 이유없다.

➲ 대법원 1982. 11. 9. 선고 81다537 판결 [입목인도],
   대법원 1994. 12. 2. 선고 94다41454 판결 [낙찰자지위확인]

입찰에 참가하지 않은 경우

국가계약법 시행령 제76조 제1항 본문이 입찰 참가자격 제한의 대상을 '계약상대자 또는 입찰자'로 정하고 있는 점 등에 비추어 보면, 같은 항 제7호에 규정된 **특정인의 낙찰을 위하여 담합한 자**'는 '당해 경쟁입찰에 참가한 자'로서 당해 입찰에서 특정인이 낙찰되도록 하기 위한 목적으로 담합한 자를 의미한다고 봄이 상당하고, **당해 경쟁입찰에 참가하지 아니함으로써 경쟁입찰의 성립 자체를 방해하는 담합행위는** 설사 그 경쟁입찰을 유찰시켜 수의계약이 체결되도록 하기 위한 목적에서 비롯된 것이라 하더라도 위 **'계약상대자 또는 입찰자'에 해당한다고 할 수 없다.**

➲ 대법원 2008. 2. 28. 선고 2007두13791 판결 [부정당업자제재처분취소]

■ 국가계약법

▶ 제27조(부정당업자의 입찰 참가자격 제한 등) ① 각 중앙관서의 장은 다음 각 호의 어느 하나에 해당하는 자(이하 "부정당업자"라 한다)에게는 2년 이내의 범위에서 대통령령으로 정하는 바에 따라 입찰 참가자격을 제한하여야 하며, 그 제한사실을 즉시 다른 중앙관서의 장에게 통보하여야 한다. 이 경우 통보를 받은 다른 중앙관서의 장은 대통령령으로 정하는 바에 따라 해당 부정당업자의 입찰 참가자격을 제한하여야 한다. ...

2. 경쟁입찰, 계약 체결 또는 이행 과정에서 입찰자 또는 계약상대자 간에 서로 상의하여 미리 입찰가격, 수주 물량 또는 계약의 내용 등을 협정하였거나 특정인의 낙찰 또는 납품대상자 선정을 위하여 담합한 자

■ 국가계약법 시행규칙

▶ 제76조(부정당업자의 입찰 참가자격 제한기준 등) 영 제76조 제3항에 따른 부정당업자의 입찰 참가자격 제한의 세부기준은 별표 2와 같다.

별표 2) 부정당업자의 입찰 참가자격 제한기준(제76조 관련)

입찰 참가자격 제한사유	제재기간
4. 법 제27조 제1항 제2호에 해당하는 자	
가. 담합을 주도하여 낙찰을 받은 자	2년
나. 담합을 주도한 자	1년
다. 입찰자 또는 계약상대자 간에 서로 상의하여 미리 입찰가격, 수주 물량 또는 계약의 내용 등을 협정하거나 특정인의 낙찰 또는 납품대상자 선정을 위하여 담합한 자	6개월

해설

○ 담합의 의미

(1) 부정당업자 제재사유의 하나로서 담합이라 함은 실질적으로 단독입찰임에도 형식적으로 경쟁입찰로 보이게 하거나 특정한 입찰자가 낙찰받게 하는 것뿐만 아니라 입찰과정의 적정한 가격형성을 방해하고, 특정 입찰

자에게는 부당한 이익을 주는 반면 입찰실시자에게는 손해를 입히는 행위들로서 입찰절차의 공정성을 해치는 것을 말한다.

(2) 담합의 주도적 역할의 의미와 관련하여

유사한 판결로서 공정거래법상 공동행위의 주도적 역할에 대하여

> 피고가 제정한 「공동행위 신고자 등에 대한 감면제도 운영지침」 제5조 제2항 제4호는 조사협조자에 대한 과징금 면제요건 중의 하나로 '당해 부당한 공동행위의 주도적 역할'을 하지 아니하였을 것을 규정하고 있는바, 여기에서 '**주도적 역할**'이라 함은 **다른 사업자를 설득·종용하거나 거부하기 어렵도록 회유함으로써 공동으로 당해 행위에 나아가도록 이끄는 역할**을 말하는 것이라고 풀이된다(대법원 2010. 3. 11. 선고 2008두15169 판결 [과징금납부명령취소]).

고 판시하였다.

○ 제재사유에 해당하지 않는 사례

판례는 입찰자들 간 사전에 접촉이 있었다 하더라도 그 행위가 입찰절차간 **적정한 가격선에서 무모한 경쟁을 방지하기 위하여 일반 통념상 인정되는 범위 내에서 입찰자 상호간 의사타진과 절충에 불과한 경우**에는 담합행위라 할 수 없다고 하였다.

위 판례의 내용은 일응 합리적인 판단이라고 할 것이나, 구체적으로 어느 정도가 일반통념상 인정되는 범위 내에 해당하여 입찰의 공정성을 저해하지 않는지 여부에 대한 기준을 정하기는 어려울 것으로 보여지며, 자칫 악용되거나 분쟁을 가중시킬 우려도 있다고 생각된다.

또한, **특정인의 낙찰을 위하여 담합한 자는 당해 경쟁입찰에 참가한 자를 전제**로 하므로 경쟁입찰에 참가하지 않은 채 경쟁의 성립을 방해한 자는 본 사유에 해당하지 않는 점을 유의할 필요가 있다.

○ 제5호 사유와 관계

국가계약법 제27조 제1항 제5호에 의하면 제재사유로서 「독점규제 및 공정
거래에 관한 법률」 또는 「하도급거래 공정화에 관한 법률」을 위반하여 공정
거래위원회로부터 입찰 참가자격 제한의 요청이 있는 자를 규정하고 있다.
공정거래법상 공동행위에 해당하는 경우에 제2호와 관계가 문제되는데, 별개의
사유로 보아야 할 것이다. 따라서 동일한 담합행위가 있었다 하더라도 공정거래
위원회의 요청이 없는 경우에는 제2호에 의하여 제재가 가능하다고 할 것이다.

제3호 "관련 법률에 따른 하도급에 관한 제한규정을 위반하여 하도급" 해당여부

사실관계

○ 이 사건 공사는 수해로 인하여 무너진 **하천 제방을 복구하기 위한 공사로서 토공, 구조물공, 부대공으로 구성**되었고, 구조물공은 전석 쌓기, 레미콘 타설 및 합판거푸집, 전석 채집 및 운반, 전석 구입 및 운반의 세부 공정으로 이루어짐.

○ 원고(업체)는 토공과 부대공을 제외한 위 구조물공을 하도급하였다가, 원도급계약 및 하도급계약의 변경으로 구조물공 중 레미콘 타설 및 합판거푸집, 전석 구입 및 운반의 세부공정과 추가된 교량건설 공정을 직접 시공함.

대법원 판단

(1) 구 건설산업기본법(2004. 12. 31. 법률 제7306호로 개정되기 전의 것) 제29조 제1항 본문, 같은 법 시행령(2005. 6. 30. 대통령령 제18918호로 개정되기 전의 것) 제31조 제1항, 제21조 제1항 등의 규정은 건설업자에 대하여 그가 도급받은 **건설공사의 '전부'나 '부대공사에 해당하는 부분을 제외한 주된 공사의 전부'를 다른 건설업자에게 하도급하는 것을 금지**하고 있으므로, 건설공사 중 **부대공사만을 하도급하거나 부대공사를 제외한 주된 공사의 일부를 하도급하는 행위는 하도급 금지대상에 포함되지 않는다**고 할 것이다.

그리고 수급인이 발주자로부터 도급받은 건설공사를 하수급인에게 하도급하는 경우 그 **하도급이 위 금지규정에 위반하였는지 여부를 판단함**에 있어서는 원도급금액과 하도급금액, 하도급금액이 원도급금액에서 차지하는 비중 외에도 발주자로부터 도급받은 전체 건설공사 및 하도급한 공사의 내용, 하도급한 공사가 전체 공사에서 차지하는 위치, 하도급한 공사의 수급인과 하수급인이 실제 시공한 각 공사의 내역, 건설업자의 업종 등을 참작하여 **주된 공사가 무엇인지를 확정한 다음, 주된 공사의 전부가 하도급 되었는지를 살펴보아야** 할 것이다.

(2) 위 법리와 이와 같은 사실관계에 비추어 보면, 이 사건 공사는 하천 제방을 축조하기 위한 공사인데 레미콘 타설 및 합판거푸집 공정이나 토공 중 구조물 터파기 공정 등은 하천의 제방 자체를 형성하기 위한 공정이므로 이 사건 공사의 **주된 공사에 해당**한다고 할 것이고, **원고가 이러한 주된 공사의 일부를 직접 시공한 이상 하수급인에게 주된 공사의 전부를 하도급하였다고 할 수는 없으므로, 원고가 하도급**을 금지하는 관계 법령을 위반하였다고 할 수는 없다.

○ 대법원 2008. 4. 24. 선고 2006두8198 판결 [과징금부과처분취소]

■ 국가계약법

▶ 제27조(부정당업자의 입찰 참가자격 제한 등) ① 각 중앙관서의 장은 다음 각 호의 어느 하나에 해당하는 자(이하 "부정당업자"라 한다)에게는 2년 이내의 범위에서 대통령령으로 정하는 바에 따라 입찰 참가자격을 제한하여야 하며, 그 제한사실을 즉시 다른 중앙관서의 장에게 통보하여야 한다. 이 경우 통보를 받은 다른 중앙관서의 장은 대통령령으로 정하는 바에 따라 해당 부정당업자의 입찰 참가자격을 제한하여야 한다. ...

3. 「건설산업기본법」, 「전기공사업법」, 「정보통신공사업법」, 「소프트웨어진흥법」 및 그 밖의 다른 법률에 따른 **하도급에 관한 제한규정을 위반**(하도급통지의무위반의 경우는 제외한다)**하여 하도급한 자 및 발주관서의 승인 없이 하도급을 하거나 발주관서의 승인을 얻은 하도급조건을 변경한 자**

■ 국가계약법 시행규칙

▶ 제76조(부정당업자의 입찰 참가자격 제한기준 등) 영 제76조 제3항에 따른 부정당업자의 입찰 참가자격 제한의 세부기준은 별표 2와 같다.

별표 2) **부정당업자의 입찰 참가자격 제한기준(제76조 관련)**

입찰 참가자격 제한사유	제재기간
5. 법 제27조 제1항 제3호에 해당하는 자	
가. 전부 또는 주요부분의 대부분을 1인에게 하도급한 자	1년
나. 전부 또는 주요부분의 대부분을 2인 이상에게 하도급한 자	8개월
다. 면허·등록 등 관련 자격이 없는 자에게 하도급한 자	8개월
라. 발주기관의 승인 없이 하도급한 자	6개월
마. 재하도급금지 규정에 위반하여 하도급한 자	4개월
바. 하도급조건을 하도급자에게 불리하게 변경한 자	4개월

○ 하도급 제한관련 법률

하도급 제한관련 법률에는 국가계약법에 명시된 「건설산업기본법」 외에도 그 밖의 다른 법률에는 「소방시설공사업법」, 「문화재 수리 등에 관한 법률」 등이 있다.

이와 관련하여 **하도급제한 관련 법률은 하도급하는 행위 자체를 제한하는 법률을 의미**하고, 하도급이 이루어진 후 하도급거래로 인하여 발생한 불공정 행위를 규율하는 법을 의미하는 것은 아니므로 「하도급거래공정화에 관한 법률」은 해당되지 않는다고 할 것이다.[7]

○ **"공사의 전부 또는 주요부분의 하도급" 금지위반의 판단기준**
하도급 제한규정에 위반하였는지를 판단하기 위한 요소와 관련하여 공사의 주요부분이 무엇인지를 검토하는 것은 중요한 부분이라 할 것이다.

판례에 의하면 **공사의 전부 또는 주요부분의 하도급 금지규정에 위반하였는지 여부를 판단하기 위하여는** 원 도급금액과 하도급금액, 하도급금액이 원도급금액에서 차지하는 비중 외에도 발주자로부터 도급받은 전체 건설공사 및 하도급한 공사의 내용, 하도급한 공사가 전체 공사에서 차지하는 위치, 하도급한 공사의 수급인과 하수급인이 실제 시공한 각 공사의 내역, 건설업자의 업종 등을 참작하여 **주된 공사가 무엇인지를 확정한 다음, 주된 공사의 전부가 하도급 되었는지를 살펴보아야 한다**고 하고 있다.

○ **"발주관서의 승인없이 하도급을 한 자"의 의미**
발주관서의 **승인없는 하도급을 제한하는** 근거여부와 관련하여 국가계약법 제27조 제1항의 전반부에 규정되어 있는 "다른 법률에 따른 하도급에 관한 제한규정을 위반하여"라는 문구가 이 경우에도 적용되어 **법률의 규정을 요한다는** 견해와 **계약에 의한 제한도 가능하다**는 견해가 대립되고 있다.

계약상 제한을 위반하는 경우에도 제재의 필요성이 크다는 점을 고려하면 계약에 의하여도 제한이 가능하다고 보는 것이 타당할 것이다.

다만, 계약상 발주관서의 승인에 의한 제한을 하려면 계약조건에 그 내용이 편입되어 있어야 할 것이다.

---

7 김성근, 앞의 책, 535~536면.

"사기, 그 밖의 부정행위"의 의미

조세범처벌법 제9조 제1항 소정의 '사기 기타 부정한 행위'라는 것은 **조세의 부과와 징수를 불가능하게 하거나 현저히 곤란하게 하는 위계 기타 부정한 적극적인 행위를** 말하고 다른 어떤 행위를 수반함이 없이 단순히 세법상의 신고를 하지 아니하거나 허위의 신고를 함에 그치는 것은 여기에 해당하지 아니하나, 적극적으로 허위의 2중 계약서 등을 작성·사용한 경우에는 조세범처벌법 제9조 제1항 소정의 '사기 또는 부정한 방법'을 사용한 것이다.

➲ 대법원 1998. 5. 8. 선고 97도2429 판결 [특정범죄가중처벌등에관한법률위반(조세)·조세범처벌법위반]

"손해"의 의미

앞서 인정한 사실과 변론 전체의 취지에 의하여 인정할 수 있는 다음과 같은 사정들을 종합하면, 원고의 **허위 세금계산서 제출에 의하여 국가에 손해가 발생**하였다고 봄이 타당하다.

① 앞서 본 바와 같이 원고가 방위사업청에 기술소득분 부분에 관한 B의 세금계산서를 원가자료로 제출하면 방위사업청은 이와 같이 **허위로 작성된 세금계산서 등에 기초해** 적정한 재료비 등의 단가를 결정하여 이를 '계약원가'로 정하고, 이 '계약원가'에 다시 '예정가격률'을 곱하여 예정가격을 산정한 다음 그 범위 내에서 **계약금액을 결정**하였다.

② 그러므로 만약 원고가 **진정한 세금계산서를 제출하였다면 계약금액이 위와 같이 부풀려진 액수에 비례하여 낮아졌을 것**으로 보이고(즉, 이 경우 방위사업청은 계약금액을 더 낮게 정했을 것이다), 국가는 일응 그 **차액 상당의 손해**를 입었다고 볼 수 있다.

③ 구 국가계약법 시행령 제76조 제1항 제17호는 '**손해의 발생**' 외에 '**손해의 범위**'를 그 요건으로 하고 있지 아니하므로, 원고의 허위 세금계산서 제출에 의하여 국가에 **손해가 발생하였음이 분명한 이상 그 손해의 범위가 명확하게 입증되지 아니하였다**고 하더라도 원고가 위 조항이 정한 부정당업자 제재사유에 해당한다.

➲ 서울행정법원 2015. 8. 28. 선고 2013구합63193 판결 [입찰 참가자격 제한 처분취소], 서울고등법원 2016. 9. 1. 선고 2015누58234 판결(항소기각)

"사기, 그 밖의 부정행위"의 사례

(1) 악성프로그램 이용 전자입찰

   ○ 사실관계

      원고 ○○ 주식회사의 대표이사였던 소외인은, '2011. 10.경부터 2012. 5.경까지 나①장터 전자입찰에서 **악성 프로그램을 이용하여 낙찰 하한가를 알아낸 다음 낙찰 가능한 입찰금액으로 투찰하였다**(이하 '이 사건 부정행위'라고 한다)'는 컴퓨터등사용사기죄, 입찰 방해죄의 범죄사실로 징역 2년, 집행유예 3년의 유죄판결을 선고받아 그 판결이 2014. 2. 21. 확정되었다.

피고(강원도 철원군수)는 ... 2016. 1. 11.부터 2016. 6. 10.까지 5개월간의 **입찰 참가자격 제한처분**을 하였다.

○ 대법원 판단

이 사건 부정행위는 지능적이고 계획적인 범죄행위에 해당할 뿐 아니라, 이로 인하여 낙찰받은 금액도 적지 않아 그 **제재의 필요성도 상당**하다.

⊃ 대법원 2018. 5. 15. 선고 2016두57984 판결 [입찰 참가자격 제한 처분취소]

(2) 원가자료로 허위의 세금계산서 제출

원고가 이 사건 계약 당시 방위사업청에 **기술소득분에 관한 허위의 세금계산서를 원가자료로 제출**한 사실, 수의계약 업체가 제출하는 이러한 세금계산서 등의 원가자료는 원가·예정가격 산정 및 계약금액 결정에 있어서 중요하고도 결정적인 기초자료가 되는 사실은 앞에서 본 바와 같고,

만일 방위사업청이 이와 같이 허위의 원가자료가 제출되었다는 사정을 알았더라면 원고와 같은 내용의 계약을 체결하지 않았으리라는 점은 경험칙상 명백하므로, 원고가 방위사업청에 **허위의 세금계산서를 마치 진정한 원가자료인 것처럼 제출한 것**은 구 국가계약법 시행령 제76조 제1항 제17호의 '**사기 그 밖의 부정한 행위**'에 **해당**한다고 봄이 타당하다.

⊃ 서울행정법원 2015. 8. 28. 선고 2013구합63193 판결 [입찰 참가자격 제한 처분취소], 서울고등법원 2016. 9. 1. 선고 2015누58234 판결(항소기각)

관련 법령

▣ 국가계약법

▶ 제27조(부정당업자의 입찰 참가자격 제한 등) ① 각 중앙관서의 장은 다음 각 호의 어느 하나에 해당하는 자(이하 "부정당업자"라 한다)에게는 2년 이내의 범위에서 대통령령으로 정하는 바에 따라 입찰 참가자격을 제한하여야 하며, 그 제한사실을 즉시 다른 중앙관서의 장에게 통보하여야 한다. 이 경우 통보를 받은 다른 중앙관서의 장은 대통령령으로 정하는 바에 따라 해당 부정당업자의 입찰 참가자격을 제한하여야 한다.

4. 사기, 그 밖의 부정한 행위로 입찰·낙찰 또는 계약의 체결·이행 과정에서 국가에 손해를 끼친 자

■ 국가계약법 시행규칙

▶ 제76조(부정당업자의 입찰 참가자격 제한기준 등) 영 제76조 제3항에 따른 부정당업자의 입찰 참가자격 제한의 세부기준은 별표 2와 같다.

별표 2) 부정당업자의 입찰 참가자격 제한기준(제76조 관련)

입찰 참가자격 제한사유	제재기간
6. 법 제27조 제1항 제4호에 해당하는 자(사기, 그 밖의 부정한 행위로 입찰·낙찰 또는 계약의 체결·이행 과정에서 국가에 손해를 끼친 자) 　가. 국가에 10억원 이상의 손해를 끼친 자 　나. 국가에 10억원 미만의 손해를 끼친 자	 2년 1년

해설

○ "사기, 그 밖의 부정행위"의 의미

(1) "사기, 그 밖의 부정행위"의 의미에 대하여는 명확한 규정이 없으므로 그 구체적인 의미와 기준이 문제된다.

(2) 판례에서 "사기, 그 밖의 부정행위"의 의미에 대하여는 유사한 행위를 규율하고 있는 조세범처벌법과 관련한 판례에서 찾아볼 수 있는데, 그 판례에 의하면 "조세의 부과와 징수를 불가능하게 하거나 현저히 곤란하게 하는 위계 기타 부정한 적극적인 행위"로 판시하고 있다.

따라서, 위 판례에 준하여 국가계약법상 의미를 살펴본다면 **"입찰, 낙찰, 또는 계약의 이행을 불가능하게 하거나 곤란하게 하는 위계 기타 부정한 적극적인 행위"**라고 볼 수 있을 것이다.

(3) 여기서 유의할 점은 판례는 **"위계 기타 부정한 적극적인 행위"**로 해석하고 있는 바, 다른 특정한 행위를 수반하지 않는 **소극적인 행위에 대하여는 이 사유에 해당하지 않을 수 있다는 것이다.**

그러나, 이에 대하여는 조세범처벌법관련 판례에서 소극적인 행위가 포함되지 않은 것은 조세범의 특성에 의한 것이므로 국가계약법에서는 소극적 행위가 제외될 이유가 없다는 견해[8]도 있다.

○ "손해"의 의미

(1) 본 제재사유에 해당하기 위하여는 "사기, 그 밖의 부정행위"를 하는 것 뿐만 아니라 그로 인하여 "국가에 손해를 끼치는 행위"라는 요소도 충족해야 한다. 여기서 그 손해의 의미와 범위가 문제된다.

(2) 손해는 단순히 막연한 손해발생의 가능성이 아니라 현실적인 손해의 발생으로 해석함이 타당할 것이다.[9]

또한, 하급심 판결에 의하면 '손해의 발생' 외에 '손해의 범위'를 그 요건으로 하고 있지 아니하므로, 국가에 손해가 발생하였음이 분명한 이상 그 손해의 범위가 명확하게 입증되지 아니하였다고 하더라도 입찰 참가자격 제한사유에 해당한다고 할 것이다.

---

8 양창호, 부정당업자 입찰 참가자격제한 해설, 한국학술정보(주), 2017, 95면.
9 정태학·오정한·장현철·유병수, 앞의 책, 400면.

> **제8호 가목 "경쟁의 공정한 집행을 저해할 염려가 있는 자" 여부**
> **– 시행령 제76조 제1항 제1호 가목 "계약에 관한 서류"의 범위**
>
> 이 사건 시행령 조항은 제8호에서 '입찰 또는 계약에 관한 서류를 위조·변조하거나 부정하게 행사한 자 또는 허위서류를 제출한 경우'를 입찰 참가자격 제한사유로 규정하고 있다. 이 사건 시행령 조항의 다른 호는 '계약의 체결 또는 이행(제6, 7, 10, 12, 17호)'과 '계약의 이행(제1, 5호)'을 명확히 구분하고 있으나 제8호는 '계약에 관한 서류'라고 포괄적으로 규정하고 있다.
>
> **계약의 적정한 이행을 확보하기 위해서는 계약의 체결에 관한 서류뿐만 아니라 계약의 이행에 관한 서류의 위조·변조 등 행위에 대해서도 제재할 필요가 있다.** 문언의 통상적 의미에 비추어 보더라도 '계약에 관한 서류'가 '계약의 체결에 관한 서류' 또는 '계약상 제출 의무가 있는 서류'로 한정된다고 보기 어렵다.
>
> 따라서 이 사건 시행령 조항 중 제8호에서 말하는 '계약에 관한 서류'에는 계약체결에 관한 서류뿐만 아니라 계약의 적정한 이행 확보와 관련된 서류도 포함된다고 보아야 한다.
>
> ⊃ 대법원 2020. 2. 27. 선고 2017두39266 판결

(1) 같은 법 시행령(2011. 12. 31. 대통령령 제23477호로 개정되기 전의 것) 제76조 제1항 제8호의 '허위서류를 제출한 자'에 해당하기 위해서는 구체적인 사안에서 계약체결의 경위와 그 내용, 허위서류의 작성 및 제출의 경위, 허위서류의 내용, 허위서류가 계약에서 차지하는 비중 등을 고려할 때 **허위서류의 제출이 경쟁의 공정한 집행 또는 계약의 적정한 이행을 해할 염려가 있거나 기타 입찰에 참가시키는 것이 부적절하다고 인정**되어야 한다.

(2) 원심은 ① 원심 판시 이 사건 계약과 같이 계약금액이 계약당사자 간 협의와 정산절차를 거쳐서 확정되는 개산계약에서 계약금액 정산을 위하여 제출되는 원심 판시 이 사건 **작업일보는 계약의 주요 내용이나 계약 진행 여부의 판단에 영향을 미치지 아니하고** 단지 일정 범위 내에서 계약금액 조정에만 관계되는 점, ② 피고는 계약상대방이 제출하는 **정산자료를 계약금액에 모두 반영하여야 하는 것이 아니라** 노무공수를 삭감하거나 예가율을 적용하여 조정할 수 있는 권한을 가지고 있는 점, ... ⑤ 위 연구원들은 이 사건 작업일보를 매일 작성하거나 정확히 작성하지 아니하고 1～2주 혹은 그 이상 기간의 작업내용을 몰아서 **형식적으로 작성하기도 하였고, 피고 측에서는 실질적으로 이 사건 작업일보를 검증하지 아니한 채** 1일 기준 8시간을 넘는 노무시간을 삭감하는 정도로만 정산관리를 해온 점, ⑥ 원고와 피고의 이 사건 작업일보의 작성 및 확인이 이처럼 부실하고 형식적으로 이루어지다 보니 이 사건 사업과 이 사건 병행사업의 **작업일보 작성에 관한 체계적인 관리가 이루어지지 아니하였고**, 위 두 사업은 서로 관련되어 있는 데다가 사업기간이 겹쳐 있어 두 작업을 동시에 수행하는 연구원들로서는 **정확한 작업내용과 시간을 구분하여 작업일보를 작성하는 것이 용이하지 아니하였던 점** 등 그 판시와 같은 사정을 들어,

이 사건 작업일보는 피고의 용인과 개산계약의 특성으로 인해 **작업일보 기재가 사실상 형식화되어 있는 상황**에서 원고 소속 연봉제 연구원들의 단순한 착오와 오기로 인하여 사실과 다르게 작성된 것으로서 전체 계약에 미치는 영향이 경미하므로, 이 사건 작업일보의 중복 기재로 인하여 경쟁의 공정한 집행 또는 계약의 적정한 이행을 해칠 염려가 있거나 기타 입찰에 참가시키는 것이 부적법하다고 보기 어렵다는 이유로, 원심 판시 이 사건 처분이 위법하다고 판단하였다.

(3) 앞서 본 법리와 기록에 비추어 살펴보면, 원심의 위와 같은 판단은 정당하고, 거기에 논리와 경험의 법칙에 반하여 자유심증주의의 한계를 벗어나거나 구 국가계약법 제27조 제1항에 관한 법리를 오해한 잘못이 없다.

⊃ 대법원 2014. 12. 11. 선고 2013두26811 판결 [입찰 참가자격 제한 처분취소]

▣ 국가계약법

▶ 제27조(부정당업자의 입찰 참가자격 제한 등) ① 각 중앙관서의 장은 다음 각 호의 어느 하나에 해당하는 자(이하 "부정당업자"라 한다)에게는 2년 이내의 범위에서 대통령령으로 정하는 바에 따라 입찰 참가자격을 제한하여야 하며, 그 제한사실을 즉시 다른 중앙관서의 장에게 통보하여야 한다. 이 경우 통보를 받은 다른 중앙관서의 장은 대통령령으로 정하는 바에 따라 해당 부정당업자의 입찰 참가자격을 제한하여야 한다.

9. 그 밖에 다음 각 목의 어느 하나에 해당하는 자로서 대통령령으로 정하는 자

가. 입찰·계약 관련 서류를 위조 또는 변조하거나 입찰·계약을 방해하는 등 경쟁의 공정한 집행을 저해할 염려가 있는 자

나. 정당한 이유 없이 계약의 체결 또는 이행 관련 행위를 하지 아니하거나 방해하는 등 계약의 적정한 이행을 해칠 염려가 있는 자

다. 다른 법령을 위반하는 등 입찰에 참가시키는 것이 적합하지 아니하다고 인정되는 자

▣ 국가계약법 시행령

▶ 제76조(부정당업자의 입찰 참가자격 제한) ② 법 제27조 제1항 제9호 각 목 외의 부분에서 "대통령령으로 정하는 자"란 다음 각 호의 구분에 따른 자를 말한다.

1. 경쟁의 공정한 집행을 저해할 염려가 있는 자로서 다음 각 목의 어느 하나에 해당하는 자

가. 입찰 또는 계약에 관한 서류(제39조에 따라 전자조달시스템을 통하여 입찰서를 제출하는 경우에 「전자서명법」 제2조 제6호에 따른 공인인증서를 포함한다)를 위조·변조하거나 부정하게 행사한 자 또는 허위서류를 제출한 자

나. 고의로 무효의 입찰을 한 자. 다만, 입찰서상 금액과 산출내역서상 금액이 일치하지 않은 입찰 등 기획재정부령으로 정하는 입찰무효

사유에 해당하는 입찰의 경우는 제외한다.

　다. 삭제 <2019. 9. 17.>

　라. 입찰참가를 방해하거나 낙찰자의 계약체결 또는 그 이행을 방해한 자

▣ 국가계약법 시행규칙

▶ 제76조(부정당업자의 입찰 참가자격 제한기준 등) 영 제76조 제3항에 따른 부정당업자의 입찰 참가자격 제한의 세부기준은 별표 2와 같다.

별표 2) 부정당업자의 입찰 참가자격 제한기준(제76조 관련)

입찰 참가자격 제한사유	제재기간
10. 영 제76조 제1항 제1호 가목에 해당하는 자	
가. 입찰에 관한 서류(제15조 제2항에 따른 입찰 참가자격 등록에 관한 서류를 포함한다)를 위조·변조하거나 부정하게 행사하여 낙찰을 받은 자 또는 허위서류를 제출하여 낙찰을 받은 자	1년
나. 입찰 또는 계약에 관한 서류(제15조 제2항에 따른 입찰 참가자격등록에 관한 서류를 포함한다)를 위조·변조하거나 부정하게 행사한 자 또는 허위서류를 제출한 자	6개월

해설

○ 본 제한사유는 입찰 또는 계약에 관한 서류를 ㉮ 위조·변조하거나 ㉯ 부정하게 행사하거나 ㉰ 허위서류를 제출한 행위를 포함하고 있다.

○ "계약에 관한 서류"의 의미

　(1) "계약에 관한 서류"는 계약의 체결과 관련하여 계약서, 설계서, 산출내역서 등이 포함될 수 있고, 계약의 이행과 관련하여 시험성적서 등 품질보증관련 서류, 계약금액 확정을 위한 원가자료 등이 포함될 수 있다.

　　일반적인 의미에서 **"계약에 관한 서류"는 계약의 체결과 관련한 경우가 많을 것이나, 계약의 이행과 관련한 서류도 포함될 수 있을** 것이다.

　(2) 이와 관련하여 국가계약법 및 동 법 시행령은

2016년 개정 이전에는

○ 국가계약법 제27조 제1항에서

각 중앙관서의 장은 **경쟁의 공정한 집행이나 계약의 적정한 이행을 해칠 염려가 있거나** 그 밖에 입찰에 참가시키는 것이 적합하지 아니하다고 인정되는 자(이하 "부정당업자"라 한다)에게는 2년 이내의 범위에서 대통령령으로 정하는 바에 따라 입찰 참가자격을 제한하여야 하며, …

○ 동 법 시행령 제76조 제1항에서

8. 입찰 또는 계약에 관한 서류(제39조의 규정에 의하여 전자조달시스템에 의하여 입찰서를 제출하는 경우의 「전자서명법」 제2조 제8호의 규정에 의한 공인인증서를 포함한다)를 위조·변조하거나 부정하게 행사한 자 또는 허위서류를 제출한 자

라고 규정되어 있다가 앞서 살펴본 바와 같이

○ 국가계약법 제27조 제1항에서

8. 그 밖에 다음 각 목의 어느 하나에 해당하는 자로서 대통령령으로 정하는 자
  가. 입찰·계약 관련 서류를 위조 또는 변조하거나 입찰·계약을 방해하는 등 경쟁의 공정한 집행을 저해할 염려가 있는 자

○ 동 법 시행령 제76조 제2항에서

1. 경쟁의 공정한 집행을 저해할 염려가 있는 자로서 다음 각 목의 어느 하나에 해당하는 자
  가. 입찰 또는 계약에 관한 서류(제39조에 따라 전자조달시스템을 통하여 입찰서를 제출하는 경우에 「전자서명법」 제2조 제6호에 따른 공인인증서를 포함한다)를 위조·변조하거나 부정하게 행사한 자 또는 허위서류를 제출한 자

로 개정되었다.

개정의 주요 취지는 본 제한사유와 관련하여 **경쟁의 공정한 집행이나 계약의 적정한 이행을 해칠 염려가 있는 자**를 전제조건으로 하다가 **경쟁의 공정한 집행을 저해할 염려가 있는 자**로 바뀐 것이다.

따라서 본 제한사유의 중점이 경쟁의 공정한 집행으로 수정되었으므로 "**계약에 관한 서류**"의 범위도 "**계약의 체결에 관한 서류**"만으로 축소하여 해석하는 것이 타당할 것으로 판단된다.

이에 대하여 중앙행정심판위원회 결정례에서는

국가계약법 제27조 및 시행령 제76조의 구성 체계와 형식 및 **시행령 제76조 제1항 제1호에서 라목을 제외하고는 '이행'이라는 용어를 사용하지 않고, 라목의 '이행'도 제3자가 방해하는 것을 전제로 하고 있는 것 외에는 모두 입찰 또는 계약에 관한 사항들이다**. 이에 반하여 **제2호에서는 '이행'이라는 용어를 사용하면서 열거하고 있는 사항들이 모두 계약의 이행과 관련된 사항**이다. 그렇기 때문에 **시행령 제76조 제1항 제1호는** 국가계약법 제27조 제1항 제9호 가목의 입찰·계약 관련 서류를 위조 또는 변조하거나 입찰·계약을 방해하는 등 **경쟁의 공정한 집행을 저해할 염려가 있는 자 중 처분대상을 구체화**하고 있는 것이고, 시행령 제76조 제1항 제2호는 국가계약법 제27조 제1항 제8호 나목의 정당한 이유없이 계약의 체결 또는 이행 관련 행위를 하지 아니하거나 방해하는 등 **계약의 적정한 이행을 해칠 자 중 처분대상을 구체화**하고 있는 것으로 나누어 규정하고 있는 것으로 해석된다.

따라서 **청구인의 계약 이행과정에서 작성되어 제출된 작업일지 및 예방정비점검표 제출행위를 국가계약법 시행령 제76조 제1항 제1호 가목에 해당된다는 것을 전제로 한 이 사건 처분은 위법**하다(중앙행정심판위원회 2019. 11. 12.자 2018-22908 재결).

라고 결정하였고,

기획재정부 유권해석도

시행령 제76조 제1항 제1호 가목에 정한 "계약에 관한 서류"는 계약체결과 관련한 서류로 한정함이 타당할 것으로 보입니다(계약제도과-727, 2020. 4. 17.).

라고 해석하였다.

○ "허위서류를 제출한 자"의 의미
"허위서류"는 **객관적 진실에 반하는 내용의 서류**를 말한다고 할 것이다.

판례에 의하면 "허위서류를 제출한 자"의 의미와 관련하여 서류의 내용이 단순한 착오와 오해로 인하여 사실과 다르다는 점만으로 계약에 미치는 영향이 경미함에도 불구하고 무조건 허위서류로서 입찰 참가자격 제한사유에 해당한다고 보기는 힘들며, 그러한 서류의 제출이 계약에 미치는 영향이 상대적으로 작지 않고, 결과적으로 경쟁의 공정한 집행을 해할 염려가 있다고 인정될 경우에만 제한사유에 해당한다고 보아야 할 것이다.

(1) 입찰자 또는 그 대리인, 지배인 기타의 사용인이 고의로 무효입찰을 한 때에는 6월 이상 3년 이하의 기간을 정하여 당해 입찰자의 입찰 참가자격을 제한하여야 한다고 규정하여 국가 또는 지방자치단체와 계약을 체결하는 과정에서 당해 입찰참가자나 그 대리인 기타 사용인이 입찰유효의 요건이 되는 제반 의무를 고의로 위반하여 입찰무효의 결과를 초래하는 때에는 국가 또는 지방자치단체의 계약질서를 어지럽힌 자라 하여 그 제재로서 일정기간 입찰 참가자격을 제한케 하고 있는 바,

여기서 '고의'라 함은 입찰무효의 요건이 되는 구체적인 의무위반사실을 인식하면서도 감히 그와 같은 의무위반행위를 하는 것을 말하고 입찰을 무효화시키려는 목적이 있어야 하는 것이 아니라고 해석함이 상당하다 할 것이다.

(2) 이 사건의 경우를 보면, 앞서 판단한 을 제3호증의2의 기재에 의하면, 위 ○○○는 대리권이 없는 자가 입찰에 참가하면 그 **입찰이 무효로 됨을 알면서도 대리권 없이 입찰에 참가하였음을 자인**하고 있으므로 그 소위를 위 법령에 정한 고의로 **무효입찰을 한 경우에 해당**하는 것으로 못볼 바 아니다. 그렇다면 위와 반대의 취지로 판단한 원심의 조처는 필경 위 관계 법령에 의한 부정당업자의 입찰 참가자격제한에 관한 법리를 오해하여 판결 결과에 영향을 미친 위법을 범한 것이라고 할 것이므로, 이점을 탓하는 상고논지 또한 그 이유있다.

➲ 대법원 1986. 10. 14. 선고 84누314 판결 [입찰자격제한처분취소]

관련 법령

■ **국가계약법**

▶ 제27조(부정당업자의 입찰 참가자격 제한 등) ① 각 중앙관서의 장은 다음 각 호의 어느 하나에 해당하는 자(이하 "부정당업자"라 한다)에게는 2년 이내의 범위에서 대통령령으로 정하는 바에 따라 입찰 참가자격을 제한하여야 하며, 그 제한사실을 즉시 다른 중앙관서의 장에게 통보하여야 한다. 이 경우 통보를 받은 다른 중앙관서의 장은 대통령령으로 정하는 바에 따라 해당 부정당업자의 입찰 참가자격을 제한하여야 한다.

9. 그 밖에 다음 각 목의 어느 하나에 해당하는 자로서 대통령령으로 정하는 자

가. 입찰·계약 관련 서류를 위조 또는 변조하거나 입찰·계약을 방해하는 등 경쟁의 공정한 집행을 저해할 염려가 있는 자

나. 정당한 이유 없이 계약의 체결 또는 이행 관련 행위를 하지 아니하거나 방해하는 등 계약의 적정한 이행을 해칠 염려가 있는 자

다. 다른 법령을 위반하는 등 입찰에 참가시키는 것이 적합하지 아니하다고 인정되는 자

■ 국가계약법 시행령

▶ 제76조(부정당업자의 입찰 참가자격 제한) ② 법 제27조 제1항 제9호 각 목 외의 부분에서 "대통령령으로 정하는 자"란 다음 각 호의 구분에 따른 자를 말한다.

1. 경쟁의 공정한 집행을 저해할 염려가 있는 자로서 다음 각 목의 어느 하나에 해당하는 자

가. 입찰 또는 계약에 관한 서류(제39조에 따라 전자조달시스템을 통하여 입찰서를 제출하는 경우에 「전자서명법」 제2조 제6호에 따른 공인인증서를 포함한다)를 위조·변조하거나 부정하게 행사한 자 또는 허위서류를 제출한 자

나. 고의로 무효의 입찰을 한 자. 다만, 입찰서상 금액과 산출내역서상 금액이 일치하지 않은 입찰 등 기획재정부령으로 정하는 입찰무효 사유에 해당하는 입찰의 경우는 제외한다.

다. 삭제 <2019. 9. 17.>

라. 입찰참가를 방해하거나 낙찰자의 계약체결 또는 그 이행을 방해한 자

■ 국가계약법 시행규칙

▶ 제44조(입찰무효) ① 영 제39조 제4항에 따라 무효로 하는 입찰은 다음과 같다. …

6. 영 제14조 제6항에 따른 입찰로서 입찰서와 함께 산출내역서를 제출하지 아니한 입찰 및 입찰서상의 금액과 산출내역서상의 금액이 일치하지 아니한 입찰과 그 밖에 기획재정부장관이 정하는 입찰무효사유에 해당하는 입찰 …

6의3. 제15조 제1항에 따라 등록된 사항 중 다음 각 목의 어느 하나에 해당하는 등록사항을 **변경등록하지 아니하고 입찰서를 제출한 입찰**

　　가. 상호 또는 법인의 명칭

　　나. 대표자(수인의 대표자가 있는 경우에는 대표자 전원)의 성명 ...

▶ 제75조의2(부정당업자의 입찰 참가자격 제한) 영 제76조 제2항 제1호 나목 단서에서 "**입찰서상 금액과 산출내역서상 금액이 일치하지 않은 입찰 등 기획재정부령으로 정하는 입찰무효사유에 해당하는 입찰**"이란 제44조 제1항 제6호 및 제6호의3에 따른 입찰을 말한다.

▶ 제76조(부정당업자의 입찰 참가자격 제한기준 등) 영 제76조 제4항에 따른 부정당업자의 입찰 참가자격 제한의 세부기준은 별표 2와 같다.

별표 2) **부정당업자의 입찰 참가자격 제한기준(제76조 관련)**

입찰 참가자격 제한사유	제재기간
11. 영 제76조 제1항 제1호 나목에 해당하는 자(고의로 무효의 입찰을 한 자)	6개월

해설

〇 "고의로 무효의 입찰을 한 자"의 의미

"고의로 무효의 입찰을 한 자"와 관련하여서는 "고의로"의 의미와 범위가 가장 문제된다고 할 것이다.

이와 관련하여 판례에 의하면 입찰무효의 요건이 되는 **구체적인 의무위반사실을 인식하면서도 그 위반행위를 행하는 것으로 족하고 입찰을 무효로 하려는 목적까지 요구하는 것은 아니**라고 본다.

〇 입찰 참가자격 제한사유 중 제외사항

국가계약법 시행령 제76조 제2항 제1호 나목 단서 "다만, 입찰서상 금액과 산출내역서상 금액이 일치하지 않은 입찰 등 기획재정부령으로 정하는 입찰무효사유에 해당하는 입찰의 경우는 제외한다."는 내용은 2019년 9월 17일 개정시 추가되었다.

이는 입찰서와 산출내역서상 금액이 일치하지 않는 경우 등과 같이 입찰의 공정성·적정성을 저해할 소지가 낮은 유형에 대한 입찰 참가자격 제한을 방지하기 위한 취지이다.

물품 공급매매에서 채무불이행의 경우

(1) 국가계약법 제27조 제1항에서 **부정당업자의 입찰 참가자격을 제한하는 제도를 둔 취지는** 국가를 당사자로 하는 계약에서 공정한 입찰 및 계약질서를 어지럽히는 행위를 하는 자에 대하여 일정기간 동안 입찰참가를 배제함으로써 국가가 체결하는 계약의 성실한 이행을 확보함과 동시에 국가가 입게 될 불이익을 미연에 방지하기 위한 것이므로 (헌법재판소 2005. 6. 30. 선고 2005헌가1 전원재판부 결정),

국가계약법 시행령 제76조 제1항 제6호의 규정을 해석함에 있어서는 **모든 채무불이행에 대하여 무조건 입찰 참가자격을 제한하는 것은 비례원칙에 위반될 소지가 크므로,** 개별적이고, 구체적인 사안에서 계약의 내용, 체결 경위 및 그 이행과정 등을 고려하여 **채무불이행에 있어 정당한 이유가 없고, 아울러 그것이 경쟁의 공정한 집행 또는 계약의 적정한 이행을 해할 염려가 있거나 기타 입찰에 참가시키는 것이 부적법하다고 인정되는 경우에 한하여 그 입찰 참가자격을 제한**하여야 할 것이다.

(2) 원심이 그 판결에서 채용하고 있는 증거들을 종합하여 인정한 사실관계에 이 사건 공급계약의 내용, 체결경위 및 그 이행과정을 더해보면,

이 사건 공급계약에서 정한 매도인의 물품공급채무불이행의 **면책에 관한 불가항력 사유의 존재가 인정되지 아니하고,** 피고(방위사업청)가 이 사건 물품의 조달을 **경쟁입찰에 부친 것에 어떠한 위법사유도 인정되지 아니하며,** 계약의 **이행과정에 있어서 원고의 책임도 존재**한다고 보여지는 이 사건에 있어서 원고(업체) 주장 사유만으로는 원고의 이 사건 물품공급채무불이행에 대하여 정당한 사유가 있다고 볼 수 없고,

아울러 원고의 위와 같은 물품공급채무불이행은 **경쟁의 공정한 집행 또는 계약의 적정한 이행을 해할 염려가 있거나 기타 입찰에 참가시키는 것이 부적법한 경우에 해당**된다고 할 것이다.

⊃ 대법원 2007. 11. 29. 선고 2006두16458 판결 [입찰 참가자격 제한 처분취소]

지방계약법상 하자보수의무 불이행의 경우

(1) ... 위와 같이 지방계약법 제31조 제1항, 시행령 제92조 제1항 제6호, 시행규칙 제76조 제1항 [별표 2] 제8호 가목은 입찰 참가자격의 제한 대상자를 '계약을 체결한 이후 계약이행을 하지 아니한 자'로 정하고 있는데,

여기에서 **'계약이행'이라는 용어**의 정의나 포섭의 구체적 범위가 이들 법령에 명확히 규정되어 있지 않으므로 이를 해석함에 있어서는 **위 규정들의 전반적인 체계와**

취지, 입법 목적, 관련 규정과의 조화로운 해석, 적용상의 형평 등을 종합적으로 고려하여 해석할 수밖에 없을 것이다.

(2) 그런데, 시행규칙 제76조 제1항 [별표 2] 제8호 나목은 '공사계약의 연대보증인으로서 하자보수를 요구받고도 정당한 이유 없이 이에 불응한 자'를 시행령 제92조 제1항 제6호의 '계약을 체결한 이후 계약이행을 하지 아니한 자'에 해당하는 자로 규정하면서 그 제재기간은 공사계약의 주채무자에 비해 가볍게 정하고 있어,

① 하자보수요구에 불응한 공사계약의 주채무자도 위 시행령의 '계약이행을 하지 아니한 자'에 해당함을 당연한 전제로 하고 있다고 보이고, 이와 달리 **주채무자의 경우 하자보수이행의무가 없다고 해석하는 것은 형평에 어긋나는** 점,

② 계약의 이행보증에 관한 시행령 제51조 제1항 제1호에서는 계약상대자가 부담하는 계약의 이행보증은 당해 공사 계약상의 시공의무이행을 보증하는 것이고 위 **시공의무이행에는 하자보수의무이행을 포함한다고 명시**하고 있는 점,

③ **국가를 당사자로 하는 계약에 관한 법률 및 그 시행령, 시행규칙 등**은 지방자치단체를 당사자로 하는 계약에 관한 법률 및 그 시행령, 시행규칙 등과 비슷한 체계를 갖추고 있고 입법의 목적과 부정당업자 입찰 참가자격 제한 규정의 내용도 실질적으로 같은데, 그 시행령은 제76조 제1항 제6호에서 계약상대자 등의 입찰 참가자격 제한 대상자로 '계약을 이행하지 아니한 자'를 들고 있고 그 시행규칙은 제76조 제1항[별표 2] 제8호 가목에서 **계약의 이행에 하자보수의무의 이행을 포함하고 있다고 규정**하고 있는 점

등을 종합하면, 시행령 제92조 제1항 제6호, 시행규칙 제76조 제1항 [별표 2] 제8호 가목의 '**계약을 체결한 후 계약이행을 하지 아니한 자**'에는 공사계약자로서 **하자보수의무를 이행하지 아니한 자도 포함**된다고 봄이 상당하다.

➵ 대법원 2012. 2. 23. 선고 2011두16117 판결 [부정당업자제재처분취소]

입찰공고와 계약서에 명시된 계약의 주요조건 위반 여부

(1) … 구 「국가를 당사자로 하는 계약에 관한 법률」(2021. 1. 5. 법률 제17816호로 개정되기 전의 것) 제27조 제1항 제8호 (나)목은 입찰·계약 관련 서류를 위조 또는 변조하거나 입찰·계약을 방해하는 등 경쟁의 공정한 집행을 저해할 염려가 있는 자로서 대통령령으로 정하는 자에 대하여 2년 이내의 범위에서 입찰참가자격을 제한하도록 정하고 있다.

그 위임에 따라 구 「국가를 당사자로 하는 계약에 관한 법률 시행령」(2021. 7. 6. 대통령령 제31864호로 개정되기 전의 것) 제76조 제1항 제2호 (가)목은 입찰참가자격제한처분의 상대방으로 '계약의 적정한 이행을 해칠 염려가 있는 자'로서 "정당한 이유 없이 … 입찰공고와 계약서에 명시된 계약의 주요조건(입찰공고와 계약서에 이행을 하지 아니하였을 경우 입찰참가자격 제한을 받을 수 있음을 명시한

경우에 한정한다)을 위반한 자"를 들고 있다.

(2) 침익적 행정처분 근거 규정에 관한 엄격해석 원칙에 비추어 보면, 이 사건 규정은 다음과 같이 해석해야 한다.

공기업·준정부기관이 입찰을 거쳐 계약을 체결한 상대방에 대해 이 사건 규정에 따라 계약조건 위반을 이유로 입찰참가자격제한처분을 하기 위해서는 **입찰공고와 계약서에 미리 계약조건과 그 계약조건을 위반할 경우 입찰참가자격 제한을 받을 수 있다는 사실을 모두 명시해야** 한다. 계약상대방이 입찰공고와 계약서에 기재되어 있는 계약조건을 위반한 경우에도 공기업·준정부기관이 입찰공고와 계약서에 미리 그 계약조건을 위반할 경우 입찰참가자격이 제한될 수 있음을 명시해 두지 않았다면, 이 사건 규정을 근거로 입찰참가자격제한처분을 할 수 없다.

(3) 원심은 다음과 같이 판단하였다. 피고가 입찰공고와 계약서에 계약조건으로 '진단자격을 취득한 중급이상 기술자 2인 이상을 상시 보유할 것(이하 '진단인력 조건'이라 한다)'을 기재하고, 계약서에 '입찰공고와 계약서에 명시된 계약의 주요조건'을 위반한 자에 대하여 입찰참가자격을 제한할 수 있다고 기재하였다.

그러나 **계약서에서 그 위반 시 입찰참가자격을 제한할 수 있는 '주요조건'이 무엇인지 따로 정하거나 진단인력 조건이 그 주요조건에 해당한다고 명시하지 않았다.** 입찰공고와 계약서에 원고가 진단인력 조건을 위반할 경우 입찰참가자격제한처분을 받을 수 있다고 별도로 명시하지 않은 이상, 원고에 대하여 진단인력 조건 위반을 이유로 이 사건 규정에 근거하여 입찰참가자격제한처분을 할 수는 없다.

원심판결은 위에서 본 법리에 기초한 것으로서 정당하고, 상고이유에서 주장하는 바와 같은 이 사건 규정의 해석 등에 관한 법리를 오해한 잘못이 없다.

↪ 대법원 2021. 11. 11 선고 2021두43491 판결 [입찰참가자격제한처분취소]

관련 법령

▣ 국가계약법

▶ 제27조(부정당업자의 입찰 참가자격 제한 등) ① 각 중앙관서의 장은 다음 각 호의 어느 하나에 해당하는 자(이하 "부정당업자"라 한다)에게는 2년 이내의 범위에서 대통령령으로 정하는 바에 따라 입찰 참가자격을 제한하여야 하며, 그 제한사실을 즉시 다른 중앙관서의 장에게 통보하여야 한다. 이 경우 통보를 받은 다른 중앙관서의 장은 대통령령으로 정하는 바에 따

라 해당 부정당업자의 입찰 참가자격을 제한하여야 한다. ...

9. 그 밖에 다음 각 목의 어느 하나에 해당하는 자로서 대통령령으로 정하는 자

　가. 입찰·계약 관련 서류를 위조 또는 변조하거나 입찰·계약을 방해하는 등 경쟁의 공정한 집행을 저해할 염려가 있는 자

　나. 정당한 이유 없이 계약의 체결 또는 이행 관련 행위를 하지 아니하거나 방해하는 등 계약의 적정한 이행을 해칠 염려가 있는 자

　다. 다른 법령을 위반하는 등 입찰에 참가시키는 것이 적합하지 아니하다고 인정되는 자

▣ 국가계약법 시행령

▶ 제76조(부정당업자의 입찰 참가자격 제한) ② 법 제27조 제1항 제9호 각 목 외의 부분에서 "대통령령으로 정하는 자"란 다음 각 호의 구분에 따른 자를 말한다. ...

2. 계약의 적정한 이행을 해칠 염려가 있는 자로서 다음 각 목의 어느 하나에 해당하는 자

　가. 정당한 이유 없이 계약을 체결 또는 이행(제42조 제5항에 따른 계약이행능력심사를 위하여 제출한 하도급관리계획, 외주근로자 근로조건 이행계획에 관한 사항의 이행과 제72조 및 제72조의2에 따른 공동계약에 관한 사항의 이행을 포함한다)하지 아니하거나 입찰공고와 계약서에 명시된 계약의 주요조건(입찰공고와 계약서에 이행을 하지 아니하였을 경우 입찰 참가자격 제한을 받을 수 있음을 명시한 경우에 한정한다)을 위반한 자 ...

▣ 국가계약법 시행규칙

▶ 제76조(부정당업자의 입찰 참가자격 제한기준 등) 영 제76조 제4항에 따른 부정당업자의 입찰 참가자격 제한의 세부기준은 별표 2와 같다.

별표 2) 부정당업자의 입찰 참가자격 제한기준(제76조 관련)

입찰 참가자격 제한사유	제재기간
16. 영 제76조 제2항 제2호 가목에 해당하는 자	
가. 계약을 체결 또는 이행(하자보수의무의 이행을 포함한다)하지 아니한 자	6개월
나. 공동계약에서 정한 구성원 간의 출자비율 또는 분담내용에 따라 시공하지 아니한 자	
1) 시공에 참여하지 아니한 자	3개월
2) 시공에는 참여하였으나 출자비율 또는 분담내용에 따라 시공하지 아니한 자	1개월
다. 계약상의 주요조건을 위반한 자	3개월
라. 영 제52조 제1항 단서에 따라 공사이행보증서를 제출하여야 하는 자로서 해당 공사이행보증서 제출의무를 이행하지 아니한 자	1개월
마. 영 제42조 제5항에 따른 계약이행능력심사를 위하여 제출한 사항을 지키지 아니한 자	
1) 외주근로자 근로조건 이행계획에 관한 사항을 지키지 아니한 자	3개월
2) 하도급관리계획에 관한 사항을 지키지 아니한 자	1개월

해설

O 본 제한사유는 정당한 이유없이 ㉮ 계약을 체결하지 않거나, ㉯ 계약을 이행하지 않거나, ㉰ 계약의 주요조건을 위반한 경우를 포함하고 있다.

O 정당한 이유가 없을 것
   (1) "정당한 이유"의 의미에 대하여 기획재정부 유권해석에 의하면 **정당한 이유라 함은 천재·지변 또는 예기치 못한 돌발사태 등을 포함하여 명백한 객관적 사유로 인하여 부득이 계약이행을 하지 못한 경우**를 말한다 (회계 1210-181, 1981.1.25.).

   (2) 부정당업자의 입찰 참가자격 제한제도의 취지가 공공계약의 성실한 이행을 확보하고, 국가의 불이익을 예방하기 위한 것이라는 점을 고려하면 업체의 채무불이행이 있는 경우에는 그 책임의 유무와 중대성을 가리지도 않고 부정당업자로서 제한을 가할 수는 없고, 제반 사정을 고려하여 **업체의 채무불이행에 정당한 이유가 없으며, 경쟁의 공정한 집행 또는**

계약의 적정한 이행을 해할 염려가 있거나 기타 입찰에 참가시키는 것이 부적법하다고 인정되는 경우에 한하여 그 입찰 참가자격을 제한하여야 한다고 할 것이다.

○ 계약의 미체결

(1) 계약의 미체결로 입찰 참가자격을 제한하기 위하여는 당연한 전제로서 **제한대상자에게 계약을 체결할 의무가 있어야 한다.**

(2) 판례에 의하면 '정당한 이유 없이 계약을 체결하지 아니한 자'는 정당한 이유 없이 상대방과의 계약체결의무를 위반한 자, 즉 **입찰의 방법을 통하여 계약상대방으로 선정되어 정부투자기관과 사이에 계약을 체결할 의무를 지고 있음에도 정당한 이유 없이 계약을 체결하지 아니한 자**를 뜻하는 것이며, 이러한 행위로 말미암아 계약의 적정한 이행이 저해되어 그 제재로서 입찰 참가자격의 제한조치가 정당화되는 것이므로, 정부투자기관이 발주한 건설공사의 **실시설계적격자로 선정되었을 뿐 낙찰자의 지위에 있지 않은 자에 대하여는** 위 정부투자기관 회계규칙의 규정에 따라 **입찰 참가자격을 제한할 수 없다**고 하고 있다(서울고등법원 2005. 9. 7. 선고 2003누9734 판결 [입찰 참가자격 제한 처분취소]/대법원 2006. 1. 12. 선고 2005두12367 판결(심리불속행 기각됨).

따라서, 경쟁입찰절차에서는 **낙찰자의 지위에 있어야 계약을 체결할 의무를** 가진다 할 것이다.

(3) 그렇다면 수의계약에서 계약상대자로 결정된 자가 수의계약을 체결하지 않는 경우 제한대상이 되는가?

이에 대하여는 견해의 대립이 있을 수 있으나, **수의계약의 기본적 법리상 당사자 사이에 계약체결의 의무를 인정하기는 힘들다**고 보여진다.

○ 계약의 불이행

(1) 계약의 불이행은 일반적으로 **계약상대자가 계약상 의무를 이행하지 않는 경우**를 말한다고 할 것이다.

국가계약법 시행령에 의하면 계약의 불이행과 관련하여 계약의 이행의 범위에 계약이행능력심사를 위하여 제출한 하도급관리계획, 외주근로자 근로조건 이행계획에 관한 사항의 이행과 공동계약에 관한 사항의 이행을 포함하고 있다(영 제76조 제2항 제2호 가목).

(2) 그렇다면 본 사유에 계약의 종국적인 불이행이 아닌 이행지체의 경우도 포함될 것인가?

(가) 이와 관련하여 대법원은 다음과 같이 판시한 사례가 있다.

> 이 사건에 관하여 살펴보면 원고가 자인하는 바에 의하더라도 원고(업체)가 이 사건 제1공사를 **약정준공기일보다 1개월 지연**한 1989. 10. 11.에, 이사건 제2공사를 **약정준공기일보다 17일 지연**한 같은 해 8. 28.에 각 준공하였다는 것이므로 이는 위 구 예산회계법시행령 제89조 제1항 제6호 소정의 **"정당한 이유 없이 계약을 이행하지 아니한 때"에 해당**하므로 이를 들어 원고의 입찰자격을 제한한 피고(서울특별시 성동구청장)의 이 사건 처분을 지지하고 원고 주장을 배척한 원심조치는 정당하고 연대보증인이 잔여공사를 마무리 지었다거나 원고회사가 그 지체배상금을 지급하였다 하여 결론이 달라질 수 없는 것이므로 원심의 판단은 수긍이 가고 거기에 소론과 같이 법령의 해석을 잘못하였거나 법률적용을 그르친 위법이 있다고 할 수 없다(대법원 1991. 11. 22. 선고 91누551 판결 [입찰 참가자격 제한 처분취소]).

(나) 그러나, 이에 대하여 학계와 실무에서는 견해가 대립된다.

먼저, 여기서 계약의 불이행은 종국적인 계약의 불이행을 의미하는 것이므로 지연이행의 경우에는 이에 해당하지 않는다거나[10] 이행지체에 대하여는 별도로 지체상금에 의하여 피해보상을 받을 수 있으므로 그 제도에 의하여 처리하는 것이 타당하다는 이유로 **입찰 참가자격 제한사유에 포함되지 않는다는 견해**가 있다.[11 · 12]

---

10 정원, 앞의 책, 674면.

반면, 계약의 이행을 상당한 기간 지체한 경우에도 계약의 적정한 이행을 해치고 국가에 손실을 야기할 수 있다는 점 등으로 **입찰 참가자격 제한사유에 포함된다는 견해도** 있다.[13]

이행지체에 의하여 계약의 목적을 달성할 수 없어 계약이 해제된 경우에는 입찰 참가자격 제한의 필요성이 크다고 할 것이나, 그에 이르지 않고 단순히 이행을 지체한 경우에 불과한 때에는 별도로 마련되어 있는 지체상금 제도에 의하여 처리가 가능할 뿐만 아니라 본 제한사유가 불이익한 처분이므로 제한적으로 해석하여 포함하지 않는 것으로 해석하는 것이 타당할 것으로 생각된다.

(3) 또한, 본 사유에 하자보수의무의 불이행도 포함될 것인가?

이에 대하여도 학계와 실무는 견해가 대립된다.

즉, 계약을 이행하지 아니하는 자는 계약 체결 후 이행 자체에 나아가지 않거나 계약을 완료하지 아니한 자로 해석함이 타당하고 일단 계약의 이행을 완료한 후 하자를 보수하지 아니한 자로 해석하기 어렵고, 하자보수의무 이행의 문제는 국가계약법 제27조 제1항 제1호에 따른 제재로 해결하는 것이 타당하므로 **계약의 불이행에 해당하지 않는다는 견해**[14]와 하자보수의무는 계약 이행의 범위에 **당연히 포함된다는 견해**[15]가 있다.

대법원도 계약의 불이행에 하자보수의무의 불이행도 포함되는 것으로 보며(대법원 2012. 2. 23. 선고 2011두16117 판결), 계약 이행의 범위에는 하자보수의무도 포함된다고 보는 것이 타당하다고 생각된다.

---

11 김성근, 앞의 책, 552면.
12 법무법인(유) 태평양 건설부동산팀, 앞의 책, 465면.
13 양창호, 앞의 책, 138~139면.
14 정태학·오정한·장현철·유병수, 앞의 책, 411~412면.
15 김성근, 앞의 책, 552면.

○ 계약의 주요조건의 위반

(1) 국가계약법 시행령에 의하면 입찰공고와 계약서에 명시된 계약의 주요 조건을 위반한 경우를 말하고, **입찰공고와 계약서에 이행을 하지 아니하 였을 경우 입찰 참가자격 제한을 받을 수 있음을 명시한 경우에 한정**하 고 있다(영 제76조 제2항 제2호 가목).

(2) 이 경우 특히 유의해야 할 점은 입찰참가자격 제한처분을 하기 위해서는 입찰공고와 계약서에 미리 **특정한 계약조건과 그 계약조건을 위반할 경 우 입찰참가자격 제한을 받을 수 있다는 사실**을 모두 명시해야 한다는 것이다. 즉, 계약상대방이 입찰공고와 계약서에 기재되어 있는 계약조건 을 위반한 경우에도 발주기관이 입찰공고와 계약서에 미리 입찰참가자 격을 제한할 수 있는 '주요조건'이 무엇인지 따로 정하거나 그 계약조건 을 위반할 경우 입찰참가자격이 제한될 수 있음을 명시해 두지 않았다 면, 입찰참가자격제한처분을 할 수 없다.

(3) 계약의 주요조건의 위반과 계약의 불이행의 관계가 애매한 부분이 있으 나, 국가계약법 시행규칙 별표 2에 의하면 "계약의 불이행"의 경우에는 제재기간을 6월로 하고 있는 반면, "계약의 주요조건의 위반"의 경우에 는 3월로 하고 있는 점 등을 고려하면, 계약의 불이행에 해당하지 않으 나, 계약서에 명시된 부수적인 의무로서 절차적인 조건 중 주요한 조건 에 대한 위반으로 봄이 타당할 것이다.

> ### 지방계약법 제33조 "입찰 및 계약체결의 제한규정을 위반하여 계약을 체결한 자" 해당 여부
>
> (1) **지방계약법 제33조**는 지방자치단체를 당사자로 하는 계약에 관하여 영향력을 행사할 수 있는 자들의 계약 체결을 제한하여 그 **계약의 체결 및 이행과정에서 부당한 영향력을 행사할 수 있는 여지를 사전에 차단함으로써 투명성을 높이려는 것이**므로,
>
>   ① 그 체결을 금지하는 대상 계약의 범위는 명확하여야 하고, 이를 위반한 부정당업자에 대한 **입찰 참가자격 제한은 엄격하게 집행될 필요**가 있는 점,
>
>   ② 지방계약법은 지방자치단체는 수의계약에 부칠 사항에 대하여도 미리 예정가격을 작성하도록 하고(제11조 제1항), 같은 법 시행령은 지방자치단체의 장 또는 계약담당자는 수의계약을 체결하려는 경우에는 원칙적으로 2인 이상으로부터 견적서를 받도록 하고(제30조 제1항), 견적제출자의 견적가격과 계약이행능력 등 안전행정부장관이 정하는 기준에 따라 수의계약대상자를 결정하도록 규정하는 등(같은 조 제5항) 지방자치단체가 **수의계약을 하는 경우에도 그 공정성과 투명성을 확보하기 위하여 경쟁입찰에 부치는 경우와 유사한 절차를 취하도록** 하고 있는 점
>
> 등에 비추어 보면,
>
> (2) 지방자치단체는 지방계약법 제33조 제2항 각 호에 해당하는 사업자를 계약상대자로 하여서는 **어떤 내용의 수의계약도 체결할 수 없다고 할 것이고,**
> 계약상대자의 부당한 영향력 행사의 가능성을 **개별적으로 심사하여 수의계약 체결 여부를 결정할 수 있다거나, 경쟁입찰방식을 일부 혼합한 절차를 거친다고 하여 수의계약을 체결하는 것이 허용되는 것은 아니다.**
> ⊃ 대법원 2014. 5. 29. 선고 2013두7070 판결 [부정당업자입찰 참가자격 제한 처분취소]

관련 법령

◨ **지방계약법**

  ▶ 제31조(부정당업자의 입찰 참가자격 제한) ① 지방자치단체의 장(지방자치단체의 장이 제7조 제1항에 따라 중앙행정기관의 장 또는 다른 지방자치단체의 장에게 계약사무를 위임하거나 위탁하여 처리하는 경우에는 그 위임 또는 위탁을 받은 중앙행정기관의 장 또는 지방자치단체의 장을 포함한다. 이하 제6항·제7항, 제31조의2 제1항·제5항 및 제31조의5 제1항·제3항에서 같다)은 다음 각 호의 어느 하나에 해당

하는 자(이하 "부정당업자"라 한다)에 대해서는 대통령령으로 정하는 바에 따라 **2년 이내의 범위에서 입찰 참가자격을 제한**하여야 한다.

1. 계약을 이행할 때 부실·조잡 또는 부당하게 하거나 부정한 행위를 한 자
2. 경쟁입찰, 계약 체결 또는 이행 과정에서 입찰자 또는 계약상대자 간에 서로 상의하여 미리 입찰가격, 수주 물량 또는 계약의 내용 등을 협정하거나 특정인의 낙찰 또는 납품대상자 선정을 위하여 담합한 자
3. 「건설산업기본법」, 「전기공사업법」, 「정보통신공사업법」, 「소프트웨어진흥법」 및 그 밖의 다른 법률에 따른 하도급의 제한규정을 위반하여 하도급한 자(하도급 통지의무 위반의 경우는 거짓이나 그 밖에 부정한 방법으로 위반한 경우만을 말한다), 발주관서의 승인 없이 하도급한 자 및 발주관서의 승인을 얻은 하도급조건을 변경한 자
4. 사기, 그 밖의 부정한 행위로 입찰·낙찰 또는 계약의 체결·이행과 관련하여 지방자치단체에 손해를 끼친 자
5. 「독점규제 및 공정거래에 관한 법률」 또는 「하도급거래 공정화에 관한 법률」을 위반하여 공정거래위원회로부터 입찰 참가자격제한의 요청이 있는 자
6. 「대·중소기업 상생협력 촉진에 관한 법률」 제27조 제5항에 따라 중소벤처기업부장관으로부터 입찰 참가자격제한의 요청이 있는 자
7. 입찰·낙찰 또는 계약의 체결·이행과 관련하여 관계 공무원 또는 다음 각 목의 어느 하나에 해당하는 사람에게 금품 또는 그 밖의 재산상 이익을 제공한 자

   가. 제7조 제1항에 따라 위임·위탁을 받아 계약사무를 처리하는 기관의 계약 관련 업무를 수행하는 자(그 계약사무 처리와 관련하여 위원회 등이 설치된 경우 그 위원회 등의 위원을 포함한다)

   나. 제16조 제2항에 따른 주민참여감독자

   다. 제31조의3 제1항에 따른 과징금부과심의위원회의 위원

   라. 제32조 제1항에 따른 계약심의위원회의 위원

   마. 제35조 제1항에 따른 지방자치단체 계약분쟁조정위원회의 위원

   바. 제42조에 따른 전문기관의 평가담당자

사. 「건설기술 진흥법」에 따른 건설기술심의위원회 및 기술자문위원회
의 위원

아. 그 밖에 입찰·낙찰 또는 계약의 체결·이행에 관한 평가를 수행하
기 위한 위원회로서 대통령령으로 정하는 위원회의 위원

8. **제33조를 위반하여 계약을 체결한 자**

9. 그 밖에 다음 각 목의 어느 하나에 해당하는 자로서 대통령령으로 정하
는 자

가. 입찰·계약 관련 서류를 위조 또는 변조하거나 입찰·계약을 방해하
는 등 경쟁의 공정한 집행을 저해할 염려가 있는 자

나. 정당한 이유 없이 계약의 체결 또는 이행 관련 행위를 하지 아니하
거나 방해하는 등 계약의 적정한 이행을 해칠 염려가 있는 자

다. 그 밖에 다른 법령을 위반하는 등 입찰에 참가시키는 것이 적합하
지 아니하다고 인정되는 자

▶ 제33조(입찰 및 계약체결의 제한) ① 지방자치단체의 장 또는 지방의회의
원은 그 지방자치단체와 영리를 목적으로 하는 계약을 체결할 수 없다.
② 다음 각 호의 어느 하나에 해당하는 자가 **사업자**(법인의 경우 대표자를 말
한다)**인 경우에는 그 지방자치단체와 영리를 목적으로 하는 수의계약을 체
결할 수 없다.**

1. 지방자치단체의 장의 배우자

2. 지방자치단체의 지방의회의원의 배우자

3. 지방자치단체의 장 또는 그 배우자의 직계 존속·비속

4. 지방자치단체의 지방의회의원 또는 그 배우자의 직계 존속·비속

5. 지방자치단체의 장 또는 지방의회의원과 다음 각 목의 관계에 있는 사
업자(법인을 포함한다. 이하 같다)

가. 「독점규제 및 공정거래에 관한 법률」 제2조 제12호에 따른 계열회사

나. 「공직자윤리법」 제4조 제1항에 따른 등록대상으로서 소유 명의와
관계없이 지방자치단체의 장 또는 지방의회의원이 사실상 소유하는
재산이 자본금 총액의 100분의 50 이상인 사업자

6. 지방자치단체의 장과 제1호·제3호·제5호에 해당하는 자가 소유하는

자본금 합산금액이 자본금 총액의 100분의 50 이상인 사업자

7. 지방자치단체의 지방의회의원과 제2호·제4호·제5호에 해당하는 자가 소유하는 자본금 합산금액이 자본금 총액의 100분의 50 이상인 사업자

③ 제1항과 제2항에 따른 입찰참가 및 계약체결의 금지 등에 필요한 사항은 대통령령으로 정한다.

○ 지방계약법상 부정당업자의 입찰 참가자격 제한사유

지방계약법상 부정당업자의 입찰 참가자격 제한사유는 국가계약법상 입찰 참가자격 제한사유와 대체로 유사하지만 **일부 사유는 지방계약법에만 특유한 내용**도 있다.

지방계약법 제33조(입찰 및 계약체결의 제한)를 위반하여 계약을 체결한 자도 그러한 사유 중 하나라 할 것이다.

○ 지방계약법 제33조 위반사유

판례에 의하면 지방계약법 제33조의 입법취지는 지방자치단체를 당사자로 하는 계약에 관하여 영향력을 행사할 수 있는 자들의 계약 체결을 제한하여 그 **계약의 체결 및 이행과정에서 부당한 영향력을 행사할 수 있는 여지를 사전에 차단함으로써 투명성을 높이려는 것**이라 할 것이다.

따라서 지방자치단체는 지방계약법 제33조에 해당하는 사업자와 **어떤 내용의 수의계약도 체결할 수 없고,** 계약상대자의 부당한 영향력 행사의 가능성을 개별적으로 심사하여 수의계약 체결 여부를 결정할 수 있다거나, 경쟁입찰방식을 일부 혼합한 절차를 거친다고 하여 수의계약을 체결하는 것이 허용되지 않는다.

○ 기타 지방계약법상 입찰 참가제한 사유

국가계약법과 비교하면 국가계약법에서는 제27조 제1항 제3호 하도급관련

규정의 위반과 관련하여 '하도급통지의무위반의 경우'는 제한사유에서 제외하고 있으나, 지방계약법에서는 제31조 제1항 제3호 하도급관련 규정의 위반과 관련하여 '하도급통지의무 위반에서 거짓이나 그 밖에 부정한 방법으로 위반한 경우'에는 제한사유에 해당하도록 하고, 그 외의 경우는 제외하고 있는 점이 다르다고 할 것이다.

제한기준과 제한기간의 성격

제한기준의 성격과 처분의 위법성 판단

(1) 제재적 행정처분의 기준이 부령의 형식으로 규정되어 있더라도 그것은 행정청 내부의 사무처리준칙을 규정한 것에 지나지 아니하여 대외적으로 국민이나 법원을 기속하는 효력이 없고, 당해 처분의 적법 여부는 위 처분기준만이 아니라 관계 법령의 규정 내용과 취지에 따라 판단되어야 하므로, 위 **처분기준에 적합하다 하여 곧바로 당해 처분이 적법한 것이라고 할 수는 없는 것이지만**(대법원 1995. 10. 17. 선고 94누14148 전원합의체 판결, 대법원 1997. 5. 30. 선고 96누5773 판결, 대법원 2006. 6. 22. 선고 2003두1684 전원합의체 판결 등 참조),

(2) 위 처분기준이 그 자체로 헌법 또는 법률에 합치되지 아니하거나 위 처분기준에 따른 제재적 행정처분이 그 처분사유가 된 위반행위의 내용 및 관계 법령의 규정 내용과 취지에 비추어 **현저히 부당하다고 인정할 만한 합리적인 이유가 없는 한 섣불리 그 처분이 재량권의 범위를 일탈하였거나 재량권을 남용한 것이라고 판단해서는 안 될 것이다.**

➔ 대법원 2007. 9. 20. 선고 2007두6946 판결 [과징금부과처분취소]

… 입찰 참가자격 제한처분이 적법한지 여부는 이러한 규칙에서 정한 **기준에 적합한지 여부만에 따라 판단할 것이 아니라** 공공기관의 운영에 관한 법률상 입찰 참가자격 제한처분에 관한 **규정과 그 취지에 적합한지 여부에 따라 판단**하여야 한다.

다만 그 재량준칙이 정한 바에 따라 되풀이 시행되어 행정관행이 이루어지게 되면 평등의 원칙이나 신뢰보호의 원칙에 따라 행정청은 상대방에 대한 관계에서 그 규칙에 따라야 할 자기구속을 받게 되므로, 이러한 경우에는 특별한 사정이 없는 한 **그에 반하는 처분은 평등의 원칙이나 신뢰보호의 원칙에 어긋나 재량권을 일탈·남용한 위법한 처분**이 된다.

➔ 대법원 2014. 11. 27. 선고 2013두18964 판결 [부정당업자제재처분취소]

제한기준상 제한기간의 의미

국민건강보험법 제85조 제1항, 제2항에 따른 같은 법 시행령(2001. 12. 31. 대통령령 제17476호로 개정되기 전의 것) 제61조 제1항 [별표 5]의 **업무정지처분 및 과징금부과의 기준은 법규명령이기는 하나** 모법의 위임규정의 내용과 취지 및 헌법상의 과잉금지의 원칙과 평등의 원칙 등에 비추어 같은 유형의 위반행위라 하더라도 그 규모나 기간·사회적 비난 정도·위반행위로 인하여 다른 법률에 의하여 처벌받은 다른 사정·행위자의 개인적 사정 및 위반행위로 얻은 불법이익의 규모 등 여러 요소를 종합적으로 고려하여 사안에 따라 적정한 업무정지의 기간 및 과징금의 금액을 정하여야 할 것이므로 그 기간 내지 금액은 확정적인 것이 아니라 최고한도라고 할 것이다.

➲ 대법원 2006. 2. 9. 선고 2005두11982 판결 [업무정지처분취소]

1차 제재처분 이후 이전의 위반행위 발견 경우 처리방법

사실관계

○ 피고(한국전력공사)는 2010. 2. 12. 원고(업체)가 '1999. 3. 15.부터 2006. 10. 31.
까지 피고가 실시한 광섬유복합가공지선 구매입찰에서 담합행위를 하였다(이하 '1
차 위반행위'라 한다)'는 이유로 6개월(2010. 2. 16.부터 2010. 8. 15.까지)의 입찰
참가자격 제한처분(이하 '1차 처분'이라 한다)을 함.

○ 피고는 2012. 11. 30. 원고가 1차 처분이 있기 전에 '1998. 8. 18.부터 2008. 9. 1.
까지 피고가 실시한 전력선 구매입찰에서 담합행위를 하였다(이하 '2차 위반행위'라
한다)'는 이유로 다시 6개월(2012. 12. 11.부터 2013. 6. 10.까지)의 입찰 참가자격
제한처분(이하 '이 사건 처분'이라 한다)을 함.

○ 1차 위반행위와 2차 위반행위는 국가계약법 시행규칙 제76조 제1항 [별표 2] 각
호의 입찰 참가자격 제한사유 중 같은 항목[제9호 (다)목]에 해당하고 그 제한기간
은 각각 6개월임.

대법원 판단

(1) 국가계약법 시행규칙 제76조 제3항(이하 '이 사건 규칙조항'이라 한다)은 **수 개의
위반행위에 대하여 그 중 가장 무거운 제한기준에 의하여 제재처분을 하도록** 규정
하고 있고, 이는 가장 중한 위반행위에 대한 입찰 참가자격 제한처분만으로도 입
법 목적을 충분히 달성할 수 있다는 취지로 보이며, 또한 행정청이 입찰 참가자격
제한처분을 할 때 그 전에 발생한 수 개의 위반행위를 알았거나 알 수 있었는지
여부를 구별하여 적용기준을 달리 정하고 있지도 아니하다. 나아가 수 개의 위반행위
에 대하여 **한 번에 제재처분을 받을 경우와의 형평성 등**을 아울러 고려하면, 이 사건
**규칙조항은 행정청이 입찰 참가자격 제한처분을 한 후 그 처분 전의 위반행위를 알게
되어 다시 입찰 참가자격 제한처분을 하는 경우에도 적용**된다고 할 것이다.

(2) 따라서, 이 사건 처분에 관하여도 이 사건 규칙조항이 적용된다고 보아야 하고, 1차 처
분의 사유인 **1차 위반행위**와 이 사건 처분의 사유인 **2차 위반행위의 제한기준이 동일할
뿐더러,** 행정청은 1차 처분에서 입찰 참가자격 제한기준상 제재기간을 **감경하지 아니하
고 그대로 처분함으로써 추가로 제재할 여지가 없는 상황**이므로, 행정청 내부의 사무처
리기준상 1차 처분 전의 위반행위인 2차 위반행위에 대하여는 더 이상 제재할 수 없다
고 할 것이고, 기록을 살펴보아도 이와 달리 추가적 제재를 정당화할 특별한 사정도 보
이지 아니한다. 결국 **이 사건 처분은 재량권을 일탈·남용한 것으로서 위법**하다.

➲ 대법원 2014. 11. 27. 선고 2013두18964 판결 [부정당업자제재처분취소]

■ 국가계약법 시행규칙

▶ 제76조(부정당업자의 입찰 참가자격 제한기준 등) 영 제76조 제4항에 따른 부정당업자의 입찰 참가자격 제한의 세부기준은 별표 2와 같다.

별표 2) 부정당업자의 입찰 참가자격 제한기준(제76조 관련)

1. 일반기준

가. 각 중앙관서의 장은 **입찰 참가자격의 제한을 받은 자에게** 그 처분일부터 입찰 참가자격제한기간 종료 후 6개월이 경과하는 날까지의 기간 중 **다시 부정당업자에 해당하는 사유가 발생한 경우**에는 그 위반행위의 동기·내용 및 횟수 등을 고려하여 제2호에 따른 해당 제재기간의 **2분의 1의 범위에서 자격제한기간을 늘릴** 수 있다. 이 경우 가중한 기간을 합산한 기간은 2년을 넘을 수 없다.

나. 각 중앙관서의 장은 부정당업자가 위반한 **여러 개의 행위에 대하여 같은 시기에 입찰 참가자격 제한을 하는 경우** 입찰 참가자격 제한기간은 제2호에 규정된 해당 위반행위에 대한 제한기준 중 제한기간을 **가장 길게 규정한 제한기준에** 따른다.

다. 각 중앙관서의 장은 부정당업자에 대한 입찰 참가자격을 제한하는 경우 자격제한 기간을 그 위반행위의 동기·내용 및 횟수 등을 고려해 제2호에서 정한 기간의 **2분의 1의 범위에서 줄일 수 있으며**, 이 경우 감경 후의 제한기간은 1개월 이상이어야 한다. 다만, 법 제27조 제1항 제7호에 해당하는 자에 대해서는 입찰 참가자격 제한기간을 줄여서는 안 된다.

해설

○ 제한기간의 성격

(1) 판례에 의하면 국가계약법 시행규칙 별표 2의 제한기준에 대하여 부령의 형식으로 규정되어 있더라도 **행정청 내부의 사무처리준칙**을 정한 것에 불과하다고 판단하고 있다.

따라서, 제한기준을 준수하였다고 해서 적법한 것으로 인정할 수 없고, 관련 법령의 내용과 취지에 비추어 그 위법성을 판단하여야 한다.

(2) 또한 판결에 의하면 제한대상에 대하여 구체적으로 제한기간을 정할 때 제한기준에서 규정하고 있는 제한기간으로 일률적으로 정해야 하는 것은 아니고, 제한기준에서 규정되어 있는 범위 내에서 제반 사정을 고려하여 합리적인 수준에서 정할 수 있다고 할 것이다.

○ 제한기간의 가중 및 감경
(1) 입찰 참가자격 제한처분을 받은 후에 6개월 내에 다시 제한사유에 해당하는 위반행위를 하게 되면 제한기간의 2분의 1의 범위에서 가중할 수 있다. 이는 제한처분을 받고도 다시 위반행위를 하는 것은 그 비난가능성이 더 크기 때문이라 할 것이다. 다만, 가중한 기간을 합산한 총기간은 2년을 넘을 수는 없다.

(2) 반면, 위반행위에 참작할 사정이 있는 경우에는 기준상 제한기간의 2분의 1의 범위에서 감경할 수 있다. 감경 후의 제한기간은 최소한 1개월 이상이어야 한다.

○ 수 개의 위반행위가 있는 경우 처리
(1) 수 개의 위반행위에 대하여 같은 시기에 제한을 하는 경우에는 가장 길게 규정한 제한기준에 따라 제한을 한다.

(2) 그러나, 이미 제한처분을 한 이후에 처분 이전 시기에 행해진 다른 위반행위가 발견된 경우에는 관련 세부규정이 없어 그 처리가 문제된다.

이에 대하여 판례는 이러한 경우에도 같은 시기에 수 개의 위반행위에 대하여 **1회의 제한을 하는 경우와 형평성을 고려하여 1회의 제한을 하는 경우와 동일하게 처리하도록 판단**하였다.

따라서 1회의 제한으로 가장 무거운 제한이 가해진 경우에는 비록 제한처분 이후에 수 개의 위반행위가 나뉘어 제한처분 대상이 되었다 하더라도 다시 제한처분을 할 수 없게 된다고 할 것이다.

(3) 한편, 1개의 위반행위가 수 개의 제한사유에 해당하는 경우에는 명문의 규정이 없으나, 시행규칙의 취지를 고려할 때 별표 2 제1항 나목을 유추 적용하여 가장 중한 기준에 의하는 것이 타당할 것이다.[16]

---

16 양창호, 앞의 책, 52면.

제한처분의 효력발생 시기
– 처분의 시작기간 이후에 처분이 고지된 경우

상대방이 있는 행정처분의 경우 특별한 규정이 없는 한 의사표시의 일반적 법리에 따라 그 **행정처분이 상대방에게 고지되어야 효력을 발생**하므로(대법원 1990. 7. 13. 선고 90누2284 판결, 대법원 2009. 11. 12. 선고 2009두11706 판결 등 참조),

피고가 2010. 7. 12. 이 사건 처분을 하면서 입찰 참가자격의 제한기간을 처분 다음날인 2010. 7. 13.부터 2010. 12. 12.까지로 정하였다 하더라도 원고에게 고지되어야 그 효력이 발생하며, 원고에게 고지되기 이전의 제한기간에 대하여는 그 효력이 미치지 아니한다고 할 것이다.

따라서 입찰 참가자격 제한기간이 이 사건 처분일자 다음날부터 시작되는 것으로 정하여져 있다는 사실만으로, 이 사건 처분이 송달되지 아니하였음에도 그 효력이 발생된다고 할 수 없고, 이로 인하여 원고에게 불이익이 있다고 볼 수 없으므로, 그러한 이유로 이 사건 처분을 위법하다고 할 수는 없다.

⊃ 대법원 2012. 11. 15. 선고 2011두31635 판결 [부정당업자입찰 참가자격제한 처분무효확인등]

해설

○ 처분에서 정해진 기간

입찰 참가자격 제한처분은 기본적으로 그 효력이 발생하는 시기와 종기를 정하여 제한 대상에게 통보된다. 따라서, **원칙적으로는 처분에서 정해진 기간에 효력이 발생**하게 된다.

○ 상대방에게 고지된 이후 효력발생

한편, 입찰 참가자격 제한처분은 **행정처분으로서 그 처분이 상대방에게 고지되어야 효력을 발생**하게 된다.

그렇다면, 상대방에 대한 처분의 고지가 늦어져 행정처분이 시작된 이후에 상대방에게 고지된 경우에는 어떻게 될 것인가?

이에 대하여 판례는 입찰 참가자격 제한의 경우에도 **고지하여야 처분의 효력이**

발생하고, 고지 이전의 기간에는 처분의 효력이 발생하지 않는다고 본다.
다만, 위와 같은 경우 효력기간의 만료일은 처분에서 정해진 기간의 만료일
이라 할 것이다.

확장제재 조항(타 법률에 의하여 타 처분청에서 입찰 참가자격 제한처분을 받은 업체의 입찰 참가자격을 제한하는 조항)의 효력범위

사실관계

○ 국군재정관리단은 주한미군기지이전시설사업 시설공사의 기본설계 기술제안에 대한 입찰을 공고하였고, **원고(업체)는 이 사건 입찰에 참여함.**

○ 원고의 상무인 갑은 2012. 10. 27. 이 사건 입찰의 기본설계 기술제안서 **평가심의 위원으로 선정된 해군 소령인 을**에게 원고가 위 공사의 기본설계 기술제안서 평가에서 경쟁업체보다 높은 점수를 받을 수 있도록 해 달라는 **청탁을 하면서 그 사례금 명목으로 현금 2,000만 원을 교부함.**

○ **피고(국방부장관)는** 2013. 8. 14. 원고에게, 이 사건 입찰과 관련하여 관계공무원에게 뇌물을 제공하였다는 사유로 구 국가를 당사자로 하는 계약에 관한 법률(2012. 12. 28. 법률 제11547호로 개정되기 전의 것, 이하 '국가계약법'이라고만 한다) 제27조, 구 국가를 당사자로 하는 계약에 관한 법률 시행령(2013. 6. 17. 대통령령 제24601호로 개정되기 전의 것, 이하 '국가계약법 시행령'이라고만 한다) 제76조 제1항 제10호에 의거하여 6개월간 **입찰 참가자격을 제한하는 부정당업자 제재 통보를 함.**

대법원 판단

(1) 원고는 상고심에 이르러, 이 사건 **확장제재 조항은** 다른 처분의 개입 없이 이 사건 처분의 효력을 다른 국가기관이나 공공기관으로 직접 확대하는 효력을 가진 규정이므로 **이 사건 처분의 근거 규정에 해당한다고** 전제한 다음, 위 확장제재 조항은 **법률의 근거 없이 침익적 효과를 확대하는 것으로서 법률유보의 원칙에 위반되어 무효**이고 따라서 위 확장제재 조항에 근거하고 있는 이 사건 처분도 위법하다고 주장하고 있다.

(2) 이 사건 **확장제재 조항은** 각 중앙관서의 장, 지방자치단체의 장 및 공기업·준정부기관의 기관장이 해당 처분청을 관할하는 법률이 아닌 **다른 법률에 의하여 입찰 참가자격 제한 처분을 받은 자에 대해서도 해당 처분청이 실시하는 입찰에 참가할 수 없도록 할 수 있다고** 정하면서, 다만 예외적으로 반드시 입찰에 참가할 수 없도록 해야 하는 경우를 규정하고 있다.

즉 이 사건 확장제재 조항은 최초의 입찰 참가자격 제한 처분에 직접 적용되는 근거 규정이 아니라, **입찰 참가자격 제한 처분이 있은 후에 그 처분에 기초하여 다른 처분청이 새로운 제재를 할 수 있는 근거 조항일 뿐이다.** 따라서 어떤 처분청이 부정당업자의 입찰 참가자격을 제한하는 처분을 한 경우 이 사건 **확장제재 조항에 따라 다른 처분청에 의한 별도의 제재 없이도 그 효력이 당연히 확장되는 것은 아니다.**

(3) 이 사건 처분의 근거 규정은 국가계약법 제27조 제1항이고, 이 사건 확장제재 조항은 이 사건 처분의 근거 규정이 아니다. **처분청으로서는 위 확장제재 조항의 위헌·위법 여부와 무관하게 이 사건 처분에 직접 적용되는 근거 규정인 국가계약법 제27조 제1항에 따라 처분을 할 수 있다고 보아야 한다.** 따라서 이 사건 확장제재 조항의 위헌·위법성이 이 사건 처분의 하자를 구성한다거나, 위 확장제재 조항의 위헌·위법 여부에 따라 이 사건 처분 자체의 효력이 영향을 받는다고 볼 수 없다.

⤷ 대법원 2017. 4. 7. 선고 2015두50313 판결 [입찰 참가자격 제한 처분취소]

관련 법령

▣ 국가계약법 시행령

▶ 제76조(부정당업자의 입찰 참가자격 제한) … ⑫ **각 중앙관서의 장 또는 계약담당공무원은** 「지방자치단체를 당사자로 하는 계약에 관한 법률」 또는 「공공기관의 운영에 관한 법률」 등 **다른 법령에 따라 입찰 참가자격 제한을 한 사실을 통보받거나 전자조달시스템에 게재된 자에 대해서도 입찰에 참가할 수 없도록** 해야 한다.

▣ 지방계약법

▶ 제31조(부정당업자의 입찰 참가자격 제한) … ④ 제1항부터 제3항까지의 규정에 따라 **입찰 참가자격을 제한받은 자는** 그 제한기간 동안 각 **지방자치단체에서 시행하는 모든 입찰에 대하여 참가자격이 제한**된다. **다른 법령에 따라 입찰 참가자격의 제한을 받은 자도 또한 같다.**

▣ 공공기관운영법

▶ 제39조(회계원칙 등) … ② 공기업·준정부기관은 공정한 경쟁이나 계약의 적정한 이행을 해칠 것이 명백하다고 판단되는 사람·법인 또는 단체 등에 대하여 2년의 범위 내에서 일정기간 입찰 참가자격을 제한할 수 있다.

③ 제1항과 제2항의 규정에 따른 회계처리의 원칙과 입찰 참가자격의 제한기준 등에 관하여 필요한 사항은 기획재정부령으로 정한다.

■ 공기업·준정부기관 계약사무규칙(기획재정부령)

▶ 제15조(부정당업자의 입찰 참가자격 제한) 법 제39조 제3항에 따라 기관장은 공정한 경쟁이나 계약의 적정한 이행을 해칠 것이 명백하다고 판단되는 자에 대해서는 「국가를 당사자로 하는 계약에 관한 법률」 제27조에 따라 입찰 참가자격을 제한할 수 있다.

해설

○ 확장제재조항의 의의

확장제재조항은 위 규정들과 같이 **타 법률에 의하여 타 처분청에서 입찰 참가자격 제한처분을 받은 업체의 입찰 참가자격을 제한하는 조항**을 말한다.

위 조항은 원 처분청의 입찰 참가자격 제한 처분이 있은 후에 그 처분에 기초하여 **다른 처분청이 새로운 제재를 할 수 있는 근거 조항일 뿐** 확장제재조항에 따라 다른 처분청에 의한 별도의 제한없이도 그 효력이 당연히 확장되는 것은 아니라는 점을 유의하여야 할 것이다.

○ 공공기관의 경우

확장제재조항과 관련하여 공공기관의 경우에는

(1) 구 공기업·준정부기관 계약사무규칙(2016. 9. 12. 기획재정부령 제571호로 개정되기 전의 것) 제15조 제1호에서

"기관장은 「국가를 당사자로 하는 계약에 관한 법률」 및 「지방자치단체를 당사자로 하는 계약에 관한 법률」에 따라 입찰 참가자격 제한 사실을 통보받거나 전자조달시스템에 게재된 자에 대하여도 입찰에 참가할 수 없도록 할 수 있다. 다만, 「국가를 당사자로 하는 계약에 관한 법률 시행령」 제76조 제8항 단서 및 「지방자치단체를 당사자로 하는 계약에 관한 법률 시행령」 제92조 제8항 단서에 따른 사유로 입찰 참가자격의 제한을 받은 자에 대하여는 반드시 입찰에 참가할 수 없도록 하여야 한다."**

라고 규정되어 있다가 2016년에 현행 규정과 같이 개정되었다.

법 제39조 제3항에 따라 기관장은 공정한 경쟁이나 계약의 적정한 이행을 해칠 것이 명백하다고 판단되는 자에 대해서는 「국가를 당사자로 하는 계약에 관한 법률」 제27조에 따라 입찰 참가자격을 제한할 수 있다.

(2) 그에 따라 공기업·준정부기관의 경우에도 확장제재조항에 따라 입찰 참가자격 제한을 할 수 있는지 여부가 문제된다. 그와 관련하여 공기업·준정부기관의 경우에도 확장제재조항에 따라 입찰 참가자격 제한을 하여야 한다는 견해와 공공기관운영법상 입찰 참가자격 제한 요건인 공정한 경쟁이나 계약의 적정한 이행을 해칠 것이 명백하다고 판단되는 경우에만 입찰 참가자격을 제한할 수 있다는 견해가 나뉜다.[17] 관련 법령의 내용과 취지를 고려하면 후자의 견해가 타당하다고 생각된다.

---

17 정태학·오정한·장현철·유병수, 앞의 책, 428면.

사실관계

○ A 주식회사는 육군 3군사령부와 일정 기간 전용통신회선을 임대하고 그에 대한 사용료를 지급받기로 하는 **회선임대계약을** 체결함.

○ 육군 3군사령부 소속 갑은 "**A 주식회사의 직원 을로부터 부탁을 받고 900만 원의 뇌물을 수수하였다.**"는 범죄사실에 대하여 유죄판결을 받고 확정됨.

○ B 주식회사는 2010. 1. 1. A 주식회사를 **흡수합병**하고, 2010. 6. 29. 상호를 원고로 변경함.

○ 피고(국방부장관)는 2012. 4. 10. 원고(B 주식회사)에게 "이 사건 금품수수가 국가계약법 제27조 제1항, 동 시행령 제76조 제1항 제10호의 입찰 참가자격 제한사유에 해당한다."는 이유로, 3개월(2012. 4. 27.부터 2012. 7. 26.까지)의 **입찰 참가자격 제한 처분을** 함.

대법원 판단

(1) **합병 전 회사의 위반행위를 이유로 합병 후 존속회사에 대하여 입찰 참가자격 제한처분을 하는 경우 합병 전 회사의 사업부문에 한정되지 아니하고 합병 후 존속회사의 전 사업부문에 걸쳐 입찰 참가자격이 제한되는 효과가** 생기나, 이러한 결과는 회사가 합병된 경우뿐만 아니라 하나 이상의 사업부문을 가지는 회사가 그중 하나의 사업부문에서 입찰 참가자격 제한처분의 원인이 되는 위반행위를 한 경우에도 마찬가지로 발생하는 현상인 점,

(2) 합병 전 회사가 위반행위를 저지른 후 합병 후 존속회사에 합병되어, 합병 후 존속회사에 대하여 **합병 전 회사의 위반행위를 이유로 입찰 참가자격 제한처분을 하는 경우에도** 합병 전 회사의 위반행위의 동기, 내용 및 횟수뿐만 아니라 합병이 이루어진 동기와 경위, 합병 전 회사와 합병 후 존속회사의 관계, 합병 전 회사와 합병 후 존속회사의 영업 내용의 유사성, 합병 전 회사의 사업부문 매출이 합병 후 존속회사의 전체 매출에서 차지하는 비중 등의 **다양한 사정을 합병 후 존속회사에 대한 입찰 참가자격 제한기간을 정할 때 그 고려요소로서 참작하여, 처분청이 그러한 사정을 참작한 결과 제한기간을 감경할 필요가 있다고 판단할 때에 감경하면 충분한 점**

등을 종합하면, **합병 전 회사의 위반행위를 이유로 합병 후 존속회사에 대하여 입찰 참가자격 제한처분을 하는 경우 합병 전 회사의 위반행위 후 그 회사가 합병되었다는 사정은 국가계약법 시행규칙 제76조 제4항에 따라 자격제한기간의 감경 여부를 결정하는 참작사유에 불과할 뿐이고, 합병되었다는 사정 자체만으로 국가계약법 시행규칙 제76조 제4항에서 정하고 있는 감경사유에 해당한다고 볼 수는 없다.**

➲ 대법원 2016. 6. 28. 선고 2014두13072 판결 [입찰 참가자격 제한 처분취소]

부정당업자의 제재사유 발생 후 제재처분 부과 이전에 대상기업이 분할되는경우 제재처분의 대상 해당여부

(1) 상법은 회사분할에 있어서 분할되는 회사의 채권자를 보호하기 위하여, 분할로 인하여 설립되는 신설회사와 존속회사는 분할 전의 회사채무에 관하여 연대책임을 지는 것을 원칙으로 하고 있으나(제530조의9 제1항), 한편으로는 회사분할에 있어서 당사자들의 회사분할 목적에 따른 자산 및 채무 배정의 자유를 보장하기 위하여 소정의 특별의결 정족수에 따른 결의를 거친 경우에는 신설회사가 분할되는 회사의 채무 중에서 출자한 재산에 관한 채무만을 부담할 것을 정할 수 있다고 규정하고 있고(제530조의9 제2항), 신설회사 또는 존속회사는 분할하는 회사의 권리와 의무를 분할계획서가 정하는 바에 따라서 승계하도록 규정하고 있다(제530조의10).

(2) 그런데 이때 신설회사 또는 존속회사가 승계하는 것은 분할하는 회사의 권리와 의무라 할 것인 바, 분할하는 회사의 분할 전 법 위반행위를 이유로 과징금이 부과되기 전까지는 단순한 사실행위만 존재할 뿐 그 과징금과 관련하여 분할하는 회사에게 승계의 대상이 되는 어떠한 의무가 있다고 할 수 없고, 특별한 규정이 없는 한 신설회사에 대하여 분할하는 회사의 분할 전 법 위반행위를 이유로 과징금을 부과하는 것은 허용되지 않는다 할 것이다.

➲ 대법원 2007. 11. 29. 선고 2006두18928 판결 [시정조치등취소],
  대법원 2014. 11. 27. 선고 2011두7342 판결 [부정당업자제재처분취소]

부정당업자 제재처분 후 대상기업의 분할시 분할회사의 제재 승계여부

○ 사실관계

① 주식회사 ○○이 담합행위를 함으로써 2017. 4. 4. 청주시장으로부터 6개월간 입찰 참가자격을 제한하는 처분(이하 '이 사건 처분'이라 한다)을 받음.

② 2017. 4. 18. 주식회사 ○○이 임시주주총회에서 전기경보 및 신호장치 제조업 부문 등을 분할하여 원고(분할신설회사)를 신설하기로 하는 분할계획서를 승인하였고, 2017. 5. 24. 분할등기 및 원고에 대한 설립등기가 마쳐짐.

③ 피고인 청주시장은 2017. 6. 23. 새로운 사업 입찰을 공고하여 원고를 낙찰자로 결정하였으나, 2017. 8. 30. 이미 이 사건 처분이 내려진 후에 원고가 주식회사 ○○로부터 분할되었으므로 제재처분의 효과가 원고에 승계된다는 이유로 위각 입찰을 무효처리함.

○ 대법원 판단

(1) ① 상법 제530조의10은 "단순분할신설회사는 분할회사의 권리와 의무를 분할계획서에서 정하는 바에 따라 승계한다."라고 규정하고 있고, 주식회사 ○○의 분할계획서에는 "분할되는 회사의 일체의 적극, 소극재산과 공법상의 권리 의무를 포함

한 기타의 권리의무 및 재산적 가치가 있는 사실관계(인허가, 근로관계, 계약관계, 소송 등을 포함한다)는 분할대상 부문에 관한 것이면 분할신설회사에게 귀속되는 것을 원칙으로 한다.", "분할되는 회사의 사업과 관련하여 분할기일 이전의 행위 또는 사실로 인하여 분할기일 이후에 발생, 확정되는 채무 또는 분할기일 이전에 이미 발생, 확정되었으나 이를 인지하지 못하는 등의 여하한 사정에 의하여 분할계획서에 반영되지 못한 채무(공, 사법상의 우발채무, 기타 일체의 채무를 포함한다)에 대해서는 그 원인이 되는 행위 또는 사실이 분할대상 부문에 관한 것이면 분할신설회사에게 귀속한다."라고 한 점, ② 분할계획서에 의하면, 주식회사 ○○의 15개 사업 부문 중 '부동산 임대 및 전대업'을 제외한 나머지 전 사업 부문이 원고에게 승계되었는데, 이 사건 처분을 받은 것과 관련된 부문은 원고에게 승계된 사업 부문인 점, ③ 만약 분할 전 회사의 법 위반행위가 분할신설회사에 승계되지 않는다고 한다면 법 위반행위를 한 회사가 법인분할을 통하여 제재처분을 무력화할 여지가 있어 입찰 참가자격 제한 제도의 실효성을 확보할 수 없는 점

등을 종합하여 이 사건 **처분의 효과는 원고에게 승계된다**고 판단하였다.

(2) 관련 법리와 기록에 비추어 살펴보면, 원심의 위와 같은 판단은 정당하고, 거기에 필요한 심리를 다하지 아니한 채 논리와 경험의 법칙에 반하여 자유심증주의의 한계를 벗어나거나 제재처분 효과의 승계에 관한 법리를 오해하는 등의 잘못이 없다.

⊃ 대법원 2019. 4. 25. 선고 2018다244389 판결 [낙찰자지위확인]

입찰 참가자격 제한권한을 가진 정부투자기관의 분할시 **처분권한 행사가능**여부

원심판결 이유와 기록에 의하면, 피고(한국전력공사)는 이 사건 수입면장 제출 행위 후인 2001. 4. 2. 피고 자신은 그대로 존속하면서 피고의 발전부분을 6개의 별도 회사로 신설하는 방식으로 회사를 분할하였고, 위 분할로 신설된 **한국동서발전 주식회사가 그 분할계약서에 따라 B화력발전소에 관한 권리·의무를 승계**한 사실을 알 수 있다.

그런데 위 회사분할 당시 분할계획서에는 이 사건 각 계약 중 B화력발전소에 관한 계약과 관련하여 피고에게 발생한 부정당업자 처분권한의 승계 여부에 대하여 아무런 정함이 없을 뿐 아니라, 정부투자기관이 구 정부투자기관 관리기본법의 규정에 의하여 행하는 입찰 참가자격 제한 처분 권한은 법령에 따라 부여된 공법상 권한이므로 특별한 규정이 없는 한 당사자의 의사에 따라 처분되거나 이전될 수는 없다. 따라서 그 처분 권한은 성질상 회사 분할로 이전이 허용되지 않는 것에 해당한다고 보아야 한다.

⊃ 대법원 2015. 2. 12. 선고 2012두14729 판결 [입찰 참가자격 제한 처분취소]

▣ 상법

▶ 제235조(합병의 효과) 합병후 존속한 회사 또는 합병으로 인하여 설립된 회사는 **합병으로 인하여 소멸된 회사의 권리의무를 승계**한다.

▶ 제530조의9(분할 및 분할합병 후의 회사의 책임) ① 분할회사, 단순분할 신설회사, 분할승계회사 또는 분할합병신설회사는 **분할 또는 분할합병 전의 분할회사 채무에 관하여 연대하여 변제할 책임**이 있다.

② 제1항에도 불구하고 분할회사가 제530조의3 제2항에 따른 결의로 분할에 의하여 회사를 설립하는 경우에는 **단순분할신설회사는 분할회사의 채무 중에서 분할계획서에 승계하기로 정한 채무에 대한 책임만을 부담하는 것으로 정할 수 있다.** 이 경우 분할회사가 분할 후에 존속하는 경우에는 단순분할신설회사가 부담하지 아니하는 채무에 대한 책임만을 부담한다.

③ 분할합병의 경우에 분할회사는 제530조의3 제2항에 따른 결의로 분할 합병에 따른 출자를 받는 **분할승계회사 또는 분할합병신설회사가 분할회사의 채무 중에서 분할합병계약서에 승계하기로 정한 채무에 대한 책임만을 부담하는 것으로 정할 수 있다.** 이 경우 제2항 후단을 준용한다.

④ 제2항의 경우에는 제439조 제3항 및 제527조의5를 준용한다.

▶ 제530조의10(분할 또는 분할합병의 효과) 단순분할신설회사, 분할승계회사 또는 분할합병신설회사는 **분할회사의 권리와 의무를 분할계획서 또는 분할합병계약서에서 정하는 바에 따라 승계**한다.

해설

○ 회사 합병의 경우 입찰 참가자격 제한처분 승계

(1) 회사 합병의 경우 입찰 참가자격 제한처분은 합병회사에 승계되는가?

이에 대하여 판례는

회사합병이 있는 경우에는 피합병회사의 권리의무는 사법상의 관계나 공법상의 관계를 불문하고 그 성질상 이전을 허용하지 않는 것을 제외하고는

모두 합병으로 인하여 존속한 회사에게 승계되는 것으로 보아야 할 것이고
... (대법원 1994. 10. 25. 선고 93누21231 판결 [건설업면허취소처분취소])

라고 판시하였다. 입찰 참가자격 제한처분은 그 성질상 이전을 허용하지 않는 것으로 보기는 힘들다고 할 것이므로 **합병에 의하여 합병회사에 승계되는 것이 원칙**이라 할 것이다.

(2) 다만, 감경여부와 관련하여 판례에 의하면 합병 전 회사의 위반행위를 이유로 합병 후 존속회사에 대하여 입찰 참가자격 제한처분을 하는 경우 합병 전 회사의 위반행위 후 그 회사가 합병되었다는 사정은 자격제한기간의 **감경 여부를 결정하는 참작사유에 불과**할 뿐이고, 합병되었다는 사정 자체만으로 국가계약법 시행규칙 제76조 제4항에서 정하고 있는 **감경사유에 당연히 해당한다고 볼 수는 없다**고 본다.

○ 회사 분할의 경우 입찰 참가자격 제한처분 승계
   (1) 제한 사유가 발생한 이후 아직 제한처분이 행해지기 이전에 회사가 분할된 경우

   판례는 신설회사에 대하여 과징금 내지 부정당업자 제재 등이 부과되기 전에는 위반행위는 사실행위에 불과하고, 승계될 대상으로서 의무가 있다고 할 수 없으므로 **특별한 규정이 없는 한 분할하기 전 회사의 위반행위로 인하여 분할 후 분할회사에 대하여 제한을 할 수 없다**고 판단하였다.

   (2) 반면, 판례는 입찰 참가자격 제한처분 이후에 분할이 된 경우에는 상법에 따라 기본적으로 분할계획서에 의하되 분할신설회사의 승계가 인정되는 내용이라면 입찰 참가자격 제한제도의 실효성확보를 위하여 **제한의 효과가 승계된다고 판단**하였음을 유의할 필요가 있다.

   (3) 입찰 참가자격 제한의 주체인 처분청 내지 공공기관이 분할되는 경우 입찰 참가자격 제한처분 권한은 당사자의 의사에 의해 처분되거나 이전될 수 있는 것이 아니므로 **특별한 규정이 없는 한 분할된 기관 내지 회사 등으로 권한이 이전되지 않는다**고 판단하였다.

제한기간 경과 후의 처분취소소송의 법률상 이익여부

(1) 제재적 행정처분이 그 처분에서 정한 제재기간의 경과로 인하여 그 효과가 소멸되었으나, 부령인 시행규칙 또는 지방자치단체의 규칙(이하 이들을 '규칙'이라고 한다)의 형식으로 정한 처분기준에서 제재적 행정처분(이하 '선행처분'이라고 한다)을 받은 것을 가중사유나 전제요건으로 삼아 장래의 제재적 행정처분(이하 '후행처분'이라고 한다)을 하도록 정하고 있는 경우,

행정소송법의 위 규정에 의하여 선행처분의 취소를 구할 수 있는 법률상 이익이 있는지 여부에 관하여 견해가 대립되어 왔고,

이를 부정하는 견해는 그 이유로 그러한 규칙은 행정조직 내부에 있어서의 행정명령의 성격을 지닐 뿐 대외적으로 국민이나 법원을 구속하는 힘이 없으므로 그 규칙에 따라 장래에 가중된 후행처분을 받을 우려가 있다고 하더라도 이는 사실상의 불이익에 지나지 아니하고, 또 가중된 후행처분이 적법한지 여부를 심리·판단하는 기회에 선행처분의 사실관계나 위법을 다툴 수 있다는 점 등을 들고 있다.

(2) 그러나 제재적 행정처분의 가중사유나 전제요건에 관한 규정이 법령이 아니라 규칙의 형식으로 되어 있다고 하더라도, 그러한 규칙이 법령에 근거를 두고 있는 이상 그 법적 성질이 대외적·일반적 구속력을 갖는 법규명령인지 여부와는 상관없이,

관할 행정청이나 담당공무원은 이를 준수할 의무가 있으므로 이들이 그 규칙에 정해진 바에 따라 행정작용을 할 것이 당연히 예견되고, 그 결과 행정작용의 상대방인 국민으로서는 그 규칙의 영향을 받을 수밖에 없다.

따라서 그러한 규칙이 정한 바에 따라 선행처분을 받은 상대방이 그 처분의 존재로 인하여 장래에 받을 불이익, 즉 후행처분의 위험은 구체적이고 현실적인 것이므로, 상대방에게는 선행처분의 취소소송을 통하여 그 불이익을 제거할 필요가 있다고 할 것이다.

(3) ... 따라서 이상의 여러 사정과 아울러, 국민의 재판청구권을 보장한 헌법 제27조 제1항의 취지와 행정처분으로 인한 권익침해를 효과적으로 구제하려는 행정소송법의 목적 등에 비추어 행정처분의 존재로 인하여 국민의 권익이 실제로 침해되고 있는 경우는 물론이고 권익침해의 구체적·현실적 위험이 있는 경우에도 이를 구제하는 소송이 허용되어야 한다는 요청을 고려하면,

규칙이 정한 바에 따라 선행처분을 가중사유 또는 전제요건으로 하는 후행처분을 받을 우려가 현실적으로 존재하는 경우에는, **선행처분을 받은 상대방은 비록 그 처분에서 정한 제재기간이 경과하였다 하더라도 그 처분의 취소소송을 통하여 그러한 불이익을 제거할 권리보호의 필요성이 충분히 인정된다고 할 것이므로**, 선행처분의 취소를 구할 법률상 이익이 있다고 보아야 할 것이다.

⊃ 대법원 2006. 6. 22. 선고 2003두1684 전원합의체 판결 [영업정지처분취소]

관련 법령

▣ 국가계약법 시행규칙

▶ 제76조(부정당업자의 입찰 참가자격 제한기준 등) 영 제76조 제4항에 따른 부정당업자의 입찰 참가자격 제한의 세부기준은 별표 2와 같다.

별표 2) **부정당업자의 입찰 참가자격 제한기준(제76조 관련)**

1. 일반기준

가. 각 중앙관서의 장은 **입찰 참가자격의 제한을 받은 자에게** 그 처분일부터 입찰 참가자격제한기간 종료 후 6개월이 경과하는 날까지의 기간 중 **다시 부정당업자에 해당하는 사유가 발생한 경우에는** 그 위반행위의 동기·내용 및 횟수 등을 고려하여 제2호에 따른 해당 제재기간의 **2분의 1의 범위에서 자격제한기간을 늘릴** 수 있다. 이 경우 가중한 기간을 합산한 기간은 2년을 넘을 수 없다.

해설

○ 입찰 참가자격 제한처분 등의 경우 **제한기간이 경과되면** 그 효과가 소멸되므로 제한기간이 경과된 단계에서 **해당 처분을 취소할 법률상 이익은 원칙적으로 크지 않다**고 할 것이다.

그러나 행정규칙에 의하여 **그 처분을 전제로 새로운 후행 처분을 하거나 가중처분을 하는 경우에는** 그 선행처분에 대하여 다툴만한 소의 이익을 인정할 수 있을 것인가, 즉 취소소송을 제기할 수 있는가 하는 문제는 남는다.

○ 그와 관련하여 판례는 가중된 후행 처분의 근거가 되는 규칙이 대외적 구속력을 가지느냐와는 별개로 담당 공무원은 그 규칙에 따른 후행 처분을 할 의무가 있어 그러한 처분을 할 것이 당연히 예상되므로 해당 처분의 대상이 되는 국민에게는 후행 처분에 대한 구체적이고 현실적인 위험을 부담하게 된다고 할 것이다.

따라서 그러한 위험이 있는 경우 그 불이익을 제거하기 위한 구제수단으로서 원래 부과되어 제한기간이 경과된 처분에 대해서도 취소를 구할 필요성이 있음을 인정하였다.

가처분절차의 전제로서 본안청구의 적법성여부

행정처분의 효력정지나 집행정지를 구하는 **신청사건에서는 행정처분 자체의 적법 여부는 원칙적으로 판단의 대상이 아니고**, 그 행정처분의 효력이나 집행을 정지할 것인가에 관한 행정소송법 제23조 제2항에서 정한 **요건의 존부만이 판단의 대상**이 되는 것이다.

다만, 집행정지는 행정처분의 집행 부정지(不停止) 원칙의 예외로서 인정되는 것이고, 또 본안에서 원고가 승소할 수 있는 가능성을 전제로 한 권리보호수단이라는 점에 비추어 보면, 집행정지사건 자체에 의하여도 신청인의 본안청구가 적법한 것이어야 한다는 것을 집행정지의 요건에 포함시키는 것이 옳다.

➲ 대법원 2010. 11. 26.자 2010무137 결정 [부정당업자제재처분효력정지]

"회복하기 어려운 손해"여부

"회복하기 어려운 손해"라 함은 특별한 사정이 없는 한 금전으로 보상할 수 없는 손해라 할 것인데 이는 금전보상이 불능인 경우 뿐만 아니라 금전보상으로는 **사회관념상 행정처분을 받은 당사자가 참고 견딜 수 없거나 또는 참고 견디기가 현저히 곤란한 경우의 유형, 무형의 손해**를 일컫는다고 할 것인 바(당원 1983. 9. 28.자 82그2 결정 및 1977. 10. 4.자 75그2 결정참조),

이 사건에 있어서 위 부정당업자제재처분의 위법여부가 심리되어 있지 아니하여 상대방이 위 본안소송에서 승소할 것인지의 여부가 불분명하지만,

만일 위 처분의 효력이 정지되지 아니한 채 본안소송이 진행된다면 상대방은 그동안 국가기관 등의 입찰에 참가하지 못하게 되고 따라서 만일 본안소송에서 승소한다고 하더라도 그동안 위 **입찰 등에 참가하지 못함으로 인하여 입은 손해는 쉽사리 금전으로 보상될 수 있는 성질의 것이 아니어서 사회관념상 회복하기 어려운 손해에 해당**된다 할 것이고,

상대방의 위 부정당제재처분취소의 **본안청구가 이유없음이 기록상 분명하지 아니한 이상,** 위와 같은 손해를 예방하기 위하여 이 사건 처분의 효력을 정지시킬 긴급한 필요가 있다고 할 것이니, 원심의 위 조치는 이와 같은 견해에 입각한 것으로서 정당하다.

➲ 대법원 1986. 3. 21.자 86두5 결정 [행정처분효력정지]

"공공복리에 중대한 영향을 미칠 우려"의 여부와 입증책임

집행정지의 장애사유로서의 '**공공복리에 중대한 영향을 미칠 우려**'라 함은 일반적·추상적인 공익에 대한 침해의 가능성이 아니라 당해 처분의 집행과 관련된 **구체적·개별적인 공익에 중대한 해를 입힐 개연성**을 말하는 것으로서 이러한 집행정지의 소극적 요건에 대한 주장·소명책임은 **행정청**에게 있다.

➲ 대법원 2004. 5. 17.자 2004무6 결정 [집행정지]

집행정지결정의 효력시한

행정소송법 제23조에 의한 **집행정지결정의 효력**은 **결정주문에서 정한 시기까지 존속하였다가 그 시기의 도래와 동시에 당연히 실효**하는 것이므로,

일정기간 동안 업무를 정지할 것을 명한 행정청의 업무정지처분에 대하여 법원이 **집행정지결정**을 하면서 주문에서 당해 법원에 계속중인 본안소송의 판결선고시까지 처분의 **효력을 정지**한다고 선언하였을 경우에는

당초 처분에서 정한 업무정지기간의 진행은 그때까지 저지되다가 본안소송의 **판결선고**에 의하여 위 정지결정의 효력이 소멸함과 동시에 당초 처분의 효력이 당연히 부활되어 그 처분에서 정하였던 정지기간(정지결정 당시 이미 일부 진행되었다면 나머지 기간)은 이때부터 **다시 진행**한다 할 것이다(대법원 2004. 11. 25. 선고 2004두9012 판결 참조).

⊃ 대법원 2005. 6. 10. 선고 2005두1190 판결 [업무정지처분취소]

관련 법령

▣ 행정소송법

▶ 제23조(집행정지) ① 취소소송의 제기는 **처분등의 효력이나 그 집행 또는 절차의 속행에 영향을 주지 아니한다.**

② 취소소송이 제기된 경우에 처분 등이나 그 집행 또는 절차의 속행으로 인하여 생길 **회복하기 어려운 손해를 예방하기 위하여 긴급한 필요가 있다고 인정할 때**에는 본안이 계속되고 있는 법원은 당사자의 신청 또는 직권에 의하여 처분등의 효력이나 그 **집행 또는 절차의 속행의 전부 또는 일부의 정지**(이하 "執行停止"라 한다)를 결정할 수 있다. 다만, 처분의 효력정지는 처분등의 집행 또는 절차의 속행을 정지함으로써 목적을 달성할 수 있는 경우에는 허용되지 아니한다.

③ 집행정지는 **공공복리에 중대한 영향을 미칠 우려가 있을 때에는 허용되지 아니한다.**

④ 제2항의 규정에 의한 집행정지의 결정을 신청함에 있어서는 그 이유에 대한 소명이 있어야 한다.

⑤ 제2항의 규정에 의한 집행정지의 결정 또는 기각의 결정에 대하여는 즉시항고할 수 있다. 이 경우 집행정지의 결정에 대한 즉시항고에는 결정

의 집행을 정지하는 효력이 없다.

⑥ 제30조 제1항의 규정은 제2항의 규정에 의한 집행정지의 결정에 이를 준용한다.

○ 가처분절차의 필요성

입찰 참가자격 제한처분을 받은 경우 해당 업체는 법원에 **취소소송 등을 제기하여 그 처분자체의 위법성을 다툴 수 있다.**

그러나 현행 행정소송법상 취소소송 등이 제기되더라도 그 처분의 효력이나 집행 또는 절차의 속행에 영향을 주지 아니한다. 따라서 소송이 진행되는 동안 **해당 처분의 집행을 정지시키기 위해서는 가처분절차를 별도로 신청**하여야 한다.

○ 본안 소송의 승소가능성

처분의 위법성 여부 자체는 본안 소송에서 다투게 될 것이므로 처분의 집행정지를 구하는 **가처분절차는 처분의 위법성 자체가 대상은 아니라 할 것**이다.

그러나 **가처분절차도 처분이 위법하여 업체가 승소한다는 가능성을 전제**로 처분을 정지시킬 것인가를 다투는 것이므로 소송의 청구자체가 이유가 없고 패소 가능성이 명백하다면 가처분절차는 무의미한 절차가 될 것이다. 따라서 **소송의 청구 자체가 적법한 것을 요건으로 한다고 할 것**이다.

○ 회복하기 어려운 손해

집행정지를 구하는 가처분절차의 요건으로서 회복하기 어려운 손해라 함은 **특별한 사정이 없는 한 금전으로 보상할 수 없는 손해로서 여기에는 금전으로 보상이 불가능한 경우뿐만 아니라 금전보상으로는 참고 견딜 수 없거나 견디기가 현저히 곤란한 경우의 유형, 무형의 손해를 의미**한다.

관련 판결에서는 입찰 참가자격 제한처분의 경우에도 그 처분으로 인하여 입찰에 참가하지 못함으로써 입게 되는 다양한 불이익으로 인하여 회복하기 어려운 손해가 발생한다고 보고 집행정지의 필요성을 인정하였다.

○ 공공복리에 중대한 영향을 미칠 우려

'공공복리에 중대한 영향을 미칠 우려'라 함은 **일반적·추상적인 공익에 대한 침해의 가능성이 아니라 당해 처분의 집행과 관련된 구체적·개별적인 공익에 중대한 해를 입힐 개연성**을 말한다.

이러한 '공공복리에 중대한 영향을 미칠 우려'라는 요소는 입찰 참가자격 제한처분의 대상 업체가 집행정지를 신청하는데 방해가 되는 요소이므로 집행정지의 소극적 요건이라 할 수 있는데, 이에 대한 **주장·소명책임은 행정청**에게 있다.

집행(효력)정지결정 이후 본 소송에서 패소 확정된 경우

[1] 관련 법리

(가) 집행정지결정의 효력은 결정 주문에서 정한 기간까지 존속하다가 그 기간이 만료되면 장래에 향하여 소멸한다. 집행정지결정은 처분의 집행으로 회복하기 어려운 손해를 예방하기 위하여 긴급한 필요가 있고 달리 공공복리에 중대한 영향을 미치지 않을 것을 요건으로 하여 본안판결이 있을 때까지 해당 처분의 집행을 잠정적으로 정지함으로써 위와 같은 손해를 예방하는 데 취지가 있으므로, **항고소송을 제기한 원고가 본안소송에서 패소확정판결을 받았더라도 집행정지결정의 효력이 소급하여 소멸하지 않는다.**

(나) 그러나 제재처분에 대한 행정쟁송절차에서 처분에 대해 집행정지결정이 이루어졌더라도 본안에서 해당 처분이 최종적으로 적법한 것으로 확정되어 집행정지결정이 실효되고 제재처분을 다시 집행할 수 있게 되면, **처분청으로서는 당초 집행정지결정이 없었던 경우와 동등한 수준으로 해당 제재처분이 집행되도록 필요한 조치를 취하여야 한다.** 집행정지는 행정쟁송절차에서 실효적 권리구제를 확보하기 위한 잠정적 조치일 뿐이므로, **본안 확정판결로 해당 제재처분이 적법하다는 점이 확인되었다면 제재처분의 상대방이 잠정적 집행정지를 통해 집행정지가 이루어지지 않은 경우와 비교하여 제재를 덜 받게 되는 결과가 초래되도록 해서는 안 된다.**

반대로, 처분상대방이 집행 정지결정을 받지 못했으나 본안소송에서 **해당 제재처분이 위법하다는 것이 확인되어 취소하는 판결이 확정되면, 처분청은 그 제재처분으로 처분상대방에게 초래된 불이익한 결과를 제거하기 위하여 필요한 조치를 취하여야 한다.**

[2] 변경처분권한의 인정여부

(가) 직접생산확인을 받은 중소기업자가 공공기관의 장과 납품 계약을 체결한 후 직접생산하지 않은 제품을 납품하였다. 관할 행정청은 중소기업제품 구매촉진 및 판로지원에 관한 법률 제11조 제3항에 따라 당시 유효기간이 남아 있는 중소기업자의 모든 제품에 대한 직접생산확인을 취소하는 1차 취소처분을 하였다. 중소기업자는 1차 취소처분에 대하여 취소소송을 제기하였고, 집행정지결정이 이루어졌다. 그러나 결국 중소기업자의 패소판결이 확정되어 집행정지가 실효되고, 취소처분을 집행할 수 있게 되었다. 그런데 1차 취소처분 당시 유효기간이 남아 있었던 직접생산확인의 전부 또는 일부는 집행정지기간 중 유효기간이 모두 만료되었고, 1차 취소처분 당시 유효기간이 남아 있었던 직접생산확인 제품 목록과 취소처분을 집행할 수 있게 된 시점에 유효기간이 남아 있는 직접생산확인 제품 목록은 다르다.

위와 같은 경우 관할 행정청은 1차 취소처분을 집행할 수 있게 된 시점으로부터 상당한 기간 내에 직접생산확인 취소 대상을 '1차 취소처분 당시' 유효기간이 남아 있었던 모든 제품에서 '1차 취소처분을 집행할 수 있게 된 시점 또는 그와 가까운 시점'을 기준으로 유효기간이 남아 있는 모든 제품으로 변경하는 처분을 할 수 있다. 이러한 변경처분은 중소기업자가 직접생산하지 않은 제품을 납품하였다는 점과 중소기업제품 구매촉진 및 판로지원에 관한 법률 제11조 제3항 중 제2항 제3호에 관한 부분을 각각 궁극적인 '처분하려는 원인이 되는 사실'과 '법적 근거'로 한다는 점에서 1차 취소처분과 동일하고, 제재의 실효성을 확보하기 위하여 직접생산확인 취소 대상만을 변경한 것이다.

(나) 위와 같은 변경처분 권한이 인정되는 구체적인 이유는 다음과 같다. ...

이 사건 근거 조항에 따른 직접생산확인 취소처분에 대하여 행정쟁송절차에서 집행정지결정이 이루어지면, 해당 중소기업자는 그 집행정지기간 중에는 취소 대상이 되었던 직접생산확인에 따른 혜택을 그대로 누릴 수 있고, 기존 계약 해제 조항이나 신규 신청제한 조항의 적용도 받지 않게 된다.

본안소송에서 중소기업자가 패소확정되어 집행정지가 실효되고, 취소처분을 다시 집행할 수 있게 되더라도 그 시점에는 처분 당시 2년의 유효기간이 아직 남아 있던 직접생산확인의 일부 또는 전부의 유효기간이 집행정지기간 중에 이미 만료되고, 집행정지기간 중 새로 받은 직접생산확인의 유효기간은 남아 있는 경우가 있다. 만일 관할 행정청이 직접생산확인 취소 대상을 취소처분을 집행할 수 있게 된 시점 또는 그와 가까운 시점을 기준으로 유효기간이 남아 있는 모든 제품에 대한 직접생산확인으로 변경할 수 없다고 한다면, 해당 중소기업자는 취소처분을 집행할 수 있게 된 이후에도 그 시점에 보유하고 있는 모든 제품에 대한 직접생산확인을 기초로 중소기업자 간 경쟁입찰에 계속 참가할 수 있게 된다. 그 결과 처분상대방이 보유하고 있는 모든 제품에 대한 직접생산확인을 취소하여 중소기업자 간 경쟁입찰에 참가할 수 없게 하는 이 사건 근거 조항에서 의도한 제재 효과를 달성하지 못한다. 뿐만 아니라 집행정지결정을 받지 않은 처분상대방은 취소처분을 집행하는 시점에 보유하고 있는 모든 제품에 대한 직접생산확인이 취소되는 불이익을 입게 되는 것과 비교할 때 집행정지결정을 받은 처분상대방에게 혜택을 부여하는 결과가 된다. ...

⊃ 대법원 2020. 9. 3. 선고 2020두34070 판결 [직접생산확인취소처분취소]

[1] 직업능력개발훈련과정 인정은, 관할 지방고용노동관서의 장(이하 '관할관청'이라 한다)이 사업주가 실시하고자 하는 어떤 훈련과정이 직업능력개발법 시행령 제22조 제1항에서 정한 요건을 갖추어 고용보험기금에서 훈련비용을 지원받을 수 있는지를 사전에 확인하는 의미를 가진다. 나아가 훈련과정 인정을 받은 사업주에게만 훈련실시신고, 훈련수료자보고, 훈련비용 지원신청의 자격이 부여되므로, 직업능력개발훈련과정 인정은 사업주가 고용보험기금에서 그 소속 근로자의 직업능력개발훈련 비용을 지원받기 위하여 필수적으로 갖추어야 할 절차적 요건이라고 할 수 있다.

한편 직업능력개발훈련과정 인정을 받은 사업주가 거짓이나 그 밖의 부정한 방법으로 훈련비용을 지원받은 경우에는 해당 훈련과정의 인정을 취소할 수 있고, 인정이 취소된 사업주에 대하여는 그 인정취소일부터 5년의 범위에서 직업능력개발법 제24조 제1항에 의한 직업능력개발훈련과정 인정을 하지 않을 수 있으며, 1년간 직업능력개발훈련 비용을 지원하지 않을 수 있다.

[2] 관할관청이 직업능력개발훈련과정 인정을 받은 사업주에 대하여 거짓이나 그 밖의 부정한 방법으로 훈련비용을 지원받았다고 판단하여 위 규정들에 따라 일정 기간의 훈련과정 인정제한처분과 훈련비용 지원제한처분을 하였다면, 그 사업주는 그 제한처분 때문에 해당 제한 기간에는 실시예정인 훈련과정의 인정을 신청할 수 없고, 이미 실시한 훈련과정의 비용지원도 신청할 수 없게 된다(설령 사업주가 그 신청을 하더라도, 관할관청은 제한처분이 있음을 이유로 훈련과정 인정이나 훈련비용 지원을 거부할 것임이 분명하다).

그런데 그 제한처분에 대한 쟁송절차에서 해당 제한처분이 위법한 것으로 판단되어 취소되거나 당연무효로 확인된 경우에는, 예외적으로 사업주가 해당 제한처분 때문에 관계 법령이 정한 기한 내에 하지 못했던 훈련과정 인정신청과 훈련비용 지원신청을 사후적으로 할 수 있는 기회를 주는 것이 취소판결과 무효확인판결의 기속력을 규정한 행정소송법 제30조 제1항, 제2항, 제38조 제1항의 입법 취지와 법치행정 원리에 부합한다.

따라서 사업주에 대한 훈련과정 인정제한처분과 훈련비용 지원제한처분이 쟁송절차에서 위법한 것으로 판단되어 취소되거나 당연무효로 확인된 후에 사업주가 그 인정제한 기간에 실제로 실시한 직업능력개발훈련과정의 비용에 대하여 사후적으로 지원신청을 하는 경우, 관할관청으로서는 사업주가 해당 훈련과정에 대하여 미리 훈련과정 인정을 받아 두지 않았다는 형식적인 이유만으로 훈련비용 지원을 거부하여서는 아니 된다. 관할관청은 사업주가 그 인정제한 기간에 실제로 실시한 직업능력개발훈련과정이 직능능력개발법 시행령 제22조 제1항에서 정한 훈련과정 인정의 실체적 요건들을 모두 충족하였는지, 각 훈련생이 지원규정 제8조 제1항에서 정한 지원금 지급을 위한 수료기준을 충족하였는지 등을 심사하여 훈련비용 지원 여부와 지원금액의 규모를 결정하여야 한다. 나아가 관할관청은 사업주가 사후적인 훈련비용 지원신청서에 위와 같은 심사에 필요한 서류를 제대로 첨부하지 아니한 경우에는 사업주에게 상당한 기간을 정하여 보완을 요구하여야 한다(행정절차법 제17조 제5항).

⊃ 대법원 2019. 1. 31. 선고 2016두52019 판결 [환급금일부부지급처분취소]

관련 법령

▣ 중소기업제품 구매촉진 및 판로지원에 관한 법률(약칭: 판로지원법)

▶ 제9조(직접생산의 확인 등) ① 공공기관의 장은 중소기업자간 경쟁의 방법으로 제품조달계약을 체결하거나, 다음 각 호의 어느 하나에 해당하는 경우로서 대통령령으로 정하는 금액 이상의 제품조달계약을 체결하려면 그 중소기업자의 직접생산 여부를 확인하여야 한다. 다만, 제4항에 따라 중소벤처기업부장관이 직접생산을 확인한 서류를 발급한 경우에는 그러하지 아니하다.

1. 「국가를 당사자로 하는 계약에 관한 법률」 제7조 단서 또는 「지방자치단체를 당사자로 하는 계약에 관한 법률」 제9조 제1항 단서에 따라 경쟁제품에 대하여 수의계약의 방법으로 계약을 체결하는 경우로서 대통령령으로 정하는 경우

2. 그 밖에 대통령령으로 정하는 자와 경쟁제품에 대하여 수의계약의 방법으로 계약을 체결하는 경우

▶ 제11조(직접생산 확인 취소 등) ① 중소벤처기업부장관은 제9조 제4항에 따라 직접생산을 하는 것으로 확인을 받은 중소기업자에 대하여 직접생산 확인기준 충족 여부와 직접생산 이행 여부에 대하여 조사할 수 있다.

② 중소벤처기업부장관은 제1항에 따른 조사결과 중소기업자가 다음 각 호의 어느 하나에 해당되는 때에는 그 중소기업자가 받은 직접생산 확인을 취소하여야 한다.

1. 거짓이나 그 밖의 부정한 방법으로 직접생산 확인을 받은 경우
2. 생산설비의 임대, 매각 등으로 제9조 제2항에 따른 확인기준을 충족하지 아니하게 된 경우
3. 공공기관의 장과 납품 계약을 체결한 후 하청생산 납품, 다른 회사 완제품 구매 납품 등 직접생산하지 아니한 제품을 납품하거나 직접 생산한 완제품에 다른 회사 상표를 부착하여 납품한 경우
4. 정당한 사유 없이 확인기준 충족 여부 확인 및 직접생산 이행 여부 확인을 위한 조사를 거부한 경우
5. 제9조 제5항 각 호의 어느 하나에 해당하는 경우

③ 중소벤처기업부장관은 제2항 제1호·제3호 및 제4호에 해당되는 경우에는 그 중소기업자가 받은 모든 제품에 대한 직접생산 확인을 취소하여야 하며, 같은 항 제2호 및 제5호에 해당하는 경우에는 해당 제품에 대하여만 직접생산 확인을 취소하여야 한다. ...

⑥ 공공기관의 장은 조달계약을 체결한 중소기업자의 직접생산 확인이 취소된 때에는 그 중소기업자와 체결한 계약의 전부 또는 일부를 해제하거나 해지하여야 한다. 다만, 계약 제품의 특성, 계약 이행 진도 및 구매 일정 등 특별한 사유로 계약 상대자의 변경이 불가능한 경우에는 그러하지 아니하다

■ 국민 평생 직업능력 개발법 (약칭 : 평생직업능력법)

▶ 제24조(직업능력개발훈련과정의 인정 및 인정취소 등) ① 제20조 및 제23조에 따라 직업능력개발훈련을 실시하려는 자(직업능력개발훈련을 위탁받아 실시하려는 자를 포함한다)는 그 직업능력개발훈련과정에 대하여 고용노동부장관으로부터 인정을 받아야 한다.

② 고용노동부장관은 제1항에 따라 직업능력개발훈련과정의 인정을 받은 자가 다음 각 호의 어느 하나에 해당하면 시정을 명하거나 그 훈련과정의 인정을 취소할 수 있다. 다만, 제1호부터 제4호까지 및 제4호의2의 규정에 해당하는 경우에는 인정을 취소하여야 한다.

1. 거짓이나 그 밖의 부정한 방법으로 제1항에 따른 인정을 받은 경우

2. 거짓이나 그 밖의 부정한 방법으로 비용 또는 융자를 받았거나 받으려고 한 경우

3. 직업능력개발훈련을 위탁한 사업주·사업주단체등으로부터 거짓이나 그 밖의 부정한 방법으로 비용을 받았거나 받으려고 한 경우

4. 직업능력개발훈련을 위탁한 사업주·사업주단체등이 거짓이나 그 밖의 부정한 방법으로 훈련비용을 지원 또는 융자받게 한 경우

4의2. 제21조 제1항을 위반하여 경제적 이익등을 제공한 경우

5. 제1항에 따라 인정받은 내용을 위반하여 직업능력개발훈련을 실시한 경우

6. 시정명령에 따르지 아니한 경우

7. 제10조의2에 따른 조치를 취하지 아니한 경우

8. 제58조에 따른 보고 및 자료 제출 명령에 따르지 아니하거나 거짓으로 따른 경우

9. 제58조에 따른 관계 공무원의 출입에 의한 관계 서류의 조사를 거부·방해·기피하거나 질문에 거짓으로 답변하는 경우

③ 제2항에 따라 인정이 취소된 자(제2항 제2호부터 제4호까지의 규정에 해당하여 인정이 취소된 자 중 비용이 대통령령으로 정하는 금액 미만인 경우는 제외한다)에 대하여는 그 취소일부터 5년의 범위에서 제16조 제1항에 따른 직업능력개발훈련의 위탁과 제1항 및 제19조에 따른 인정을 하지 아니할 수 있다.

해설

○ 위 판례는 집행정지절차가 행정쟁송절차에서 실효적 권리구제를 확보하기 위한 잠정적 조치일 뿐이므로, 본안 확정판결로 해당 제재처분이 적법하다는 점이 확인되었다면 제재처분의 상대방이 잠정적 집행정지를 통해 집행정지가 이루어지지 않은 경우와 비교하여 제재를 덜 받게 되는 결과가 초래되도록 해서는 안 될 뿐만 아니라, 반대로, 처분상대방이 집행 정지결정을 받지 못했으나 본안소송에서 해당 제재처분이 위법하다는 것이 확인되어 취소하는 판결이 확정되면, 처분청은 그 제재처분으로 처분상대방에게 초래된 불이

익한 결과를 제거하기 위하여 필요한 조치를 취하여야 함을 분명히 하였다.

O 결국 처분청은 해당 업체가 집행정지결정을 받은 경우뿐만 아니라 받지 못한 경우에도 본 소송의 결과에 비추어 집행정지결정을 받지 못했거나 받은 경우보다 부당하게 불이익한 결과가 발생하지 않도록 조치할 필요성이 있음을 유의하여야 할 것이다.

Public contracts understood as precedents

부당이득금 및 가산금

VIII. 부당이득금 및 가산금

1 개설

가. 부당이득 환수

(1) 의의

방위사업법에 의하면 방위사업청장은 방산업체·일반업체, 방위산업과 관련 없는 일반업체, 전문연구기관 또는 일반연구기관이 **허위 그 밖에 부정한 내용의 원가계산자료를 정부에 제출하여 부당이득을 얻은 때에는 부당이득금**을 환수하여야 한다(방위사업법 제58조 제1항).

(2) 법적 성격

판례에 의하면 계약상대자인 업체는 계약당사자인 국가 등에게 계약체결 과정에서 원가 및 가격산정에 대하여 원고에게 **정당한 가격을 제시할 의무** 또는 **허위 기타 부정한 자료를 제출하지 아니할 의무를 부담**하고, 그러한 의무를 위반함으로 인하여 발생하는 **채무불이행에 의한 손해배상채권**이 부당이득이라고 본다.

나. 가산금

(1) 의의

방위사업법에 의하면 계약상대자인 업체가 허위원가자료를 제출한 행위 등의 경우 부당이득금을 환수할 수 있을 뿐만 아니라 **부당이득금의 2배 이내에 해당하는 가산금**을 부과할 수 있도록 규정하고 있다(방위사업법 제58조 제1항).

(2) 법적 성격

판례에 의하면 허위 원가자료를 제출한 업체에 대한 재재로서 **위약벌의 성격**을 가진다고 본다.

(3) 가산금의 산정 기준(방위사업법 시행령 별표1)

(가) 일반기준

1) 가산금은 부당이득금 규모 및 비율에 따른 산정기준에 따라 산정한 금액을 기준으로 가중 및 감경을 하여 산정한다.

2) 가산금이 부당이득금의 2배를 넘는 경우에는 가산금은 부당이득금의 2배로 한다.

3) 2개 이상의 계약에서 부정한 내용의 원가계산자료를 정부에 제출하여 부당이득을 얻은 행위를 한 경우에는 계약별로 가산금을 산정한다.

(나) 부당이득금 규모 및 비율에 따른 산정

가산금은 부당이득금 규모와 부당이득금이 계약금액에서 차지하는 비율에 따라 다음과 같이 산정한다.

1) 부당이득금이 5억원 이상이거나 부당이득금이 계약금액에서 차지하는 비율이 20% 이상인 경우: 부당이득금의 2배

2) 부당이득금이 1억원 이상 5억원 미만이거나 부당이득금이 계약금액에서 차지하는 비율이 10% 이상 20% 미만인 경우: 부당이득금의 1.5배

3) 그 밖의 경우: 부당이득금의 1배

(다) 가산금의 가중

다음에 따라 가산금을 가중한다. 이 경우 1) 및 2)에 모두 해당하면 각각의 가중비율을 합산하여 적용하며, 2)에 따른 기간의 계산은 부당이득행위에 대하여 가산금을 통보한 날과 다시 부당이득행위를 적발한 날을 기준으로 한다.

1) 하도급자와 공모한 경우: 50% 가중

2) 최근 5년 이내 부당이득행위가 반복하여 적발된 경우
    가) 적발 횟수가 3회 이상인 경우: 50% 가중
    나) 적발 횟수가 2회인 경우: 30% 가중

(라) 가산금의 감경

다음에 따라 가산금을 감경한다. 이 경우 2)는 적발된 부당이득행위 및 자진하여 신고한 다른 부당이득행위 각각에 대하여 모두 적용한다.

1) 부당이득행위가 적발되기 전에 자진하여 신고한 경우: 50% 감경

2) 부당이득행위가 적발된 후 다른 부당이득행위를 자진하여 신고한 경우: 30% 감경

부당이득금의 법적 성질과 입증책임

부당이득금의 법적 성질

위와 같은 계약특수조건의 규정 방식과 내용 구성 등을 종합하면,

제1항은 정부와 방산물자 등에 관한 납품계약을 체결하는 **계약상대자에게 계약 체결 과정에서 가격산정 요소에 관하여 허위 기타 부정한 자료를 제출하지 아니할 의무가 있음을 전제**로,

계약 체결 이후에 **원가계산자료 및 계산의 착오**로 예정가격 또는 계약금액이 부당하게 결정되어 계약상대자가 부당한 이득을 취한 사실이 발견된 때에는 **정당한 금액과의 차 액에 해당하는 손해를 배상**하도록 하고(제1항 본문),

나아가 당초의 원가계산자료가 '**허위 기타 부정한 자료**'임이 밝혀진 경우에는 '부당이득 금'에 상당하는 **가산금을 추가로 청구**할 수 있도록 한 것이라고 해석된다(제1항 단서). 따라서 계약특수조건 제1항에서 정한 '**부당이득**'의 반환을 청구할 수 있는 권리는 채무 불이행으로 인한 손해배상청구권에 해당하므로 ...

➲ 대법원 2016. 7. 14. 선고 2013다82944, 82951 판결 등

부당이득금의 발생과 범위의 증명책임

그러한 '**부당이득금**'의 발생 및 범위에 관한 증명책임은 대한민국이 부담하는 것이 원칙이다.

그런데 방산물자 등에 관한 원가산정의 기준이 되는 자료는 통상적으로 계약상대자가 보유·관리하고 있다는 등의 특수성이 있으므로,

대한민국이 정당한 원가를 파악하기 위하여 원가계산자료 등 가격 증빙자료의 제출 또 는 열람을 요구하면 계약상대자는 이에 응하여야 하고, 만약 요구에 불응하여 정당한 원가계산자료 등을 제출하지 않거나 허위의 증빙자료를 제출한 경우에는 대한민국은 나름의 기준과 방법에 의한 원가검증을 통하여 적정하다고 판단한 부당이득금의 환수 를 청구할 수 있고, 나아가 그에 상당하는 가산금을 추가하여 청구할 수 있도록 한 것 이 계약특수조건 제2항의 취지이다. 따라서 제2항에 의하여 청구하는 '**부당이득금**' 역 시 법적 성질은 손해배상청구에 해당한다.

부당이득금 산정의 불합리성에 대한 증명책임

다만 제2항에 의하여 부당이득금(손해액)을 산정하는 경우라도 산정 방식 등이 자의적 이거나 현저히 불합리하면 적정한 손해액으로 인정될 수 없으나, **산정 방식 등이 현저 히 불합리하다는 점에 관한 증명책임은 계약상대자가 부담**한다.

➲ 대법원 2016. 7. 14. 선고 2013다82944, 82951 판결 등

가산금의 법적 성격

이러한 법리에 비추어 보면, 이 사건 계약특수조건 제1항과 제2항의 **가산금은 손해배상액의 예정이 아니라 위약벌의 성격**을 가지는 것으로 보아야 한다. 그 이유는 다음과 같다.

(1) 우선 이 사건 계약특수조건의 근거가 되는 방위사업법 제58조의 내용은 1998. 12. 31. 신설된 구 「방위산업에 관한 특별조치법」(2006. 1. 2. 법률 제7845호로 폐지된 것) 제22조의2 제1항에서 그대로 이어져 온 것인데, 1998. 12. 31. 위 규정을 신설한 법률개정안의 **입법 취지가 '부당이득금과 이자 이외에 범칙금적 성격의 가산금을 환수할 수 있도록 근거규정을 두려는'** 것이라고 명시되어 있다. 이는 방산물자를 적정한 가격에 계약함으로써 국방예산을 효율적으로 집행하고 방위산업체의 허위의 자료 제출을 예방하기 위하여 허위의 원가계산자료를 제출한 방위산업체를 상대로 부당이득금과 이에 대한 이자 또는 지연손해금뿐만 아니라 **제재적 성격을 지닌 가산금까지도 청구할 수 있도록 하는 것**으로서, 이러한 입법 취지는 방위사업청 지침의 형태로 규정된 이 사건 계약특수조건에도 그대로 반영된 것이다.

(2) 또한 이 사건 계약특수조건 제1항과 제2항의 **'부당이득금'은 그 자체로 계약상대자가 배상할 손해배상액을 의미하는 것인데 그와 병행하여 같은 금액의 가산금을 추가로 청구할 수 있도록 되어 있고**, 계약상대자인 방위산업체가 허위 기타 부정한 자료를 제출한 경우(이 사건 계약특수조건 제1항 단서) 또는 가격 증빙자료 제출 또는 열람 요구에 정당한 이유 없이 불응하거나 허위의 증빙자료를 제출한 경우(제2항)라도 그것만으로 대한민국에 발생한 손해 자체의 내용과 범위가 제1항 본문이나 제2항의 '부당이득금'과 크게 달라진다고는 할 수 없음에도, 제1항 단서와 제2항의 경우에는 '부당이득금'에 더하여 그에 상당하는 가산금도 청구할 수 있도록 규정하고 있다. 그러므로 위 **가산금을 손해배상예정액으로 보게 되면 순수 손해액인 부당이득금에다 가산금까지 이중의 배상을 하는 결과**가 된다.

위와 같은 점 등에 비추어 볼 때, 이 사건 계약특수조건 제1항 단서와 제2항에 규정된 **가산금은 이 사건 계약특수조건에 규정된 부당이득금의 환수로도 전보되지 않는 어떤 다른 손해의 발생을 염두에 두고 그 배상관계를 간편하게 처리하려는 손해배상액 예정으로서의 성격을 가지는 것이 아니라, 방위산업체가 이 사건 계약특수조건 제1항 단서와 제2항에 규정된 귀책사유가 있는 행위를 한 경우 대한민국이 제재적 성격을 지닌 가산금까지도 청구할 수 있도록 함으로써 방위산업체로 하여금 정당한 원가계산자료를 제출하도록 강제하는 위약벌의 성격**을 가진다고 보아야 한다.

⊃ 대법원 2016. 7. 14. 선고 2013다82944, 82951 판결 등

▣ 방위사업법

▶ 제58조(부당이득의 환수 등) ① 방위사업청장은 방산업체·일반업체, 방위산업과 관련없는 일반업체, 전문연구기관 또는 일반연구기관이 **허위 그 밖에 부정한 내용의 원가계산자료를 정부에 제출하여 부당이득을 얻은 때에**는 대통령령이 정하는 바에 따라 **부당이득금과 부당이득금의 2배 이내에 해당하는 가산금**을 환수하여야 한다.

② 제1항에 따른 가산금의 산정 기준 및 방법은 부정한 행위의 정도와 자진신고 여부 등을 고려하여 대통령령으로 정한다.

▣ 물품 제조·구매 계약특수조건 표준(일반 및 방산)(방위사업청 예규)

▶ 제43조(계약금액의 착오 등과 부당이득금등의 환수 등) ① 이 계약체결 후 **계약상대자의 원가계산자료 및 계산의 착오로 인한** 예정가격 또는 계약금액의 부당한 결정으로 계약상대자가 부당이득을 취한 사실이 발견되거나 계약담당공무원의 착오로 국고에 손실을 끼친 사실이 확인될 경우에는 **계약상대자는 지체 없이 부당이득금을 계약담당공무원에게 반환**하여야 한다. 특히, **계약상대자가 허위 그 밖에 부정한 내용의 원가계산자료**(협력업체 원가자료를 포함한다)**를 제출**하여 예정가격 또는 계약금액이 부당하게 결정되고 그 결과 계약상대자가 부당이득을 얻은 경우에, 계약상대자는 부당 이득금과 **부당이득금의 2배 이내에 해당하는 가산금을 계약담당공무원에게 지급**하여야 한다.

② 제3자가 「국가계약법 시행규칙」 제10조 제3호에 따른 견적가격을 허위 그 밖에 부정한 내용으로 제출하여 예정가격 또는 계약금액이 부당하게 결정되고 그 결과 계약상대자가 부당이득을 얻은 경우에, 계약상대자는 부당이득금을 계약담당공무원에게 지급하여야 한다.

③ **계약상대자가 위조 또는 변조된 시험성적서**(협력업체 또는 판매자의 자료를 포함한다.)**를 제출한 경우에 위조 또는 변조된 시험성적서로 검사한 물품**(위·변조된 시험품목) 대금의 100분의 30에 해당하는 금액을 계약담당공무원에게 지급하여야 한다. 이때 시험품목이란 시험대상이 되는 군수품조달

관리규정 등에 근거한 부분품(한 개의 품목이 그 이상 분해될 수 없거나 또는 그 품목을 더 이상 분해하는 것이 실질적으로 불가능한 최소단위 품목)을 말한다. 다만 위 100분의 30에 해당하는 금액의 위약벌에도 불구하고 손해가 발생한 경우에 계약상대자는 그 손해를 배상하여야 한다.

④ 계약상대자는 계약담당공무원이 제1항에 따른 부당이득금을 산정하기 위하여 원가자료 및 관련자료의 제출 또는 열람을 요구할 경우 응하여야 하며, 위 원가자료 및 관련자료에는 협력업체의 자료도 포함된다.

⑤ 계약담당공무원은 계약상대자가 정당한 이유 없이 제4항에 따른 요구에 대해 지연제출 또는 불응하는 경우 계약담당공무원이 판단한 부당이득금과 부당이득금의 2배 이내에 해당하는 가산금(착오의 경우 가산금은 제외)을 환수할 수 있다. 이때 부당이득금 산정을 완료할 때까지 계약금액의 10% 이내 금액을 유보액으로 남겨두고 지급할 수 있다.

해설

O 부당이득금 환수

(1) 방위사업법상 부당이득금 환수와 관련하여

판례에 의하면 계약상대자인 업체는 계약당사자인 국가 등에게 계약체결 과정에서 원가 및 가격산정에 대하여 원고에게 **정당한 가격을 제시할 의무** 또는 **허위 기타 부정한 자료를 제출하지 아니할 의무를 부담**하고, 그러한 의무를 위반함으로 인하여 발생하는 **채무불이행에 의한 손해배상채권**이 부당이득이라고 본다.

(2) 부당이득금이 **발생하였고, 그 액수와 범위에 대하여는 국가측이 증명할** 책임이 있는 반면, 그러한 부당이득금 산정이 **불합리하다는 점에 대하여는 계약상대자가 증명할** 책임이 있다.

(3) 또한, 판례는 과실상계와 관련하여

민법 제396조는 채무불이행에 관하여 채권자에게 과실이 있는 때에는 법원은 손해배상의 책임 및 그 금액을 정함에 이를 참작하여야 한다고 규정하고 있으므로, 채무자가 채권자에 대하여 채무불이행으로 인한 손해배상 책임을 지는 경우에 있어서 **채권자에게도 채무불이행에 관한 과실이 있다면 특별한 사정이 없는 한 법원으로서는 채무자의 손해배상책임의 범위를 정함에 있어 이를 참작하여야 할 것이지만**, 예외적으로 고의에 의한 채무불이행으로서 채무자가 계약 체결 당시 채권자가 계약 내용의 중요 부분에 관하여 착오에 빠진 사실을 알면서도 이를 이용하거나 이에 적극 편승하여 계약을 체결하고 그 결과 채무자가 부당한 이익을 취득하게 되는 경우 등과 같이 **채무자로 하여금 채무불이행으로 인한 이익을 최종적으로 보유하게 하는 것이 공평의 이념이나 신의칙에 반하는 결과를 초래하는 경우에는 채권자의 과실에 터 잡은 채무자의 과실상계 주장을 허용하여서는 안 될 것이다**(대법원 2008. 5. 15. 선고 2007다88644 판결 [매매대금]).

라고 판시하여 채권자의 과실이 있는 경우 **과실상계를 인정하되** 채무자가 채권자의 과실을 이용하는 등 **신의칙에 반하는 경우에는 과실상계가 허용되지 않음**을 밝히고 있다.

O 가산금 환수

이러한 가산금은 부당이득금과의 관계와 규정의 취지 등을 고려하면 별도의 손해배상 내지 손해배상액 예정의 성격을 가진다기보다 허위 원가자료를 제출한 업체에 대한 재재로서 **위약벌의 성격**을 가진다고 할 것이다. 이를 통하여 국가는 계약상대자인 업체가 정당한 원가자료를 제출하도록 유도하거나 강제하게 되는 것이다.

Public contracts understood as precedents

계약의 해제/해지

IX. 계약의 해제/해지

국가계약 등 공공계약도 기본적으로 사법상의 계약이라 할 것이므로 민법상의 해제·해지의 법리가 원칙적으로 적용된다고 할 것이다. 그에 더하여 국가계약법 에는 국가계약의 해제·해지와 관련한 내용을 특별히 추가하여 규정하고 있다.

가. 민법상 계약의 해제·해지

(1) 일반적인 계약의 해제·해지

(가) 계약의 해제란 유효하게 성립한 계약의 효력을 당사자 일방의 의사표시 에 의하여 **소급적으로 소멸**케 하여 계약이 처음부터 성립하지 않는 것과 같은 상태로 복귀시키는 것을 말한다.[1]

계약의 해지는 계속적 계약관계에서 일방적 의사표시로 계약의 효력을 **장래 에 향하여 소멸**케 하는 행위를 말한다.[2]

(나) 계약의 해제사유는 계약에 의하여 정할 수 있고 법률의 규정에 의하여 인정되기도 한다(민법 제543조). 법률의 규정에 의한 해제사유는

1) 이행지체

당사자 일방이 그 채무를 이행하지 아니하는 때에는 상대방은 상당한 기간을 정하여 그 이행을 최고하고 그 기간 내에 이행하지 아니한 때에는 계약을 해제 할 수 있다(민법 제544조).

---

1 지원림, 민법강의(제17판), 홍문사, 2020, 1387면.
2 지원림, 위의 책, 1420면.

2) 정기행위

계약의 성질 또는 당사자의 의사표시에 의하여 일정한 시일 또는 일정한 기간 내에 이행하지 아니하면 계약의 목적을 달성할 수 없을 경우에 당사자 일방이 그 시기에 이행하지 아니한 때에는 상대방은 최고를 하지 아니하고 계약을 해제할 수 있다(민법 제545조).

3) 이행불능

채무자의 책임있는 사유로 이행이 불능하게 된 때에는 채권자는 계약을 해제할 수 있다(민법 제546조).

(다) 계약의 해제사유와 관련하여 판례는

민법 제544조에 의하여 **채무불이행을 이유로 계약을 해제하려면, 당해 채무가** 계약의 목적 달성에 있어 필요불가결하고 이를 이행하지 아니하면 계약의 목적이 달성되지 아니하여 채권자가 그 계약을 체결하지 아니하였을 것이라고 여겨질 정도의 **주된 채무이어야 하고** 그렇지 아니한 부수적 채무를 불이행한 데에 지나지 아니한 경우에는 계약을 해제할 수 없다.

또한, 계약상의 의무 가운데 **주된 채무와 부수적 채무를 구별**함에 있어서는 급부의 독립된 가치와는 관계없이 계약을 체결할 때 표명되었거나 그 당시 상황으로보아 분명하게 객관적으로 나타난 당사자의 합리적 의사에 의하여 결정하되, 계약의 내용·목적·불이행의 결과 등의 여러 사정을 고려하여야 한다(대법원 2005. 11. 25. 선고 2005다53705 판결).

라고 판시하여 주된 채무의 경우에만 해제가 인정되고, 부수적 채무의 경우에는 계약을 해제할 수 없다고 하였다.

(2) 도급계약상 계약의 해제·해지

(가) 도급인의 해제권

도급인이 완성된 목적물의 하자로 인하여 계약의 목적을 달성할 수 없는 때에는 계약을 해제할 수 있다. 그러나 **건물 기타 토지의 공작물에 대하여는 그러하지 아니하다**(민법 제668조).

(나) 완성전의 도급인의 해제권

수급인이 일을 완성하기 전에는 도급인은 손해를 배상하고 계약을 해제할 수 있다(민법 제673조).

(다) 도급인의 파산과 해제권

도급인이 파산선고를 받은 때에는 수급인 또는 파산관재인은 계약을 해제할 수 있다(민법 제674조 제1항).

나. 국가계약법상 계약의 해제·해지

(1) 계약보증금의 국고귀속 경우

중앙관서의 장 또는 계약담당공무원은 **계약상대자가 계약상의 의무를 이행하지 아니하여 계약보증금을 국고에 귀속시키는 경우에는** 계약에 특별히 정한 것이 없는 한 당해 계약을 해제 또는 해지하고 통지하여야 한다(국가계약법 시행령 제75조 제1항).

앞서 본 판례와 같이 계약의 해제가 모든 의무위반이 아니라 주요 의무의 위반의 경우에 인정된다는 점을 고려하면 위 규정의 의미는 계약상대자가 어떠한 의무를 위반하더라도 해제하여야 한다는 취지로 이해하는 것은 불합리하고, **해제 또는 해지 시에는 계약보증금을 국고에 귀속시키도록 규정한 것으로 이해하**는 것이 합리적이라 할 것이다.[3]

(2) 지체상금이 계약보증금 상당액에 달하는 경우

지체상금이 계약보증금 상당액에 달하는 경우에는 제반 상황에 따라 계약을 해제·해지하거나 계약을 유지할 수 있다.

(가) 계약상대자의 귀책사유로 계약을 수행할 가능성이 없음이 명백하다고 인정되는 경우에는 **계약보증금을 국고에 귀속시키고 해당 계약을 해제 또는 해지한다**(국가계약법 시행령 제75조 제2항 제1호).

---

3 법무법인(유한) 태평양 건설부동산팀, 앞의 책, 439면 수정인용.

(나) 계약상대자의 계약 이행가능성이 있고 계약을 유지할 필요가 있다고 인정되는 경우에는 **계약이행이 완료되지 아니한 부분에 상당하는 계약보증금을 추가 납부하게 하고 계약을 유지**한다(국가계약법 시행령 제75조 제2항 제2호).

다. 계약의 해제·해지와 지체상금

계약의 당사자 간 지체상금 약정의 효력이 계약의 해제에 따라 상실하게 되는지 아니면 계약의 해제에도 불구하고 지체상금 약정의 효력이 상실되지 않고 계속 적용되느냐가 실무상 문제된다.

판례는 지체상금에 관한 약정에 따라 수급인이 약정된 기간 내에 그 일을 완성하여 도급인에게 인도하지 않는 한 특별한 사정이 있는 경우를 제외하고 지체상금을 지급할 의무를 지게 되므로 공사가 중단되고 약정기일을 넘겨 **계약이 해제되는 경우에도 지체상금에 관한 약정이 적용될 수 있다**고 인정하고 있다.

공사계약의 해제와 보수지급범위

사실관계

○ 원고(A 업체)는 2009. 5. 29. **피고 B 업체**와 50:50의 지분비율로 **공동수급체를 구성**하여 **피고 대한민국(소관 조달청)**으로부터 전남지방경찰청사 **신축공사를 도급**받으면서, 계약금액 2,150,000,000원, 총공사부기금액(총괄계약금액) 16,475,431,000원으로 정하고 공사계약일반조건과 공동수급표준협정서(공동이행방식)를 계약의 일부분으로 함.

원고와 피고 B 업체의 공동수급표준협정서는 공동수급체의 구성원이 파산, 해산, 부도 기타 **정당한 이유 없이 계약을 이행하지 않아 공동수급체의 다른 구성원이 발주자의 동의를 얻어 탈퇴조치를 하는 경우 그 구성원은 탈퇴**한다고 정함(제12조 제1항 제2호).

○ 원고와 피고 B 업체는 이 사건 공사도급계약을 체결한 후 공동수급체 구성원 간의 **구체적인 업무수행과 정산 방식 등을 정하기 위하여 공동도급운영협약을 체결**함.

이에 따르면, 대표사인 원고가 공사시공에 필요한 자금, 기술능력, 인원과 기자재 등을 동원하여 집행하고, 합의한 시행예산으로 책임시공하며, 실제 투입된 원가에 관계없이 합의한 정산방법을 기준으로 한 관리비를 피고 B 업체에 지급하기로 함(제2조, 제3조).

또한 원고는 관련 기관의 공동이행방식 공사수행 여부에 대한 점검에 대처할 수 있도록 건설기술자를 피고 B 업체 소속으로 입사시키고, 그 비용은 피고 B 업체가 먼저 투입하여 처리하고 원고에게 원가로 이체하며 이를 기성금 정산 시에 정산하기로 함(제4조).

○ **책임감리업체 C 건축사사무소는** 2009. 12. 22. 조달청에 콘크리트 품질을 확보하기 위하여 동절기 공사를 중지할 필요가 있다는 기술검토의견서를 제출하고, 조달청은 2010. 1. 5. 원고와 C 건축사사무소에 **동절기 공사중지기간(2009. 12. 22.부터 2010. 2. 18.까지) 동안 공사와 감리용역을 중지할 것을 통보**함.

○ 원고는 2010. 1. 19. 책임감리업체인 C 건축사사무소로부터 사전에 검사·측정과 승인을 받지 않은 채 이 사건 공사를 하고 있던 건물의 주요 구조부인 본관동 지하주차장 기초 부분에 콘크리트 타설공사를 함.

C 건축사사무소는 2010. 1. 25.과 2010. 2. 1.경 원고에게 구조상의 안전문제를 들어 위 콘크리트 타설공사 부분을 철거하고 다시 시공할 것을 요구하였다가 원고로부터 거절당하자, 같은 달 25일 **원고와 피고 B 업체에 2010. 3. 7.까지 재시공을 마치지 않을 경우 발주처인 피고 대한민국에 제재조치를 요구하고 공사를 전면중지하겠다고 통보**함.

피고 B 업체는 2010. 3. 15.과 같은 달 25일 원고와 협의하였으나 **원고가 재시공명령을 수용할 수 없다고 하였고**, 피고 B 업체는 2010. 3. 26. C 건축사사무소에 단독으로 재시공을 하겠다고 통지하였으나, 원고는 2010. 4. 1. 피고 B 업체가 콘크리트 타설 부분을 철거하는 것을 막음.

○ 피고 B 업체는 2010. 4. 6. 조달청에 공동수급표준협정 제12조 제1항 제2호에 따라 **원고를 공동수급체로부터 탈퇴시키는 것에 동의해 달라고 요청함**. 원고는 2010. 4. 9. 피고 B 업체에 2010. 4. 12. 공동운영회의를 개최하여 재시공 문제를 논의하자고 제안하고, C 건축사사무소에 재시공명령을 수용하겠다고 통지함.

○ 피고 B 업체는 2010. 4. 15. 조달청에 공동운영회의 결과 원고로부터 탈퇴조치 동의 요청을 철회할 것만 요구받았다며 다시 공동수급체 탈퇴조치에 동의해 달라고 요청하였고, **조달청은 2010. 4. 16. 피고 B 업체의 공동수급체 탈퇴요청에 동의**하며, 같은 달 21일 이 사건 공사에 관한 공사지분을 원고 0%, 피고 B 업체 100%로 변경함.

○ 피고 B 업체는 2010. 5. 25.까지 단독으로 위 콘크리트 타설 부분의 철거공사를 마치고, 연속하여 철근 골조공사 등을 진행하여 2010. 6. 29. **건축공사(제1차)에 관한 준공검사(준공금액 2,150,000,000원)를 받음.**

대법원 판단

(1) 건축공사도급계약이 수급인의 채무불이행을 이유로 해제된 경우에 해제될 당시 공사가 상당한 정도로 진척되어 이를 원상회복하는 것이 중대한 사회적 · 경제적 손실을 초래하고 완성된 부분이 도급인에게 이익이 되는 경우에 도급계약은 **미완성부분에 대하여만 실효되고 수급인은 해제한 상태 그대로 그 건물을 도급인에게 인도**하며, 도급인은 특별한 사정이 없는 한 인도받은 미완성 건물에 대한 보수를 지급하여야 하는 권리의무관계가 성립한다(대법원 1992. 3. 31. 선고 91다42630 판결 등 참조).

(2) 건축공사도급계약이 중도해제된 경우 도급인이 지급하여야 할 보수는 특별한 사정이 없는 한 당사자 사이에 **약정한 총 공사비에 기성고 비율을 적용한 금액**이 되는 것이지 수급인이 실제로 지출한 비용을 기준으로 할 것은 아니다(대법원 1992. 3. 31. 선고 91다42630 판결, 대법원 1993. 11. 23. 선고 93다25080 판결 등 참조).

그 기성고 비율은 공사대금 지급의무가 발생한 시점, 즉 **수급인이 공사를 중단할 당시를 기준으로** 이미 완성된 부분에 들어간 공사비에다 미시공 부분을 완성하는데 들어갈 공사비를 합친 **전체 공사비 가운데 완성된 부분에 들어간 비용이 차지하는 비율을 산정하여 확정**하여야 한다(대법원 1989. 12. 26. 선고 88다카32470, 32487 판결, 대법원 1996. 1. 23. 선고 94다31631, 31648 판결 등 참조).

그러나 이러한 공사 기성고 비율과 그 대금에 관하여 분쟁이 있는 경우에 **당사자들이 공사규모, 기성고 등을 참작하여 약정으로 그 비율과 대금을 정산할 수 있다**고 보아야 한다.

⊃ 대법원 2017. 1. 12. 선고 2014다11574, 11581 판결 [손해배상(기)]

■ **국가계약법 시행령**

▶ **제75조(계약의 해제·해지)** ① 각 중앙관서의 장 또는 계약담당공무원은 법 제12조 제3항의 규정에 의하여 계약보증금을 국고에 귀속시키는 경우에는 계약에 특별히 정한 것이 없는 한 당해 계약을 해제 또는 해지하고 계약상대자에게 그 사유를 통지하여야 한다.

② 각 중앙관서의 장 또는 계약담당공무원은 제74조 제1항에 따른 지체상금의 징수사유가 발생하고 그 금액이 제50조 제1항에 따른 계약보증금상당액(면제된 계약보증금을 포함한다)에 달하는 경우에는 다음 각 호의 구분에 따른 방법으로 계약을 해제 또는 해지하거나 유지할 수 있다.

1. 계약상대자의 귀책사유로 계약을 수행할 가능성이 없음이 명백하다고 인정되는 경우: 법 제12조 제3항에 따라 계약보증금을 국고에 귀속시키고 해당 계약을 해제 또는 해지한다.

2. 제1호 외의 경우로서 계약상대자의 계약 이행가능성이 있고 계약을 유지할 필요가 있다고 인정되는 경우: 계약이행이 완료되지 아니한 부분에 상당하는 계약보증금(당초 계약보증금에 제74조 제3항에 따른 지체상금의 최대금액을 더한 금액을 한도로 한다)을 추가 납부하게 하고 계약을 유지한다. 이 경우 계약보증금의 추가납부에 관하여는 제50조 제6항부터 제8항까지 및 제10항을 준용한다.

○ 해제의 일반적인 효과

민법의 일반 법리에 의하면 계약 당사자 일방의 채무 불이행으로 인하여 계약이 해제되면 **계약관계는 소급적으로 소멸**하고, 계약 당사자 간에는 원상회복의 의무가 발생한다. 따라서 계약 당사자에 대한 **보수지급의 문제는 발생하지 않는 것이** 원칙이다.

○ 건축공사계약에서 해제의 경우

(1) 판례에 의하면 건축공사계약에 있어서 건축공사의 특수성으로 인하여 건축공사계약이 해제될 당시 **공사가 상당한 정도로 진척되어 이를 원상회복**하는 것이 중대한 사회적·경제적 손실을 초래하고 **완성된 부분이 도급인에게 이익이 되는 경우**에는 도급계약은 미완성 부분에 대하여만 **실효되고 수급인은 해제한 상태 그대로 그 건물을 도급인에게 인도**하며, 도급인은 특별한 사정이 없는 한 인도받은 미완성 건물에 대한 보수를 지급하여야 하는 권리의무관계가 성립한다고 본다.

이때, **도급인이 지급하여야 할 보수는** 특별한 사정이 없는 한 수급인이 실제로 지출한 비용을 기준으로 할 것은 아니고, **당사자 사이에 약정한 총 공사비에 기성고 비율을 적용한 금액**이 된다.

(2) 한편, 판례에 의하면

건축공사가 상당한 정도로 진척되어 그 원상회복이 중대한 사회적, 경제적 손실을 초래하게 되고 완성된 부분이 도급인에게 이익이 되는 경우에는, 도급인이 그 도급계약을 해제하는 경우에도 그 계약은 미완성 부분에 대하여서만 실효되고 수급인은 해제한 때의 상태 그대로 그 건물을 도급인에게 인도하고 도급인은 완성부분에 상당한 보수를 지급하여야 한다는 것은 당원의 견해이다(위 판례 참조). 그러므로 **완성된 부분이 도급인에게 이익이 되지 않는 경우에는 위의 견해가 그대로는 적용될 수 없다고 할 것이고,** 도급인이 완성된 부분을 바탕으로 하여 다른 제3자에게 공사를 속행시킬 수 없는 상황이라면 완성부분이 도급인에게 이익이 된다고 볼 수 없을 것이므로, 건물 외벽의 수선을 내용으로 하는 이 사건 공사계약에 **무조건 소급효를 제한하는 위의 견해의 결론만을 적용할 수는 없다 할 것이다**(대법원 1992. 12. 22. 선고 92다30160 판결 [손해배상(기)]).

라고 판시하고 있다. 따라서 완성된 부분이 도급인에게 이익이 되지 않고, 원상회복을 위하여 **건물을 철거하더라도 중대한 사회적, 경제적 손실을 초래하지 않는 경우에는 건축공사계약의 경우에도 계약의 해제시 소급적으로 계약관계가 소멸**하고, 당사자간 원상회복의무를 진다고 할 것이다.

계약의 불이행에 따른 해제와 하자담보책임

도급계약에서 계약의 이행과 하자담보책임간 관계

도급계약에서 목적물의 주요구조부분이 약정된 대로 시공되어 사회통념상 일반적으로 요구되는 성능을 갖추었고 당초 예정된 최후의 공정까지 마쳤다면 일이 완성되었다고 보아야 한다. 목적물이 완성되었다면 목적물의 하자는 하자담보책임에 관한 민법 규정에 따라 처리하도록 하는 것이 당사자의 의사와 법률의 취지에 부합하는 해석이다.

개별 사건에서 예정된 최후의 공정을 마쳤는지는 당사자의 주장에 구애받지 않고 계약의 구체적 내용과 신의성실의 원칙에 비추어 객관적으로 판단해야 한다.

일부 하자와 계약불이행으로 인한 해제 인정여부

(1) 원심의 판단

이 사건 장비는 견적서에 기재된 제조사·수량과 다른 PVC 플레이트(plate)와 노즐로 제작된 하자가 있다(이하 '이 사건 하자'라 한다).

피고(하도급인)는 이 사건 장비 입고 전 검수 과정에서 이 사건 하자를 쉽게 확인할 수 있었는데도 **이의를 하지 않았다.** 견적서에 부품의 사양이 변경될 수 있다고 기재되어 있고 원고(하수급인)가 견적서에 기재되어 있지 않은 25개 항목을 추가하였으며 피고와 수차례 **협의하여 견적서와 다른 사양의 부품으로 변경**하기도 하는 등 ① 견적서 사양과의 불일치를 두고 원고가 이 사건 도급계약을 이행하지 않은 것으로 보기는 어렵다. ② 이 사건 하자는 이 사건 **장비의 성능이나 안전성에 영향을 미치지 않는다.**

이러한 사정을 종합하면 이 사건 하자는 원고가 부수적 채무를 불이행한 것에 불과하고, 이 사건 하자로 인해 이 사건 도급계약의 목적을 달성할 수 없거나 그러한 우려가 있다고 볼 수 없다. 2호 사유는 적법한 해제사유가 될 수 없다. …

(2) 대법원 판단

원심판결 이유를 적법하게 채택한 증거에 비추어 보면, 원심의 판단에 상고이유 주장과 같이 필요한 심리를 다하지 않은 채 논리와 경험의 법칙에 반하여 자유심증주의의 한계를 벗어나거나 주된 채무와 부수적 채무의 구별, **계약 해제사유의 존부** 등에 관한 법리를 오해한 잘못이 없다.

일부 하자의 계약해제 불인정과 잔금 지급청구 여부

(1) 민법 제665조 제1항은 도급계약에서 보수는 완성된 목적물의 인도와 동시에 지급해야 한다고 정하고 있다. 이때 목적물의 인도는 단순한 점유의 이전만을 의미하는 것이 아니라 도급인이 목적물을 검사한 후 목적물이 계약 내용대로 완성되었음을 명시적 또는 묵시적으로 시인하는 것까지 포함하는 의미이다.

도급계약의 당사자들이 '수급인이 공급한 목적물을 도급인이 검사하여 합격하면, 도급인은 수급인에게 그 보수를 지급한다.'고 정한 경우 도급인의 수급인에 대한 보수지급의무와 동시이행관계에 있는 수급인의 목적물 인도의무를 확인한 것에 불과하고 '검사 합격'은 법률행위의 효력 발생을 좌우하는 조건이 아니라 보수 지급 시기에 관한 불확정기한이다. 따라서 수급인이 도급계약에서 정한 일을 완성한 다음 검사에 합격한 때 또는 검사 합격이 불가능한 것으로 확정된 때 보수지급청구권의 기한이 도래한다(대법원 2003. 8. 19. 선고 2003다24215 판결, 위 대법원 2004다21862 판결 등 참조).

(2) 위에서 본 사실관계와 법리에 따르면 다음과 같은 결론을 도출할 수 있다.

　　(가) 이 사건 장비 제작 과정에서 피고와 보조참가인의 검수, 당사자들의 협의 경과, 원고가 이 사건 장비 제작을 마치고 설치 일정 합의에 따라 보조참가인의 공장에 설치를 시작한 이후 피고가 이 사건 도급계약 해제를 통보하기까지의 경과, 이 사건 장비의 성능이나 안전성 하자 유무 등을 종합하면,

　　　　이 사건 장비는 주요구조부분이 약정된 대로 시공되어 사회통념상 일반적으로 요구되는 성능을 갖추었고 이 사건 장비를 완성하여 설치를 시작하였으나 피고의 비협조로 설치를 마치지 못한 것으로서 원고로서는 이 사건 도급계약에서 예정한 최후 공정을 마쳤다고 볼 수 있다. 따라서 이 사건 하자는 하자담보책임에 관한 민법 규정에 따라 처리하면 되고, 원고는 이 사건 도급계약이 정한 대로 일을 완성하였으므로 잔금을 청구할 수 있다.

　　(나) 이 사건 도급계약에서 '최종 검수 완료·승인 후' 잔금을 지급하기로 정하였는데 최종 검수의 완료·승인은 잔금 지급의 조건이 아니라 불확정기한이다. 위와 같이 원고가 이 사건 도급계약에서 예정한 최후 공정을 마쳤는데도 피고가 최종 검수를 거부하고 이 사건 도급계약의 해제를 통보함으로써 '최종 검수 완료·승인'이 불가능한 것으로 확정되었으므로 잔금청구권의 이행기도 도래하였다. 따라서 피고가 채권자지체에 빠졌는지 여부나 민법 제538조 제1항의 요건이 충족되었는지 여부와 관계없이 원고는 잔금을 청구할 수 있다고 보아야 한다.

⊃ 대법원 2006. 10. 19. 선고 2004다21862 판결,
　대법원 2019. 9. 10. 선고 2017다272486 판결 등

■ 민법

▶ 제665조(보수의 지급시기) ① 보수는 그 완성된 목적물의 인도와 동시에
지급하여야 한다. 그러나 목적물의 인도를 요하지 아니하는 경우에는 그
일을 완성한 후 지체없이 지급하여야 한다.
② 전항의 보수에 관하여는 제656조 제2항의 규정을 준용한다.

해설

○ 채무불이행과 하자담보책임

(1) 앞서 살펴본 바와 같이 채무불이행과 하자담보책임의 관계와 제도의 취
지에 대하여 판례는 다음과 같이 설명하고 있다[지체상금의 요건(이행지
체와 하자) 참조].

목적물이 완성되지 않는 한 수급인은 보수를 청구할 수 없으므로, 민법은
수급인에게 중한 담보책임을 지워 도급인을 보호하는 한편, 그와 균형을
취하기 위하여 목적물의 완성여부에 대한 판단기준을 가능한 한 완화시켜
수급인의 보수청구권을 일단 인정하되, 도급인이 인도받은 목적물에 하자
가 있다면 하자담보책임에 관한 규정에 의하여 처리하도록 하려는 것이 그
입법취지라고 해석함이 상당하다 할 것이다(대법원 1994. 9. 30. 선고 94다
32986 판결 [지체상금등]).

(2) 따라서 도급계약에서 납품된 목적물에 일부 하자가 있다 하더라도 무조
건 계약위반으로 채무불이행이 되는 것은 아니고, 목적물의 주요부분이
약정된 대로 시공되어 사회통념상 일반적으로 요구되는 성능을 갖추었
고 당초 예정된 최후의 공정까지 마쳤다면 일이 완성되었다고 볼 수 있
으며, 하자는 하자담보책임으로 처리하면 된다.

결국, 위와 같은 경우 국가 등 도급인은 채무불이행으로 계약을 해제할
수는 없고, 하자에 대하여 하자담보책임만을 물을 수 있는 반면, 계약

상대자인 업체는 하자담보책임만을 부담하고, 계약의 이행에 따른 계약 대금을 청구할 수 있다.

○ 목적물의 인도와 검사 합격

(1) 완성된 목적물의 인도와 보수 지급은 동시에 이행하여야 함이 원칙이다. 이때, **목적물의 인도는 단순한 점유의 이전만을** 의미하는 것이 아니라 도급인이 목적물을 **검사한 후 목적물이 계약 내용대로 완성되었음을 명시적 또는 묵시적으로 시인하는 것까지 포함**하는 의미라는 점을 이해할 필요가 있다.

(2) 계약 당사자간 약정에서 '수급인이 공급한 목적물을 도급인이 검사하여 합격하면, 도급인은 수급인에게 그 보수를 지급한다.'고 정할 수 있다. 이러한 경우 "검사 합격"이라는 요소의 법적 의미가 문제된다.

판례에 의하면 "검사 합격"이라는 요소는 법률행위의 효력 발생을 좌우하는 조건이 아니라 보수 지급시기에 관한 **불확정기한**에 해당한다고 본다.

다만, 이 판례에서 유의할 점은 해당 사건의 계약목적인 장비는 주요구조부분이 약정된 대로 시공되어 사회통념상 일반적으로 요구되는 성능을 갖추었음이 인정되는 전제에서 판단한 것이라는 점이다.

따라서 수급인이 일을 완성하였을 때 보수지급청구권이 발생하지만, 검사에 합격한 때 또는 검사에 불합격이 확정되었을 때 보수지급청구권의 이행기가 도래하였고, 실제적으로 보수지급청구가 가능하다고 할 것이다.

선금 지급 후 계약이 해제된 경우 선금 처리 원칙

공사도급계약에 있어서 수수되는 이른바 **선급금은** 자금 사정이 좋지 않은 수급인으로 하여금 자재 확보·노임 지급 등에 어려움이 없이 공사를 원활하게 진행할 수 있도록 하기 위하여 도급인이 장차 지급할 공사대금을 수급인에게 미리 지급하여 주는 것으로서, 구체적인 기성고와 관련하여 지급된 공사대금이 아니라 **전체 공사와 관련하여 지급된 공사대금**이고, 이러한 점에 비추어 선급금을 지급한 후 **계약이 해제 또는 해지되는 등의 사유로 수급인이 도중에 선급금을 반환하여야 할 사유가 발생하였다면**, 특별한 사정이 없는 한 별도의 상계 의사표시 없이도 그때까지의 기성고에 해당하는 **공사대금 중 미지급액은 선급금으로 충당되고 도급인은 나머지 공사대금이 있는 경우 그 금액에 한하여 지급할 의무를 부담하게 된다**(대법원 1999. 12. 7. 선고 99다55519 판결 등 참조).

하도급 대금을 기성 공사대금에 포함하여 선급금에서 공제 원칙

건설산업기본법 제35조 제1항, 하도급거래공정화에 관한 법률 제14조 제1항 등에서 **하도급대금의 직접지급에 관하여 규정을 두고 있는 것은** 수급인이 파산하거나 그 외 사유로 하도급업자들에게 하도급대금을 지급하지 않거나 지급할 수 없는 사유가 생길 경우 약자의 지위에 있는 하도급업자들을 보호하고 공사 수행에 대한 대가를 실질적으로 보장하기 위함에 그 취지와 목적이 있는 것일 뿐이지 **도급인과 하수급인과의 직접적인 도급계약관계의 설정을 전제로 한 것은 아니므로,** 결국 **하수급인이 시공한 부분은 수급인의 기성고로 볼 수밖에 없다.**

또한, 하수급인은 수급인의 이행보조자에 불과하므로 수급인의 기성공사금액에는 그 이행보조자인 하수급인의 기성공사부분이 당연히 포함된다고 보아야 한다.

따라서 **선급금을 지급한 후 계약의 해제 또는 해지 등의 사유가 발생한 경우에는 하수급인의 기성공사부분에 대한 공사대금도 포함한 수급인의 기성고를 선급금에서 공제하여야 하고, 그래도 남는 공사대금이 있는 경우에 한하여 하도급대금을 하수급인에게 직접 지급하여야 한다고 보아야 할 것이다.**

⊃ 대법원 2007. 9. 20. 선고 2007다40109 판결 [보증금]

하도급 대금을 기성 공사대금 내역에서 제외하기로 하는 예외적 정산약정시 처리

(1) ... 이때 **선급금의 충당 대상이 되는 기성공사대금의 내역을 어떻게 정할 것인지는 도급계약 당사자의 약정에 따라야** 하고(대법원 2004. 6. 10. 선고 2003다69713 판결, 대법원 2004. 11. 26. 선고 2002다68362 판결 등 참조),

   도급인이 하수급인에게 하도급대금을 직접 지급하는 사유가 발생한 경우에 이에 해당하는 금원을 선급금 충당의 대상이 되는 기성공사대금의 내역에서 제외하기로 하는 **예외적 정산약정을 한 때에는** 도급인은 미정산 선급금이 기성공사대금에 충

당되었음을 이유로 하수급인에게 부담하는 하도급대금 지급의무를 면할 수 없다 (대법원 2010. 5. 13. 선고 2007다31211 판결 등 참조).

(2) 그러나 이러한 정산약정 역시 특별한 사정이 없는 한 도급인에게 도급대금채무를 넘는 새로운 부담을 지우지 않는 범위 내에서 하수급인을 수급인에 우선하여 보호 하려는 약정이라고 보아야 하므로,

도급인이 하도급대금을 직접 지급하는 사유가 발생하기 전에 선급금이 기성공사대 금에 충당되어 도급대금채무가 모두 소멸한 경우에는 도급인은 더 이상 하수급인 에 대한 하도급대금 지급의무를 부담하지 않게 된다.

⊃ 대법원 2014. 1. 23. 선고 2013다214437 판결 [하도급대금직불]

관련 법령

▣ (기획재정부 계약예규) 정부 입찰·계약 집행기준

제12장 선금의 지급 등

▶ 제38조(반환청구) ① 계약담당공무원은 선금을 지급한 후 다음 각 호의 1 에 해당하는 경우에는 해당 선금잔액에 대해서 계약상대자에게 지체 없이 그 반환을 청구하여야 한다. 다만, 계약상대자의 귀책사유에 의하여 반환 하는 경우에는 해당 선금잔액에 대한 약정이자상당액을 가산하여 청구하 여야 한다. 이 경우에 약정이자율은 선금을 지급한 시점을 기준으로 한다.

1. 계약을 해제 또는 해지하는 경우

2. 선금지급조건을 위배한 경우

3. 삭제 <2014. 1. 10.>

4. 정당한 사유 없이 선금 수령일로부터 15일 이내에 하수급인에게 선금 을 배분하지 않은 경우

5. 계약변경으로 인해 계약금액이 감액되었을 경우

② 제1항에 의한 이자상당액의 계산방법은 매일의 선금잔액에 대한 일변 계산에 의하며, 계산기간은 반환시까지로 한다.

③ 계약담당공무원은 계약상대자가 하수급인에게 정당한 사유 없이 선금 을 적정하게 배분하지 않은 경우에는 제1항에 따라 반환받은 선금을 하수 급인에게 직접 지급할 수 있다.

④ 제1항 및 제2항에 의한 **반환청구시 기성부분에 대한 미지급액이 있는 경우에는 선금잔액을 그 미지급액에 우선적으로 충당**하여야 한다. 다만, 「건설산업기본법」 및 「하도급 거래공정화에 관한 법률」에 의하여 하도급대금 지급보증이 되어 있지 않은 경우로서 계약예규 「공사계약일반조건」 제43조 제1항에 의하여 **하도급대가를 직접 지급하는 때에는 우선적으로 하도급대가를 지급한 후에 기성부분에 대한 미지급액의 잔액이 있으면 선금잔액과 상계할 수** 있다.

⑤ 제1항 제5호의 경우 **계약금액이 감액되는 비율만큼 선금을 반환청구해야** 한다. 다만, 계약상대자에게 지급된 선금이 제34조 제1항에서 정하고 있는 최대 선금지급율을 초과하지 아니하였을 경우에는 계약상대자로부터 변경계약에 따른 배서증권 징구 등 채권확보를 안전하게 하는 것으로 이를 갈음할 수 있다.

해설

○ 선금의 의미

선금은 도급계약에서 도급인이 장차 지급할 대금을 계약의 원활한 이행을 위하여 수급인의 계약이행 전이나 대가지급시기 이전에 수급인에게 미리 지급하여 주는 것을 말한다.

○ 선금을 지급한 후에 계약이 해제되는 경우

공사도급계약에서 **선금을 지급한 후에 계약이 해제되면 수급인은 선금을 도급인에게 반환하여야** 하고, 그에 따른 **정산**이 필요하게 된다.

한편, 도급인도 수급인에게 수급인이 한 기성고에 따른 공사대금을 지급하여야 할 경우도 있다.

이러한 경우 **도급인은 수급인으로부터 반환받아야 할 선금과 기성고에 따라 지급해야 할 공사대금을 상계**하여 처리하게 된다. 따라서 상계 후 그 잔액이 발생하는 것에 따라 공사대금 잔액이 있다면 지급하고, 선금 잔액이 있다면 반환받게 된다.

○ 하도급계약에 의하여 하수급인이 있는 경우 선금의 반환

(1) 이 과정에서 수급인이 하도급계약에 의하여 하수급인이 있는 경우에는 도급인에게 하수급인은 수급인의 이행보조자에 불과하므로 정산 대상인 **수급인의 기성고에 의한 공사대금 중에 하수급인의 기성고도 포함하여 정산**하여야 한다. 그 결과 전체 기성고에 의한 공사대금의 **잔액이 발생하면 그 대금은 도급인이 하수급인에게 직접 지급**하여야 한다.

(2) 더 나아가, 선금과 상계의 대상이 되는 공사대금의 범위와 관련하여 도급계약 당사자 사이에 하수급인에게 **하도급대금을 직접 지급할 사유가 발생하는 경우** 그 대금을 상계를 통한 정산대상에서 제외하기로 하는 약정이 있는 경우에는 **그 약정에 따라 정산대상에서 제외되어 도급인은 하수급인에게 해당 하도급대금을 지급**하여야 한다.

그러나 도급계약 당사자 사이에 위와 같은 약정이 있었다 하더라도 **하도급대금을 직접 지급할 사유가 발생하기 이전에 도급관련 대금채무가 모두 소멸하는 경우에는 도급인이 하수급인에게 하도급대금을 지급할 의무가 없게 된다**는 점을 유의할 필요가 있다.

Public contracts understood as precedents

X

손해배상책임

X. 손해배상책임

1 개설

가. 손해배상책임의 원인과 요건

일반적으로 손해란 법익에 대한 모든 비자발적 손실을 말하고, 자의적인 희생을 비용이라고 한다.[1]

민법상 손해배상책임이 발생하는 주요 원인은 대체적으로 채무불이행과 불법행위로 대별될 수 있다.

(1) 채무불이행 책임

(가) 일반적인 채무불이행 책임 규정

채무자가 고의나 과실 등 귀책사유에 의하여 채무의 내용에 좇은 이행을 하지 아니한 때에는 채권자는 손해배상을 청구할 수 있다(민법 제390조).

(나) 계약의 해제 등의 경우의 손해배상책임 규정

계약의 해지 또는 해제는 손해배상의 청구에 영향을 미치지 아니한다(민법 제551조).

계약을 해제하는 경우에도 손해가 발생하면 별도로 손해배상청구가 가능하다.

(2) 불법행위 책임

고의 또는 과실로 인한 위법행위로 타인에게 손해를 가한 자는 그 손해를 배상할 책임이 있다(민법 제750조).

---

1 지원림, 앞의 책, 1088면.

나. 손해배상책임의 범위

손해배상의 범위와 관련하여 민법은 채무불이행에 대하여 규정하면서 불법행위의 경우에도 위 조항을 준용하도록 하고 있는 바, 채무불이행과 불법행위의 손해배상책임의 범위와 관련한 법리는 거의 같다고 할 것이다.

(1) 통상 손해와 특별 손해

(가) 채무불이행으로 인한 손해배상은 **통상의 손해를 그 한도로 한다. 특별한 사정으로 인한 손해는 채무자가 그 사정을 알았거나 알 수 있었을 때에 한하여** 배상의 책임이 있다(민법 제393조).

(나) 통상 손해는 특별한 사정이 없는 한 그 종류의 채무불이행이 있으면 사회일반의 거래관념 또는 경험칙에 비추어 통상 발생하는 것으로 생각되는 범위의 손해를 말한다. 물건이 멸실되었을 때 그 물건의 시가, 물건이 훼손되었을 때 그 수리비용 등이 될 것이다.

(다) 특별 손해는 당사자들의 개별적, 구체적 사정 등 특별한 사정으로 인한 손해를 말한다. 부동산매매계약에서 부동산이 멸실된 경우 부동산의 가격이 상승한 사정이 있다면 그 상승액, 제3자에 대하여 전매함으로써 이익을 얻을 수 있는 사정이 있었다면 그 전매이익 등이 이에 해당할 것이다.

이러한 손해는 채무자가 알았거나 알 수 있었을 때, 즉 예견가능성이 있을 때 배상책임을 지게 된다.

(라) 불법행위로 인한 손해배상에 위 채무불이행에 관한 제393조가 준용(민법 제763조)되므로 불법행위의 경우에도 그 손해배상의 범위와 관련하여 채무불이행과 같은 법리에 의한다.

(2) 신뢰이익의 배상과 이행이익의 배상

(가) 신뢰이익의 배상
신뢰이익은 법률행위의 당사자가 무효인 법률행위를 유효하다고 믿었기 때문

에 입은 손해를 말한다. 계약비용, 계약준비비용, 기대이익 등이 이에 해당할 것이다.[2]

(나) 이행이익의 배상

이행이익은 채무자가 채무를 이행하지 않았기 때문에 채권자가 입은 손해, 즉 채무자가 채무를 이행하였더라면 채권자가 얻었을 이익을 말한다.

이행이익의 손해의 산정은 대체로 [이행이 있었더라면 존재하였을 채권자의 상태－현재의 상태]로 한다. 예를 들어 부동산 매매에서 매도인이 부동산 인도의무를 이행하였다면 매수인이 전매이익을 얻고 제3자에게 팔 수 있었던 경우에는 그 전매이익이 이행이익이 된다고 할 것이다.[3]

대법원은 계약의 해제시 손해배상책임과 관련하여 다음과 같이 판시하였다.

채무불이행을 이유로 계약해제와 아울러 손해배상을 청구하는 경우에 그 계약 이행으로 인하여 채권자가 얻을 이익, 즉 **이행이익의 배상을 구하는 것이 원칙이지만**, 그에 갈음하여 그 계약이 이행되리라고 믿고 채권자가 지출한 비용, 즉 **신뢰이익의 배상을 구할 수도 있다고 할 것이고**, 그 신뢰이익 중 계약의 체결과 이행을 위하여 **통상적으로 지출되는 비용은 통상의 손해로서** 상대방이 알았거나 알 수 있었는지의 여부와는 관계없이 그 배상을 구할 수 있고, 이를 **초과하여 지출되는 비용은 특별한 사정으로 인한 손해로서** 상대방이 이를 알았거나 알 수 있었던 경우에 한하여 그 배상을 구할 수 있다고 할 것이고, 다만 그 **신뢰이익은 과잉배상 금지의 원칙에 비추어 이행이익의 범위를 초과할 수 없다**(대법원 2002. 6. 11. 선고 2002다2539 판결).

---

2 지원림, 앞의 책, 1093면.
3 지원림, 앞의 책, 1093면 수정인용.

채무불이행 책임과 하자담보책임의 경합여부

사실관계

○ 국방부장관은 차기잠수함 ○척을 기술도입으로 국내에서 건조하고 잠수함 독자설계기술을 확보하는 내용으로 ○○함 사업을 시행함.

○ 원고(대한민국)는 ○○함 사업 계획에 따라 2000. 9. 22. 독일 기업 A 업체와 잠수함 3척 건조를 위한 총자재 3건 납품 및 관련 용역에 관한 가계약을 체결하고, 2000. 11. 25. 위 사업의 국내업체로 피고(甲업체)를 선정함.

○ 원고, 피고(甲업체)와 A 업체는 2000. 12. 4. 일부 유보된 권한과 의무를 제외하고 위 가계약에서 정한 원고의 권한과 의무를 피고에게 이전하기로 합의하고, 피고(甲업체)는 2000. 12. 11. A 업체와 잠수함 3척 건조를 위한 총자재 공급에 관한 계약을 체결함.

○ 원고는 2000. 12. 12. 피고(甲업체)와 잠수함 3척을 건조하여 해군에 인도하는 것을 주된 내용으로 하는 잠수함의 건조 및 납품계약을 체결하였고, 위 건조계약의 계약특수조건에 따르면 하자보수 보증기간은 인도일부터 1년임.

○ 피고(甲업체)는 A 업체로부터 원자재를 공급받아 잠수함을 건조하였고, 그 중 1척을 건조계약에 따라 2007. 12. 26. 해군에 인도하였고, 2011. 4. 10. 이 사건 잠수함을 이용한 환기훈련 중 수중 전속 항해 훈련과정에서 이 사건 잠수함의 추진 전동기에서 이상 소음이 발생함. 추진 전동기는 피고(甲업체)가 A 업체로부터 공급받은 원자재 중 하나로서 A 업체의 하도급업체인 독일 기업 B 업체가 제조한 것임.

○ 해군, 방위사업청, 국방기술품질원과 피고(甲업체)는 2011. 8. 9. 이 사건 추진 전동기의 신속한 복구를 위한 합의를 하였고, 원고는 2011. 12. 29. 피고(甲업체)와 이 사건 잠수함의 복구를 위한 외주정비계약을 체결함.

○ 원고(해군)와 B 업체 사이에 2012. 2. 29. 체결된 업무협약과 피고와 B 업체 사이에 2012. 3. 30. 체결된 업무협약에 따라 이 사건 추진 전동기의 하자 원인을 조사할 제3의 판단주체로 사단법인 한국선급과 독일선급이 선정됨.

○ 사단법인 한국선급과 국방기술품질원은 2013. 7. 19. '이 사건 추진 전동기의 고장 원인은 기계적 극(Mechanical Pole)의 이탈로 발생한 것이고, 이는 제조공정 중 발생한 수소취성(금속이 수소를 흡수하여 부서지는 현상이다)에 따라 기계적 극을 고정하는 볼트가 파손되었기 때문'이라는 내용의 보고서를 작성하여 국방기술품질원장에게 제출함.

○ 원고는 피고(甲업체)가 추진 전동기에 결함이 있는 잠수함을 납품함으로써 건조계약상 채무의 내용에 따른 이행을 하지 못하였다는 이유로 손해배상을 구하는 이 사건 소를 제기함.

대법원 판단

(1) 도급계약에 따라 완성된 **목적물에 하자가 있는 경우, 수급인의 하자담보책임과 채무불이행책임은** 별개의 권원에 의하여 **경합적으로 인정된다**(대법원 2004. 8. 20. 선고 2001다70337 판결, 대법원 2020. 1. 30. 선고 2019다268252 판결 등 참조).

(2) 목적물의 하자를 보수하기 위한 비용은 수급인의 하자담보책임과 채무불이행책임에서 말하는 손해에 해당한다. 따라서 도급인은 **하자보수비용을** 민법 제667조 제2항에 따라 **하자담보책임으로 인한 손해배상으로 청구**할 수도 있고, 민법 제390조에 따라 **채무불이행으로 인한 손해배상으로 청구**할 수도 있다. 하자보수를 갈음하는 손해배상에 관해서는 민법 제667조 제2항에 따른 하자담보책임만이 성립하고 민법 제390조에 따른 채무불이행책임이 성립하지 않는다고 볼 이유가 없다.

(3) 원심은 이 사건 건조계약이 도급계약에 해당하는데, **계약특수조건에서 정한 하자보수 보증기간이 지났다고** 하더라도 원고가 피고에게 불완전이행으로 인한 채무불이행책임을 주장할 수 있다고 판단하였다.
원심판단은 위에서 본 법리에 따른 것으로 정당하다. 원심판단에 상고이유 주장과 같이 수급인의 하자담보책임과 채무불이행책임의 관계에 대한 법리를 오해한 잘못이 없다.

↻ 대법원 2020. 6. 11. 선고 2020다201156 판결 [손해배상(기)]

관련 법령

■ 민법

▶ 제390조(채무불이행과 손해배상) 채무자가 **채무의 내용에 좇은 이행을 하지 아니한 때에는 채권자는 손해배상을 청구**할 수 있다. 그러나 채무자의 고의나 과실없이 이행할 수 없게 된 때에는 그러하지 아니하다.

▶ 제667조(수급인의 담보책임) ① 완성된 목적물 또는 완성전의 성취된 부분에 **하자가 있는 때에는 도급인은 수급인에 대하여 상당한 기간을 정하여 그 하자의 보수를 청구**할 수 있다. 그러나 하자가 중요하지 아니한 경우에 그 보수에 과다한 비용을 요할 때에는 그러하지 아니하다.
② 도급인은 **하자의 보수에 갈음하여 또는 보수와 함께 손해배상을 청구**할 수 있다.
③ 전항의 경우에는 제536조의 규정을 준용한다.

▶ 제670조(담보책임의 존속기간) ① 전 3조의 규정에 의한 하자의 보수, 손

해배상의 청구 및 계약의 해제는 목적물의 인도를 받은 날로부터 1년 내에 하여야 한다.

② 목적물의 인도를 요하지 아니하는 경우에는 전항의 기간은 일의 종료한 날로부터 기산한다.

▶ 제671조(수급인의 담보책임－토지, 건물 등에 대한 특칙) ① 토지, 건물 기타 공작물의 수급인은 목적물 또는 지반공사의 하자에 대하여 인도 후 5년간 담보의 책임이 있다. 그러나 목적물이 석조, 석회조, 연와조, 금속 기타 이와 유사한 재료로 조성된 것인 때에는 그 기간을 10년으로 한다.

② 전항의 하자로 인하여 목적물이 멸실 또는 훼손된 때에는 도급인은 그 멸실 또는 훼손된 날로부터 1년 내에 제667조의 권리를 행사하여야 한다.

▶ 제672조(담보책임면제의 특약) 수급인은 제667조, 제668조의 담보책임이 없음을 약정한 경우에도 알고 고지하지 아니한 사실에 대하여는 그 책임을 면하지 못한다.

해설

○ 수급인의 하자담보책임의 법적 성격

수급인의 하자담보책임의 법적 성격과 관련하여 학계에서는 수급인의 고의과실여부가 문제되지 않는 무과실책임이라는 견해와 고의과실을 요한다는 채무불이행설 등이 나뉘고 있다.

이에 대하여 판례는 다음과 같이 무과실책임으로 인정하고 있다.

… **수급인의 하자담보책임은 법이 특별히 인정한 무과실책임**으로서 여기에 민법 제396조의 과실상계 규정이 준용될 수는 없다 하더라도 담보책임이 민법의 지도이념인 공평의 원칙에 입각한 것인 이상 하자발생 및 그 확대에 가공한 도급인의 잘못을 참작할 수 있다(대법원 2004. 8. 20. 선고 2001다70337 판결 [손해배상(기)]).

○ 채무불이행 책임과 하자담보책임의 경합

(1) 판례에 의하면 **도급계약에서 납품한 목적물에 하자가 있는 경우**에는 원칙적으로 수급인은 **민법 제667조에 의한 하자담보책임**과 아울러 수급인이 자신의 채무를 완전히 이행하지 못함으로써 발생하는 **채무불이행책임**을 모두 지게 된다고 할 것이다.

따라서 도급인은 하자담보책임을 근거로 한 손해배상청구를 하거나 채무불이행을 근거로 한 손해배상청구를 할 수 있다.

(2) 또한, 계약조건에 따른 하자보증기간이 지났다 하더라도 채무불이행책임마저도 소멸하는 것은 아니므로 도급인은 채무불이행을 근거로 한 손해배상책임을 청구할 수 있다.

사실관계(앞의 판결 참조)

대법원 판단

(1) 민법 제391조는 **이행보조자의 고의·과실을 채무자의 고의·과실로 본다**고 정하고 있다. 이러한 **이행보조자는 채무자의 의사 관여 아래 채무의 이행행위에 속하는 활동을 하는 사람이면 충분**하고 반드시 채무자의 지시 또는 감독을 받는 관계에 있어야 하는 것은 아니므로, 그가 채무자에 대하여 종속적인 지위에 있는지, 독립적인 지위에 있는지는 상관없다.

이행보조자가 채무의 이행을 위하여 **제3자를 복이행보조자로 사용하는 경우에도** 채무자가 이를 승낙하였거나 적어도 묵시적으로 동의한 경우 **채무자는 복이행보조자의 고의·과실에 관하여 민법 제391조에 따라 책임을 부담**한다고 보아야 한다(대법원 2011. 5. 26. 선고 2011다1330 판결, 대법원 2018. 2. 13. 선고 2017다275447 판결 등 참조).

(2) 원심은 다음과 같은 이유로 피고(甲업체)에게 채무불이행으로 인한 손해배상책임이 있다고 판단하였다.
① 이 사건 추진 전동기에는 B 업체(복이행보조자)의 제조상 과실로 볼트가 파손되는 결함이 있었다.
② 피고(甲업체)는 이 사건 국외계약을 체결하여 A 업체(이행보조자)로부터 이 사건 추진 전동기를 포함한 원자재를 납품받아 이 사건 잠수함을 건조하였다.
③ 피고는 B 업체가 이 사건 추진 전동기를 제조한 사실을 알고 있는 상태에서 이 사건 국외계약을 체결하였다.
④ A 업체는 피고의 이행보조자에 해당하고, 피고는 A 업체가 B 업체를 복이행보조자로 사용하는 것을 승낙하였거나 묵시적으로 동의하였다고 봄이 타당하다. 따라서 **민법 제391조에 따라 복이행보조자인 B 업체의 고의·과실은 피고의 고의·과실로 인정되므로, 피고는 원고(대한민국)에 대하여 이 사건 추진 전동기의 결함으로 인한 손해배상책임을 부담**한다.

원심판결 이유를 위에서 본 법리와 적법하게 채택한 증거에 비추어 살펴보면, 원심판단은 정당하다. 원심판단에 상고이유 주장과 같이 이행보조자의 책임에 관한 법리를 오해한 잘못이 없다.

⊃ 대법원 2020. 6. 11. 선고 2020다201156 판결 [손해배상(기)]

■ 민법

▶ 제391조(이행보조자의 고의, 과실) 채무자의 법정대리인이 채무자를 위하여 이행하거나 채무자가 타인을 사용하여 이행하는 경우에는 법정대리인 또는 피용자의 고의나 과실은 채무자의 고의나 과실로 본다.

해설

○ 이행보조자의 고의·과실에 대한 책임

(1) 민법의 법리에 의하면 **채무자의 의사 관여 아래 채무자의 채무이행행위에 해당하는 활동을 하는 이행보조자의 고의·과실도 채무자의 고의·과실로 보고 채무자가 책임**진다.

채무자가 이행보조자를 통하여 이익을 얻은 경우에는 그에 의해 발생하는 위험이나 불이익도 부담하는 것이 형평에 맞고 합리적이기 때문이다.

(2) 여기서 **이행보조자는 채무자의 의사 관여 아래 채무의 이행행위에 속하는 활동을 하는 사람이면 충분**하고 반드시 채무자의 지시 또는 감독을 받는 관계에 있어야 하는 것은 아니므로, 그가 채무자에 대하여 종속적인 지위에 있는지, 독립적인 지위에 있는지는 상관없다.

또한, 이행보조자가 채무자와 계약 그 밖의 법률관계가 있어야 하는 것이 아니다. 제3자가 단순히 호의(好意)로 행위를 한 경우에도 그것이 채무자의 용인 아래 이루어지는 것이면 제3자는 이행보조자에 해당한다. 이행보조자의 활동이 일시적인지 계속적인지도 문제 되지 않는다(대법원 2018. 2. 13. 선고 2017다275447 판결 [손해배상(기)]).

○ 이행보조자의 이행보조자의 책임

이행보조자가 제3자를 이행보조자의 이행보조자로 사용하는 경우 **채무자가 그에 승낙하거나 묵시적으로 동의하면 그 제3자도 복이행보조자(復履行補助者)로서 그 고의·과실에 대하여 채무자가 책임을 지게** 된다.

○ 협력업체

원 계약업체의 **협력업체도 원 계약업체의 이행보조자**에 해당하고, **협력업체
의 재하수급 업체도 원 계약업체의 복(復)이행보조자**로서 재하수급 업체의
고의·과실에 대하여 **원 계약업체가 책임**을 지게 된다.

사실관계

○ 해군 A 사령부 소속 재무관은 2010. 4. 6. **건축사사무소와** 관사신축공사에 필요한 설계업무에 관하여 **설계업무 위탁계약을** 체결함.

○ 건축사사무소는 2010. 5. 7. 관사신축공사의 **원가를 500,000,000원** 정도로 하는 설계도서와 설계내역서를 제출함.

○ A 사령부 소속으로서 설계업무의 준공검사를 담당하였던 甲대위는 건축사사무소로부터 받은 설계도서와 설계내역서에 기재된 철근콘크리트 설치 등 19개 공종에 관한 일위대가표의 **노무 수량을 대폭 축소하거나 삭감하여** 관사신축공사의 **원가를 226,965,002원**으로 하는 원가계산서 등을 작성하여, 이를 **건축사사무소에 주면서 설계도서와 설계내역서의 수정을** 요청함.

○ 이에 따라 건축사사무소는 2010. 5. 17. 甲대위가 요청한 사항을 대부분 반영하고, 일부 노무 수량을 증가시켜서 관사신축공사의 **원가를 230,377,000원**으로 하는 설계도서와 설계내역서를 최종적으로 A 사령부에 **제출**하였고, 이를 검수한 甲대위는 **설계업무가 완성된 것으로 처리함.**

○ A 사령부 재무관은 2010. 6. 14. **관사신축공사에 관하여** 제한경쟁입찰(전자입찰) 방식으로 기초예비가격 223,465,690원, 예산액 230,377,000원, 입찰방법 총액제, 입찰일 2010. 6. 22., 공사기간 계약일로부터 6개월로 ... 하는 **내용(적격심사낙찰제)의** 입찰공고를 하였고, 입찰공고에는 첨부서류로 입찰공고문안, 건축시방서, 설비시방서, 공사도면, 원가계산서가 첨부됨.

○ 원고(업체)는 2010. 6. 22. 관사신축공사를 예정가격 222,572,477원의 87.7781%에 해당하는 195,370,000원에 낙찰받았고, 2010. 6. 28. A 사령부 소속 재무관과 관사신축공사에 관하여 **계약금액 195,370,000원**, 공사기간 2010. 6. 28.부터 2010. 12. 27.까지(6개월 동안)로 하는 내용의 **공사도급계약을 체결한** 다음, 공사를 시작함.

○ 원고는 공사현장을 실사한 후 2010. 8. 4. A사령부 소속 담당공무원에게, 외부 업체에 의뢰하여 **입찰공고된 설계금액의 타당성을 조사한** 결과 공사에 필요한 **노무비가 지나치게 낮게 산정된 것으로 밝혀졌다고** 하여 설계변경에 따른 **계약금액의 증액조정을** 요청함.

○ 그러나, 담당공무원은 공사원가계산서나 예정가격조서, 단가산출서나 일위대가표 자체는 설계서가 아니므로 그러한 서류의 작성상 오류 등 사유만으로는 **설계변경에 따른 계약금액 조정을 할 수 없다는** 이유로 원고의 요구를 거절함.

○ 원고는 계약금액 증액요구가 거절되자 부득이 관사신축공사를 그대로 진행하여 **공사를 완공한 후 피고에게 인도함.** 그 결과 원고는 공사도급계약에서 정한 **계약금액을 상당히 초과하는 공사비용을 지출**하게 됨.

대법원 판단

(1) 국가를 당사자로 하는 시설공사계약의 예정가격을 원가계산방식에 의하여 산정할 때에 계약담당공무원이 준수하여야 할 구체적인 사항은 대부분 회계예규에 규정되

어 있다. 그런데 **회계예규는** 국가가 사인과 사이의 계약관계를 합리적·효율적으로 처리할 수 있도록 관계공무원이 지켜야 할 계약사무 처리에 관한 필요사항을 규정한 것으로서 **계약담당공무원의 실무 준칙에** 지나지 않는다. 그러므로 **계약담당공무원이** 예정가격을 정하는 과정에서 위와 같은 회계예규의 규정을 준수하지 않았다고 하더라도 그 사유만으로 곧바로 국가가 계약상대방에 대하여 손해배상책임을 지게 되는 것은 아니라고 할 것이다.

그러나, ... 국가를 당사자로 하는 계약의 입찰조건은 특별한 사정이 없는 한 회계예규 등에서 정한 기준에 따라 정해질 것으로 보인다. 그러므로 입찰에 참가하는 당사자로서도 입찰공고에서 따로 공지된 사항이 없는 이상 기초예비가격과 복수예비가격이 회계예규에서 정한 표준품셈 등의 기준에 따라 산정되었을 것으로 신뢰하고, 만약 그 가격이 회계예규 등의 기준을 현저히 벗어난 방식으로 산정된 것이면 그 내용을 명시적으로 공지하여 입찰참가자가 이를 고려할 수 있도록 할 것을 기대하는 것이 무리라고 할 수 없다.

(2) 따라서 계약담당공무원이 **회계예규를** 준수하지 아니하고 표준품셈이 정한 기준에서 **예측가능한 합리적 조정의 범위를 벗어난 방식으로** 기초예비가격을 산정하였음에도 그 **사정을** 입찰공고에 **전혀 표시하지 아니하였고,** 낙찰자가 그러한 사정을 알았더라면 입찰에 **참가할지 여부를 결정하는 데 중요하게 고려하였을** 것임이 경험칙상 명백한 경우에는, 국가는 신의성실의 원칙상 입찰공고 등을 통하여 **입찰참가자들에게 미리 그와 같은 사정을 고지할 의무가** 있다고 할 것이다. 그럼에도 **국가가 그러한 고지의무를 위반한 채로 계약조건을 제시하여** 이를 통상의 경우와 다르지 않을 것으로 오인한 나머지 그 제시 조건대로 공사계약을 체결한 **낙찰자가 불가피하게 계약금액을 초과하는 공사비를 지출하는 등으로 손해를 입었다면,** 계약상대방이 그러한 사정을 인식하고 그 위험을 인수하여 계약을 체결하였다는 등의 특별한 사정이 없는 한, 국가는 위 고지의무 위반과 상당인과관계 있는 손해를 배상할 책임이 있다.

➾ 대법원 2016. 11. 10. 선고 2013다23617 판결 [손해배상(기)]

▣ 국가계약법

▶ 제5조(계약의 원칙) ① 계약은 서로 대등한 입장에서 당사자의 합의에 따라 체결되어야 하며, 당사자는 계약의 내용을 신의성실의 원칙에 따라 이행하여야 한다.

▣ (기획재정부 계약예규) 예정가격작성기준

▶ 제2조(계약담당공무원의 주의사항) ... ② 계약담당공무원은 이 예규에 따라 예정가격 작성시에 표준품셈에 정해진 물량, 관련 법령에 따른 기준가격 및 비용 등을 부당하게 감액하거나 과잉 계상되지 않도록 하여야 하며, **불가피한 사유로 가격을 조정한 경우에는 조정사유를 예정가격조서에 명시하여야 한다.**

해설

○ 입찰공고 과정에서 회계예규에 위반되는 잘못된 내용이 포함된 경우 계약당사자 간 어떻게 처리할 것인가가 문제될 수 있다.

(1) 입찰과 관련한 내용들이 회계예규에 규정되어 있는데, 회계예규는 계약담당 공무원의 실무준칙에 불과하므로 **기본적으로 회계예규에 규정된 내용을 준수하지 않았다 하더라도 그 사유만으로 위법하다거나 손해배상책임을 지게 된다고 할 수는 없다.**

(2) 그러나, 특별한 사정이 없는 한 계약담당 공무원은 입찰과정에서 회계예규에서 규정한 내용에 따르는 것이 일반적이고, 계약상대자가 그를 신뢰한 것이 보통이라 할 것이다.

따라서 계약담당 공무원이 **회계예규에 규정된 기준을 현저히 벗어난 내용이 포함되어 있음에도 입찰 공고에 그 사정이 전혀 표시되지 않은 반면, 계약상대자가 그 내용과 사정을 알았더라면 입찰에 참가할지 여부를 결정하는 데 중요한 요소가 되는 경우** 국가는 국가계약법상 신의성실의 원칙에 근거하여 **입찰공고에 그 사정을 고지하여야 할 의무가 있다고 할** 것이다.

(3) 그리고, **국가가 그 의무를 위반**하고, 그러한 사정을 모른 채 **입찰공고의 내용만을 신뢰한 계약상대자가 손해를 입게** 되다면 계약상대자가 그에 대한 위험을 인수하는 등 특별한 사정이 없는 한 **국가는 계약상대자가 입은 손해를 배상하여야 할 것이다.**

위법한 담합행위에 의한 손해의 산정방법

[1] 위법한 입찰 **담합행위로 인한 손해는 담합행위로 인하여 형성된 낙찰가격과 담합행위가 없었을 경우에 형성되었을 가격**(이하 '가상 경쟁가격'이라 한다)의 차액을 말한다. 여기서 가상 경쟁가격은 담합행위가 발생한 당해 시장의 다른 가격형성 요인을 그대로 유지한 상태에서 담합행위로 인한 가격상승분만을 제외하는 방식으로 산정하여야 한다.

위법한 입찰 담합행위 전후에 특정 상품의 가격형성에 영향을 미치는 경제조건, 시장구조, 거래조건 및 그 밖의 **경제적 요인의 변동이 없다면 담합행위가 종료된 후의 거래가격을 기준으로 가상 경쟁가격을 산정하는 것이 합리적이라고 할 수 있지만**, 담합행위 종료 후 가격형성에 영향을 미치는 요인들이 현저하게 **변동한 때에는 그와 같이 볼 수 없다.**

이러한 경우에는 상품의 가격형성상의 특성, 경제조건, 시장구조, 거래조건 및 그 밖의 경제적 요인의 변동 내용 및 정도 등을 분석하여 그러한 **변동 요인이 담합행위 후의 가격형성에 미친 영향을 제외하여 가상 경쟁가격을 산정**함으로써 담합행위와 무관한 가격형성 요인으로 인한 가격변동분이 손해의 범위에 포함되지 않도록 하여야 한다.

[2] 정유업체들이 수년간 군납유류 입찰에 참가하면서 일정 비율로 입찰물량을 나누어 낙찰받기로 결의하고 유종별 낙찰예정업체, 낙찰단가, 들러리 가격 등을 사전에 합의한 후 입찰에 참가하여 계약을 체결함으로써 국가에 손해를 입힌 사안에서, **담합기간 동안 국내 군납유류시장은 과점체제하의 시장으로서 완전경쟁시장에 가까운 싱가포르 현물시장과 비교할 때** 시장의 구조, 거래 조건 등 **가격형성 요인이 서로 다르므로 전반적으로 동일·유사한 시장이라고 볼 수 없고**, 정부회계기준에서 정하고 있는 부대비용은 이러한 양 시장의 가격형성 요인의 차이점을 특히 염두에 두고 군납유류의 가격 책정 시 차이점을 보완하기 위하여 마련된 것이 아니므로, **단순히 담합기간동안의 싱가포르 현물시장 거래가격에 정부회계기준에 의한 부대비용을 합산한 가격을 가상 경쟁가격이라고 단정할 수 없음에도**, 이를 담합기간 동안의 가상 경쟁가격으로 보아 담합행위 손해액을 산정한 원심판단에는 위법한 입찰 담합행위로 인한 손해액 산정에 관한 법리오해 등의 위법이 있다고 한 사례.

담합행위 전후 가격영향요인들의 유지여부에 대한 증명책임의 소재

[3] 불법행위를 원인으로 한 손해배상청구소송에서 손해의 범위에 관한 증명책임이 피해자에게 있는 점에 비추어, **담합행위 전후에 특정 상품의 가격형성에 영향을 미치는 요인들이 변동 없이 유지되고 있는지가 다투어지는 경우 그에 대한 증명책임은** 담합행위 종료 후의 가격을 기준으로 담합행위 당시의 가상 경쟁가격을 산정하여야 한다고 주장하는 **피해자가 부담**한다.

담합행위와 손해와의 상당인과관계 여부

[4] 국방부가 당초 내수가 연동제 방식으로 군용유류 입찰을 실시하였다가 정유업체들의 담합으로 수회 유찰되자 **업체들이 요구하는 연간 고정가 방식으로 유류구매계약을 체결함으로써** 그 후 환율 및 국내 유가가 하락하였는데도 구매가격을 감액조정하지 못하여 **국가가 손해를 입은 사안에서,**

① 국방부가 연간 고정가 방식을 채택한 것은 정유업체들의 담합으로 수회 입찰이 유찰된 것이 하나의 계기가 되었다고 볼 수 있지만, 당초 입찰 당시 **담합행위만으로 연간 고정가 방식이 계약조건으로 곧바로 편입되는 효과가 발생하는 것은 아니고 입찰을 실시하는 국방부의 내부 검토와 결정 절차를 거쳐야 했던 점,**

② 당시 국방부는 연간 고정가 방식을 채택하는 대신 월별 분할입찰을 실시하는 등의 대안이 있었음에도 연간 고정가 방식으로 당초 **입찰 당시보다 예정가격을 낮추어 입찰을 실시한다면** 유류의 조기구입이 가능할 뿐만 아니라 예산도 절감할 수 있어 **환율하락 정도와 시기를 감안하더라도 수용가능하다는 판단하에 연간 고정가 방식을 수용한 것인 점,**

③ 이러한 연간 고정가 방식의 계약 체결로 인하여 **국방부가 손해를 입게 된 원인은** 당초 예상과 달리 환율이 급격하게 하락하고 그에 동반하여 국내 유가가 급격하게 하락한 **외부적 사정에 기인하는 점**

등을 고려할 때, **정유업체들이 당초 입찰 당시 담합하여 유찰시킨 행위와** 국방부가 연간 고정가 방식의 계약을 체결한 행위 또는 당초 국방부의 예상과 달리 환율 및 국내 유가의 하락이 발생하였음에도 **연간 고정가 방식 때문에 유류 구매가격 전액을 내수가 연동제 방식으로 감액조정을 할 수 없게 됨으로써 국가가 입게 된 손해 사이에 상당인과관계가 없다고** 한 사례.

국가가 피해자인 경우 과징금이 손익상계 대상이 되는지 여부

[5] 입찰담합에 의한 부당한 공동행위에 대하여 독점규제 및 공정거래에 관한 법률에 따라 부과되는 **과징금은** 담합행위의 억지라는 행정목적을 실현하기 위한 제재적 성격과 불법적인 경제적 이익을 박탈하기 위한 성격을 함께 갖는 것으로서 피해자에 대한 손해 전보를 목적으로 하는 **불법행위로 인한 손해배상책임과는 성격이 전혀 다르므로,** 국가가 입찰담합에 의한 불법행위 피해자인 경우 가해자에게 입찰담합에 의한 부당한 공동행위에 과징금을 부과하여 이를 가해자에게서 납부받은 사정이 있다 하더라도 이를 가리켜 손익상계 대상이 되는 이익을 취득하였다고 할 수 없다.

⊃ 대법원 2011. 7. 28. 선고 2010다18850 판결 [손해배상(기) 판결요지]

○ 유류매매에서 담합행위의 손해배상범위

  (1) 위법한 담합행위가 있는 경우에 손해를 산정하는 방법은 기본적으로 담합행위 외에 다른 경제적 요인의 변동이 없다면 담합행위가 종료된 후의 거래가격을 기준으로 가상 경쟁가격을 산정하면 될 것이나, **다른 경제적 요인의 변동이 있는 경우에는 그 변동 요인이 담합행위 후의 가격형성에 미친 영향을 제외하여 가상 경쟁가격을 산정**하여야 할 것이다.

  (2) 특히, 판례는 유류거래의 담합에 대한 손해를 산정하는 경우에는 과점형태인 국내 군납 유류시장은 완전경쟁시장인 싱가포르 유류시장과는 그 구조와 조건이 다르므로 단순히 담합기간동안의 싱가포르 현물시장 거래가격에 정부회계기준에 의한 부대비용을 합산한 가격을 가상 경쟁가격이라고 단정하는 것은 타당하지 않다고 판단하였다.

○ 손해배상범위의 입증책임

  판례에 의하면 불법행위를 원인으로 한 손해배상청구소송에서 손해의 범위에 관한 증명책임이 피해자에게 있으므로, 담합행위와 관련하여 **담합행위 전후에 특정 상품의 가격형성에 영향을 미치는 요인들이 변동 없이 유지되고 있는지가 다투어지는 경우 그에 대한 증명책임은 담합행위 종료 후의 가격을 기준으로 담합행위 당시의 가상 경쟁가격을 산정하여야 한다고 주장하는 피해자가 부담**한다고 할 것이다.

○ 담합행위와 손해의 인과관계여부

  (1) 또한, 판례는 **업체들의 담합행위와 국가의 손해와의 상당인과관계여부**와 관련하여 국가가 업체들의 요구사항인 연간 고정가 방식을 채택함으로 인하여 유류가격 하락에도 구매가격 조정을 할 수 없어 손해를 입게 된 것은 업체들의 담합행위로 연간 고정가 방식이 바로 계약에 편입되는 것은 아니고, **국가 내부의 검토과정과 수용가능하다는 판단에 따른 결정**에 따른 것일 뿐만 아니라 **외부적 요인이 영향**을 미친 것이므로 담합행위와 국가의 손해와 사이에 **인과관계를 인정할 수 없다고 판단**하였다.

(2) 따라서, 담합행위와 불법행위에 의한 손해와 사이의 인과관계여부 판단과 손해액 산정에 있어 합리적인 결론을 도출하기 위하여는 담합행위가 있었다는 자체만으로 평가할 수는 없고, 계약의 각 요소를 면밀히 분석하여 그 인과여부와 손해 산정의 평가요소를 판단해야 할 것이다.

적격심사단계 입찰절차의 취소와 손해배상책임의 범위

(1) 원심은, 원고(업체)가 이 사건 입찰 절차의 취소와 관련하여 피고(대한민국)로부터 **배상받을 수 있는 손해는 신뢰이익에 한정**되고, 여기에 신뢰이익의 손해라 함은 그 계약이 체결될 것을 믿고 지출한 비용으로서 그 신뢰이익 중 **계약의 체결과정** 에서

　① 통상적으로 지출되는 범위 내의 비용은 통상의 손해로서 상대방이 알았거나 알 수 있었는지의 여부와는 관계없이 이행이익의 한도 내에서 그 배상을 구할 수 있으나,

　② 이를 초과하여 지출되는 비용은 특별한 사정으로 인한 손해로서 상대방이 이를 알았거나 알 수 있었던 경우에 한하여 그 배상을 구할 수 있다고 전제하고,

(2) 그 판시의 사실을 적법하게 인정한 다음, 원고는 이 사건 입찰의 **적격심사대상자로만 통보**를 받았을 뿐 아직 **낙찰자로 결정되거나** 피고 산하 국방부조달본부와 이 사건 활동화 **구매계약을 정식으로 체결하기 전**이었음에도 **불구**하고

미리 원고 주장과 같이 원·부자재를 구매하여 소정의 품질검사도 받지 않은 채 피고와 아무런 협의도 없이 재단을 하고 계약보증금의 지급보증계약을 체결한 점, 전년도 납품실적업체의 경우에도 원자재 품질검사절차가 생략되는 것은 아니고 품질검사 후 단계별 생산절차를 수행하게 되는 점 등에 비추어 보면,

원고가 이 사건 활동화 구매계약을 피고와 정식으로 체결하기도 전에 **적격심사대상자로 선정되었다는 통지만을 받은 상태**에서 독자적인 판단으로 원·부자재를 구입하여 재단하고, 그 후 낙찰자가 정해지지 않은 상태에서 이 사건 입찰 절차가 취소되었다면 원고 주장의 손해는 원고의 전적인 과실에 기인한 것으로 원고가 이 사건 활동화 구매계약의 체결을 신뢰한 것과는 상당인과관계에 있는 손해라고 인정하기 어렵다고 판단하였는바,

기록에 의하여 살펴보면, 원심의 사실인정과 판단은 정당한 것으로 수긍할 수 있고, 거기에 심리미진이나 손해배상의 범위와 인과관계에 관한 법리오해 등 상고이유(보충상고 이유 포함)에 주장하는 위법이 없다.

➲ 대법원 2003. 12. 26. 선고 2003다31190 판결 [낙찰자지위확인등]

1. 채무불이행에 의한 손해배상책임

.. 위 인정사실에 변론 전체의 취지를 종합하여 인정되는 다음과 같은 여러 사정에 비추어 보면, 실시설계 적격통보를 받은 원고들의 법률상 지위를 낙찰자의 지위와 동일하게 볼 수는 없다. 따라서 이 사건 입찰이 취소되기 전에 원고들과 피고 사이에 예약의 계약관계가 성립하였다고 보기 어려우므로, 이와 다른 전제에 선 원고들의 이 부분 주장은 이유 없다.

(1) 이 사건 입찰은 실시설계적격자와 낙찰자를 구별하여 실시설계적격자를 낙찰자로 결정하기까지 단계적인 절차를 거치도록 하고 있다.

(2) 이 사건 특별유의서 제14조는 낙찰자 선정통보 이전에 공사의 예산사정, 사업계획변경 등 불가피한 사유가 있을 때에는 당해 입찰을 취소할 수 있다고 규정하고 있음은 앞서 본 바와 같다. 이처럼 이 사건 입찰은 예약관계가 성립하는 낙찰자 선정통보 이후와 그 이전 단계를 명백히 구분하고 있다. ...

(3) 원고들이 이 사건 입찰에 참가한 것은 계약의 체결을 위한 청약의 유인에 해당할 수 있으나, 피고가 원고들을 실시설계적격자로 선정한 것만으로는 피고가 원고들과의 예약 성립을 위한 승낙을 하였다고 볼 수 없다. 이는 원고들이 실시설계적격자로서 피고로부터 적격통보를 받아 그대로 낙찰자로 결정될 지위에 있었다고 하더라도 동일하다. ...

2. 불법행위에 의한 손해배상책임

(1) 앞서 인정한 사실관계와 갑 제28, 31호증, 을 제13, 14, 19호증의 각 기재에 변론 전체의 취지를 종합하여 인정되는 다음과 같은 여러 사정에 비추어 보면, 피고는 이 사건 입찰 과정에서 원고에게 이 사건 공사계약이 체결되리라는 정당한 기대 내지 신뢰를 부여하였고, 원고가 그 신뢰에 따라 일정한 비용을 지출하였음에도 피고가 상당한 이유 없이 낙찰자 결정을 미루다가 이 사건 입찰을 취소한 것은 **신의성실의 원칙에 비추어 볼 때 계약자유원칙의 한계를 넘는 위법한 행위로서 불법행위를 구성**한다. ...

(2) 손해배상책임의 범위
　(가) 관련 법리
　　　계약교섭의 부당한 중도파기가 불법행위를 구성하는 경우 그러한 **불법행위로 인한 손해는 일방이 신의에 반하여 상당한 이유 없이 계약교섭을 파기함으로써 계약체결을 신뢰한 상대방이 입게 된 상당인과관계 있는 손해로서 계약이 유효하게 체결된다고 믿었던 것에 의하여 입었던 손해 즉 신뢰손해에 한정**된다. 이러한 신뢰손해란 예컨대, 그 계약의 성립을 기대하고 지출한 계약준비비용과 같이 그러한 신뢰가 없었더라면 통상 지출하지 아니하였을 비용 상당의 손해이고, 아직 계약체결에 관한 확고한 신뢰가 부여되기 이전 상태에서 계약교섭의 당사자가 계약체결이 좌절되더라도 어쩔 수 없다고 생각하고 지출한 비용은 포함되지 않는다(대법원 2003. 4. 11. 선고 2001다53059 판결 등 참조).

(나) 인정되는 손해(실시설계용역비)

갑 제13호증, 갑 제14호증의 1 내지 6의 각 기재에 따르면 원고들은 피고로부터 실시설계적격자로 선정된 후 실시설계서를 제출하기 위하여 실시설계용역비로 640,000,000원을 지출한 사실이 인정된다. 이는 피고가 부여한 신뢰에 따라 원고들이 **낙찰자 결정 및 이 사건 공사계약의 체결을 기대하고 지출한 비용으로서 피고의 기대권 침해로 인하여 원고들이 입은 손해에 해당**한다.

(다) 인정되지 않는 손해

  1) 기본설계용역비

  원고들은 이 사건 입찰을 위하여 기본설계용역비 1,110,000,000원을 지출하였으므로 위 비용 상당의 손해를 배상하여야 한다고 주장한다. 갑 제8호증, 갑 제9호증의 1 내지 18의 각 기재에 따르면, 원고들이 2013. 1. 31. 동부엔지니어링 주식회사 및 녹원종합기술 주식회사와 사이에 이 사건 공사의 기본설계에 관하여 용역비를 1,110,000,000원으로 정하여 기술용역계약을 체결하고 위 용역비를 모두 지급한 사실이 인정되기는 한다.

  그러나 앞서 본 바와 같이 원고들은 이 사건 입찰 시 먼저 기본설계를 제출하여야 하고, 그 기본설계의 적격여부 및 설계점수를 바탕으로 기본설계적격자를 선정하며, 그 중 설계점수가 높은 순으로 최대 6인을 실시설계적격자 결정대상자로 선정한 뒤 그 중에서 설계점수와 입찰가격점수에 가중치를 부여하여 평가한 결과 가장 높은 자를 실시설계적격자로 결정한다. 원고로서는 이러한 절차를 통하여 피고로부터 단독으로 실시설계적격자로 선정되었을 때 비로소 실시설계적격 통보와 낙찰자결정을 거쳐 이 사건 공사계약이 체결되리라는 정당한 기대 내지 신뢰를 가지게 된 것이고, 위 기본설계 용역비는 원고들이 실시설계적격자로 선정되기 이전에 이 사건 입찰에 참가하기 위하여 지출한 비용에 불과하다. 따라서 위 **기본설계용역비는 아직 계약의 체결에 관한 정당한 신뢰가 부여되기 이전에 지출된 것으로서 신뢰손해의 범위에 속한다고 볼 수 없다.**

2) 일반관리비

원고들은 이 사건 입찰을 위하여 직원 급여 등 일반관리비 합계 198,924,779원을 지출하였으므로 위 비용 상당의 손해를 배상하여야 한다고 주장한다. 그러나 일반관리비는 직원들의 급여, 복리후생비, 출장비 등 원고들의 업무수행과정에서 통상 발생하는 것으로서 이 사건 입찰 관련 업무가 없었더라도 지출되었을 비용에 불과하고, 갑 제15호증 내지 제24호증의 기재만으로는 위 일반관리비 상당의 비용이 이 사건 입찰을 위하여 지출한 비용이라고 인정하기 부족하며, 달리 이를 인정할 증거가 없다. 따라서 원고의 이 부분 주장은 이유 없다.

3) 공사이윤

원고들은 이 사건 공사계약이 체결되었더라면 원고들이 얻을 수 있는 이익으로 예상되는 890,912,363원을 배상하여야 한다고 주장한다. 그러나 이는 이 사건 입찰이 이루어질 것이라는 신뢰가 없었더라면 통상 지출하지 아니하였을 비용 상당의 손해라고 보기 어렵고, 달리 이를 인정할 증거가 없다. 따라서 피고의 불법행위와 원고들이 주장하는 위 이익 사이에 상당인과관계가 인정된다고 볼 수 없으므로 원고들의 이부분 주장은 이유 없다.

⊃ 서울고등법원 2016. 7. 15. 선고 2015나2025493 판결 [손해배상(기)]

관련 법령

▣ 민법

▶ 제393조(손해배상의 범위) ① 채무불이행으로 인한 손해배상은 통상의 손해를 그 한도로 한다.

② 특별한 사정으로 인한 손해는 채무자가 그 사정을 알았거나 알 수 있었을 때에 한하여 배상의 책임이 있다.

해설

○ 국가 측의 행위로 인하여 계약의 체결이 될 것으로 특별히 신뢰한 경우

(1) 국가가 입찰절차를 취소하는 경우 국가 측의 행위로 인하여 계약상대자가 계약의 체결이 될 것으로 특별히 신뢰하게 하였다면 입찰절차가 취소됨

으로 인하여 계약상대자가 입은 손해를 배상할 필요성이 있다고 할 것이다.

이 때, 그 손해배상의 범위는 **통상적으로 지출되는 범위 내의 비용**의 경우에는 상대방이 알았는지와 상관없이 **신뢰이익을 배상하되 이행이익의 한도 내에서 배상**하게 되고, 통상적으로 지출되는 범위를 **초과하는 경우**에는 특별한 사정에 의한 손해로서 **상대방이 알았거나 알 수 있었을 때에만 배상**하게 된다.

낙찰되거나 계약이 체결되지 않은 상태에서는 당사자 간에 이행의 문제가 발생하지는 않았으므로 이행이익이 아닌 신뢰이익을 배상하는 것으로 보아야 할 것이다.

(2) 또한, 대법원은 **계약이 체결되리라는 정당한 신뢰를 저버리고 정당한 이유없이 계약의 체결을 거부하여 손해를 입히는 경우** 신의성실의 원칙상 계약자유 원칙의 한계를 넘는 위법행위로서 불법행위를 구성한다고 보고, 그 손해배상의 범위에 대하여 다음과 같이 판시하였다.

어느 일방이 교섭단계에서 계약이 확실하게 체결되리라는 정당한 기대 내지 신뢰를 부여하여 상대방이 그 신뢰에 따라 행동하였음에도 상당한 이유 없이 계약의 체결을 거부하여 손해를 입혔다면 이는 신의성실의 원칙에 비추어 볼 때 **계약자유 원칙의 한계를 넘는 위법한 행위로서 불법행위를 구성**한다고 할 것이다(대법원 2001. 6. 15. 선고 99다40418 판결 참조).

그리고 그러한 불법행위로 인한 손해는 일방이 신의에 반하여 **상당한 이유 없이 계약교섭을 파기함으로써 계약체결을 신뢰한 상대방이 입게 된 상당인과관계있는 손해로서 계약이 유효하게 체결된다고 믿었던 것에 의하여 입었던 손해, 즉 신뢰손해**에 한정된다고 할 것이고, 이러한 신뢰손해란 예컨대, 그 계약의 성립을 기대하고 지출한 **계약준비비용**과 같이 그러한 신뢰가 없었더라면 통상 지출하지 아니하였을 비용상당의 손해라고 할 것이며, 아직 계약체결에 관한 확고한 **신뢰가 부여되기 이전** 상태에서 계약교섭의 당사자가 **계약체결이 좌절되더라도 어쩔 수 없다고 생각하고 지출한 비용, 예컨대 경쟁입찰에 참가하기 위하여 지출한 제안서, 견적서 작성비**

용 등은 여기에 포함되지 아니한다고 볼 것이다.

한편 그 침해행위와 피해법익의 유형에 따라서는 계약교섭의 파기로 인한 불법행위가 **인격적 법익을 침해함으로써 상대방에게 정신적 고통을 초래하였다고 인정되는 경우라면 그러한 정신적 고통에 대한 손해에 대하여는 별도로 배상**을 구할 수 있다고 할 것이다(대법원 2003. 4. 11. 선고 2001다53059 판결 [손해배상(기)]).

다만, 위 판결에서 인격적 법익을 침해함으로써 정신적 고통을 초래하였다고 인정되는 경우에는 그에 대한 배상도 구할 수 있다고 하고 있으나, 재산적 거래관계에서 정신적 고통에 대한 손해배상은 극히 제한적으로 인정된다고 할 것이다.

○ 적격심사대상자 관련 판결

반면, 위 소개된 적격심사대상자 관련 판결에서는 입찰절차에서 **적격심사대상자로만 통보받고 낙찰이나 계약체결도 안 된 상태**에서 국가측과 아무런 협의도 없이 비용을 지출한 경우에는 계약상대자의 과실에 의한 것으로서 **계약을 체결할 것으로 신뢰한 것과 인과관계를 인정할 수 없다고 보아 손해배상을 부정**하였다.

입찰절차에서 낙찰도 안 된 상태에서는 계약 상대방이 계약이 체결될 것으로 신뢰하였는지 여부와 관련하여 발주처가 계약 체결에 대한 준비를 요구하였다는 등 특별한 사정이 없는 한 법적으로 보호될만한 가치를 갖기가 쉽지 않을 것으로 보인다.

○ 실시설계적격대상자 관련 판결

앞서 살펴 본 실시설계적격대상자 관련 판결에서는 입찰의 취소와 관련하여 **발주기관의 행위로 인하여 상대방이 계약이 체결될 것으로 신뢰할 만한 특별한 사정이 있을 경우에는 불법행위에 의한** 손해배상이 인정될 수 있음을 전제로 손해배상의 범위에 대하여 각 비용 항목별로 판시하고 있는데, 손해배상의 범위는 계약체결을 신뢰한 상대방이 입게 된 상당인과관계 있는 손해로서 계약이 유효하게 체결된다고 믿었던 것에 의하여 입었던 손해 즉 신뢰손해가 된다.

낙찰자 결정 이후 계약체결을 거절하는 경우 손해배상의 범위

낙찰자 결정 후 계약체결 거절시 손해배상의 범위

(1) 공사도급계약의 도급인이 될 자가 수급인을 선정하기 위해 입찰절차를 거쳐 **낙찰자를 결정한 경우** 입찰을 실시한 자와 낙찰자 사이에는 도급계약의 본계약 체결의무를 내용으로 하는 **예약의 계약관계가 성립**하고, 어느 일방이 **정당한 이유 없이 본계약의 체결을 거절하는 경우 상대방은 예약채무불이행을 이유로 한 손해배상을 청구**할 수 있다.

(2) 이러한 손해배상의 범위는 원칙적으로 예약채무불이행으로 인한 통상의 손해를 한도로 하는데, 만일 입찰을 실시한 자가 정당한 이유 없이 낙찰자에 대하여 본계약의 체결을 거절하는 경우라면 **낙찰자가 본계약의 체결 및 이행을 통하여 얻을 수 있었던 이익, 즉 이행이익 상실의 손해는 통상의 손해에 해당한다고 볼 것이므로 입찰을 실시한 자는 낙찰자에 대하여 이를 배상할 책임**이 있다.

손해 외에 지출을 면하게 된 직·간접적 비용을 산정하지 않은 사안
낙찰자가 본계약의 체결 및 이행을 통하여 얻을 수 있었던 이익은 일단 본계약에 따라 타방 당사자로부터 지급받을 수 있었던 급부인 **낙찰금액**이라고 할 것이나, 본계약의 체결과 이행에 이르지 않음으로써 **낙찰자가 지출을 면하게 된 직·간접적 비용은 그가 배상받을 손해액에서 당연히 공제**되어야 하고, 나아가 손해의 공평·타당한 분담을 지도원리로 하는 손해배상제도의 취지상, 법원은 본계약 체결의 거절로 인하여 낙찰자가 그 이행과정에서 기울여야 할 노력이나 이에 수반하여 불가피하게 인수하여야 할 사업상 위험을 면하게 된 점 등 **여러 사정을 두루 고려하여 객관적으로 수긍할 수 있는 손해액을 산정**하여야 한다.

그럼에도 원심은 판시 증거에 의하여 원고(업체)가 이 사건 입찰에 참가하기 위해 건축사사무소에 작성을 의뢰하여 받은 내역서의 일부인 공사원가계산서에 이 사건 도급공사의 총공사비가 13,191,777,350원으로, 그 중 이윤이 1,088,570,516원으로 계상된 사실을 인정한 다음, **원고가 본계약의 이행을 하지 않게 됨으로써 면하게 된 여러 노력이나 사업상 위험 등에 관하여 아무런 고려를 하지 않은 채, 위 이윤을 그대로 원고가 본계약인 공사도급계약의 체결 및 이행으로 얻을 수 있었던 이익으로 인정**하였으니, 이러한 원심의 판단에는 본계약의 체결에 이르지 못한 낙찰자에게 이행이익으로 배상하여야 할 손해액의 산정에 관한 법리를 오해하여 판결에 영향을 미친 위법이 있고, 이 점을 지적하는 피고의 상고이유 주장에는 정당한 이유가 있다.

↪ 대법원 2011. 11. 10. 선고 2011다41659 판결 [계약체결절차이행]

○ 문제의 소재

계약체결을 위한 교섭과정에서 **당사자들은 자유롭게 교섭을 중단할 수 있는** 반면, **계약이 체결될 것으로 신뢰할 수 있는 특별한 사정 하에서는 그 신뢰한 당사자를 보호**해야할 필요성도 있을 것이다.

그렇다면 도급계약에서 낙찰자를 결정한 이후에 발주처가 계약체결을 정당한 이유없이 거절하는 경우 손해배상책임을 지게 되는가? 만약 손해배상책임이 발생한다면 그 범위는 어디까지인가?

○ 손해배상책임의 발생

이와 관련하여 판례는 입찰절차에서 낙찰의 법적 성격에 대하여 입찰을 실시한 자가 낙찰을 받은 자와 본계약을 체결해야하는 의무를 부담하는 예약으로 보고 있다.

따라서, 입찰을 실시한 자가 낙찰자를 결정하고도 정당한 이유없이 계약을 체결하지 않는 경우에는 **본계약을 체결해야할 예약상 채무를 불이행**한 것으로서 그로 인하여 **상대방에게 발생하는 손해에 대하여 배상할 책임**이 있다고 본다.

○ 손해배상의 범위

그 배상의 범위는 **원칙적으로 낙찰받은 자가 계약이 원래의 예정대로 이행되었으면 얻었을 이익**을 한도로 한다. 일반적인 경우 그 이익은 낙찰금액이 된다고 할 것이다.

다만, 여기서 손해산정의 형평성을 고려할 때 유의해야 할 사항 중에 하나는 본계약이 체결되지 못하고 이행되지 않음으로써 **낙찰받는 자가 지출을 면하게 된 비용은 배상하여야 할 손해의 범위에서 공제**하여야 할 것이다.

민법 제673조에 의한 도급계약 해제시 손해배상의 범위

과실상계나 손해배상예정액 감액 부정

민법 제673조에서 도급인으로 하여금 자유로운 해제권을 행사할 수 있도록 하는 대신 수급인이 입은 손해를 배상하도록 규정하고 있는 것은 **도급인의 일방적인 의사에 기한 도급계약 해제를 인정하는 대신, 도급인의 일방적인 계약해제로 인하여 수급인이 입게 될 손해, 즉 수급인이 이미 지출한 비용과 일을 완성하였더라면 얻었을 이익을 합한 금액을 전부 배상하게 하는 것**이라 할 것이므로,

위 규정에 의하여 도급계약을 해제한 이상은 특별한 사정이 없는 한 **도급인은 수급인에 대한 손해배상에 있어서 과실상계나 손해배상예정액 감액을 주장할 수는 없고,** 이와 같이 과실상계나 손해배상예정액 감액을 인정하지 아니한다고 하여 이를 들어 사회정의, 건전한 사회질서, 신의칙에 반한다고 볼 수는 없다 할 것이며, **이러한 점은 수급인에게 그동안 어떠한 과실이 있었다거나, 그 약정 도급금액이 과다하다 할지라도 달리 볼 것이 아니라 할 것**이므로, 도급금액의 과다 여부나, 원고가 피고에게 배상하여야 할 손해배상액의 적절한 분담 등을 고려하지 아니하고 이행이익 전부의 배상을 명하였다하여 사회정의, 건전한 사회질서 및 신의칙 위반 등의 위법이 있다고 할 수 없다.

손익공제 필요

(1) 채무불이행이나 불법행위 등이 채권자 또는 피해자에게 **손해를 생기게 하는 동시에 이익을 가져다 준 경우에는** 공평의 관념상 그 이익은 당사자의 주장을 기다리지 아니하고 **손해를 산정함에 있어서 공제되어야만 하는 것**이므로, **민법 제673조에 의하여 도급계약이 해제된 경우에도,** 그 해제로 인하여 수급인이 그 일의 완성을 위하여 들이지 않게 된 자신의 노력을 타에 사용하여 소득을 얻었거나 또는 얻을 수 있었음에도 불구하고, 태만이나 과실로 인하여 얻지 못한 소득 및 일의 완성을 위하여 준비하여 둔 재료를 사용하지 아니하게 되어 타에 사용 또는 처분하여 얻을 수 있는 대가 상당액은 당연히 **손해액을 산정함에 있어서 공제되어야 할 것이다.**

(2) 그런데 기록 및 원심판결 이유에 의하면, 이 사건 계약에 따른 일의 완성을 위하여 추후 소요될 비용으로서 원심판결이 공제한 위 비용 53,000,000원(52,000,000원 + 1,000,000원)에 **피고의 노동력 상당에 대한 평가액은 포함되어 있지 아니함이** 명백하고, 피고가 이 사건 계약에 따른 **일의 완성을 위하여 준비하여 둔 원석 및 좌대**(그를 위하여 지출한 비용을 피고의 손해액으로 인정하고 있다.)를 계약해제로 인하여 사용할 수 없게 되었으며 이를 타에 처분하면 상당한 대가를 얻을 수 있다고 보이므로, 원심으로서는, 피고의 노력을 타에 사용하여 소득을 얻었거나 또는 얻을 수 있었음에도 불구하고, 얻지 못한 소득 및 위 원석 및 좌대를 피고가 타에 사용하거나 처분하면 얻을 수 있는 대가가 어느 정도인지를 심리하여 그 부분을 **손익상계의 법리에 따라 위 손해액에서 공제**하였어야 할 것이다.

⊃ 대법원 2002. 5. 10. 선고 2000다37296 판결 [매매대금·손해배상(기)]

■ 민법

▶ 제673조(완성전의 도급인의 해제권) 수급인이 일을 완성하기 전에는 도급인은 손해를 배상하고 계약을 해제할 수 있다.

○ 도급인의 계약 해제

(1) 계약 당사자 일방에게 귀책사유에 의한 채무불이행이 있는 경우에 계약 해제가 가능할 것이나, 민법 제673조에 의하면 계약 당사자의 일방인 수급인의 **채무불이행이 없더라도 수급인이 일을 완성하기 전에는 도급인이 손해를 배상하고 계약을 해제할 수 있다**고 규정하고 있다.

이는 도급계약에서 도급인에게 일의 완성이 불필요해진 경우에도 일을 완성하도록 강요할 필요는 없다고 할 것이므로 수급인이 일을 완성하기 전까지 도급인에게 계약을 일방적으로 해제할 재량을 주되 그로 인하여 수급인에게 발생한 손해를 배상하여야 한다는 취지이다.

(2) 여기서 손해 배상의 범위는 **수급인이 지출한 비용과 일을 완성하였더라면 얻었을 이익을 배상**하여야 한다.

○ 과실상계 내지 손익공제 등 가능여부

위와 같은 경우 도급인이 일방적으로 계약을 해제하는 것이므로 수급인의 과실여부 등을 근거로 하는 **과실상계나 손해배상액 예정의 감액 등은 고려하지 않는다.**

반면, 손해산정의 형평성을 고려할 때 **수급인이 계약의 해제로 인하여 얻게 된 이익은 손해배상의 범위에서 공제**되어야 할 것이다.

설계/감리상 채무불이행과 공사도급계약상 채무불이행 병존시 손해배상책임의 범위

(1) 설계용역계약상의 채무불이행으로 인한 손해배상채무와 공사도급계약상의 채무불이행으로 인한 손해배상채무는 서로 별개의 원인으로 발생한 독립된 채무이나 동일한 경제적 목적을 가진 채무로서 서로 중첩되는 부분에 관하여는 일방의 채무가 변제 등으로 소멸하면 타방의 채무도 소멸하는 이른바 부진정연대의 관계에 있다고 할 것이므로(대법원 2006. 1. 27. 선고 2005다19378 판결 등 참조),

피고 설계사들과 피고 시공사들은 각각 공동수급체로서 그들끼리는 각 채무불이행으로 인하여 원고가 입은 손해에 대하여 **독립된 손해배상채무를 연대하여 부담**하는 한편, 피고 설계사들의 채무불이행으로 인한 손해배상채무와 피고 시공사들의 손해배상채무는 서로 동일한 경제적 목적을 가진 채무로서 **서로 중첩되는 부분에** 관하여 부진정연대채무관계에 있다고 할 것이다.

➲ 대법원 2015. 2. 26. 선고 2012다89320 판결 [손해배상(기)등]

(2) 동일한 공사에서 **공사감리자의 감리계약에 따른 채무불이행으로 인한 손해배상채무와 공사시공자의 도급계약에 따른 채무불이행으로 인한 손해배상채무는** 서로 **별개의 원인으로 발생한 독립된 채무이나 동일한 경제적 목적을 가진 채무이므로, 서로 중첩되는 부분에 관하여는 일방의 채무가 변제 등으로 소멸하면 타방의 채무도 소멸하는 이른바 부진정연대의 관계에 있다**(대법원 2015. 2. 26. 선고 2012다89320 판결, 대법원 2017. 12. 28. 선고 2014다229023 판결 참조).

부진정연대채무자 중 1인이 자신의 채권자에 대한 반대채권으로 상계를 한 경우에도 채권은 변제, 대물변제, 또는 공탁이 행하여진 경우와 동일하게 현실적으로 만족을 얻어 그 목적을 달성하는 것이므로, 그 **상계로 인한 채무소멸의 효력은 소멸한 채무 전액에 관하여 다른 부진정연대채무자에 대하여도 미친다고 보아야 한다**(대법원 2010. 9. 16. 선고 2008다97218 전원합의체 판결).

➲ 대법원 2019. 4. 25. 선고 2018다47694 판결 [손해배상(기)]

해설

O 설계, 공사, 감리 과정에서 손해배상책임의 병존시 관계

동일한 공사과정에서 설계사들의 설계누락 등 **설계용역 계약상의 채무불이행**으로 인한 손해배상책임과 시공사들의 부실시공 등 **공사 도급계약상의 채무불이행**으로 인한 손해배상책임이 병존하는 경우가 있을 수 있다. 또한, **공사 도급계약상의 채무불이행**으로 인한 손해배상책임과 감리자들의 **공사 감리계약**

상의 **채무불이행**으로 인한 손해배상책임이 병존하는 경우가 있을 수 있다.

판례는 위와 같은 경우에 **각 손해배상책임들은** 별개의 원인에 의한 **독립된 채무**이면서도 공사의 완성이라는 공통성을 가지므로 서로 **중첩되는 부분에** 대하여는 부진정연대채무관계에 있다고 본다.

○ 부진정연대채무자 1인의 상계의 효력
부진정연대채무는 연대채무의 일종이지만, 채무자들 간에 주관적인 밀접한 연관관계는 없는 채무를 말한다. 채무자 중의 일부가 변제, 공탁 등 채무를 소멸시키는 행위는 모든 채무자에게도 효력을 미치지만, 그 외의 행위는 다른 채무자들에게 영향을 미치지 않는다.

판례는 **채무자 중 1인이 채권자에 대한 채권으로 상계를 하는 경우에도 다른 채무자들에게 영향**을 미쳐 그 상계액수만큼 채무가 소멸하는 것으로 본다.

┌─ 채무불이행에 기한 손해배상의 소멸시효 기산점 ─

(1) 소멸시효는 권리를 행사할 수 있는 때부터 진행한다(민법 제166조 제1항).
채무불이행으로 인한 손해배상청구권은 **현실적으로 손해가 발생한 때에 성립**하고,
현실적으로 손해가 발생하였는지 여부는 사회통념에 비추어 객관적이고 합리적으
로 판단하여야 한다.

(2) 원심판결 이유와 기록에 따르면 다음 사정을 알 수 있다.

　(가) 피고(업체)는 2007. 12. 26. 해군에 이 사건 잠수함을 인도하였다. 이 사건
추진 전동기에서 2011. 4. 10. 전에 이상 소음이 발생하였다고 볼 만한 자료
가 없다. 이 사건 추진 전동기의 하자는 사단법인 한국선급과 국방기술품질원
이 2013. 7. 19. 고장 원인에 대한 보고서를 작성하여 국방기술품질원장에게
제출함으로써 밝혀졌다.

　(나) 이러한 사정에 비추어 보면, **원고의 손해가 현실적으로 발생한 때**는 이 사건
추진 전동기에서 이상 소음이 처음 발생한 2011. 4. 10. 또는 사단법인 한국
선급과 국방기술품질원이 이 사건 **추진 전동기의 고장 원인에 대한 보고서를
작성하여 제출한 2013. 7. 19.**이고, 그때부터 소멸시효가 진행한다고 볼 수
있다.

　(다) 원고가 국가재정법 제96조 제1항에서 정한 5년의 소멸시효 기간이 지나기 전
인 2014. 5. 8. 이 사건 소를 제기하였음이 기록상 명백하므로, 원고의 손해
배상청구권은 아직 소멸시효가 완성되었다고 볼 수 없다.

(3) 원심이 이 사건 잠수함의 인도일부터 손해배상청구권의 소멸시효가 진행하지만 그
후 묵시적으로 이 사건 추진 전동기의 손상 원인이 규명되고 당사자의 책임 소재
가 확정될 때 손해배상청구권을 행사하기로 합의하였다고 판단한 부분은 적절하지
않으나, 피고의 소멸시효 항변을 배척한 결론은 정당하다. 원심판단에 상고이유 주
장과 같이 필요한 심리를 다하지 않은 채 논리와 경험의 법칙에 반하여 자유심증
주의의 한계를 벗어나 판결에 영향을 미친 잘못이 없다.

⊃ 대법원 2020. 6. 11. 선고 2020다201156 판결 [손해배상(기)]

■ 민법

▶ 제166조(소멸시효의 기산점) ① 소멸시효는 권리를 행사할 수 있는 때로부터 진행한다.

② 부작위를 목적으로 하는 채권의 소멸시효는 위반행위를 한 때로부터 진행한다.

해설

○ 문제의 소재

손해배상과 관련한 소송에서 중요한 요소 중의 하나로 손해배상청구권의 유무 내지 범위 뿐만 아니라 손해배상청구권이 인정된다 하더라도 청구권의 소멸기간이 지나 소멸되지 않았느냐의 문제가 있다.

민법의 법리상 청구권을 포함한 채권의 경우에는 그 행사기간이 영원히 존속하지는 않으며, 일정기간으로 한정되어 있으므로 그 기간이 경과하면 청구권이 소멸하여 행사하지 못하게 된다. 이를 소멸시효라고 한다.

따라서 청구권의 **시효로 인한 소멸과 관련하여 그 기간이 언제부터 시작되는가는 굉장히 중요한 쟁점**이 될 것이다.

○ 소멸시효의 기산점

(1) 소멸시효는 **기본적으로 권리를 행사할 수 있을 때**부터 진행되는데, 계약관계에 있어 채무불이행에 의한 손해배상청구권의 소멸시효의 기산점과 관련하여 학계는 손해배상청구권의 소멸시효는 원래의 채권을 행사할 수 있는 때부터 진행한다는 견해와 원래의 채권과는 별개로 독립적으로 진행한다는 견해가 나뉘어 있다.

판례는

채무불이행으로 인한 손해배상청구권의 소멸시효는 채무불이행시로부터 진행한다(대법원 1995. 6. 30. 선고 94다54269 판결 [손해배상(기)]).

고 판시하여 **원래의 채권과는 별개로 독립적으로** 진행한다고 본다.

(2) 한편, 위 판례에서는 **현실적으로 손해가 발생한 때에 성립**된다고 판시하고 있다. 결국 채무불이행이 있는 경우 각 사안별로 권리를 행사할 수 있는 때가 언제이냐에 따라 정해져야 할 것이다.

위 판례에 의하면 채무불이행과 관련하여 그 납품된 장비의 결함이 있는 경우에는 **결함을 알게 된 때**나 **결함의 원인을 조사한 결과가 제출된 때**에 소멸시효가 진행된다.

사실관계

○ 원고(대한민국)의 요청에 의해 조달청장은 2009. 9. 2. 포항영일만항 외곽시설 축조 공사에 관한 **입찰을 공고**함.

원고가 제시한 **입찰공고에는** '낙찰자로 결정되지 아니한 자는 설계비의 일부를 보상받을 수 있다,' 공사입찰유의서에는 '**담합한 입찰은 무효로 한다(제15조 제4호)**', 특별유의서에는 '입찰 무효에 해당하거나 무효에 해당하는 사실이 사후에 발견된 자 등은 **설계보상비 대상자에서 제외**되며, 입찰 무효사실이 발견되기 전 설계비를 보상받은 자는 반환한다(제28조 제4항)'고 규정함.

○ 피고들(업체)은 2009. 12. 중순경 이 사건 입찰의 **투찰률이 90%를 넘지 않는 범위 내에서 추첨을 통하여 투찰가격을 결정하기로 합의**하여 투찰하였고, 2010. 2. 24. 피고 ○○건설 공동수급체가 낙찰자로 선정됨.

○ **피고 ○○건설 공동수급체는** 2010. 3. 24. 원고와 이 사건 공사에 관하여 계약금액 9,266,000,000원, 준공일 2010. 8. 20.로 하여 **도급계약을 체결**하였는데, 그 계약서에는 총공사금액 192,429,000,000원, 총공사준공일 960일이 부기되어 있고, 이후 2010. 3. 30.부터 2012. 1. 13.까지 각 차수별로 2 내지 4차 공사계약을 체결함.

○ 원고는 2010. 3. 30.부터 2012. 12. 29.까지 피고 ○○건설에게 이 사건 **공사대금 179,253,972,150원을 지급**하였고, 피고 ○○건설은 2014. 7.경 이 사건 **공사를 완성**함.

○ 원고는 2010. 3. 24. 피고 ○○건설을 제외한 피고들에게 **탈락자에 대한 설계보상비 지급신청을 통지**하였고, 피고 A 건설, B 개발은 2010. 3. 29., 피고 C 건설은 2010. 4. 6., 피고 D 산업은 2010. 4. 8. 각 **지급청구**를 하였으며, 원고는 2010. 4. 9.부터 2010. 12. 30. 사이에 피고 D 산업 등에게 설계보상비를 **2차례 나누어 지급**함.

○ **공정거래위원회**는 2014. 12. 12. 이 사건 공동행위가 독점규제 및 공정거래에 관한 법률(이하 '공정거래법'이라 한다) 제19조 제1항 제8호의 부당한 **공동행위에 해당**한다는 이유로 피고들에 대하여 **시정명령 및 과징금 납부명령**을 함.

장기계속계약(총괄계약)의 효력

구 국가를 당사자로 하는 계약에 관한 법률(2012. 3. 21. 법률 제11377호로 개정되기 전의 것, 이하 '국가계약법'이라 한다) 제21조, 국가를 당사자로 하는 계약에 관한 법률 시행령 제69조 제2항에 규정된 **장기계속공사계약은** 총공사금액 및 총공사기간에 관하여 별도의 계약을 체결하고 다시 개개의 사업연도별로 계약을 체결하는 형태가 아니라, 우선 1차년도의 제1차 공사에 관한 계약을 체결하면서 총공사금액과 총공사기간을 부기하는 형태로 이루어진다. 제1차 공사에 관한 계약 체결 당시 부기된 총공사금액 및 총공사기간에 관한 합의를 통상 '총괄계약'이라 칭하고 있는데, **이러한 총괄계약은 그 자체로 총공사금액이나 총공사기간에 대한 확정적인 의사의 합치에 따른 것이 아니라 각 연차별 계약의 체결에 따라 연동**된다. 즉, 총괄계약은 전체적인 사업의 규모나 공사금액, 공사기간 등에 관하여 잠정적으로 활용하는 기준으로서 구체적으로는 계약 상대방이 각 연차별 계약을 체결할 지위에 있다는 점과 계약의 전체 규모는 총괄계약 을 기준으로 한다는 점에 관한 합의라고 보아야 한다. **따라서 총괄계약의 효력은 계약 상대방의 결정, 계약이행의사의 확정, 계약단가 등에만 미칠 뿐이고, 계약상대방이 이 행할 급부의 구체적인 내용, 계약상대방에게 지급할 공사대금의 범위, 계약의 이행기간 등은 모두 연차별 계약을 통하여 구체적으로 확정된다고 보아야 한다.**

장기계속계약(총괄계약)에서 불법행위에 의한 손해배상채권의 소멸시효

... 앞서 원용한 법리에 따르면, **이 사건 1차 계약 체결 당시 그 계약서에 총공사준공일 및 총공사금액을 부기함으로써 총괄계약도 함께 체결되었다고는 볼 수 있으나, 그러한 총괄계약의 효력은 계약상대방의 결정, 계약이행의사의 확정, 계약단가 등에만 미칠 뿐 이고 계약상대방이 이행할 급부의 구체적인 내용, 계약상대방에게 지급할 공사대금의 범위, 계약의 이행기간 등은 모두 차수별 계약을 통하여 비로소 구체적으로 확정**된다. .. 결국 원심의 판단과 달리, **이 사건 1차 계약과 동시에 총괄계약이 체결된 사정만으 로는 원고가 피고 ○○건설에게 지급할 총공사대금이 구체적으로 확정되었다고 볼 수 없다.** 원심으로서는 이 사건 각 차수별 계약을 통해 원고가 피고 ○○건설에게 지급할 각 공사대금이 구체적으로 확정되었는지를 추가로 심리한 후 **차수별 계약 시점을 기산 점으로 삼아 원고의 손해배상채권의 소멸시효 완성 여부를 각각 판단하였어야 한다.** ...

➥ 대법원 2019. 8. 29. 선고 2017다276679 판결 [손해배상(기)]

관련 법령

▣ **국가계약법**

▶ 제21조(계속비 및 장기계속계약) ... ② 각 중앙관서의 장 또는 계약담당 공무원은 임차, 운송, 보관, 전기·가스·수도의 공급, 그 밖에 **그 성질상 수년간 계속하여 존속할 필요가 있거나 이행에 수년이 필요한 계약의 경 우 대통령령으로 정하는 바에 따라 장기계속계약을 체결**할 수 있다. 이 경 우 **각 회계연도 예산의 범위에서 해당 계약을 이행**하게 하여야 한다.

▣ **국가계약법 시행령**

▶ 제69조(장기계속계약 및 계속비계약) ... ② 장기계속공사는 낙찰 등에 의 하여 결정된 총공사금액을 부기하고 **당해 연도의 예산의 범위 안에서 제1차 공사를 이행하도록 계약을 체결**하여야 한다. 이 경우 제2차 공사 이후의

계약은 부기된 총공사금액(제64조 내지 제66조의 규정에 의한 계약금액의 조정이
있는 경우에는 조정된 총공사금액을 말한다)에서 이미 계약된 금액을 공제한 금
액의 범위 안에서 계약을 체결할 것을 부관으로 약정하여야 한다. …
④ 제2항 및 제3항의 규정에 의한 **제1차 및 제2차 이후의 계약금액은 총
공사·총제조등의 계약단가에 의하여 결정**한다.

해설

○ 장기계속계약에서 총괄계약과 연차별 계약의 효력
　　장기계속계약에서 총괄계약과 연차별 계약의 효력에 관하여는 종래 견해의
　　대립이 있었으나, 앞서 살핀 바와 같이 대법원 전원합의체에서 이를 정리한
　　판결을 선고하였다("장기계속계약에서 총괄계약의 효력" 참조).

　　판례에 의하면 장기계속계약에 있어 연차별 계약에 부기된 **총괄계약의 효력
은 계약상대방의 결정, 계약이행의사의 확정, 계약단가 등에만 미칠 뿐이고,
계약상대방이 이행할 급부의 구체적인 내용, 계약상대방에게 지급할 공사대
금의 범위, 계약의 이행기간 등은 모두 연차별 계약**을 통하여 구체적으로 확
정된다고 보고 있다.

○ 장기계속계약의 불법행위에 의한 손해배상채권의 소멸시효
　　따라서 장기계속계약의 불법행위에 의한 손해배상채권의 소멸시효는 총괄계
　　약이 체결된 시점이 아니라 **각 연차별 계약 시점을 기산점으로 개별적으로
손해배상채권의 소멸시효 완성여부를 판단**하여야 한다.

Public contracts understood as precedents

XI

기 타

XI. 기 타

1. 방산물자의 지정 및 취소

방산물자 지정취소의 법적 성격

(1) **항고소송의 대상이 되는 행정처분은** 행정청의 공법상의 행위로서 특정 사항에 대하여 법규에 의한 권리의 설정 또는 의무의 부담을 명하거나 기타 법률상의 효과를 직접 발생케 하는 등 국민의 구체적인 권리·의무에 직접 관계가 있는 행위를 말한다(대법원 2004. 11. 26. 선고 2003두10251, 10268 판결 등 참조). ...

방산물자 지정·취소는 방산업체 지정·취소와는 그 대상, 지정·취소권자, 지정·취소 절차, 지정·취소 사유가 별도로 독립되어 있어 방산물자 지정·취소 행위가 **행정기관 상호간의 사전적·내부적인 행위에 불과한 것이라고 할 수 없다.**

(2) 한편, 방위사업법 제35조 제1항에서 방산업체로 지정되기 위해서는 방산물자를 생산하고자 하는 자이어야 한다고 규정하고 있고, 동법 시행령 제42조에서 방산업체의 시설기준에 관하여 방산물자의 생산에 필요한 일반시설 및 특수시설, 품질검사시설, 기술인력 등의 인적·물적 시설을 갖출 것을 요건으로 하고 있는 점에 비추어, **방산물자 지정이 취소되는 경우 당해 물자에 대한 방산업체 지정도 취소될 수밖에 없다고 보아야 할 것인데,**

이렇게 되면 방위사업법에서 규정하는 방산물자 등에 대한 수출지원(제44조)을 받을 수 없을 뿐 아니라 방산업체로서 방위사업법에 따라 누릴 수 있는 **각종 지원과 혜택을 상실**하게 되고, 국가를 당사자로 하는 계약에 관한 법률 시행령 제26조 제1항 제6호 (다)목에서 규정한 '「방위사업법」에 의한 방산물자를 방위산업체로부터 제조·구매하는 경우' 수의계약에 의할 수 있는 지위도 상실하게 되므로,

결국 **방산물자 지정취소는 당해 방산물자에 대하여 방산업체로 지정되어 이를 생산하는 자의 권리의무에 직접 영향을 미치는 행위로서 항고소송의 대상이 되는 행정처분에 해당**한다고 할 것이다.

➲ 대법원 2009. 12. 24. 선고 2009두12853 판결 [방산물자지정취소처분취소]

방산물자 지정 및 취소의 위법성 판단

사실관계

○ 방위사업청장은 민군겸용 추진기 개발과제의 연구개발기관으로 선정된 **B 중공업의 추진기 개발이 지연**되자 기술도입 생산계획 도입으로 **원고(A 회사)로부터 고속정 1번함에 대한 추진기를 구매**하기로 결정함.

○ 원고(A 회사)의 요청에 따라 방위사업청은 현실적으로 민군겸용기술 개발품의 탑재가 불가능한 **고속정 1~4번함까지 방산물자를 지정**하여 2005. 8. 10. 원고에게 통보함.

○ 2005. 9. 2. 방위사업청장은 수의계약의 방법으로 **원고와 사이에 고속정 1번함에 대한 추진기에 관하여 구매계약**을 체결함.

○ 방위사업청장은 2006. 5. 25. 민군겸용기술 개발과제로 개발한 **B 중공업의 △△추진시스템의 기술시험평가 결과 '성능충족'**으로 판정함.

○ 감사원은 방위사업청에 대한 감사 결과 2006. 8. 30. 방위사업청장에게 원고(A 회사)의 추진기에 대한 **방산물자 지정을 취소**하고, 민군겸용기술 개발 중인 추진기의 군 적합성 판정 후 **방산물자 지정 여부를 재검토**하라는 내용의 시정요구를 함.

○ 방위사업청장은 2007. 6. 29. B 중공업의 △△추진시스템에 대한 육상운용시험 평가 결과 **잠정 군사용 적합판정**을 하였고, 위 잠정 군사용 적합판정에 의하여 **국방규격이 제작되고 후속함 대상 장비 기종 결정**을 할 수 있게 됨.

○ 그에 따라 2007. 6. 29. 방위사업청장은 **방산물자로 지정된 추진기(1~4번함)에 대한 방산물자지정을 취소**함.

○ 2007. 12. 26. 고속정 2~5 번함에 대한 추진기에 관하여 **B 중공업과 사이에 구매계약을 체결**함.

○ B중공업의 추진기는 육상운용시험 평가에서 작전운용 충족성, 군운용 적합성 및 전력화지원 요소 실용성 등 39개 항목에 있어서 평가와 품질확인을 거침.

원심의 판단

원심판결 이유에 의하면, 원심은 그 채용증거를 종합하여 판시 사실을 인정한 다음, **B 중공업이 개발한 추진기는 육상운용시험 평가에서 잠정 군사용 적합판정을 받았을 뿐**이어서 실선 탑재 능력이 검증되지 않았고, 잠정 군사용 적합판정은 연구개발 중에 있는 사업의 계속적인 추진 또는 후속 단계로의 진행을 위한 잠정적인 판정임이 분명하여 객관적인 품질을 보증할 정도에 이르지 못하였으므로, 방위사업법 제48조 제3항 제1호에서 정한 조달의 용이성은 물론 품질에 대한 객관적인 보증이 확보되지 않았음에도, 이와 다른 전제에서 행하여진 이 사건 방산물자 지정취소 처분(이하 '이 사건 처분'이라 한다)은 위법하다고 판단하였다.

대법원의 판단

그러나 원심의 위와 같은 판단은 다음과 같은 이유로 수긍하기 어렵다.

(1) 방위사업법 제34조 제1항, 제48조 제1, 3항, 같은 법 시행령 제39조 제1항, 제64조 제1항의 각 규정을 종합하면,

방산물자 지정 및 지정취소는 그 규정형식 등에 비추어 볼 때, 행정청에게 **재량권이 부여되어 있는 재량행위**에 속하고, 재량행위에 대한 사법심사에 있어서는 행정청의 재량에 기한 공익판단의 여지를 감안하여 법원은 독자의 결론을 도출함이 없이 **당해 행위에 재량권의 일탈·남용이 있는지 여부만을 심사하게 되고,** 이러한 재량권의 일탈·남용 여부에 대한 **심사는 사실오인, 비례·평등의 원칙 위배 등을 그 판단 대상**으로 한다.

(2) ... 위 사실관계에 비추어 살펴보면, 이 사건 처분 당시 방위사업청은 **원고뿐 아니라 B 중공업으로부터도 추진기의 조달이 용이하고, 그 품질을 보증할 수 있다고 봄이 상당**하므로, 이 사건 처분에는 재량권 행사의 기초가 되는 사실인정에 오류가 있다고 볼 수 없고, 또한 국가의 안전보장과 직결된 방위력 개선과 방위산업육성에 있어서 경제성, 효율성 추구를 위한 공익상 필요에 따라 방산물자 지정을 취소한 이 사건 처분에 **비례·평등의 원칙 위배 등 재량권의 범위를 일탈·남용한 위법이 있다고 볼 수 없다.**

(3) 그럼에도 불구하고, 이와 다른 견해에서 이 사건 처분에 재량권을 일탈·남용한 위법이 있음을 전제로 피고에게 손해배상책임이 있다고 판단한 원심판결에는 재량행위의 사법심사에 관한 법리를 오해하여 판결에 영향을 미친 위법이 있고, 이는 판결에 영향을 미쳤음이 분명하다.

➲ 대법원 2010. 9. 9. 선고 2010다39413 판결 [손해배상(기)]

관련 법령

▣ 방위사업법

▶ 제34조(방산물자의 지정) ① 방위사업청장은 산업통상자원부장관과 협의하여 **무기체계로 분류된 물자 중에서 안정적인 조달원 확보 및 엄격한 품질보증 등을 위하여 필요한 물자를 방산물자로 지정**할 수 있다. 다만, 무기체계로 분류되지 아니한 물자로서 대통령령이 정하는 물자에 대하여는 이를 방산물자로 지정할 수 있다.

② 방산물자는 주요방산물자와 일반방산물자로 구분하여 지정한다.

③ 제2항의 규정에 의한 주요방산물자와 일반방산물자의 구분 그 밖에 방산물자의 지정에 관하여 필요한 사항은 대통령령으로 정한다.

▶ 제48조(지정의 취소 등) ⋯ ③ **방위사업청장은 방산물자가 다음 각 호의 어느 하나에 해당하게 된 때에는 산업통상자원부장관과 협의하여 그 지정을 취소할 수 있다.**

1. **2개 이상의 업체에서 조달이 용이하고 품질을 보증**할 수 있다고 인정된 때

2. 군의 소요가 없거나 편제장비가 삭제된 때

3. 비밀등급이 저하되어 「군사기밀보호법」 제2조의 규정에 의한 군사기밀이 요구되지 아니하게 된 때

4. 연구개발 또는 구매의 계획변경·취소 등으로 방산물자지정의 취소가 필요하거나 방산물자지정을 계속 유지할 필요가 없는 때

▣ 방위사업법 시행령

▶ 제39조(방산물자의 지정) ① 법 제34조 제1항 단서의 규정에 의하여 무기체계로 분류되지 아니한 물자로서 방산물자로 지정할 수 있는 물자는 다음 각 호와 같다.

1. 군용으로 연구개발 중인 물자로서 연구개발이 완료된 후 무기체계로 채택될 것이 예상되는 물자

2. 그 밖에 국방부령이 정하는 기준에 해당되는 물자

② 법 제34조 제2항의 규정에 의한 주요방산물자는 법 제35조 제2항 각 호에 해당하는 물자로 하고, 일반방산물자는 그 외의 방산물자로 한다.

③ 군수품을 생산하고 있거나 생산하고자 하는 자는 국방부령이 정하는 바에 따라 당해 물자를 방산물자로 지정하여 줄 것을 방위사업청장에게 요청할 수 있다. 이 경우 방위사업청장은 3월 이내에 그 물자를 방산물자로 지정함이 적합한지 여부를 결정하여 이를 요청인에게 통보하여야 한다.

④ 방위사업청장은 제3항 또는 법 제34조 제1항의 규정에 의하여 방산물자를 지정한 경우에는 이를 산업통상자원부장관에게 통보하여야 한다.

▶ 제64조(방산물자지정의 취소) ① 방위사업청장은 매 3년마다 전체 방산물자에 대하여 지정의 존속 또는 취소여부를 검토하고 그에 따른 조치를 하여야 한다.

② 방위사업청장은 제1항에 따른 검토를 위하여 방산분야별 국내 기술수준 및 방산물자별 생산가능업체 유무 등을 분석할 수 있다.

③ 방위사업청장은 방산물자의 지정을 취소하고자 하는 때에는 그 사유를 명시하여 산업통상자원부장관 및 당해 방산업체에 통보하여야 한다.

○ 방산물자 지정의 법적 성격

방산물자는 무기체계로 분류된 물자로서 안정적인 조달원 확보 및 엄격한 품질보증을 위하여 **방위산업청장이 산업통상자원부장관과 협의하여 지정**하게 된다.

방산물자 지정은 산업통상자원부장관이 지정하는 **방산업체 지정**과 관련성은 크나 별개의 제도이다. 방산물자를 생산하는 방산업체는 방산물자 우선구매, 수의계약 체결가능, 방산원가 인정 등 다양한 지원과 혜택을 받게 된다.

판례는 **방산물자의 지정과 취소**의 법적 성격에 대하여 해당 방산물자를 생산하는 방산업체에 대하여 직접적인 권리의무에 영향을 미치는 공권적 행위로서 행정소송의 대상이 되는 **행정처분**으로 본다.

○ 방산물자의 지정 및 취소의 위법성 판단기준

(1) 따라서 방산물자의 지정 및 취소에 대하여 분쟁이 발생하여 위법성을 판단하는 경우에는 법원은 **사실오인이나 비례의 원칙 위반, 평등의 원칙 위반여부 등을 판단하여 행정청이 재량권의 범위나 한계를 벗어난 일탈, 남용이 있는지를 심사**하게 된다.

(2) 위 판결은 업체에 대한 방산물자 지정의 취소와 관련하여 취소사유로서 "2개 이상의 업체에서 조달이 용이하고 품질을 보증할 수 있다고 인정된

때"에 해당하는지 여부가 문제되었다.

이에 대하여 해당 장비의 안정적인 조달, 품질의 보증여부 등 사실에 대한 오류와 비례의 원칙 및 평등의 원칙 위배 여부를 심사하여 재량권의 일탈, 남용이 없으므로 위법성이 없다고 판단하였다.

복수 방산업체 지정관련 기존 방산업체의 추가 방산업체 지정취소소송의 원고적격여부

(1) 행정처분의 직접 상대방이 아닌 제3자라 하더라도 당해 행정처분으로 인하여 **법률 상 보호되는 이익을 침해당한 경우에는** 그 처분의 취소나 무효확인을 구하는 **행정 소송**을 제기하여 그 당부의 판단을 받을 자격, 즉 **원고적격이 있다** 할 것이나 여 기에서 말하는 법률상 보호되는 이익은 당해 처분의 근거 법규 및 관련 **법규에 의 하여 보호되는 직접적이고 구체적인 이익이 있는 경우**를 말하는 것이고 간접적이 거나 사실적, 경제적 이해관계를 가지는 데 불과한 경우는 여기에 포함되지 않는 다 할 것이다(대법원 1999. 12. 7. 선고 97누12556 판결 참조).

(2) 이와 같은 방위산업의 보호육성을 위한 방위사업법의 각 규정에 따라 **방산업체가 누릴 수 있는 지위 내지 이익**은 법률의 규정에 의하여 부여된 것이지만, 이는 방 산업체로 지정됨으로써 법률규정에 의하여 당연히 부여되는 지위 내지 이익인 것 으로 **다른 업체가 방산업체로 지정되었다고 하여 침해될 수 있는 성질의 것은 아 니**라고 할 것이다.

다만, 원고(A 업체)들은 방산물자로 지정된 고속정(PKX) 완제품에 대한 방산업체 로 이미 지정된 업체들로서 피고(B 업체)가 동일한 품목의 방산물자에 대한 **방산 업체로 추가 지정됨으로써 정부와 사이에 당해 품목의 방산물자에 대한 조달계약 을 체결함에 있어서 종전보다 강화된 경쟁을 치러야 하는 등의 불이익을 입게 되 었다고 할 것이나**, 앞에서 본 방위사업법, 동법 시행령의 각 규정 취지를 종합해보 면, 지식경제부장관의 방산업체 지정은 특정 방산물자에 대한 안정적인 조달원 확 보와 엄격한 품질관리를 통하여 방위력을 개선하고, 방위산업의 경쟁력을 향상시 켜 자주국방을 실현하고자 하는 것이지, **방산업체 상호간의 과당경쟁을 방지함으 로써 경영의 불합리를 방지하는 것을 그 목적으로 하고 있다고 볼 아무런 근거가 없다는 점에 비추어 보면, 이러한 불이익은 이 사건 처분의 단순한 사실상의 반사 적 결과에 불과**하다 할 것이다.

(3) 따라서 원고들은 이 사건 처분의 직접 상대방이 아닌 제3자로서 이 사건 처분으로 인하여 **법률상 보호되는 이익을 침해당하였다고 볼 수 없으므로** 이 사건 처분의 취소를 구할 **원고적격이 없다** 할 것이고, 이를 지적하는 피고 및 참가인의 본안전 항변은 이유 있다.

➲ 서울행정법원 2008. 10. 7. 선고 2007구합39632 판결 [고속정 완제품 방산 업체지정처분취소]

▣ 방위사업법

▶ 제35조(방산업체의 지정 등) ① 방산물자를 생산하고자 하는 자는 대통령령이 정하는 시설기준과 보안요건 등을 갖추어 **산업통상자원부장관으로부터 방산업체의 지정**을 받아야 한다. 이 경우 산업통상자원부장관은 방산업체를 지정함에 있어서 미리 방위사업청장과 협의하여야 한다.

② 산업통상자원부장관은 제1항의 규정에 의하여 방산업체를 지정하는 경우에는 주요방산업체와 일반방산업체로 구분하여 지정한다. 다음 각 호의 어느 하나에 해당하는 방산물자를 생산하는 업체를 주요방산업체로, 그 외의 방산물자를 생산하는 업체를 일반방산업체로 지정한다. ...

▶ 제48조(지정의 취소 등) ① 산업통상자원부장관은 방산업체가 다음 각 호의 어느 하나에 해당된 때에는 방위사업청장과 협의하여 그 **지정을 취소**할 수 있다.

1. 방산업체의 대표 및 임원이 제6조의 규정에 의한 청렴서약서의 내용을 위반한 때
2. 제35조 제1항의 규정에 의한 시설기준 및 보안요건에 미달하게 된 때
3. 제35조 제3항의 규정에 의한 승인을 얻지 못한 때
4. 정당한 사유없이 정부에 대한 방산물자의 공급계약을 거부 또는 기피하거나 이행하지 아니한 때
5. 제36조 제5항의 규정에 의한 이행명령을 이행하지 아니한 때
6. 거짓 또는 부정한 방법으로 제38조 제1항에 따른 자금융자를 받거나 융자받은 자금을 그 용도 외에 사용한 때
7. 거짓 또는 부정한 방법으로 제39조 제1항의 규정에 의한 보조금을 지급받거나 지급받은 보조금을 그 용도 외에 사용한 때
8. 제39조 제2항의 규정에 의한 승인을 얻지 아니하고 재산을 처분한 때
9. 제45조 제3항의 규정을 위반하여 국유재산이나 물품을 용도 외에 사용한 때
10. 제49조 제1항의 규정에 의한 시설의 개체·보완·확장 또는 이전에 필

요한 조치명령을 이행하지 아니한 때

11. 제53조 제1항의 규정에 의한 명령에 위반한 때

12. 허위 그 밖에 부정한 내용의 원가자료를 정부에 제출하여 공급계약을 체결한 때

13. 제59조의2 제2항을 위반하여 취업이 제한되거나 취업승인을 받지 아니한 취업심사대상자를 고용한 때

14. 방산업체가 부도·파산 그 밖의 불가피한 경영상의 사유로 정상적인 영업이 불가능한 경우에 관련서류를 첨부하여 산업통상자원부장관에게 방산업체 지정의 취소를 요청한 때 ...

해설

○ 방산업체의 지정 및 취소의 법적 성격

방산업체의 지정 및 취소도 방산물자의 지정 및 취소와 같이 행정소송의 대상이 되는 **행정처분**이라 할 것이다.

○ 제3자의 방산업체 지정취소소송의 원고적격

방산업체의 지정과 같은 행정처분은 **처분의 상대방이 분쟁의 당사자가** 되어 취소소송을 제기하는 것이 일반적이나, 처분의 상대방이 아닌 **제3자인 업체가 분쟁의 당사자**가 되어 다른 업체에 대한 행정처분의 위법성을 다투는 경우도 있다.

이와 같은 경우에 제3자가 법규에 의하여 보호되는 직접적이고 구체적인 이익이 침해되어야 제3자가 제기한 소송이 적법한 것으로 인정된다.

판례에 의하면 방산업체로 지정되어 있는 A 업체가 다른 B 업체가 추가적으로 방산업체로 지정됨으로 인하여 받게 되는 불이익은 관련 법령상 방산업체 지정의 취지가 특정 방산물자에 대한 안정적인 조달원 확보와 엄격한 품질관리를 통하여 방위력을 개선하고, 방위산업의 경쟁력을 향상시켜 자주국방을 실현하고자 하는 것이지, **방산업체 상호 간의 과당경쟁을 방지함으로써**

경영의 불합리를 방지하는 것을 그 목적으로 하고 있다고 볼 아무런 근거가 없다는 점에 비추어 보면, 법규에 의하여 보호되는 직접적이고 구체적인 이익이 침해되는 것으로 볼 수 없다고 보고 그 A 업체가 제기한 B 업체에 대한 방산업체 지정에 대한 취소소송은 부적법한 것으로 판단하였다.

조달청의 전자조달시스템상 거래정지조치의 법적 성격

사실관계

○ **원고(업체)는** 조각석 표면에 그물망(메쉬, mesh)을 접착제로 부착하여 조각석의 짜 맞추어진 형태를 유지하는 **모자이크 페이빙(paving) 기술에 관한 특허권을** 갖고 있 었고 피고(조달청)는 2010. 12. 30. 원고가 위 특허기술을 이용하여 생산한 모자이 크 스톤블록 13개 제품을 구 조달사업에 관한 법률 제9조의2에 따라 '**우수조달물 품'으로 지정**함. 피고는 2012. 7. 30. 규격 및 모델을 달리하는 모자이크 스톤블록 15개 제품을 우수조달물품으로 **추가 지정**하였고, 2013.12. 24. 그 **지정기간을 2014. 12. 29.까지로 연장**함.

○ 원고는 2012. 6. 5. 피고와 사이에, 원고가 각 수요기관으로부터 이 사건 제품에 대 한 **납품요구를 받으면 계약금액의 범위 안에서 이 사건 제품을 실제로 그 수요기관 에 납품한 후 그로부터 대금을 지급받기로 하는 물품구매계약(제3자를 위한 단가계 약 방식)을 수의계약으로 체결**함. 그 계약기간은 2012. 6. 5.부터 2013. 6. 4.까지 였고, 그 후 2014. 12. 29.까지로 연장됨.

위 물품구매계약에는 '원고는 물품구매계약 추가특수조건을 충실히 이행한다.'는 취 지와 '이 사건 제품의 **규격은 우수조달물품(모자이크 스톤블록) 규격서와 같다.'는 취지가 포함**되어 있었음.

○ **추가특수조건에 의하면**, "그 밖의 계약조건 등 관련 규정에 의한 계약위반 사실이 있는 경우" 피고는 **1개월 이상 12개월 이하의 범위 내에서** 계약상대자에 대하여 **종 합쇼핑몰에서의 거래를 정지할 수 있도록 정하였고**, 이때 거래정지 기간은 '6개월', 거래정지대상은 '계약'임.

○ **피고는 이 사건 제품을 국가종합전자조달시스템인 나라장터 종합쇼핑몰 인터넷 홈 페이지에 등록**하였고, 원고는 나라장터 종합쇼핑몰을 통해 2013. 4. 11. 인천광역 시 중구, 2013. 9. 2. 수원시 화성사업소, 2013. 9. 25. 수원시로부터 이 사건 **제품 의 납품을 요구받았음**.

○ 원고는 이 사건 수요기관에 이 사건 제품을 납품하였는데, 그중 일부(총 물량의 23%)에 규격서와 달리 조각석에 그물망을 부착하지 않고 조각석 표면에 잔다듬 시 공을 함.

○ 피고는 2014. 6. 13. '원고가 이 사건 수요기관에 공급하고 있는 제품에 대한 계약 이행내역점검 결과 계약 규격과 상이한 점이 있다.'는 이유로 추가특수조건 제22조 제1항 제16호에 따라 원고에 대하여 6개월의 나라장터 종합쇼핑몰 거래정지조치를 취함.

원심의 판단

① 추가특수조건 제22조 제1항 제16호 등은 계약의 일부로서 원고가 그 적용에 동의한 경우에만 당사자 사이에서 구속력이 있을 뿐 법규로서의 효력이 없으므로 이 사건 거래정지조치는 법령이 아니라 계약에 근거한 것으로 보아야 하는 점,

② 이 사건 거래정지조치는 민간의 일반 종합쇼핑몰에서 계약상 의무위반에 대하여 계약에 부가된 조건에 따라 권리를 행사하는 것과 본질적인 차이가 없는 점,

③ 피고가 이 사건 거래정지조치를 하는 과정에서 원고에게 보낸 문서에도 계약위반에 따라 거래정지를 한다고만 기재되어 있을 뿐 달리 이 사건 거래정지조치를 행정처분으로 볼 수 있는 외형이 보이지 않는 점 등을 근거로,

이 사건 거래정지조치는 계약상 의사표시에 불과하므로 항고소송의 대상이 되는 행정처분으로 볼 수 없다고 판단하여 이 사건 소를 각하하였다.

대법원의 판단

(1) 항고소송의 대상인 '처분'이란 "행정청이 행하는 구체적 사실에 관한 법집행으로서의 공권력의 행사 또는 그 거부와 그 밖에 이에 준하는 행정작용"을 말한다(행정소송법 제2조 제1항 제1호). 행정청의 어떤 행위가 항고소송의 대상이 될 수 있는지는 추상적·일반적으로 결정할 수 없고, 관련 법령의 내용과 취지, 그 행위의 주체·내용·형식·절차, 그 행위와 상대방 등 이해관계인이 입는 불이익과의 실질적 견련성, 그리고 법치행정의 원리와 그 행위에 관련한 행정청 및 이해관계인의 태도 등을 참작하여 개별적으로 결정하여야 한다(대법원 2010. 11. 18. 선고 2008두167 전원합의체 판결 등 참조).

(2) 위와 같은 관련 법령 및 고시, 추가특수조건의 규정 내용과 함께 원심판결 이유와 원심이 적법하게 채택한 증거에 의하여 알 수 있는 다음과 같은 사정 등을 종합하면, 이 사건 거래정지조치는 비록 추가특수조건이라는 사법상 계약에 근거한 것이기는 하지만 행정청인 피고가 행하는 구체적 사실에 관한 법집행으로서의 공권력의 행사로서 그 상대방인 원고의 권리·의무에 직접 영향을 미치므로 항고소송의 대상에 해당한다고 봄이 타당하다.

(가) 국가종합전자조달시스템인 나라장터에 등록한 **전자조달이용자는** 나라장터를 통하여 **수요기관의 전자입찰에 참가하거나** 나라장터 종합쇼핑몰에서 등록된 **물품을 수요기관에 직접 판매할 수 있는 지위를 취득하게 된다. 이러한 지위는** 전자조달법, 조달사업법 등에 의하여 보호되는 **직접적이고 구체적인 법률상 이익이다.** 따라서 피고가 계약상대자에 대하여 나라장터 종합쇼핑몰에서의 거래를 일정기간 **정지하는 조치는 계약상대자의 법률상 이익을 직접적으로 제한하거나 침해하는 행위에 해당**한다.

(나) 피고가 각 수요기관에서 공통적으로 필요로 하는 수요물자에 관하여 제3자 단가계약 또는 다수공급자계약을 체결하고 이를 나라장터 종합쇼핑몰에 등록하면, 수요기관은 나라장터 종합쇼핑몰에서 필요한 물품을 직접 선택하여 구매할 수 있게 된다. 그런데 피고가 종합쇼핑몰 **거래정지조치를 할 경우 계약상대자는 피고와의 거래관계뿐** 아니라 수요기관인 국가기관, **지방자치단체 및 공공기관 등과의 거래관계가 모두 정지되는 불이익**을 받게 된다.

(다) 피고는 **거래정지조치를 통해** 물품구매계약을 위반한 **계약상대자를** 종합쇼핑몰에서 **배제함으로써** 성실한 계약의 이행을 **확보함과** 동시에 자신이 구축·운용하는 **종합쇼핑몰의 안전성, 신뢰성 및 공정성 확보라는 공익도** 달성할 수 있게 된다.

(라) 피고가 이 사건 거래정지조치를 하면서 원고에게 보낸 문서에는 이를 행정처분으로 볼 수 있는 기재가 없기는 하다. 그러나
  ① 나라장터 종합쇼핑몰 **거래정지조치를 하는 피고가 행정기관**인 점,
  ② 추가특수조건 제22조 제6항이 행정절차법 제21조와 유사한 처분의 사전통지절차를, 쇼핑몰운영고시 제10조가 이의신청절차를 각각 규정하고 있고, 피고가 실제로 거래정지조치의 **상대방에게 '행정절차법 제21조 제1항'**이 기재된 **의견제출통지서를 보내기도** 하였던 점,
  ③ 전자조달법 제12조에 근거한 **쇼핑몰운영고시 제9조 제1항**은 피고가 나라장터 종합쇼핑몰을 통한 **상품거래를 정지할 수 있는 사유들을 규정하고** 있는 점,
  ④ **조달업체들 역시** 피고의 나라장터 종합쇼핑몰 거래정지조치가 **행정처분에 해당하는 것으로 인식하고** 그에 대하여 **항고소송을 제기하여 온 점**

등을 고려하면, 이 사건 **거래정지조치는 행정처분으로서의 외형을 갖추었다**고 볼 수 있다.

(마) 나라장터 종합쇼핑몰 거래정지의 대상이 계약인 경우, **추가특수조건 제22조의3 제1호에 의하여** 해당 계약의 품명이 포함된 모든 형태의 계약이 연계적으로 **거래정지 대상이** 된다. 즉 계약상대자가 동일 품명에 해당하는 여러 품목의 물품에 관하여 2개 이상의 제3자 단가계약을 체결한 경우 거래정지 사유가 1개의 계약과 관련하여서만 인정되는 경우에도 나머지 계약까지 거래정지 대상이 될 수 있으므로, **거래정지조치는 계약상대자에게 중대한 불이익**이 될 수 있다.

또한 **거래정지 기간 경과 후** 계약상대자가 피고와 새로운 다수공급자계약을 체결하려고 하거나 피고에게 우수조달물품 지정신청을 할 때, **거래정지를 받은 사실 자체가 계약체결 거부사유 또는 감점사유로 불이익하게 작용**할 수 있다.

(3) 이처럼 **추가특수조건에 근거하여 이루어지는 종합쇼핑몰 거래정지조치는** 피고가 계약상대자에게 부과하는 대표적인 불이익 조치 중 하나로서 계약상대자에게 **중대한 영향을 미치므로, 이 사건 거래정지조치는 항고소송의 대상이 되는 행정처분에 해당**한다. 다만 추가특수조건에서 정한 **제재조치의 발동요건조차 갖추지 못한 경우에는 이 사건 거래정지조치는 위법**하다고 인정할 수 있다. 따라서 원심으로서는 원고의 행위가 추가특수조건에서 정한 거래정지조치의 사유에 해당하는지, 추가특수조건의 내용이나 그에 기한 거래정지조치가 국가계약법령 등을 위반하였거나 평등원칙, 비례원칙, 신뢰보호 원칙 등을 위반하였는지 등에 관하여 나아가 살폈어야 할 것이다.

(4) 그런데도 원심은 이와 달리, 이 사건 거래정지조치가 사법상 계약에 근거한 의사표시에 불과하고 항고소송의 대상이 되는 행정처분으로 볼 수 없다고 판단하여 이 사건 소를 각하하였다. 이러한 원심판결에는 항고소송의 대상인 처분에 관한 법리를 오해하여 판결에 영향을 미친 잘못이 있다.

⊃ 대법원 2018. 11. 29. 선고 2015두52395 판결 [종합쇼핑몰거래정지처분취소]

관련 법령

■ 전자조달의 이용 및 촉진에 관한 법률(약칭: 전자조달법)

▶ 제12조(전자조달시스템의 구축·운용 등) ① 조달청장은 조달업무를 전자적으로 처리하기 위하여 전자조달시스템을 구축하여야 한다.

② 조달청장은 수요기관의 장 등 관계 기관의 장에게 대통령령으로 정하는 바에 따라 전자조달시스템을 구축·운용하는 데 필요한 자료 또는 정보의 제공을 요청할 수 있다. 이 경우 자료 또는 정보의 제공을 요청받은 기관의 장은 특별한 사유가 없으면 이에 따라야 한다.

③ 조달청장은 **전자조달시스템의 구축·운용에 관한 기준을 정하여 고시**할 수 있다.

■ 국가종합전자조달시스템 종합쇼핑몰 운영규정(조달청 고시)

▶ 제7조(거래정지 및 긴급 사전거래정지) ① 계약담당공무원은 다음 각 호의 어느 하나에 해당하는 경우에는 **해당 계약상품을 종합쇼핑몰에서 거래정지시킬 수 있다.** 다만, 제9호에 대한 거래정지는 검사담당공무원이 조치할 수 있다.

1. 다수공급자계약 상품: 「물품 다수공급자계약 특수조건」 제16조 제1항 각 호 또는 「용역 다수공급자계약 특수조건 제25조 제1항」 각 호에 해당되는 경우(단, 다수공급자계약된 상품 중 거래정지에 관한 별도 규정이 있는 경우 해당 규정을 우선적으로 따른다.)
2. 정부조달 문화상품: 「정부조달 문화상품 업무처리 규정」 제16조 제1항 각 호에 해당되는 경우
3. 정부조달 전통주: 「정부조달 전통주 업무처리 규정」 제18조 각 호에 해당되는 경우
4. 우수조달물품: **「물품구매(제조)계약추가특수조건」 제22조 제1항 각 호 또는 제22조의2 제1항 각 호에 해당되는 경우**
5. 삭제
6. 삭제
7. 상용소프트웨어 제3자 단가계약 상품: 「상용소프트웨어 제3자 단가계약 추가특수조건」 제13조 제1항 각 호에 해당되는 경우
8. 카탈로그 상품: 「용역 카탈로그계약 특수조건」 제18조 제1항 각 호에 해당되는 경우 또는 「디지털서비스 카탈로그계약 특수조건」 제15조 제1항 각 호에 해당되는 경우
9. 제1호 내지 제8호에 해당하는 상품: 「물품구매계약 품질관리 특수조건」 제14조의2 및 제17조에 해당되는 경우
② 거래정지에 대한 세부적인 사항은 제1항 각 호의 해당 규정들을 따른다.
③ 제1항 및 제2항에 따라 거래정지 또는 긴급 사전거래정지(이하 "거래정지 등"이라 한다.)가 된 경우에는 **당해 계약이 종료되더라도** 거래정지 등의 **기간이 종료되기 전까지는 다음 각 호의 정지대상에 따라 종합쇼핑몰에서 연계적으로 거래정지를 적용한다.**
1. 정지대상이 업체인 경우 **해당 업체가 계약 체결한 모든 형태의 종합쇼핑몰 등록과 관련된 계약 품목**
2. 정지대상이 계약인 경우 **계약상대자의 해당 계약의 세부품명이 포함된 모든 형태의 종합쇼핑몰 등록과 관련된 계약 품목**
3. 정지대상이 세부품명인 경우 계약상대자가 해당 세부품명으로 계약한

모든 형태의 종합쇼핑몰 등록과 관련된 계약 품목

4. 정지대상이 품목인 경우 해당 계약 품목

④ **종전 계약에 의한 제1항의 거래정지사유가 발생하거나 확인된 경우,** 거래정지 등의 사유에 따른 **조치사항을 당해 계약에 적용**할 수 있다.

⑤ 계약담당공무원은 계약상대자의 종전 계약에 의한 거래정지 등의 사유가 발생된 경우, 거래정지 등의 사유에 따른 조치사항을 당해 계약에 적용할 수 있다.

⑥ 계약담당공무원은 계약상대자의 종전 계약에 대한 거래정지 등이 계약기간 만료로 인하여 그 기간이 남아있는 경우에는 종전계약의 잔여 거래정지 등의 기간을 당해 계약에도 연속하여 적용하여야 한다. 다만, 제3항에 따라 종합쇼핑몰에서 연계적으로 거래정지를 한 경우에는 잔여 거래정지 등의 기간에서 해당 연계 거래정지 기간을 제외할 수 있다.

⑥ 계약담당공무원은 제1항의 각 호의 사유로 종합쇼핑몰을 통한 상품거래를 정지시킨 경우에는 그 사유 및 제한 내용을 계약상대자에게 통지하고 종합쇼핑몰 상 상품상세정보 중[종합쇼핑몰 거래정지현황]에 관련 내용을 등재한다.

해설

O 나라장터 종합쇼핑몰에서 거래정지조치

본 사안의 조치는 계약당사자 간 계약특수조건에 근거하여 계약의 상대방인 업체가 계약의 내용을 위반하는 경우 **국가가 운영하는 국가종합전자조달시스템인 나라장터 종합쇼핑몰에서 1개월 이상 12개월 이하의 범위 내에서 거래를 정지**하는 것이다.

이 나라장터의 종합쇼핑몰에서 거래를 정지하면 해당 계약뿐만 아니라 해당 계약의 품명이 포함된 모든 형태의 계약이 연계적으로 거래정지된다.
일반적인 **국가기관 내지 지방자치단체의 입찰 참가자격 제한은 아니지만 유사한 구조를 가지고 있다고 할 것이다.**

O 원심 및 대법원의 판단

(1) 이에 대하여 하급심 법원은 이 조치가 법령상의 근거가 아닌 **계약특수조건에 근거한다는 점**에 중점을 두어 **행정처분이 아닌 사법상의 의사표시**로 보았다.

(2) 그러나, 대법원은

(가) 거래가 정지됨으로 인하여 업체가 받게 되는 불이익은 전자조달법 등 관련 **법령에서 보호하는 직접적이고 구체적인 이익에 대한 침해**인 점,

(나) 거래정지로 인하여 해당 기관뿐만 아니라 수요기관인 국가기관, 지방자치단체, 공공기관의 거래도 정지되는 등 **불이익이 중대**한 점,

(다) 조치기관이 행정기관이고, 조치에 대한 이의신청절차도 행정절차법에 근거하여 통보하였으며, 전자조달법 등에 거래정지사유가 규정되는 등 **행정처분의 외형**을 가지고 있다는 점

등에 중점을 두어 **행정처분으로 판단**하였다.

이는 계약상대자인 업체에 대한 위 조치가 비록 계약 특수조건에 구체적으로 근거하지만, 법령과 그 시행에 따른 고시에도 일반적인 근거를 가지고 있고, 계약 당사자인 조달청과의 거래관계뿐 아니라 수요기관인 국가기관, 지방자치단체 및 공공기관 등과의 거래관계가 모두 정지되는 불이익을 당한다는 점에서 그 **불이익의 중대성이 부정당업자 제재처분에 준하는 것**으로 보는 듯하다.

(3) 따라서, 위 조치에 대하여는 업체는 **행정법원에서 행정소송으로 다툴 수** 있게 된다.

사실관계

○ 원고(업체)는 2004년경부터 2010년경 사이에 피고(공기업)가 실시한 원자력 발전용 케이블 구매입찰에서 다른 업체들과 물량배분 비율을 정하고, 투찰가격을 공동으로 결정하는 등 **담합행위를 하였고,** 이를 이유로 2014. 1. 10.경 공정거래위원회로부터 「독점규제 및 공정거래에 관한 법률」에 따라 **과징금 부과처분을 받음.**

○ 피고(공기업)는 2014. 4. 15. 원고에 대하여 위와 같은 **입찰담합행위를 이유로** 「공공기관의 운영에 관한 법률」(이하 '공공기관운영법'이라 한다) 제39조 제2항에 따라 **2년의 입찰 참가자격 제한 처분을** 함.

○ 피고는 2014. 9. 17. 다시 **원고에 대하여 부정당업자 제재처분을 받았다는 이유로** 피고의 내부 규정인 '공급자관리지침' 제7조 제3호, 제31조 제1항 제11호에 근거하여 **'공급자등록 취소 및 10년의 공급자등록제한 조치'를 통보함**(이하 '이 사건 거래제한조치'라 한다).

관련 규정과 법리

(1) 피고의 법적 지위

피고는 「한국전력공사법」에 의하여 설립된 공법인인 한국전력공사가 종래 수행하던 발전사업 중 수력·원자력 발전사업 부문을 전문적·독점적으로 수행하기 위하여 2000. 12. 23. 법률 제6282호로 제정된 「전력산업 구조개편 촉진에 관한 법률」에 의하여 **한국전력공사에서 분할되어 설립된 회사로서,** 한국전력공사가 그 주식 100%를 보유하고 있으며, 공공기관운영법 제5조 제3항 제1호에 따라 **'시장형 공기업'으로 지정·고시된 '공공기관'**이다. 피고는 공공기관운영법에 따른 '공기업'으로 지정됨으로써 공공기관운영법 제39조 제2항에 따라 입찰 참가자격·제한 처분을 할 수 있는 권한을 부여받았으므로 **'법령에 따라 행정처분권한을 위임받은 공공기관'으로서 행정청에 해당**한다.

(2) 피고의 공급자관리지침의 법적 성질

(가) 행정기관이 소속 공무원이나 하급행정기관에 대하여 세부적인 업무처리절차나 법령의 해석·적용 기준을 정해 주는 **'행정규칙'은 상위법령의 구체적 위임이 있지 않는 한 그 조직 내부에서만 효력을 가질 뿐** 대외적으로 국민이나 법원을 구속하는 효력이 없다. 행정규칙이 이를 정한 행정기관의 재량에 속하는 사항에 관한 것인 때에는 그 규정 내용이 객관적 합리성을 결여하였다는 등의 **특별한 사정이 없는 한 법원은 이를 존중하는 것이** 바람직하다.

그러나 **행정규칙의 내용이 상위법령이나 법의 일반원칙에 반하는 것이라면** 법치국가원리에서 파생되는 법질서의 통일성과 모순금지 원칙에 따라 그것은 법질서상 **당연무효이고, 행정내부적 효력도 인정될 수 없다.** 이러한 경우 법원은 해당 행정규칙이 법질서상 부존재하는 것으로 취급하여 **행정기관이 한 조치의 당부를 상위법령의 규정과 입법 목적 등에 따라서 판단하여야 한다** (대법원 2019. 10. 31. 선고 2013두20011 판결 등 참조)

(나) 공공기관운영법이나 그 하위법령은 공기업이 거래상대방 업체에 대하여 공공기관운영법 제39조 제2항 및 「공기업·준정부기관 계약사무규칙」 제15조에서 정한 범위를 뛰어넘어 추가적인 제재조치를 취할 수 있도록 위임한 바 없다. 따라서 **피고의 공급자관리지침 중 등록취소 및 그에 따른 일정 기간의 거래제한조치에 관한 규정들은 공공기관으로서 행정청에 해당하는 피고가 상위법령의 구체적 위임 없이 정한 것이어서 대외적 구속력이 없는 행정규칙이라고** 보아야 한다.

이 사건 거래제한조치가 행정처분에 해당하는지 여부

(1) 앞서 본 사실관계를 관련 규정과 법리에 비추어 살펴보면, 피고가 자신의 '공급자관리지침'에 근거하여 등록된 공급업체에 대하여 하는 **'등록취소 및 그에 따른 일정 기간의 거래제한조치'는 행정청이 행하는 구체적 사실에 관한 법집행으로서의 공권력의 행사인 '처분'에 해당**한다고 보아야 한다. 그 구체적인 이유는 다음과 같다.

(가) 피고의 공급자관리지침은 피고가 공공기관이라는 우월적 지위에서 일방적으로 제정·운용하는 내부 규정으로서, 그것에 따른 **거래제한조치도 피고가 등록된 공급업체의 법적 지위를 일방적으로 변경·박탈하는 고권적 조치라고** 보아야 한다.

(나) 계약당사자 사이에서 계약의 적정한 이행을 위하여 일정한 계약상 의무를 위반하는 경우 계약해지, 위약벌이나 손해배상액 약정, 장래 일정 기간의 거래제한 등의 제재조치를 약정하는 것은 상위법령과 법의 일반원칙에 위배되지 않는 범위에서 허용되며, 그러한 **계약에 따른 제재조치는 법령에 근거한 공권력의 행사로서의 제재처분과는 법적 성질을 달리 한다**(대법원 2014. 12. 24. 선고 2010다83182 판결).

그러나 공공기관의 어떤 제재조치가 계약에 따른 제재조치에 해당하려면 일정한 사유가 있을 때 그러한 제재조치를 할 수 있다는 점을 **공공기관과 그 거래상대방이 미리 구체적으로 약정**하였어야 한다. 공공기관이 여러 거래업체들과의 계약에 적용하기 위하여 거래업체가 일정한 계약상 의무를 위반하는 경우 장래 일정 기간의 거래제한 등의 제재조치를 할 수 있다는 내용을 계약특수조건 등의 일정한 형식으로 미리 마련하였다고 하더라도, 「약관의 규제에 관한 법률」 제3조에서 정한 바와 같이 **계약상대방에게 그 중요 내용을 미리 설명하여 계약내용으로 편입하는 절차를 거치지 않았다면 계약의 내용으로 주장할 수 없다.**

(다) 나아가 살펴보더라도, 피고가 든 '청렴계약 및 공정거래 이행각서'에는 "경쟁입찰에서 담합 등 공정한 입찰질서 및 거래를 방해하는 행위를 하지 않습니다. 위 사항을 위반할 경우에는 한수원(주)의 입찰 참가자격의 취소, 낙찰취소, 계약의 해제 또는 해지 및 입찰 참가자격의 제한 등의 조치를 감수할 것이며, 한수원(주)의 조치와 관련하여 손해배상을 청구, 소송 등에 의한 어떠한 이의도 제기하지 않을 것임을 확약합니다."라고 기재되어 있을 뿐, **피고의 '공급자관리지침'의 규정 내용이나 '10년의 거래제한조치'에 관한 내용이 포함되어 있지 않다.** 따라서 이러한 이행각서의 기재만으로 피고가 자신의 공급자관리지침 중 등록취소 및 그에 따른 일정 기간의 거래제한조치에 관한 규정들을 설명하여 원고와의 계약내용으로 편입하는 절차를 거쳤다고 인정하기에는 부족하다. 따라서 **피고의 공급자관리지침에 근거한 이 사건 거래제한조치를 계약에 따른 제재조치라고 볼 수는 없다.**

(2) 같은 취지에서 **원심은, 이 사건 거래제한조치가 항고소송의 대상인 행정처분에 해당한다고 판단**하였다. 나아가 원심은 행정청인 피고가 이미 공공기관운영법 제39조 제2항에 따라 2년의 입찰 참가자격 제한 처분을 받은 원고에 대하여 다시 법률상 근거 없이 자신이 만든 행정규칙에 근거하여 공공기관운영법 제39조 제2항에서 정한 **입찰 참가자격 제한 처분의 상한인 2년을 훨씬 초과하여 10년간 거래제한조치를 추가로 하는 것은 제재처분의 상한을 규정한 공공기관운영법에 정면으로 반하는 것이어서 그 하자가 중대·명백하다고 판단**하였다.

이러한 원심판단은 앞서 본 법리에 따른 것으로서 정당하고, 거기에 상고이유 주장과 같이 항고소송의 대상적격 등에 관한 법리를 오해한 잘못이 없다.

⊃ 대법원 2020. 5. 28. 선고 2017두66541 판결 [공급자등록취소무효확인등청구]

관련 법령

▣ 공공기관운영법

▶ 제39조(회계원칙 등) … ② 공기업·준정부기관은 공정한 경쟁이나 계약의 적정한 이행을 해칠 것이 명백하다고 판단되는 사람·법인 또는 단체 등에 대하여 **2년의 범위 내에서 일정기간 입찰 참가자격을 제한**할 수 있다.
③ 제1항과 제2항의 규정에 따른 회계처리의 원칙과 **입찰 참가자격의 제**

한기준 등에 관하여 필요한 사항은 기획재정부령으로 정한다.

■ 공기업·준정부기관 계약사무규칙(기획재정부령)

▶ 제15조(부정당업자의 입찰 참가자격 제한) 법 제39조 제3항에 따라 기관장은 공정한 경쟁이나 계약의 적정한 이행을 해칠 것이 명백하다고 판단되는 자에 대해서는 「국가를 당사자로 하는 계약에 관한 법률」 제27조에 따라 입찰 참가자격을 제한할 수 있다.

■ 공급자관리지침(한국수력원자력 규정)

(개정 전)

▶ 제7조(등록신청과 등록의 제한) ① 다음 각 호의 어느 하나에 해당하는 업체는 각 호에서 정한 기간 동안 당해 업체 또는 품목에 대한 등록을 다시 할 수 없다. 만약 동시에 적용할 등록제한사유가 2개 이상인 경우에는 그 중 등록의 제한기간이 가장 긴 사유를 적용한다. 다만, 제3호와 제4호의 사유가 있는 경우에는 관련 업체의 등록과 그 업체의 품목 전체에 대하여 등록 제한 규정을 적용한다.

1. 등록신청에 대한 심사를 한 결과 부적격으로 판정된 업체는 부적격 통보를 받은 날부터 6개월

2. 제26조 제1항 제1호부터 제5호까지와 제12호부터 제15호까지의 규정에 따라 등록이 취소된 업체는 그 취소의 통보를 받은 날부터 1년

3. 제26조 제1항 제6호부터 제10호까지의 규정에 따라 등록이 취소된 업체는 그 취소의 통보를 받은 날부터 10년 ...

▶ 제26조(등록의 취소, 효력정지) ① 회사에 등록된 공급자가 다음 각 호의 어느 하나에 해당하는 경우 관련부서의 요청에 의하거나 주관부서의 직권으로 등록을 취소 또는 효력정지할 수 있으며, 제1호와 제6호부터 제10호까지 및 제13호의 경우에는 특정 품목과 관련하여 공급자 제재 사유가 된 경우에도 그 업체와 그 업체 소관 품목 전체의 등록을 취소 또는 효력을 정지한다. ...

13. 회사로부터 입찰 참가자격 제한을 받은 경우, 단, 법원이 입찰 참가자격 제한에 대해 집행정지를 받아들이는 경우는 제외한다. ...

○ 문제의 소재

본 사안은 공공기관이 업체의 담합행위 등에 대하여 관련 법령에서 권한을
위임한 입찰 참가자격 제한 외에 **공공기관의 행정규칙인 지침에 의하여 공
급자 등록취소 및 공급자 등록제한조치**를 한 것이다.

○ 법률의 위임없는 공공기관의 행정규칙의 효력

대법원은 먼저 법률의 위임없이 입찰 참가자격 제한제도의 취지를 넘어서는
공급자 등록제한 등을 규정한 공공기관의 행정규칙은 **대외적인 구속력이 없
다고 판단**하였다.

○ 계약상 제재조치 해당여부

다음으로, 공공기관의 위 조치의 법적 성격에 대하여 계약상의 제재조치가 되기
위해서는 **상위법령과 법의 일반원칙에 위배되지 않는 범위에서 허용**되며, 계약
의 중대한 내용에 대한 설명 등을 통하여 **계약에 편입되어야 한다**고 본다.
하지만, 본 사안에서는 그러한 절차가 없으므로 계약에 편입되지 않아 계약
상의 제재조치가 될 수는 없다고 보았다.

○ 행정처분 해당여부

먼저 이 사건 조치의 주체인 공기업은 관련 법령에 의하여 입찰 참가자격 제
한처분을 할 수 있는 **권한을 위임받은 행정청에 해당**한다. 또한, 이 사건의
거래제한조치는 입찰 참가자격 제한처분과 유사한 불이익한 조치로서 공공
기관이 등록된 **공급업체의 법적 지위를 일방적으로 변경·박탈하는 고권적
조치로서 행정처분에 해당**한다고 보았다.

○ 이 사건 제재처분의 위법성

더 나아가 위 조치는 **입찰 참가자격 제한조치의 상한을 규정한 관련 법령의
취지를 벗어난 내용**으로서 **중대하고 명백한 하자가 있다고 판단**하였다.

○ 공급관리지침의 개정

　위 공급관리지침은 위 판결의 영향 등으로 아래와 같이 개정되었다('20. 2. 20.)

▶ 제7조(공급자 제재기간) ① 다음 각 호의 어느 하나에 해당하는 업체는 **각**
호에서 정한 기간 동안 당해 업체 또는 품목에 대한 등록을 다시 할 수 없다.

　1. 제26조 제1항 제1호부터 제5호까지 규정에 따라 등록이 취소된 업체는 그
　　 취소의 통보를 받은 날부터 1년

　2. 제26조 제1항 제6호부터 제9호까지의 규정에 따라 등록이 취소된 업체는
　　 그 취소의 통보를 받은 날부터 2년

　3. 제26조 제1항 제10호의 규정에 해당하는 업체에 대하여는 입찰 또는 입찰
　　 참가자격 제한에 관한 「특수계약(공정거래) 심의위원회」심의·의결에 따라
　　 결정된 제한 기간

사실관계

○ 원고(A 업체)는 피고(한국전력공사)와 사이에 개폐기접속재 **물품구매계약 등**을 체결함.

○ 원고는 이 사건 각 계약을 체결하면서, 하자보증기간은 납품 후로부터 3년으로 정하였고, 아래와 같은 내용의 **청렴계약 특수조건**(이하 '이 사건 특수조건'이라 한다)을 부가함.

제3조(부정당업자의 입찰 참가자격제한)

① 입찰·낙찰·계약체결 및 계약이행과 관련하여 관계직원에게 직·간접적으로 금품, 향응 등의 부당한 이익을 제공하지 않으며 이를 위반하였을 때에는 **입찰 참가자격 제한처분을 받은 날로부터 2년 동안 한국전력공사에서 시행하는 입찰에 참가하지 못한다.**

○ 원고의 영업본부장 갑은 피고 직원들에게 6회에 걸쳐 **금품수수**를 하였고, 각 기소유예처분을 받음.

○ 피고는 2008. 7. 21. 위와 같은 금품수수를 이유로 원고에게

(1) 공기업·준정부기관 계약사무규칙 제15조 및 국가를 당사자로 하는 계약에 관한 법률(이하 '국가계약법'이라 한다) 시행령 제76조 제1항 제10호에 따라 **3개월간 입찰 참가자격을 제한하는 부정당업자제재처분**을 함과 동시에,

(2) 이 사건 각 계약들에 포함된 이 사건 특수조건에 따라 피고가 시행하는 입찰에 한하여 **2년간(2008. 7. 21.부터 2010. 7. 20.까지) 입찰 참가자격을 제한하는** 조치를 함.

○ 한편, 기획재정부는 2008. 6. 25. 피고에게 '계약상대자가 뇌물제공시 뇌물제공금액에 관계없이 **일률적으로 입찰 참가자격을 2년으로 제한하는 것은 국가계약법령의 범위를 벗어나 계약상대자의 이익을 제한하는 경우에 해당**하는 것으로서, 동 특수조건의 내용은 효력이 없다.'라는 취지의 유권해석을 하였고, 피고는 2008. 9. 1. 계약규정 시행세칙을 제정하여 뇌물공여를 이유로 한 입찰 참가자격 제한기간의 범위를 3월 이상 2년 이하로 변경함.

대법원 판단

(1) **구 정부투자기관 관리기본법**(2006. 10. 4. 법률 제8049호로 개정되기 전의 것)은 제20조에서 '투자기관은 계약을 체결함에 있어서 공정한 경쟁 또는 계약의 적정한 이행을 해칠 것이 명백하다고 판단되는 자에 대하여는 일정 기간 입찰 참가자격을 제한할 수 있다.'고 규정하고(제2항), "제2항의 규정에 의한 계약의 기준. 절차 및 입찰 참가자격의 제한 등에 관하여 필요한 사항은 재정경제부령으로 정한다."고 규정하며(제3항), **재정경제부령인 구정부투자기관회계규칙**(2007. 6. 29. 재정경제부령 제567호로 폐지되기 전의 것)은 제2조 제2항에서 "투자기관의 계약에 관하여

이 규칙에 규정되지 아니한 사항에 관하여는 국가를 당사자로 하는 계약에 관한 법률을 준용한다."라고 규정하고 있지만,

위 각 규정 때문에 정부투자기관이 계약의 적정한 이행을 위하여 계약상대방과의 계약에 근거하여 계약당사자 사이에만 효력이 있는 계약특수조건 등을 부가하는 것이 금지되거나 제한된다고 할 수는 없고, 사적자치와 계약자유의 원칙상 그러한 계약내용이나 조치의 효력을 함부로 부인할 것은 아니다.

다만 공공계약의 특수성에 비추어 그 내용이 앞서 본계약 관계 법령에 위반하거나 비례의 원칙에 반하여 계약상대방에게 지나치게 가혹한 것이거나 선량한 풍속 기타 사회질서에 반하는 결과를 초래할 것임이 분명하여 이를 무효로 하지 않으면 공공계약의 공공성과 공정성을 유지하기 어렵다고 할 만한 특별한 사정이 있는 경우에는 무효로 된다고 해석함이 상당하다.

(2) 원심은 제1심판결의 이유를 인용하여 그 판시와 같은 사실을 인정한 다음,
① 이 사건 특수조건은 이 사건 각 계약에 종속된 이른바 사법상의 위약벌의 합의로서 원칙적으로 그 유효성이 인정되고, 다만 사인 간의 위약벌 약정과 마찬가지로 사적 자치와 계약자유의 원칙의 한계를 벗어나는 경우 그 전체 또는 일부가 무효로 평가될 수 있을 것이기는 하지만, 이 사건 특수조건이 예상하는 제재는 피고(한국전력공사)가 실시하는 입찰에 참가할 것을 제한하는 것에 한정되고 다른 국가기관이나 공공기관에서 시행하는 입찰에 참가하는 것을 제한하는 경우와 무관하기 때문에 관계 법령이 그대로 적용되는 성질의 것이 아닌 점,
② 이 사건 각 계약이 체결될 당시의 관계 법령에 의하더라도 정부투자기관의 장은 계약의 상대방이 계약의 체결·이행과 관련하여 임·직원에게 뇌물을 제공한 경우 1월 이상 2년 이하의 범위 내에서 입찰 참가자격을 제한할 수 있고, 다만 그 위반의 정도가 경미하거나 기타 정상을 참작할 만한 특별한 사유가 있으면 6월의 범위 내에서 이를 감경할 수 있는 것일 뿐이므로, 이사건 특수조건이 뇌물액수 등에 관계없이 관계 법령에서 정하는 최상한의 기간으로 입찰 참가자격 제한기간을 정하였다고 하여 이를 두고 당시 시행 중이던 관계 법령을 위반하였다거나 그 취지에 반한다고도 할 수 없는 점,
③ 낙찰자가 계약이행과 관련하여 관계직원에게 직·간접적으로 금품, 향응 등의 부당한 이익을 제공하게 되면 이 사건 각 계약의 목적을 달성하기 어려워질 것이 예상되고 이는 궁극적으로 한 개인의 문제로 귀착되는 것이 아니라 사회적, 국가적 공익과 관련하여 커다란 폐해를 초래하게 될 수 있는 바, 이 사건 특수조건은 위와 같은 부당한 일의 발생을 방지하고 계약의 공정성을 확보함과 동시에 피고가 추구하는 공적 목표를 달성하기 위하여 계약의 충실한 이행을 확보하는 것을 그 목적으로 하여 원고와의 합의를 통해 이 사건 각 계약에 포함된 것으로 그 목적과 방법의 정당성이 인정되며, 위와 같은 목적과 원고가 여

러 명에게 수차례에 걸쳐 금품 등을 제공함으로써 계약의 적절한 이행을 해칠 것이 명백하게 우려되므로, 위 뇌물공여를 이유로 한 2년 간의 입찰 참가자격 제한의 제재가 뇌물의 액수에 비하여 중한 면이 있기는 하지만, 그렇다고 피고가 실시하는 입찰에 한하여 2년간 참가자격 제한의 제재를 하는 것이 반드시 비례의 원칙에 반하여 원고에게 과도하게 부당한 불이익을 주는 것이라고 평가할 정도는 아닌 것으로 보이는 점,

④ 원고(업체)는 수년에 걸쳐 피고가 실시하는 입찰에 참가하여 낙찰자로 선정된 후 이 사건특수조건과 같은 내용의 조건이 포함된 계약서를 작성하여 왔을 뿐만 아니라 이 사건 특수조건의 문언적 의미가 명백하며, 원고는 이와 관련한 각서까지 제출한 바도 있는 점,

⑤ 이 사건 특수조건이 적용되는 경우는, 채권자가 계약체결 또는 그 이행과 관련하여 관계직원에게 직·간접적으로 금품, 향응 등의 부당한 이익을 제공하는 경우로, 이 사건 특수조건의 적용 가능성은 원고 임·직원의 의사 및 행위에 달려 있는 점,

⑥ 원고가 특정 자재의 공급시장을 독점하고 있는 사실과 원고의 영업규모, 매출액 등에 비추어 피고와의 관계에서 반드시 약자의 지위에 있다고만 볼 수는 없는 점,

⑦ 이 사건 각 계약 체결 후 입찰 참가자격 제한에 관한 관계 법령이 계약상대방에게 유리하게 개정되었다고 하여 이 사건 제한조치가 위법하다거나 무효라고 볼 수 없다는 점

등을 종합하여, 이 사건 특수조건이나 그에 근거한 이 사건 제한조치가 모두 유효하다고 판단하고, 이 사건 특수조건이 정부투자기관회계규칙 제12조 제2항, 정부물품구매(제조)계약 일반조건 제3조 제3항, 민법 제103조, 제104조에 반하여 무효이거나, 약관의 규제에 관한 법률 제6조 제1항, 제2항 제1호에 의하여 무효라는 등의 원고의 주장을 모두 배척하였다.

앞서 본 법리 및 기록에 비추어 살펴보면, 위와 같은 원심의 판단은 정당한 것으로 수긍할 수 있고, 거기에 상고이유에서 주장하는 바와 같이 구 정부투자기관 관리기본법 등 관계 법령의 적용범위, 이 사건 특수조건 및 제한조치의 효력, 약관의 규제에 관한 법률 제6조, 신의칙에 관한 법리를 오해하는 등의 위법이 없다.

⊃ 대법원 2014. 12. 24. 선고 2010다83182 판결 [입찰 참가자격지위확인]

해설

○ 문제의 소재

공기업은 계약상대방인 업체에 대하여 공공기관운영법 등을 근거로 행정처분으로서 입찰 참가자격 제한처분을 할 수 있다. 그러나, 그에 더 나아가 계

약 당사자 간 체결한 **계약특수조건을 근거로 공기업이 시행하는 입찰절차만 참가가 제한되는** 조치를 추가로 할 수 있는가가 문제된다.

○ 계약특수조건을 근거로 입찰 참가자격 제한조치의 유효성

(1) 본 사안은 공기업인 정부투자기관이 계약당사자 간 체결한 계약특수조 건을 근거로 계약당사자 간에만 효력이 있는 입찰 참가자격 제한조치를 한 것이다.

대법원은 먼저 정부투자기관이 계약의 적정한 이행을 위하여 계약상대 방과의 **계약에 근거하여 계약당사자 사이에만 효력이 있는 계약특수조 건 등을 부가하는 것이 금지되거나 제한된다고 할 수는 없다고 하여 인 정**하는 한편 그 내용이 계약 관계 법령에 위반하거나 비례의 원칙에 반 하여 계약상대방에게 지나치게 가혹한 것이거나 선량한 풍속 기타 사회 질서에 반하는 결과를 초래할 것임이 분명하여 이를 **무효로 하지 않으면 공공계약의 공공성과 공정성을 유지하기 어렵다고 할 만한 특별한 사정 이 있는 경우에는 무효가 된다**는 일반적 기준을 제시하였다.

(2) 본 사안에서 구체적으로 정부투자기관의 입찰 참가자격 제한조치도 효 력의 범위, 기간 등이 **관련 법령의 취지에 반하지 않고,** 계약의 공정성 을 유지하기 위한 조치의 **목적 등의 정당성이 인정**되며, 공급 독점을 하 고 있는 업체의 당사자로서의 지위가 절대적으로 약자인 것만은 아닌 점, **제재의 정도가 비례의 원칙에 위반되지 않는 점** 등을 고려하여 **유효 하다**고 판단하였다.

국가철도공단(구 한국철도시설공단)의 공사낙찰적격심사 감점처분의 법적 성격

(1) 행정소송의 대상이 되는 행정처분은, 행정청 또는 그 소속기관이나 법령에 의하여 행정권한의 위임 또는 위탁을 받은 공공기관이 국민의 권리의무에 관계되는 사항에 관하여 공권력을 발동하여 행하는 공법상의 행위를 말하며, 그것이 상대방의 권리를 제한하는 행위라 하더라도 행정청 또는 그 소속기관이나 권한을 위임받은 공공기관의 행위가 아닌 한 이를 행정처분이라고 할 수 없다.

(2) 원심판결 이유와 기록에 의하면, 피고(한국철도시설공단)가 2008. 12. 31. 원고(업체)에 대하여 한 **공사낙찰적격심사 감점처분**(이하 '이 사건 감점조치'라 한다)의 **근거로 내세운 규정은 피고의 공사낙찰적격심사세부기준**(이하 '이 사건 세부기준'이라 한다) 제4조 제2항인 사실, 이 사건 세부기준은 공공기관의 운영에 관한 법률 제39조 제1항, 제3항, 구 공기업·준정부기관 계약사무규칙(2009. 3. 5. 기획재정부령 제59호로 개정되기 전의 것, 이하 같다) 제12조에 근거하고 있으나, 이러한 규정은 공공기관이 사인과 사이의 계약관계를 공정하고 합리적·효율적으로 처리할 수 있도록 관계 공무원이 지켜야 할 계약사무처리에 관한 필요한 사항을 규정한 것으로서 공공기관의 내부규정에 불과하여 대외적 구속력이 없는 것임을 알 수 있다.

(3) 이러한 사실을 위 법리에 비추어 보면, 피고가 원고에 대하여 한 **이 사건 감점조치는 행정청이나 그 소속 기관 또는 그 위임을 받은 공공단체의 공법상의 행위가 아니라** 장차 그 대상자인 원고가 피고가 시행하는 입찰에 참가하는 경우에 그 낙찰적격자 심사 등 계약 사무를 처리함에 있어 **피고 내부규정인 이 사건 세부기준에 의하여 종합취득점수의 10/100을 감점하게 된다는 뜻의 사법상의 효력을 가지는 통지행위에 불과**하다 할 것이고, 또한 피고의 이와 같은 통지행위가 있다고 하여 원고에게 공공기관의 운영에 관한 법률 제39조 제2항, 제3항, 구 공기업·준정부기관 계약사무규칙 제15조에 의한 국가, 지방자치단체 또는 다른 공공기관에서 시행하는 모든 입찰에의 참가자격을 제한하는 효력이 발생한다고 볼 수도 없으므로, 피고의 이 사건 감점조치는 **행정소송의 대상이 되는 행정처분이라고 할 수 없다.** 그럼에도 원심은 이와 달리 그 판시와 같은 이유만을 들어 이 사건 감점조치가 행정처분에 해당한다고 보고 본안에 대하여 판단하고 말았으니, 이러한 원심판결에는 행정처분에 관한 법리를 오해함으로써 판결에 영향을 미친 위법이 있다.

⊃ 대법원 2014. 12. 24. 선고 2010두6700 판결 [부정당업자제재처분 등]

■ 공공기관운영법

▶ 제39조(회계원칙 등) ① 공기업·준정부기관의 회계는 경영성과와 재산의 증감 및 변동 상태를 명백히 표시하기 위하여 그 발생 사실에 따라 처리한다.

② 공기업·준정부기관은 공정한 경쟁이나 계약의 적정한 이행을 해칠 것이 명백하다고 판단되는 사람·법인 또는 단체 등에 대하여 2년의 범위 내에서 일정기간 입찰 참가자격을 제한할 수 있다.

③ 제1항과 제2항의 규정에 따른 **회계처리의 원칙과 입찰 참가자격의 제한기준 등에 관하여 필요한 사항은 기획재정부령**으로 정한다.

■ 공기업·준정부기관 계약사무규칙(기획재정부령)

▶ 제12조(적격심사기준의 작성) 기관장은 입찰참가자의 **계약이행능력의 심사에 관하여**「국가를 당사자로 하는 계약에 관한 법률 시행령」제42조 제5항 본문에 따라 **기획재정부장관이 정하는 심사기준**(이하 "적격심사기준"이라 한다)에 **따라 세부심사기준을 정할 수 있다.** 다만, 공사 또는 물품 등의 특성상 필요하다고 인정되는 경우에는 **기획재정부장관과의 협의를 거쳐 본문에 따른 적격심사기준과 달리 직접 심사기준을 정할 수 있다.**

해설

○ 국가철도공단의 공사낙찰적격심사 감점처분관련 규정의 성격

본 사안에서 대법원은 국가철도공단(구 한국철도시설공단, 이하 "공단"이라 함)의 공사낙찰적격심사 감점처분과 관련하여 먼저 그 **처분의 근거인 공사낙찰적격심사세부기준은** 관계 공무원이 지켜야 할 계약사무처리에 관한 필요한 사항을 규정한 것으로서 **공공기관의 내부규정에 불과**하여 대외적 구속력이 없다고 판단하였다.

○ 공단의 공사낙찰적격심사 감점처분의 성격

또한, 위 공단의 공사낙찰적격심사 감점처분은 그 처분으로 인하여 바로 모든 공공기관의 입찰참가를 제한하는 효력이 발생하는 것도 아니고, 행정청의 위임을 받은 공공단체의 공법상의 행위에도 해당한다고 보기 힘들다.

따라서 **행정처분이 아니라** 입찰에 참가하는 경우에 그 **낙찰적격자 심사 등 계약 사무를 처리함에 있어 감점을 한다는 사법상의 효력을 가지는 통지행위**에 해당한다고 판단하였다.

아마도 위 감점처분이 계약상대자인 업체에 입찰 참가자격 제한처분과 같은 중대한 이익의 침해를 가져오는 것이 아니며, 최종적이고 직접적인 이익의 침해가 아니라는 점에 중점을 둔 판단으로 보여진다.

1심 판결(서울행정법원 2019. 6. 27. 선고 2018구합75054)

(1) 위 관계 규정들의 내용을 종합하여 보면, 국방부령으로 정하는 품질경영체제인증기준에 따라 군수품의 품질을 보장할 수 있는 품질경영체제를 구축한 경우로 인정되어 피고(○○청)로부터 품질경영인증을 받은 업체는 다음과 같은 이익을 누리게 된다.

방위사업법 제46조 제3항, 「방위산업에 관한 계약사무 처리규칙」 제4조 제2항의 위임에 따른 「방산원가대상물자의 원가계산에 관한 규칙」 제19조, 제26조, 「방산원가대상물자의 원가계산에 관한 시행세칙」 제26조, 제32조의3, 「회계처리 및 구분회계 기준에 관한 훈령」 제35조에 따라, 정부가 방산물자 등의 조달에 관한 계약을 체결하는 때에 계약상대방과 계약금액을 협의하기 위한 사전절차로서 결정하여야 하는 예정가격에 관하여, 원가 구성요소의 비목 중 하나인 '이윤'을 결정하는 과정에서 경영노력평가 점수를 인정받는다. 즉, 원가계산 시점에 평가점수 합계에 10점을 가산하여 받게 되어 결과적으로 이윤을 결정할 때 1%를 가산하여 받을 수 있다.

또한 방위산업육성 지원사업, 일반경쟁입찰 적격심사시 우대점수 또는 가점을 받을 수 있고, 방위사업관리규정 제59조 제5항에 따라 연구개발사업 및 양산단계 업체선정에서 국내연구개발사업을 업체투자 또는 공동투자로 진행 시 사업관리본부장이 정하는 바에 따라 공동참여자 간의 투자분담률 등에서 우대받을 수 있다. 또한 기술품질원장은 계약품목에 대한 품질을 확보하기 위해 계약업체에 요구되는 품질보증과 관련하여, 품질경영인증 업체의 인증분야에 한하여 정부품질보증활동의 일부를 생략할 수 있는데, …

(2) 위와 같이 **품질경영체제인증을 받을 경우 관계 법령에 따라 일정한 지위와 이익을 얻는다. 이러한 지위나 이익은 방위사업법 관련 법령, 인증업무 규정 등에 의한 것으로 원고의 실체적 권리관계와 밀접하게 관련된 구체적인 법률상 이익이다.**

비록 계약금액의 기준이 되는 예정가격 결정 과정에서 이윤율에 영향을 미치는 경영노력 보상액을 산정하는 행위는 사법상 계약인 방산물자 조달계약 체결에 필요한 사항에 불과하다고 하더라도,

그 외 품질경영인증으로 인하여 변동되는 지위나 이익, 즉 국내 연구개발 사업, 일반경쟁입찰 적격심사 등에서 우대점수나 가점을 받을 수 있는 이익이나 정부품질보증활동의 일부를 생략할 수 있는 지위는 일반적인 방산물자 조달계약의 체결이나 이행에서 갖는 특별한 법적 지위이다.

따라서 **품질경영체제인증은 피고가 관련 법령에 따라 대상 업체가 그 인증의 요건**

을 갖추었는지에 관한 구체적 사실에 대한 법집행으로서 법규에 의한 권리의 설정을 명하거나 기타 법률상 효과를 발생하는 공권력 행사인 처분에 해당한다. 이 사건 처분은 방위사업법령이 규정한 품질경영체제인증의 취소 사유에 관한 구체적 사실에 대한 법집행으로서 품질경영체제인증 처분으로 형성된 위와 같은 법적 지위나 이익을 박탈하는 등의 법률상 효과를 발생하는 공권력 행사인 처분에 해당한다. 더욱이 피고는 이 사건 인증을 취소하면서 원고(△△업체)에게 보낸 문서에 이 사건 처분이 행정처분임을 명시하였고 행정절차법 제21조에 따른 사전통지 절차를 거쳤으며, 이 사건 처분에 대한 행정구제로서 행정심판 또는 행정소송을 제기할 것을 안내한 점 등을 고려하면, 이 사건 처분은 행정처분으로서의 외형도 갖추었다.

2심 판결(서울고등법원 2020. 12. 4. 선고 2019누49894)

..2. 피고의 본안 전 항변에 관한 판단

이 법원이 이 부분에 관하여 설시할 이유는 제1심판결 해당부분 기재와 같으므로 행정소송법 제8조 제2항, 민사소송법 제420조 본문에 따라 이를 그대로 인용한다. ...

대법원 판결(심리불속행 기각)

➲ 대법원 2021. 4. 29. 선고 2021두31122 판결 [품질경영체제인증취소처분 취소]

관련 법령

▣ 방위사업법

▶ 제29조의2(품질경영체제인증) ① 방위사업청장은 다음 각 호의 어느 하나에 해당하는 업체(이하 "방산업체등"이라 한다)가 국방부령으로 정하는 품질경영체제인증기준(이하 "품질경영인증기준"이라 한다)에 따라 군수품의 품질을 보장할 수 있는 품질경영체제를 구축한 경우 그 방산업체등에 대하여 품질경영체제인증(이하 "품질경영인증"이라 한다)을 할 수 있다.

1. 방산업체

2. 일반업체

3. 방위산업과 관련 없는 일반업체(제26조 제2항에 따른 군수품의 규격에 따라 군수품을 납품하는 경우로 한정한다)

② 품질경영인증을 받으려는 방산업체등은 방위사업청장에게 신청하여야 한다.

③ 품질경영인증의 유효기간은 그 인증을 받은 날부터 3년으로 하고, 품

질경영인증을 받은 방산업체등이 그 인증을 유지하려는 경우에는 유효기간이 끝나기 전에 인증을 갱신하여야 한다.

④ 방위사업청장은 제3항에 따른 유효기간 중에 품질경영인증을 받은 방산업체등이 품질경영인증기준에 적합한지 여부를 심사(이하 "사후관리심사"라 한다)할 수 있고, 심사결과가 품질경영인증기준에 맞지 아니하다고 인정할 때에는 시정에 필요한 조치를 명할 수 있다. ⑤ 품질경영인증의 신청·심사·갱신 및 사후관리심사 등에 대한 방법 및 절차 등에 관하여 필요한 사항은 국방부령으로 정한다.

▶ 제29조의3(품질경영인증의 취소) 방위사업청장은 품질경영인증을 받은 방산업체등이 다음 각 호의 어느 하나에 해당하는 경우에는 그 인증을 취소할 수 있다. 다만, 제1호에 해당하는 경우에는 그 인증을 취소하여야 한다.

1. 거짓이나 그 밖의 부정한 방법으로 품질경영인증을 받은 경우
2. 품질경영인증기준에 적합하지 아니하게 된 경우
3. 사후관리심사를 정당한 사유 없이 받지 아니하거나 심사결과에 따른 시정조치 명령을 이행하지 아니한 경우
4. 폐업 등의 사유로 방산물자 등의 생산이 불가능하다고 판단되는 경우

▶ 제29조의4(인증업체에 대한 인센티브 부여) ① 방위사업청장은 품질경영인증을 받은 방산업체등에 대하여 군수품의 조달 또는 방산물자의 연구개발 등을 위한 계약을 체결하는 경우 가산점 부여 등의 인센티브를 부여할 수 있다.

② 제1항에 따른 인센티브 부여의 내용, 방법 및 절차 등에 관하여 필요한 사항은 방위사업청장이 정한다.

■ 방위사업 품질관리규정(방위사업청 훈령)

▶ 제56조(인증업체 인센티브 부여) ① 방위산업진흥국은 인증업체에 대해 DQ마크 인증심사시 공장심사 또는 사후관리심사의 전부 또는 일부를 생략하게 할 수 있다.

② 방위산업진흥국은 방위산업육성 지원사업의 주관기업 선정평가 시 인증업체에 대해 우대점수를 부여할 수 있다.

③ 사업본부는 인증업체에 대해 일반경쟁입찰시 적격심사에 가점을 부여할 수 있으며, 「회계처리 및 구분회계 기준에 관한 훈령」에 따라 방산업체 경영노력평가 시 가점을 부여할 수 있다.

④ 사업본부는 무기체계 연구개발사업 및 양산단계 업체선정을 위한 제안서평가 시 국방품질경영인증 여부를 평가항목에 반영할 수 있다.

⑤ 기품원은 인증업체에 대해 인증분야에 한하여 정부품질보증활동의 일부를 생략할 수 있다.

해설

○ 국방품질경영체제 인증제도

국방품질경영체제 인증제도는 방산 업체의 품질경영시스템 구축을 장려하기 위해 도입된 것으로서 업체가 국방품질경영체제의 **인증을 받게 되면 정부가 방산물자 등의 조달에 관한 계약을 체결하는 때에 예정가격을 결정하는 과정에서 경영노력평가점수를 받게 되어 계약금액을 결정하는 요소로서 영향**을 미치게 된다. 또한, 그에 더하여 DQ마크 인증심사시 절차의 일부생략, 방위산업 육성 지원사업의 주관기업 선정평가시 우대점수 부여, 일방경쟁입찰 적격심사 시 가점 부여, 정부품질보증활동의 일부 생략 등의 인센티브를 받게 된다.

○ 국방품질경영체제 인증 및 취소의 법적 성격

판례는 국방품질경영제체 인증과 그 인증의 취소와 관련하여 계약금액의 결정과 감액에 미치는 영향만을 고려할 뿐만 아니라 추가적인 지위와 이익을 얻게되는 것을 고려하여 이러한 제반 지위와 이익이 업체의 실체적 권리관계와 밀접하게 관련된 구체적인 법률상 이익임을 인정하였다. 따라서, 그러한 **품질경영체제인증은 구체적 사실에 대한 법집행으로서 법규에 의한 권리의 설정을 명하거나 기타 법률상 효과를 발생하는 공권력행사인 처분에 해당한다고 판단**하였다.

따라서, 위 국방품질경영체제 인증과 인증의 취소에 대하여는 분쟁이 발생하는 경우 행정소송을 통하여 다투어야 한다.

┌───┐
│ 방위사업청 등 사업관리기관의 연구개발확인서 발급행위의 법적 성격 │
└───┘

[1] 국방전력발전업무훈령 제113조의5 제1항에 의한 **연구개발확인서 발급**은 개발업체
가 '업체투자연구개발' 방식 또는 '정부·업체공동투자연구개발' 방식으로 전력지원
체계 연구개발사업을 성공적으로 수행하여 군사용 적합판정을 받고 국방규격이 제
·개정된 경우에 사업관리기관이 개발업체에게 해당 품목의 양산과 관련하여 경쟁
입찰에 부치지 않고 수의계약의 방식으로 국방조달계약을 체결할 수 있는 지위(경
쟁입찰의 예외사유)가 있음을 인정해 주는 '**확인적 행정행위**'로서 공권력의 행사인
'**처분**'에 해당하고, 연구개발확인서 발급 거부는 신청에 따른 처분 발급을 거부하
는 '**거부처분**'에 해당한다.

[2] 어떤 군수품을 조달할지 여부나 그 수량과 시기는 국방예산의 배정이나 육·해·공
군(이하 '각군'이라 한다)에서 요청하는 군수품 소요의 우선순위에 따라 탄력적으
로 결정될 수 있어야 하므로, 관계 법령이나 규정에서 특별히 달리 정하지 않은
이상, **군수품 조달에 관해서는 방위사업청장이나 각군에게 광범위한 재량**이 있다.
국방전력발전업무훈령이 업체투자연구개발 방식이나 정부·업체공동투자연구개발
방식으로 연구개발이 완료되어 군사용 적합판정을 받고 국방규격이 제·개정된 품
목에 관해서도 반드시 양산하여야 한다거나 또는 수의계약을 체결하여야 한다고
규정하고 있지 않은 것도 이 때문이다. 따라서 개발업체가 전력지원체계 **연구개발
사업을 성공적으로 수행하였다고 하더라도 언제나 해당 품목에 관하여 수의계약
체결을 요구할 권리가 있는 것은 아니다.**

[3] 그렇다고 하더라도, 사업관리기관에 의한 **연구개발확인서 발급 여부 결정은 수의
계약 체결 여부를 결정하기 전에 행해지는 별개의 확인적 행정행위**이므로, 개발업
체가 국방전력발전업무훈령 제113조의5 제1항에서 정한 발급 요건을 **충족한다면
연구개발확인서를 발급하여야 하며,** 관련 국방예산을 배정받지 못했다거나 또는
해당 품목이 군수품 양산 우선순위에서 밀려 곧바로 수의계약을 체결하지는 않을
예정이라는 이유만으로 연구개발확인서 발급조차 거부하여서는 안 된다.
⊃ 대법원 2020. 1. 16. 선고 2019다264700 판결 [연구개발확인서발급절차이행청구의소]

관련 법령

■ **국가계약법 시행령**

▶ 제26조(수의계약에 의할 수 있는 경우) ① 법 제7조 제1항 단서에 따라

수의계약을 할 수 있는 경우는 다음 각 호와 같다.

1. 경쟁에 부칠 여유가 없거나 경쟁에 부쳐서는 계약의 목적을 달성하기 곤란하다고 판단되는 경우로서 다음 각 목의 경우 …

    다. 방위사업청장이 군용규격물자를 연구개발한 업체 또는 「비상대비자원 관리법」에 따른 중점관리대상업체로부터 군용규격물자(중점관리대상업체의 경우에는 방위사업청장이 지정하는 품목에 한정한다)를 제조·구매하는 경우

■ **국방전력발전업무훈령(국방부 훈령)**

▶ 제135조(연구개발확인서 발급) ① 사업관리기관은 업체투자연구개발품목 및 정부·업체공동투자연구개발품목이 군사용 적합 판정을 받고 규격이 제·개정된 경우에는 지체 없이 연구개발확인서를 발급한다. 다만, 정부투자연구개발사업의 경우, 사업종결여부는 사업관리기관의 공문에 의한다.

▶ 제139조(개발품목에 대한 계약) ① 업체투자 및 정부·업체공동투자연구개발의 경우 계약기관의 장은 「국가를 당사자로 하는 계약에 관한 법률 시행령」에 따라 연구개발확인서를 발급받은 업체와 수의계약을 체결할 수 있다.

② 수의계약 가능기간은 개발 완료 후 5년으로 하며, 수의계약 가능 최장 기간은 연구개발확인서 발급일로부터 15년을 초과할 수 없다.

> ### 해설

○ 이 사건 판결은 1심과 항소심에서는 위 연구개발확인서 발급에 관하여 규정된 훈령의 내용이 재판의 당사자 간에 체결한 용역계약에 포함되었는지 여부에 따라 그 발급의 이행을 청구하는 민사소송으로 진행되다가 대법원에서 연구개발확인서 발급행위와 그 신청에 대한 거부행위가 행정법상 처분이라는 이유로 행정소송으로 전환되었다.

○ 위 판결은 사업관리기관에 의한 **연구개발확인서 발급 여부 결정은 수의계약 체결 여부를 결정하기 전에 행해지는 별개의 확인적 행정행위**로 보았고, 그

발급요건을 충족하면 사업관리기관은 향후 수의계약을 체결할 것인지 여부를 따지기 이전에 연구개발확인서를 발급하여야할 의무가 있다고 인정한 점에서 의미가 있다고 할 것이다.

:: 참고문헌 | Reference

[단행본]

강인옥·최두선·최기웅,「공공계약 법규 및 실무」, 광문각, 2017.

김성근,「정부계약법해설」Ⅰ, Ⅱ, 건설경제, 2013.

방위사업청,「방위사업 판례의 이해」, 2013.

법무법인(유한)태평양 건설부동산팀,「주석 국가계약법」, 박영사, 2018.

양창호,「부정당업자 입찰 참가자격 제한 해설」, 한국학술정보(주), 2017.

윤재윤,「건설분쟁관계법(제8판)」, 박영사, 2021.

장훈기,「공공계약제도 해설」, 도서출판 삼일, 2015.

정원,「공공조달계약법」Ⅰ, Ⅱ, 법률문화원, 2016.

정원·류남욱, 온주 국가를당사자로하는계약에관한법률, 2016.

정태학·오정한·장현철·유병수,「국가계약법」, 박영사, 2020.

지원림,「민법강의」, 홍문사, 2020.

제7기 건설부동산법연수원 Ⅰ, Ⅱ, 서울지방변호사회, 2020.

[논문]

이균용, "공동수급체의 성질과 그 법률관계", 대법원판례해설 제35호(2001.6.), 법원도서관.

:: 찾아보기 | Index

총계약금액 120
총공사금액 115, 116, 119, 124
총공사기간 115, 116, 117, 118, 122
총공사대금 117
총괄계약 100, 116, 117, 118, 121, 122, 451, 452, 453
총액계약 98

ㅌ

통상의 손해 58, 65, 418, 442
특별 손해 418
특별신인도 43
특약 69, 80, 83, 84, 85, 88, 89, 133, 141, 202, 203, 206, 240

ㅍ

편무예약 36, 38, 64
평등의 원칙 281, 286, 356, 459, 461, 470
품목조정률 180, 195, 196, 198, 199, 201

ㅎ

하도급 103, 156, 157, 268, 313, 324, 325, 352, 411
하도급거래 공정화에 관한 법률 268, 323, 326, 352, 411, 413
하수급인 156, 157, 277
하자담보책임 103, 124, 125, 140, 142, 143, 177, 182, 185, 225, 248, 407, 408, 409, 420, 421, 422
하자보수보증금 101, 116, 124, 125, 178, 223, 224, 225, 226, 227
한도액계약 112
합병회사 367, 371
합유 128, 131, 142
항고소송 457, 468, 469, 470, 476
해제 72, 73, 90, 109, 167, 171, 186, 187, 191, 194, 235, 241, 242, 244, 260, 349, 399, 400, 401, 402, 404, 405, 407, 408, 411, 412, 413, 417, 419, 422, 444, 445
해지 72, 73, 109, 138, 186, 187, 191, 194, 399, 400, 401, 405, 412, 475
행정명령 290, 372
행정소송 11, 67, 276, 282, 284, 461, 463, 465, 473, 484
행정절차법 282, 469, 473
행정처분 265, 276, 280, 281, 282, 284, 285, 286, 287, 289, 296, 308, 356, 361, 372, 375, 457, 461, 463, 465, 468, 469, 470, 473, 475, 476, 478, 482, 484, 486
현장설명서 180
협력업체 426
협약 8, 9, 11
호혜의 원칙 6, 22, 88
확장제재 조항 273, 363, 364, 365, 366
확정계약 98, 200, 220, 237
효력규정 19, 25, 89, 176, 204, 205
후행처분 372

[저자약력]

윤대해

1991. 영남대학교 법학과 졸업 / 동 대학원 졸업
1998. 제13회 군법무관임용시험 수석합격
2001. 사법연수원 수료
2007. 국방부 고등군사법원 고등군판사
2009. 공군 작전사령부 법무실장
2011. 공군본부 검찰부장
2014. 공군 군사법원장
2015. 국방부 법무관리관실 국방송무팀장
2017. 방위사업청 법률소송담당관실(~2019.)
2020. 법무법인(유한) 대륙아주 파트너 변호사
2020. 대한상사중재원 중재인

제2판
판례로 이해하는 공공계약

초판발행	2021년 4월 9일
제2판발행	2023년 2월 28일
지은이	윤대해
펴낸이	안종만·안상준
편 집	윤혜경
기획/마케팅	조성호
표지디자인	우윤희
제 작	고철민·조영환
펴낸곳	(주) **박영사**
	서울특별시 금천구 가산디지털2로 53, 210호(가산동, 한라시그마밸리)
	등록 1959. 3. 11. 제300-1959-1호(倫)
전 화	02)733-6771
f a x	02)736-4818
e-mail	pys@pybook.co.kr
homepage	www.pybook.co.kr
ISBN	979-11-303-4396-9 93360

정 가   35,000원